上海市金融保险教育高地建设项目

复旦卓越·21世纪金融学教材新系

中央银行学

（第二版）

付一书　主编

Zhongyang Yinhang Xue

复旦大學 出版社

内容提要

　　本书介绍了中央银行的产生和发展，性质、职能以及独立性的基本理论，中央银行的业务类型，中央银行对宏观经济调控和对金融市场进行管理的基本原理、操作规程及相关法规等。第二版更完整地反映了自2008年金融危机以来国内外中央银行的自身改革、宏观调控的新举措。本版除了对金融市场数据进行了更新之外，进一步加大了中央银行的业务流程介绍，许多金融危机后中央银行监管及应对金融市场动荡的改革措施均在专栏和案例中体现。

再 版 前 言

《中央银行学》自 2007 年出版发行以来,已连续在高校经济、金融专业使用 5 年多,得到广泛好评。在这短短的 5 年多时间里,全球经济、金融领域发生了巨大变化。由美国次贷危机引发的全球金融危机影响面之广、程度之深史无前例。但在各国政府、中央银行和国际组织的通力合作下,金融危机及其危害已离我们渐行渐远。在这当中,我们频繁听到中央银行的声音,看到中央银行果断决定的行动。这使得本就神秘的中央银行更加神秘,也让我们进一步体会到了中央银行在一国和全球经济、金融稳定健康发展中的核心地位和作用。而中央银行地位和作用的彰显得益于中央银行理论和实践的不断创新。

为了充分反映时代变迁在理论和实践两方面的变化,吸收最新理论研究成果和实践创新举措,使教材内容尽可能地逐步接近现实,以适应人才培养需要,我们决定在第一版的基础上进行修订。

本次修订基本没有改变教材原有的章节安排顺序,但在内容方面做了比较大的修改和补充。主要体现在以下几个方面:

1. 统计数据和信息更新。

2. 进一步注重业务流程介绍。

3. 在基本理论讲解、业务操作介绍时注重分析问题的角度、方法的介绍。

4. 充分反映最近(尤其是 2008 年以来)国内外中央银行在自身改革、宏观调控中的新举措。比如增加了中央银行制度的现代化改革、货币政策决策程序与实施、社会融资总量、中央银行对金融市场的监管、各国应对金融危机的举措、国际金融宏观审慎管理框架、各国监管体制改革新发展、巴塞尔协议Ⅲ等。

5. 更新或补充了大量的专栏、案例。

6. 更加贴近我国中央银行操作实际,采用我国中央银行所做的最新调查统计报告、各种专题报告(比如全国银行家问卷调查报告、储户问卷调查报告、反洗钱报告、征信报告、支付体系报告等)作为分析素材。

参加本次修订的有:付一书教授(第一、十二、十三、十四章)、陈靖副教授(第

二、三章)、储峥副教授(第四、五、六、七章)、肖本华副教授和王庆仁副教授(第八、九、十、十六章)、戴小平教授(第十一章)、刘玉平教授和陈靖副教授(第十五章),最后由付一书教授对全书进行修改定稿。

　　在本教材的修订过程中,我们参考和借鉴了国内外有关文献资料,在此向其作者表示感谢!书中难免有错漏之处,恳请读者批评指正。

付一书
2012 年 7 月

前　言

　　《中央银行学》是金融专业的主干课,是金融专业学生的必修课之一。由于中央银行职能的发展演变,使得该课程的研究内容主要集中在货币政策、金融稳定和金融服务三个方面。从本质上看,《中央银行学》是从宏观的视角研究现代经济、金融的运行规律,探讨经济与金融稳定发展机制的一门学科。由于中央银行进行宏观调控是依靠货币政策的操作进行的,所以,《中央银行学》又是一门实务操作性很强的学科。一般而言,普通本科的教学定位主要是教学型,强调实践和应用,基本理论够用就行了。

　　基于上述认识,我们将本教材分为三大部分:

　　第一部分(一—四章)主要介绍中央银行的产生和发展、性质和职能以及独立性的基本理论;第二部分(五—十章)介绍了中央银行为履行职能所必须开展的一些业务;第三部分(十一—十六章)主要介绍中央银行对宏观经济调控和对金融市场活动进行管理的基本原理、操作规程和有关的政策法规。这三个部分既是一个有机整体,又可相对独立。

　　本教材在编写过程中,我们力求体现如下特色:

　　1. 尽可能用通俗的语言将比较成熟的基本理论原理讲解清楚,并密切结合世界及我国中央银行最新理论发展成果和实践创新成就,反映新情况、新问题。

　　2. 紧密结合中国人民银行货币政策执行报告进行分析,尽量避免国内和国外、理论和实践两张皮的现象,使学生学习本书后能够明白中央银行是做什么的,怎么做的,现在在做什么,将来还应该做什么,并且懂得其中的道理。

　　3. 扩展和细化原有同类教材比较薄弱的内容,加大对中央银行业务操作技术、程序、规定等方面内容的介绍,增加了中央银行征信和反洗钱等新业务。力求业务操作简单明了,政策法规清晰。

　　4. 图文并茂,适当增加图表和专栏,以扩大信息量和提高阅读兴趣。

　　5. 不仅仅给学生介绍理论和知识,更注重培养学生认识、分析、判断经济、金融形势和解决问题的能力。

本教材的编写及分工:

本教材由付一书教授担任主编,提出写作思路和写作提纲,副主编王庆仁和储峥协助主编做一些具体工作。第一、十二、十三、十四章由付一书教授编写,第二、三章由陈靖副教授编写,第四、五、六、七章由储峥讲师编写,第八、九、十、十六章由王庆仁副教授编写,第十一章由戴小平教授编写,第十五章由刘玉平教授编写,最后由付一书对全书进行总纂。

在本教材的编写过程中,我们参考和借鉴了大量同仁的成果,在此表示感谢。本书的顺利出版,也离不开上海金融学院有关领导和教师、复旦大学出版社的王联合老师、罗翔老师等的大力支持和帮助,在此一并表示感谢。

我们希望本教材有一些创新和突破,为培养应用型人才探索新的路子。是否达到了目的,恳请读者多提批评、指导意见。

作　者
2006 年 12 月

目　录

第一章　中央银行制度的形成和发展

📖 **本章要点**

- 中央银行制度的产生
- 中央银行制度的发展
- 中央银行制度的强化
- 中央银行制度的新发展
- 中国中央银行的产生和发展

中央银行是一个非常神秘、神奇的机构。美国著名经济学家萨缪尔森在其著作《经济学》一书中援引了思想家维尔·罗杰斯的一句名言:"自从开天辟地以来,曾经有三件伟大的发明:火、轮子以及中央银行。"这些伟大的发明彻底改变了社会生活。可见中央银行在现代经济中的重要性。

毫无疑问,金融已成为现代经济的核心,中央银行作为全社会货币、信用的调节者和管理者,承担着国家宏观经济调控、调节货币流通和信用活动以及维护全社会金融稳定等任务。其在整个社会经济中的地位日渐凸显。当今世界上绝大多数国家都实行了中央银行制度。中央银行这种机构的出现及相应的中央银行制度的形成,并不是人为的主观臆造,而是历史发展的产物。通过对中央银行制度的历史考察可以发现,中央银行的产生有其深刻的历史背景,它是商品经济、货币信用制度以及银行体系发展到一定阶段的必然结果。中央银行制度在社会经济发展中一直发挥着其他任何机构都不可替代的重要作用。随着国家经济管理职能的增强和金融发展成为现代经济的核心,中央银行制度得到进一步强化,作用更加突出,中央银行制度已成为各国最基本的经济制度之一。

第一节　中央银行制度的产生

中央银行是在资本主义银行制度发展过程中,以社会生产力的发展为基础,与商品货币经济的高度发达程度相适应,从商业银行中独立出来的一种特殊的政府性金融机构。中央银行的出现并不仅仅是一种新的为政府融资、为银行提供金融服务的金融机构,更是一种金融管理制度的形成。我们今天所看到的中央银行制度之所以能够在现代经济、金融体系中发挥重要的宏观调控职能,对货币信用体系和金融稳定具有强有力的控制力量,一切皆源于中央银行几百年的发展历史,因此,我们有必要首先分析中央银行诞生前后的社会经济、货币与信用、银行体系以及政府管理需要等方面的状况。

一、中央银行产生的历史背景

中央银行并不是从来就有的,也不是哪个聪明人的发明,而是一个历史的产物。中央银行的历史起源大致可以追溯到 17 世纪中后期。

(一) 商品经济的快速发展

欧洲的封建社会解体较早,12 世纪开始逐步兴起的"生产力革命"和科学技术的发展,冲破了宗教神学统治的"中世纪的黑暗",动摇了封建社会的基础。13、14 世纪的西欧,庄园制逐步瓦解,工场手工业催生了资本主义经济,商品经济已经得到初步发展。15、16 世纪,欧洲资本主义制度初步形成,社会生产加速转向商品化,一些手工业开始脱离农业而开始成为新的独立部门,并形成了若干工业中心,农业也从传统的自给型向商品型转化,出现了一批商品农业区,资本主义因素渗透到广大农村和新兴行业。到了 17 世纪,西欧的商品经济已经比较发达,按照资本主义生产方式组织起来的工商企业和新式农业已占据社会生产的主导地位,科学发明和技术革新极大地促进了生产力的发展,为资本主义制度的最终确立奠定了坚实基础。18 世纪初开始的工业革命更是极大地促进了生产力的发展,社会财富被源源不断地创造出来。经济发展水平的提高,使货币经营业愈发普遍,由此带来的一系列社会经济变化,为中央银行的产生创造了条件。

(二) 商业银行的普遍设立

商品经济的快速发展和资本主义生产方式的兴起为欧洲大陆的货币兑换业转变为银行创造了条件,从而使欧洲的银行业逐步兴盛起来。银行业的产生有两条途径,一是由在此之前的货币兑换商和银钱业发展演变而来,二是直接设立适应资本主义发展需要的新的银行。银行业最先出现在经济贸易比较发达的欧洲,与该地区的商品经济的发展直接相关。在 13—14 世纪,一些以"银行"命名的金融机构开始出现,如 1397 年成立的麦迪西银行。15—16 世纪,伴随着欧洲商品经济的快速发展和资本主义生产方式的兴起,银行的设立和发展也出现了一个高潮。如 1587 年成立的威尼斯银行、1593 年成立的米兰银行等已初步具有现代银行的某些特征。17—18 世纪是欧洲资本主义制度确立的时期,也是社会生产力飞速发展的时期,这一切为银行的发展提供了巨大的空间,迎来了银行业的大发展。比如在英国,1776 年只有 150 家银行,而到 1814 年银行家数猛增到了 940 家。银行业的大发展不仅表现为银行数量的迅速增加,还表现在银行业务完全脱离货币兑换、金银保管和高利贷的传统形式,向现代银行发展。1609 年成立的阿姆斯特丹银行是这一时期新式银行的最突出代表。这些银行发行银行券、为企业开立账户并办理转账、为新兴行业提供融资并提供服务,已具备了现代银行的性质。新式银行的成功,引来了大批仿效者,出现了银行设立的又一次高潮。日后对中央银行的发展产生重要影响的瑞典银行(1656 年)和英格兰银行(1694 年)也都是在这一时期建立的。银行业的普遍设立,极大地促进了资本主义生产方式的确立和商品经济的发展,也为瑞典银行和英格兰银行由商业银行向中央银行转变创造了条件。

(三) 货币信用关系广泛存在于经济和社会体系之中

为了保证商品经济的顺利运转,客观上要求信用关系连接商品生产的全部过程。商品经济的快速发展和银行的普遍设立,促进了货币、信用与经济的融合,以货币关系为特征的银行信用逐步替代商业信用成为信用的主要形式。银行的业务创新使货币和信用活动与贸易和新兴工商业的发展紧密结合起来,使资本主义以社会资本积累的形式加速发展。一方面,银行把吸收的存款作为可支配的资本来经营,使存款者把货币作为资本来让渡的要求在更广泛的范围内被社会所普遍接受。另一方面,银行又通过向企业提供资金和对商业票据办理承兑、贴现和抵押贷款等将商业信用转化为银行信用,扩展了信用范围和规模。同时,银行又为企业的资本联合和社会筹资提供条件与便利,如为股份公司代理股票和债券的发行、转让和还本付息等,大大促进了社会化大生产和商品经济的蓬勃发展,商品经济的进一步发展又反过来促进了信用关系的扩展。

(四) 经济发展中的新的矛盾频繁显现

伴随着资本主义的空前发展,由资本主义自身固有的矛盾所决定的经济危机必然要出现。在 17 世纪末和 18 世纪初,信用制度和银行体系已经成为当时商品经济运行体系的重要支撑,与经济危机相伴而产生的银行破产倒闭使得危机对经济的破坏性更加严重。由于这时的信用制度特别是银行体系还比较脆弱,银行的大量设立和业务活动的创新以及信用规模的扩大缺乏有效的、稳定的制度保障。这导致新的矛盾不断产生和积累,集中表现在:①银行券的分散发行由于发行银行券的银行经营规模、经营范围和信誉优劣不一而被社会接受的程度差异很大,限制了商品流通的范围,阻碍了商品经济的发展。②票据交换和清算业务的迅速增长使其交换和清算的速度减缓,不能适应商品经济快速发展的需要。③银行的破产倒闭使信用体系和经济运行不断受到冲击。如英国的银行从 1814 年的 900 多家减少到 1842 年的 300 家左右。④缺少统一规则的竞争使金融秩序经常出现混乱。商品经济越发展,这些矛盾就越突出。因此,建立一种稳定的信用制度和银行体系就成为当时金融和经济发展的最为迫切的问题之一。

二、中央银行产生的金融基础

商品经济的快速发展、脆弱的信用制度与银行体系之间的矛盾是中央银行产生的历史必然。从当时的金融运行角度考察,可以发现以下几方面的因素是导致中央银行产生的金融原因。

(一)银行券统一发行的客观需要

随着商品经济的发展,流通中的货币由实物货币演变到由货币符号来充当。这些本身没有价值的金属货币的代表符号,其流通支付能力取决于它的兑换金属货币的能力,即取决于发行银行的信誉。在银行券发行的初期,并无商业银行和发行银行之分,众多银行都可以发行银行券。如果每家发行银行都能够保证自己发行的银行券能够随时足额兑换,那么银行券的分散发行在给商品流通带来便利的同时也不会带来严重后果。但是事实上并非完全如此。银行券的分散发行带来了许多问题并逐步暴露出其严重的缺点。①随着银行数量的不断增加和银行竞争的加剧,一些银行因经营不善而无法保证自己所发行银行券的及时兑换,再加上不断出现的银行倒闭使银行券的信誉大大受损,同时使持券人的利益受到损失,引发信用危机,导致社会经济的混乱。②经济的发展和商品流通范围的扩大,需要能够在更大范围内流通的银行券。但是在银行券分散发行的情况下,银行券的流通范围是依据发行银行的实力、资信状况、经营状况和分支机构设置状况。一些中小银行发行的银行券只能在当地和邻近地区流通,这与蓬勃发展的社会化大生产不相适应,给商品流通带来困难。③由于银行券的分散发行,使得在同一地区有多种银行券同时流通,也就意味着同一商品可能有多种标价,这就与货币的"一般等价物"的根本属性——排他性和垄断性相抵触,从而给社会生产和流通带来困难。④银行业发展过程中没有形成统一的银行券发行规则,难免会出现一些恶意欺诈的经营者,有意过量发行不能兑现的银行券,扰乱银行券的发行和兑换,给货币流通带来混乱。⑤从宏观角度看,银行券的发行突破金属货币的束缚,有利于扩大银行信用规模,为经济发展提供了动力,但随之又带来了一个新问题,如果银行提供的信用货币超过了客观需要,会造成银行券贬值,影响经济发展甚至引发社会危机。1825年英国发生的严重信用危机证明了银行券分散发行会带来不良的社会问题。

这些问题归结到一点,就是资本主义经济的发展,客观上要求信用货币的发行权应该走向集中统一,以保证货币流通的稳定,保证银行券成为能够在全国市场范围内广泛流通的一般信用货币。而这样的银行券显然只能由信誉卓著、资金实力雄厚且有权威、在全国范围内有信用活动的大银行发行。这些大银行所发行的银行券在流通中逐渐排挤了小银行的银行券。在这种基础上,国家即以法律的形式限制或者取消一般银行的发行银行券的权利,而将货币发行权集中到几家以至最终集中到一家大银行。这家大银行也就是中央银行的雏形。比如1803年法兰西银行在巴黎地区获得为期 15 年的货币发行垄断权,1826 年英格兰银行获得伦敦城 65 英里以内地区的货币发行垄断权。

（二）集中统一票据交换和清算的客观需要

随着商品经济的发展和银行业务的不断扩大,银行收授票据的数量也急速增长,各银行之间的债权债务关系日趋错综复杂,票据交换业务越来越繁重,由各银行自行轧差进行当日清算已相当困难,不仅异地结算的时间延长,速度减缓,即使同城结算也遇到很大困难。在银行数量增加、银行业务扩大、银行间债权债务关系日益复杂的情况下,由单个或者少数银行自行处理结算和清算业务,已不能满足商品经济活动和银行业务发展的需要。因此,客观上要求建立一个全国统一的、有权威的、公正的清算机构,作为金融支付体系的核心来为银行间结算服务。这个机构就只能由中央银行来担任。

（三）保证银行支付能力和稳定银行体系的客观需要

随着经济的发展,工商企业对银行贷款的需求不断增长,不仅贷款数量增加,而且贷款期限也延长。银行为了满足借款人的资金需求,同时更是为了获得更大利益,贷款业务不断扩大。其结果是迫使商业银行往往陷入资金调度不灵,甚至有时因支付能力不足而导致破产。因为面对不断增长的贷款需求,银行仅仅依靠自己吸收的存款已不能满足需要,有可能尽量减少支付准备金,如果遇到银行贷款不能按时收回,或因其他原因发生存款人挤兑时,银行就会发生资金周转不灵、兑现困难的情况。事实上,随着银行业务规模的扩大和业务活动的复杂化,银行的经营风险也是不断增加的,单个银行资金调度困难和清偿支付能力不足的情况是经常出现的。因一家银行支付困难而波及数家银行甚至整个金融业发生支付危机的现象也时有发生。为了保护存款人的利益和银行以至整个金融业的稳定,客观上需要有一家权威性机构,作为其他众多银行的后盾,适当集中保管各银行的一部分现金准备,在必要时为出现支付困难的银行提供资金支持,充当银行的"最后贷款人"。所谓权威性机构,一般都是指那些信誉卓著、资金实力雄厚的大商业银行。

（四）对金融业监督管理的客观需要

为了保证金融业的稳定运行,保证各种金融业务和金融市场的健康发展,减少金融运行的风险,保障市场参与各方的合法权益,客观上产生了对银行业实施必要监督管理的需要,要求建立一个公平、健全有序竞争的金融业运行规则和机制。如对银行业的进入、退出、清盘、合并与破产、日常业务经营等进行必要的规范、监督和调节。这就需要有一个代表政府意志的专门机构从事金融业管理、监督和协调工作。由于金融业的特殊性,对金融业监督管理的技术性很强,这个专门从事金融业管理、监督及协调的机构要有一定的技术能力和操作手段,还要在业务上与银行有密切联系,以便于制定的各项政策和规定能够通过业务活动得到贯彻实施,并能够体现政府的意志。一些有权威的大银行就成为代替政府对金融业进行监督管理的理想机构。

（五）政府融资便利和代理国库的主观需要

在资本主义制度的确立过程中，政府管理社会、经济的职能作用也得到加强。政府职能的加强增加了政府的开支，又由于自然灾害的发生和国家战事的频繁，使国家的财政匮乏，如果单纯通过增加税收和减少政府开支的方法，很难解决实际困难。因此，政府融资便成为一个重要问题。为了弥补财政赤字，政府经常需要从银行获得资金融通。即使不发生财政赤字，由于财政收入和支出在时间上的不一致，短期资金融通也成为政府履行职能的重要条件。政府虽然通过与多家银行建立融资关系，基本可以保证资金的来源，但是在各自独立发展的银行体系中，这种关系并不稳固，政府与银行之间的联系极其松散，这就为政府融资带来了不便。而且，当政府需要巨额资金弥补财政赤字时，一般的、个别银行的资金实力也不能满足政府的需求。同时，高利贷盛行，政府大量借贷后利息负担很重。因此，为了保证和方便政府融资，发展或建立一个与政府有密切联系、能够直接或变相为政府筹资或融资的银行机构逐步成为政府要着力解决的重要问题。可以说，这是直接促成中央银行机构产生的最为重要的原因。在19世纪末之前，世界各国早期形成的中央银行，几乎无一不是为解决政府融资问题而建立的。更具体地说，中央银行的产生是政府与大银行之间的政府融资便利和代理国库与银行券发行垄断权交易的结果。比如，1694年7月27日英国国会通过法案设立英格兰银行，准许其取得不超过其资本总额的银行券发行权，并代理国库。从此，英格兰银行就成为政府的融资工具和国库经理人。政府选择大银行的基本标准是：①资本实力雄厚；②社会信誉卓著；③与政府有特殊关系（股份关系、人事关系等）。中央银行和政府之间的关系，已经不是一般意义上的借贷关系，中央银行一开始就具有了"政府的银行"的职能。

从上面的分析中我们可以看到，中央银行制度的建立既有客观原因又有主观原因，商品经济和金融业自身的发展为中央银行的产生提出了客观的内在要求，而国家对经济、金融管理的加强和便利融资的主观愿望又为中央银行的产生提供了外在动力，是主、客观原因结合的一种交易的结果。当然，这种交易也是历史发展的产物。但是这些主、客观的要求并非是同时提出的，其迫切程度不完全相等，在各国的发展中也不是同步的，因此，中央银行的产生与发展也经历了一个较长的历史过程。

三、中央银行制度的初步形成

（一）中央银行产生的途径

当经济、金融发展到一个特定的时候，国家通过法律或特殊规定对某家大银行或新建立一家银行赋予某些特权并要求其他所有银行和金融机构以及整个经济、社会体系接受该银行的这些特权时，中央银行制度便形成了，享有特定授权并承担特定责任的银行便由一般的商业银行转变成为中央银行。

　　从历史的角度考察,中央银行的产生一般有两条途径:一是由资本实力雄厚、社会信誉卓著、与政府有特殊关系的大商业银行逐步地缓慢发展演变而成(1913年以前),在演变过程中,政府根据客观需要,不断赋予这家大商业银行某些特权,从而使这家大银行逐步具备了中央银行的某些性质并最终发展成为中央银行,典型代表是瑞典银行和英格兰银行。二是由政府出面通过法律规定直接组建一家银行作为一国的中央银行,典型代表是美国联邦储备体系。

　　从世界范围看,中央银行的产生和中央银行制度的形成与发展迄今已经历了300多年的历史。中央银行产生于17世纪中后期,而中央银行制度的形成则是在19世纪初期。如果从1656年最早设立的瑞典银行算起,到1913年美国联邦储备体系建立为止,中央银行初创时期经历了大约257年的时间。

　　在中央银行的初步形成阶段,全世界范围内设立的中央银行有29家(见表1-1),其中欧洲有19家,美洲有5家,亚洲有4家,非洲有1家。从设立时期看,设立于17—18世纪的有3家,设立于19世纪的有21家,设立于20世纪初的有5家。可以看出,在中央银行制度形成的初期,绝大部分中央银行产生在欧洲国家。这是因为欧洲经济、金融比其他地区要早得多,也发达得多。另外,从形式上看,除个别例外,各国基本上是通过法律赋予普通商业银行集中货币发行权和对其他银行提供清算服务及资金支持的权利,而逐步从普通商业银行演变为中央银行的。

表1-1　世界各国早期建立的中央银行

欧洲19家			
瑞典银行	1656 年	比利时国家银行	1835 年
英格兰银行	1694 年	希腊国家银行	1840 年
法兰西银行	1800 年	意大利银行	1859 年
芬兰银行	1809 年	俄罗斯银行	1860 年
荷兰国家银行	1814 年	德意志帝国银行	1875 年
挪威银行	1817 年	保加利亚国家银行	1879 年
奥地利国家银行	1817 年	罗马尼亚国家银行	1883 年
丹麦国家银行	1818 年	塞尔维亚国家银行	1883 年
葡萄牙银行	1821 年	瑞士国家银行	1905 年
西班牙银行	1828 年		
美洲5家			
美国第一银行	1791 年	玻利维亚银行	1911 年
美国第二银行	1816 年	美国联邦储备体系	1913 年
乌拉圭银行	1896 年		
亚洲4家			
爪哇银行	1828 年	大清户部银行	1905 年
日本银行	1882 年	朝鲜银行	1913 年
非洲1家			
埃及国家银行	1898 年		

　　资料来源:杜朝运:《中央银行学》,厦门大学出版社2010年版。

（二）初创时期的典型中央银行

1. 瑞典银行

瑞典银行成立于1656年，最初是一般的私营银行，但该行在其业务活动上从一开始就比当时已经存在的其他银行前进了一大步，它是最早发行银行券和办理抵押贷款业务的银行之一。该银行成立时划分为两个部门：汇兑部门和信贷部门。1661年开始发行银行券，储备货币是铜。因过度发行银行券，1668年瑞典政府将其收归国有并予以控制，从而成为世界上最早的国家银行。但是直到1897年瑞典政府才通过法案，将货币发行权集中于瑞典银行，取消了当时28家银行所拥有的货币发行权，完成了向中央银行转变的关键一步。

2. 英格兰银行

成立于1694年的英格兰银行虽晚于瑞典银行，但按照中央银行的基本性质与特征及其在世界中央银行制度形成过程中的历史作用来看，英格兰银行是最早全面发挥中央银行功能的银行，所以一般称其为现代中央银行的鼻祖。1691年英国政府出现财政困难，苏格兰人佩特森建议募集120万英镑作为资本金，建立银行并将资本金全部借给英国政府。1694年7月27日，由伦敦城1 268家商人出资合股建立了私人股份制商业银行——英格兰银行，同时，英国议会通过了《威廉玛丽法》，确定英格兰银行为国家银行，授予英格兰银行在不超过其资本总额的限度内发行银行券和代理国库的特权。作为交换条件，英格兰银行向政府提供120万英镑的贷款，年利率8%。到1746年，英格兰银行借给政府的贷款已经达到1 168.68万英镑。英格兰银行成为英国政府的大债主，英国政府则给予英格兰银行一些有别于一般商业银行的特权作为回报，具体包括：①向政府放款，抵补英国连年的殖民战争的经费需要；②以政府债券为抵押，发行等值银行券，进行业务经营；③代理国库，管理政府债券。因而英格兰银行自成立之日起就是"政府的银行"。

1833年国会通过法律规定英格兰银行发行的纸币具有无限法偿能力。英格兰银行真正成为国家的发行银行是由1844年7月29日颁布的《英格兰银行条例》（又称皮尔条例）所确定的。

英格兰银行产生与演变的过程表明，商业银行演变为中央银行经历了相当长的时期，作为发行的银行经历了部分占有发行权到全部独立拥有发行权的过程；作为政府的银行经历给政府贷款到充当国库代理人的过程；作为银行的银行经历了承担银行间清算以及最后贷款人的过程。

专栏1-1　　　　　　　　　英格兰银行与《皮尔条例》

英格兰银行由伦敦城的1 268家商人创立于1694年，其目的是按年息8%贷款120万英镑给英王威廉三世，他需要这笔款项来替英法战争（1689—1697年）和英国在欧洲大陆的其他军事活动融资。1694年7月27日，英国国会正式制定法案通过此项决定。英格兰银行在章程上有两点与其他银行不同:其一它是合股公司,其二它被赋予有限责任的特权。在成立之初其业务性质不同于同时代其他银行的一个重大特点是它拥有政府户头,这一点亚当·斯密在 1777年就指出了,"它不仅作为普通银行,而且作为国家的巨大机器"①。并且这也使得他与政府有着密切的联系,是"作为国家银行和私人银行之间的奇特的混合物"②。

1816 年,英格兰银行资本额已经由最初的 120 万英镑增至 1 455.3 万英镑。尽管 1826 年英国国会通过法案仍准许其他股份银行设立并可以发行钞票,但 1825 年及 1837 年由于各银行的过分贷款而导致的银行危机使得英国议会不得不进行干涉,以管制银行业,特别是控制钞票发行。

关于对货币发行控制的争论可追溯到 18 世纪末的"金块论争"。当时,英国连年战争使军费开支过大,银行券发行泛滥。以大卫·李嘉图为首的"金块论者"认为造成纸币贬值的原因是纸币发行过多及银行券停止兑现,"反金块论者"则认为即使银行券不兑现也不致发行过多。后来在 1840 年,英国议会在讨论银行券发行制度改革时,又掀起了"通货主义"和"银行主义"之争,其基本内容与"金块论争"相似,但涉及领域更广,后来以通货主义获胜告终,形成了 1844年的《皮尔条例》。

通货主义认为,防止过分发行钞票的唯一办法是坚持钞票发行必须有充足的黄金后盾;如果允许信用发行,即没有黄金作后盾的钞票发行,也应该是数额很小并受到严格限制,而且钞票发行的进一步增加都必须用等量的黄金来支持。银行主义则认为钞票发行无须受这样严格限制,而应使其可以变化,以适应当时商业的具体需要。通货主义倾向于过分强调伴随过多发行钞票的危险,而银行主义则倾向于尽量轻视这些危险。在当时的英国首相、通货主义支持者皮尔的主持下,于 1844 年 7 月 29 日通过了银行特许条例,即《皮尔条例》。

《皮尔条例》的主要规定有:(1)将英格兰银行划分为两个独立的部门:发行部和银行部。前者只和发行钞票有关,后者则要求执行英格兰银行的其他职能;(2)英格兰银行获准作 1 400万英镑的小量信用发行,须全部以政府公债作抵押,超过此限额的发行必须有十足的货币金属(黄金、白银,其中白银不得超过 1/4)作准备;(3)将银行券发行权集中于英格兰银行,规定在 1844 年 5 月 6 日止已享有发行权的其他银行,其发行额不得超过 1844 年 4 月 27 日前 12 年间的平均数,如有放弃发行权而破产的、两个或两个以上合并的,都不得再发行,由英格兰银行按其发行规定定额的 2/3 增加发行;(4)本法颁布后不得再产生新的发行银行,原享有发行权的银行也不许再增加其发行额。可见,《皮尔条例》从中央银行的组织模式和货币发行上为英格兰银行行使中央银行职能奠定了基础。到 1928 年,英格兰银行成为英国唯一的发行银行。《皮尔条例》不仅确立了英格兰银行货币发行银行的地位,也为其他国家以后建立中央银行提供了范本。

资料来源:陈学彬主编,《中央银行概论》(第二版),高等教育出版社 2007 年 2 月版。

3. 美国联邦储备体系

1913 年成立的美国联邦储备体系是美国的中央银行。它的成立经历了一个长期的摸索过程。此前,美国先后成立过美国第一银行和第二银行。这两家银行

---

① 【英】J. L. 汉森:《货币理论与实践》,中译本,中国金融出版社 1988 年版,第 157 页。
② 《马克思恩格斯全集》第 25 卷,人民出版社 1977 年版,第 454 页。

都具有一定的中央银行性质,但自身经营目标不明确,均在 20 年经营期满后被迫停业。

美国独立战争后,联邦政府为了筹集财政资金,模仿英格兰银行的做法于 1791 年经国会特许设立了美国第一银行,总部设在费城,资本金 1 000 万美元,其中联邦政府持股 20%,私人股份占 80%,营业期限为 20 年,在主要城市开设 8 家分行。主要业务内容是发行货币、接受政府存款和向政府机构提供贷款以及办理票据贴现和接受私人存款。同时,通过拒收过度发行银行券的州立银行银行券或要求发行银行兑换黄金,达到管理州立银行、整顿货币发行纪律的目的。在其存续期,这家公司制的带有中央银行性质的机构在许多方面做了大量有益的工作,如帮助政府理财,为国家发行信誉可靠的银行券,并以比较合理的方式调节在州注册的、数量不断增加的州银行,同时还经营着商业银行业务等。但是,这些带有中央银行性质的业务,尤其是对州银行的管理,引起州立银行和反对加强联邦权利的农业州的普遍不满,他们认为第一银行的建立违反了联邦宪法关于没有明确规定属于联邦政府的权利全部属于各州政府的原则。最后国会以一票之差否决了第一银行的展期申请,1811 年注册期届满后,美国第一银行关闭。虽然美国第一银行还不是真正意义上的中央银行,但是它迈出了国家对银行业进行监管的第一步,是美国中央银行制度建立的雏形。

此后,州立银行承担发行货币和代理国库的业务,州立银行的数量迅速增加,从 1811 年的 88 家猛增到 1816 年的 246 家,结果造成银行券的发行量成倍增长,银行券兑现困难。1812 年美国又宣布与英国开战,各州银行给政府提供贷款,货币发行失控,引发金融秩序的大混乱。战争结束后,美国政府逐渐认识到设立中央银行、以相对集中的方式发行货币有利于控制货币信用活动,有利于为财政筹集资金,于是美国国会于 1816 年又一次特许成立美国第二银行,在组建、授权范围等方面都类似于美国第一银行,但规模有所扩大。第二银行的资本金为 3 500 万美元,联邦政府拥有 20% 股份,其余由私人股东和社会公众认购,营业期限也为 20 年。美国第二银行也兼具了商业银行与中央银行的双重职能。其管理职能主要体现在两个方面:一是管理货币流通,二是监督各州立银行的清算和偿付债务。但是由于货币发行权过于分散,而各州立银行的存款贷出后又很难收回,如果强制收回又将导致州立银行的破产,引发金融危机。因此,因为同样原因,美国第二银行于 1836 年经营期满后被迫关闭。尽管仍以失败告终,但其仍不失为一次伟大的尝试,为日后美国乃至世界建立健全宏观金融监管体系提供了重要经验。

美国第二银行停业后,美国金融业进入了更加混乱的自由银行时代,货币流通和信用秩序更加混乱。1863 年美国国会通过《全国货币法》。主要内容是:①建立国民银行制度,国民银行在联邦政府注册。②设立专门监督国民银行活动的"货币监理官"。③建立货币发行准备制度,由财政部印制统一的银行券,国民银行每发行 90 美元银行券需要在货币监理官处存入 100 美元公债。若发生银行倒闭,货币监理官将债券出售偿还银行券持有人。这种制度实际上是财政部在行使中央银行的部分职能,虽然在一定程度上能够有效遏制滥发货币,防范金融风险,但是却不能适应经济发展对货币的需要。1873—1907 年,美国几乎每隔数年就要发生一次金融危机。特别是 1907 年的金融危机,对美国经济产生了较大的影响与震荡,这使公众日益认识到货币体系不稳定的危害性与建立中央银行的必要性。

1908 年 5 月,美国国会建立国家货币委员会,调查研究各国中央银行制度。1912 年决定建立兼顾各州利益又能满足银行业集中管理需要的联邦储备制度。1913 年 12 月 23 日国会通过了《卡姆·格拉斯法案》,即《联邦储备法》(The Federal Reserve Act)。该法案巧妙地平衡和折中了中央管理和地方管理、自愿参加和强迫参加、政府所有和私人所有、政府管理和私人管理等各种关系,它不仅是成功地解决了美国政治矛盾的一种中央银行制度,更是中央银行制度史上的一大创新。根据法律规定,联邦储备银行的主要任务是提供一种有弹性的货币,为商业票据提供一种再贴现的手段,并在美国建立对银行更有效的监督。1914 年,美国联邦储备体系正式建立。联邦储备体系初步具有了发行的银行、政府的银行、银行的银行、管理金融的银行这四大职能,使得现代中央银行制度终于在美国建立起来。

（三）初创时期中央银行的特征

从对中央银行产生的历史考察,我们可以总结出初创时期中央银行的基本特征。

（1）自然地发展与演变。绝大多数中央银行都是从大商业银行自然地缓慢发展与演变而来的。

（2）逐步拥有到全部垄断货币发行权。中央银行的典型标志是垄断货币发行权,但这种特权的拥有经历了一个部分拥有到独享的漫长过程。

（3）兼营商业银行业务。在中央银行出现初期,大商业银行演变为中央银行,履行中央银行的职责,但并没有放弃从事原来的商业银行业务。实际上这种机构同时身兼二职,既是中央银行,又是商业银行。

（4）不完全具备调节与控制金融市场的能力。由于各方利益集团的博弈及经验和技术不足,更由于货币制度设计的不完善,因此早期的中央银行并不完全具备调节与控制金融市场的能力,金融危机仍时有发生。

（5）一般多是私人股份或公私合股的银行。不管是大商业银行演变而来,还是国家直接设立的中央银行,一般多是私人股份或公私合股的银行充当中央银行角色,政府只是部分参股。

（6）中央银行制度的建立离不开政府的参与和推动。从中央银行产生之初就与政府有密切联系,政府的愿望(如融资、经理国库等)都会在中央银行建立法案中得以体现,实质上是强化了政府对中央银行的控制。

(7) 中央银行制度建立的过程也是金融法制不断健全完善的过程。中央银行制度的建立往往都是以法律的制定颁布为基本前提。如《比尔条例》从组织模式上和货币发行上为英格兰银行行使中央银行职能奠定了基础,《联邦储备法》促成了美国联邦储备体系的建立。

第二节　中央银行制度的发展

中央银行的发展大致可分为三个阶段:一是从第一次世界大战开始到第二次世界大战结束是中央银行制度的普遍推广时期;二是从第二次世界大战结束后,可视为中央银行制度的强化发展时期;三是 20 世纪 80 年代以来,随着全球经济、金融的变化,中央银行面临着政治、经济和技术的挑战,中央银行制度的革新。

一、中央银行制度的推广

(一) 中央银行制度推广的背景

第一次世界大战爆发后,各国金融均受到了巨大的破坏,主要资本主义国家先后放弃了金本位制,中央银行纷纷停止或限制银行券兑换黄金并禁止黄金出口。为了维持战争时期的财政资金需要而过量发行货币,导致世界性的金融恐慌和严重的通货膨胀,面对极端混乱的货币制度,各国政府和金融界普遍认识到必须利用中央银行来加强对货币信用的控制才可以补救。于是 1920 年在比利时首都布鲁塞尔召开了历史上第一次国际金融会议。该会议强调通货膨胀的根源是财政赤字,稳定币值的关键是要维持财政平衡。因此中央银行的活动应摆脱各国政府在政治上的控制,尤其要摆脱为财政的需要而发行货币的情况,实行稳定的金融政策,建议各国应建立中央银行,由中央银行集中货币发行,以便控制货币发行和稳定币值。这些都成为战后中央银行制度建立的最重要的理论基础。1922 年在瑞士日内瓦召开国际经济会议,会议又重申了现代经济社会建立中央银行制度的必要性,重申和强调了布鲁塞尔会议的决议,建议尚未建立中央银行的国家应尽快建立中央银行,已经建立中央银行的国家要进一步发挥中央银行的作用,以共同维持国际货币体系和经济稳定。由此,推动了中央银行成立的又一个高潮。

从 1921 年到 1942 年之间,世界各国改组或设立的中央银行有 43 家,其中欧洲 16 家,美洲 15 家,亚洲 8 家,非洲 2 家,大洋洲 2 家。见表 1-2。世界上主要国家差不多都在这一时期建立了中央银行。

表 1-2 世界各国建立中央银行的年份

欧洲 16 家			
俄国国家银行	1921 年	阿尔巴尼亚国家银行	1925 年
德国国家银行	1922 年	南斯拉夫国家银行	1925 年
立陶宛国家银行	1922 年	捷克斯拉夫国家银行	1926 年
拉脱维亚银行	1922 年	爱沙尼亚国家银行	1927 年
奥地利国家银行	1923 年	保加利亚国家银行	1927 年
波兰国家银行	1924 年	希腊国家银行	1928 年
但泽银行	1924 年	冰岛银行	1942 年
匈牙利国家银行	1924 年	爱尔兰中央银行	1942 年
美洲 15 家			
秘鲁储备银行	1922 年	萨尔瓦多中央银行	1934 年
哥伦比亚银行	1923 年	阿根廷中央银行	1935 年
乌拉圭中央银行	1924 年	加拿大银行	1935 年
墨西哥银行	1925 年	巴拉圭中央银行	1936 年
智利中央银行	1925 年	哥斯达黎加中央银行	1937 年
危地马拉中央银行	1926 年	委内瑞拉中央银行	1940 年
厄瓜多尔中央银行	1927 年	尼加拉瓜中央银行	1940 年
玻利维亚中央银行	1929 年		
亚洲 8 家			
中国中央银行(广州)	1924 年	印度储备银行	1935 年
中国中央银行(上海)	1928 年	土耳其中央银行	1937 年
伊朗国民银行	1928 年	阿富汗国民银行	1941 年
中华苏维埃共和国国家银行	1929 年		
非洲 2 家			
南非联邦储备银行	1921 年	埃塞俄比亚银行	1942 年
大洋洲 2 家			
澳大利亚联邦银行	1924 年	新西兰储备银行	1934 年

资料来源:杜朝运:《中央银行学》,厦门大学出版社 2010 年版。

(二)中央银行制度推广的具体原因

1. 新的货币本位制度建立的影响

第一次世界大战爆发时,世界各国禁止黄金流出,实行浮动汇率制度,加强了对本国金融行业的控制。第二次世界大战之前,在金汇兑本位制下,由于美元、英镑、法郎等储备货币占主导地位,美、英、法等国就成为影响国际金融活动的“中心国”,其他国家的贸易活动和财政金融不得不受这些中心国的影响和控制。因此,为了维护本国利益,其他国家只有通过完善本国的中央银行制度使中心国的影响和干预减到最小程度。而由于纸币本位制的特性,更需要中央银行的宏观调节。

2. 布鲁塞尔会议和日内瓦会议的影响

这两次会议的召开,直接推动了各国中央银行的建立和发展。而且会议中提出的许多政策建议奠定了中央银行制度的理论基础,直接指导一些国家的中央银行建立,避免了许多弯路。

3. 麦克米伦委员会的影响

1930年,麦克米伦委员会(英国金融与工业皇家委员会)专门开会研究当时主要国家中央银行的目标和功能,会议认为中央银行的主要目标应该是国际之间合作管理金本位制的完整性,因此,应首先维持国际之间的物价稳定。受此影响,英联邦及拉丁美洲各国基于国内经济发展的需要和中央银行发展的国际潮流,纷纷设立或者改组了中央银行。

4. 新国家的产生

第二次世界大战以后,各国政治形势发生了重大变化,一批经济比较落后的国家摆脱了宗主国或者殖民者的统治获得独立,产生了一些新的国家。它们皆视中央银行的建立是巩固民族独立和国家主权的一大标志。所以,这些国家在建国或者独立后不久就先后建立了自己的中央银行。

5. 来自其他国家或国际组织的支持

由于长期战争,许多国家的经济遭到破坏,金融秩序十分混乱,单靠本国的国力无法完成建立中央银行的任务。这时,外国及一些国际组织在这些国家中央银行的设立过程中起了十分重要的作用。如第一次世界大战后,奥地利、秘鲁及南美其他国家接受国际联盟的援助,建立了本国的中央银行制度。二战后成立的国际货币基金组织和国际复兴开发银行在加强各国中央银行交流与合作等方面发挥了关键作用。

(三)中央银行制度推广时期的特点

(1)大部分的中央银行都不是由商业银行自然演进而成,而是出于通货膨胀的压力,依靠政府的力量创建的,而且在较短期时间内数量迅速扩大,是中央银行历史上发展最快的一个时期。

(2)设立中央银行的区域扩大了,不仅经济发达的欧洲国家普遍设立了中央银行,而且经济欠发达的美洲、亚洲、非洲等国家也纷纷设立中央银行,数量占这一时期产生的中央银行的一半以上,设立中央银行已成为全球性的普遍现象。

(3)大部分中央银行在短暂的金本位制以后,大多对货币发行制度进行了改革,恢复虚金本位制,建立了比例准备金制度和垄断货币发行权利,停止对政府财政直接提供贷款。稳定货币、控制通货膨胀成为中央银行的首要任务。

(4)由于该阶段发生了1930年代世界经济大危机,大量金融机构的倒闭给社会经济造成巨大震荡和破坏,使人们认识到金融机构和金融体系保持稳定的必要性,进一步严格和增强了存款准备金制度,使之成为中央银行管理金融的重要手段,中央银行的职能逐步扩展。

二、中央银行制度的强化发展

如果说第一阶段初创时期的典型特征是中央银行的自然演变,第二阶段推广时期的典型特征是人为因素推动中央银行的迅速创建时期,那么,第二次世界大战以后发展时期的典型特征就是政府对中央银行控制的加强和中央银行宏观经济调控职能进一步强化的时期。

（一）政府加强对中央银行控制的原因

1. 社会经济发展的需要

第二次世界大战结束后,无论是发达国家,还是一些新独立的发展中国家都面临着恢复生产、发展经济、建立经济、金融新秩序的紧迫任务。正是这些任务要求政府依靠中央银行才能完成。

2. 货币政策改革发展的需要

从货币制度角度看,由于金本位制已经完成历史使命,虚金本位制也难以恢复,这就为政府利用货币信用政策来干预和调节经济提供了重要条件。首先,在信用货币制度下,中央银行成为唯一的货币发行者,虽然其他金融机构也参与信用供应,但是,全社会信用供应量的大小最终取决于基础货币的多寡。其次,中央银行发行货币的数量不再像金本位制那样依赖于持有黄金的数量,可以根据货币政策的需要灵活决定。

3. 凯恩斯国家干预经济的新的宏观经济调控理论的出现

宏观经济调节理论认为资本主义经济始终存在非充分就业,即存在非自愿失业,可以通过宏观经济调节减少非自愿失业。而在这当中,政府可以发挥更大的作用。

4. 国家干预的实践提供了可借鉴依据

1930 年代大危机时期,罗斯福新政为政府通过中央银行干预经济提供了依据。各国中央银行都不同程度地加强了作为金融政策制订和执行机构的作用,普遍设立货币政策委员会之类的机构。

5. 加强国际之间的政策协调和合作的需要

金本位制的消亡和国际贸易的不平衡发展带来了贸易战、汇兑战和关税战此起彼伏,需要各国政府和金融当局的合作协调。战后建立的国际货币基金组织、世界银行和国际金融公司等一系列国际金融组织成为各国政府进行政策协调配合的舞台,各国中央银行代表政府参加了这些组织。

（二）中央银行制度强化的表现

第二次世界大战后,中央银行不仅在数量上迅速增加,而且在经济生活中的地位和作用日益增强。各国政府纷纷改组、重建和新建中央银行,同时加强了政府对中央银行的控制,使得中央银行制度得到强化。具体表现在以下几个方面。

1. 对中央银行实施国有化改革

早期中央银行虽然作为政府的银行存在,但大多数仍然是私人或私人与政府联合创办的,政府对中央银行的控制并不完全。第二次世界大战后,中央银行在经济调控中的重要作用不断显示出来,不仅垄断了货币发行、代理国库和调节信用活动,更重要的是监督管理整个银行体系。在凯恩斯国家干预主义思想影响下,为了更好地行使中央银行职能,一些发达国家对中央银行实行了国有化改革,将中央银行的资本全部收归国有。首先是法兰西银行在 1945 年 12 月 2 日被国有化,原股东持有的股票均按一定价格换成政府债券。然后是英国政府于 1946 年将英格兰银行收归国有,股东用原股票换取面额 4 倍的政府债券。其后荷兰、德国、印度等国的中央银行也相继实行国有化改革。一些新建的中央银行,在成立之初就实行国有化政策。对于那些继续维持私有或政府与私人共同持有股本的中央银行也都明确规定私人股本不享有决策权和经营管理权,只能按规定利率获取固定红利等,其目的是从所有制上保证中央银行是政府调节宏观经济的工具,从而有利于中央银行维护社会公共利益,实现国家经济和金融的稳定。

中央银行国有化的原因主要有三点:一是中央银行作为金融管理当局需要采取中性立场,以社会利益为目标;二是中央银行不应以盈利为目标;三是信用货币发行所产生的巨额利益应归于国家。

2. 中央银行成为国家干预和调节宏观经济的重要工具

第二次世界大战后世界政治、经济格局发生了变化,各国政府为恢复经济、稳定金融秩序,都对中央银行加强了控制,并把中央银行的存在看成是一国国家机构是否完善、甚至是国家主权的象征之一。在金本位制彻底崩溃以后,各国普遍实行的是信用货币制度,再加上凯恩斯国家干预理论的出现,这就为中央银行制度进一步发挥作用提供了现实条件和理论基础,促使中央银行成为国家干预调节经济、实现经济目标的重要工具。20 世纪 60 年代货币学派的兴起,更加强调了货币政策的重要性。

3. 新的银行法的制定更加明确了中央银行的职责

许多国家通过立法的形式来强化政府对其的控制,明确中央银行的主要职责就是贯彻执行货币金融政策,维持货币金融的稳定。例如,1942 年日本通过的《日本银行法》规定,建立日本银行的目的是"为了保证国家经济力量的发挥,按照国家政策,调节货币和金融,维持信用制度的稳定"。很明显,中央银行不仅要维护货币价值和信用制度的稳定,还要服从国家宏观经济政策,帮助经济发展。1957年《德意志联邦银行法》规定,德国联邦银行的主要职责是发行货币、管理货币和货币流通,提供信贷,稳定货币,代理联邦财政收支,保管国营企业的资金及发展同国外的往来关系。这些都从立法上保障了国家对中央银行的控制权。

4. 中央银行调节经济的手段不断扩大并日益成熟

这主要表现在:一是为了专注于宏观调控,稳定货币和信用,中央银行基本上都放弃了原来从事的商业银行业务，专门行使中央银行职能。二是美联储1930年代偶然参与债券市场的买卖，发现公开市场的债券买卖比再贴现政策对货币供应量的影响更大，对信用量的调节更有效果。受此启发，各国中央银行纷纷仿效美联储的做法，以普通买卖者的身份积极参与公开市场交易活动。三是存款准备金制度的功能由防止流动性危机转变为货币政策工具。

5. 世界各国中央银行之间的联系更加紧密，合作逐步加强

战后组建的国际性经济、金融组织是各国加强政策协调、寻求国际合作的重要平台。1944年7月1日，在英美两国的提议下，44个国家在美国布雷顿森林召开了联合国货币金融会议，通过了《国际货币基金协定》，同意建立一个国际货币制度，由新成立的国际货币基金组织（IMF）及其辅助机构国际复兴开发银行来加以管理。1945年12月27日国际货币基金组织成立并于1947年3月1日正式运行。而各国中央银行都作为政府的代表参加这些组织，进行各种形式的政策协调和配合，尤其是在世界经济一体化发展进程中不断暴露出新的矛盾和摩擦，更需要世界各国的政策协调，中央银行在其中发挥的作用越来越大。

专栏1-2　　　　　　　中央银行制度强化时期的法兰西银行

法兰西银行是二战后首先进行国有化的中央银行。1945年12月2日法国公布国有化法令，将法兰西银行的私人资本收归国有。原股东的股票按照1944年9月1日至1945年8月31日的市场价格计算，换取利率为3%的政府债券。法兰西银行既是货币当局之一，也是法国货币、银行机构的最高行政管理机关。在法国本土全境内享有发行钞票的独占的与不受限制的特权，承办黄金和外币买卖、贴现、凭国库券及公司股票的垫款、对国家的垫款及公开市场五种业务，同时办理某些根据其本身的特点和任务所产生的业务。

根据国有化法令，法国三大商业银行即巴黎国民银行、里昂信贷银行、法国兴业银行也实行国有化，并设立国家信贷委员会。同时对1941年6月成立的银行管理委员会加以改组。法兰西银行总裁兼任银行管理委员会主席和国家信贷委员会副主席。

1973年1月3日，法国政府公布了《法兰西银行法》，规定法兰西银行也可参与货币政策的制定，履行调控信贷的职能，因此法兰西银行在制定和执行政策方面，实际上是集中统一的。在货币政策方面，1961年有关法律规定各银行的现金对存款总额应保持一个最低水平。1967年实行准备金制度以取代现金比率制度，法兰西银行根据市场情况决定准备金比率，各银行无息存入准备金。该行还采取贴现政策和公开市场业务操作手段，直接影响各银行的业务活动。法兰西银行在国有化后全面履行中央银行的职能，得到了很大的发展，到1975年，法兰西银行的资产就达到了1828亿法郎，成为国家干预经济的重要工具。

资料来源：杜朝运，《中央银行学》，厦门大学出版社2010年版。

三、中央银行制度的新发展

20 世纪 80 年代以来,随着全球经济、金融的变化,中央银行面临着政治、经济和技术的挑战,中央银行制度也随之在不断革新变化,全世界中央银行业出现了一场"静悄悄的革命"①,着力推进现代化进程。中央银行制度的新变化主要表现在以下几个方面:一是中央银行体制类型的多样化,尤其是 1998 年成立的欧洲中央银行,在区域和全球金融事务中发挥着越来越重要的作用。二是中央银行的职能除了传统的"政府的银行"、"发行的银行"、"银行的银行"外,更加专注于货币政策的制定和执行,以及金融市场的稳定。三是中央银行与政府的关系在发生微妙的变化。虽然中央银行资本基本上实现了国有化,但是中央银行在制定和执行货币政策方面的独立性越来越强,透明度越来越高。四是中央银行为了更好地履行职责,更加关注货币政策有效性、资源利用效率,增加透明度,以及改善财务报表,为此不断改革完善内部管理结构,发挥委员会作用以改善决策、操作程序,依托 IT技术发展建立更加安全、高效、快速的支付系统等。

专栏 1-3　　　　　　　　　　中央银行发展的"三代"

中央银行的基本功能——其"第一代"——强调业务营运。这是个具有业务性的角色,提供业务支持,以支持国家政府机构以及国民经济中的机构和个人。中央银行的具体职能应该大体上包括:

- 发行流通货币和收集铸币税;
- 银行间结算;
- 为政府和其他银行服务;
- 管理财政的工具;
- 特定时间和地点的其他业务服务。

中央银行发展的第一代,优先考虑的是效率。客户和利益相关者要求中央银行具有可预测性、一致性和可靠性。人们期待、鼓励中央银行作为一种"官僚机构"去运作。在这一阶段,官僚机构的消极方面影响不大。指挥和控制可传递效率。在中央银行第一发展阶段,"经理"只需要成为能干的管理者。

在"第二代",中央银行将有新的角色,需要更广泛的知识和更复杂的判断。该银行的直接客户,其更广泛的利益相关者,现在也需要政策职能,如:

- 管理国家的外汇储备和汇率;
- 制定和执行货币政策;

---

① 中央银行的变革及现代化进程情况可参见阿兰·S·布兰德著,孙涛等译,《中央银行的现代化进程》,中国金融出版社 2006 年版;尼尔·库提斯、彼特·尼可编著,方洁、张立勇等译,《中央银行现代化》,中国金融出版社 2010 年版。

- 管理和监督金融机构；
- 在经济发展方面提供专家建议甚至决定。

第二代中央银行需要以更现代化的方式取代第一代作为官僚机构的中央银行，这些变化可能包括彻底地反思中央银行的职能和结构。总体工作人员人数可能会大幅下降。以适应中央银行功能和技术变革，薪酬结构应反映经济价值，而不是服务时间的长短。20世纪常用的商业工具，如量化的目标，成本会计。管理报告，利益相关者的问责制和系统优化，将不得不加以调整，以适应中央银行的特定需求。在第二代中央银行里，高级职员必须是真正的经理人，而不是行政官员。

第三代中央银行的形态正在形成之中，但某些轮廓已经显现。平衡的经济活动正从产生有形需求转向产生无形需求。信息和通信技术正在改变经济结构、经济关系和经济交易，以创建一个复杂的、技术先进的和全球化的"知识经济"。对中央银行而言，最根本的是，国家中央银行概念背后的"国民经济"宏观经济模型受到威胁，逐渐变得不那么重要了。

在第三代中央银行，业务功能并非中央银行独有，或者说更多的高科技因素更少的人参与其中。政策职能从开处方和干预转变为施加影响和风险管理，在所有这些职能中，态度、更快、更新的经验和信息技术发挥着战略性的作用。这些第三代功能变化甚至构成了对第二代的组织结构和管理做法的挑战。

为了管理中央银行组织不可避免的风险，由于其理论和实践结合的独特视野，中央银行可以研究企业和政府可能会忽视的问题。"思想领导"甚至可能成为中央银行的主要职能。

第三代中央银行要求一个更复杂的新的组织结构，增加一个新的功能——探索。通过探索，中央银行可以做很多工作来帮助社会实现艰难的经济和社会转型。

第三代中央银行也要求在他们的传统美德"诚信、专业和公共服务的道德"的基础上，增加新品质，"眼光、开放、创新、对未来风险和机会的预测"。高级职员大多数必须成为领导者和服务者，而不仅仅是经理人。

资料来源：尼尔·库提斯、彼特·尼可编著，方洁、张立勇等译，《中央银行现代化》，中国金融出版社2010年版。

第三节　中国中央银行制度的建立和发展

中国金融业的发展历史并不短，在明朝末期就已普遍存在钱庄、票号等金融机构，但是现代意义上的银行却出现较晚，中央银行的形成则更晚，20世纪初还处于萌芽状态，直到国民党政府时期才开始创建中央银行。

一、中央银行的萌芽

清朝末年货币流通极为混乱，银两、银元、铜钱、银票及外国银行发行的货币同时在市场上流通，严重影响了币值稳定。为了整顿币值、统一货币，解决财政困难，

1904 年 3 月 29 日,由清政府奏准户部设立户部银行,注册资本金 400 万两白银,股本 4 万股,由国内各界认股,其中户部认购一半。但是认股不踊跃,结果由政府拨款 20 万两,于 1905 年 8 月在北京西郊民巷开业。该行除了办理一般商业银行业务外,清政府还授予该行拥有铸造货币、代理国库、发行纸币等特权,使其成为中国最早出现的具有中央银行职能的银行。1908 年户部银行改为大清银行(也叫"京师总行"),除了增加资本金、重申该行经营原有业务外,又赋予该行经理公债、代办政府各种证券等职能,进一步明确了其国家银行的地位。大清银行在全国共有 35 家分支机构,是清政府时期最大的银行。1912 年随中华民国成立改为中国银行。

1908 年,清政府为了赎回京汉铁路的建造权和经办铁路、电报、邮政、航运部门的资金收付需要,设立了交通银行。经过多年的发展,1913 年交通银行取得了与中国银行同等地位的货币发行权,交通银行发行的纸币成为法偿货币,同时还拥有代理国库、支付公债本息的权利。因此,在北洋政府时期,中国银行和交通银行都具有部分中央银行的职能。

二、国民政府时期的中央银行

1924 年 8 月,孙中山在广州成立国民革命政府,同时设立中央银行。1926 年 7 月攻陷武汉后,在汉口设立中央银行,将原广州的中央银行改为广东省银行。由于政党纠纷、军需剧增,导致货币发行超量,再加上经营目标不明确,没有能够真正发挥中央银行的作用。

1927 年蒋介石在南京成立新国民政府,同年 8 月公布《中央银行条例》,着手建立中央银行。1928 年 10 月颁布《中央银行章程》,同年 11 月 1 日中央银行在上海正式开业,资本金 2000 万元,全部由政府出资。采用总分行制的组织形式,中央银行的总裁由国民政府特任,理事监事由国民政府特派,受国民政府行政院的直接领导。中央银行为国家银行,享有国民政府所授予的货币发行、铸造、经理国库、募集公债四项特权。

中央银行成立后,国民政府同时对中国银行和交通银行实行增资改组,使之成为政府控制下的两家专业银行。国民政府指定中国银行为政府特许的"国际汇兑银行",交通银行为政府特许的"发展全国实业银行",1935 年将"豫鄂皖赣四省农民银行"改为中国农民银行。

国民党时期的中央银行在成立之初没有独占货币发行权,是与中国银行、交通银行以及后来成立的中国农民银行共同负责银行券的发行。1935 年 5 月 23 日正式颁布《中央银行法》,进一步明确中央银行是国家银行,隶属于总统府,总行从上海迁移到南京,资本金增至 1 亿元。同年 11 月 4 日进行币值改革,实行法币政策,放弃银本位制,采取金汇兑本位制,同时规定中央银行、交通银行、中国银行所发行的钞票为法定货币,中国农民银行发行的货币虽然不是法币,但被准许与法币同时流通。法币与美元挂钩,美元作为法币发行储备。法币改革在一定程度上确立了中央银行的特定职能,结束了中国金属货币的流通历史,摆脱了白银价格波动对币值的影响,迎合了世界货币制度改革的需要,是中国货币制度的一大进步。

1937 年 7 月在上海成立"四行联合办事总处"对四行业务进行协调监督,1939 年又将其改为中国金融的最高决策机构。为了扶植和强化中央银行在金融领域中的核心地位,国民政府对中央银行进行了一系列改革。主要内容有:①1939 年颁布《国库法》,中央银行依法取得代理国库的权利。②1942 年 7 月 1 日公布了《钞票统一发行办法》,规定中央银行是全国唯一合法的法币发行银行,原中国银行、交通银行、中国农民银行的法币发行权移交中央银行。③中央银行开始集中保管各银行的存款准备金。④中央银行管理外汇储备和金银储备。⑤1945 年 3 月,财政部授权中央银行检查监督全国的金融机构。抗战胜利后,中央银行已具备了其应有的职能,中央银行制度已基本建立起来。1949 年中央银行随国民党政府撤往中国台湾省。

三、苏维埃政府时期的中央银行

1931 年 11 月,在江西瑞金召开的中华苏维埃第一次代表大会上通过成立苏维埃国家银行的决定。1932 年 2 月 1 日"中华苏维埃共和国国家银行"正式成立,毛泽民任行长,隶属于财政部,重大业务方针、营业计划、利率、经营范围等均由财政部监督审核,资本金额定为 140 万元,但开业时实际为 20 万元,随后又陆续在中央革命根据地所辖各地设立分支机构。根据当时的条例规定,该行除经营一般银行业务外,还具有发行货币的特权和代理国库、代理发行公债及还本付息、对私人银行和钱庄进行监督的职能。1935 年中华苏维埃国家银行随中央红军到达延安,与原在陕北的陕甘宁苏维埃银行合并,改名为国家银行西北分行。1937 年陕甘宁边区政府成立后,又改组为陕甘宁边区银行。总行设在延安。

四、新中国时期的中央银行

(一) 中国人民银行的建立

中国人民银行是在革命根据地银行的基础上建立起来的。1948 年 12 月 1 日在合并原解放区的华北银行、北海银行、西北农民银行的基础上,在河北石家庄正式成立,同时发行人民币,人民币与金属货币脱钩。1949 年 2 月中国人民银行迁至北京,将原解放区银行逐步合并,并按照行政区划建立分支行。

(二) 中国人民银行的发展历程

中国人民银行成立 60 多年来,经历了四个不同的发展时期。

1. 1948—1953 年的整顿经济时期

这一时期中国人民银行有以下特点：

(1) 新中国成立后,中国人民银行接管了国民党时期遗留下来的金融机构,没收了官僚资本的银行,取缔外国银行在华的一切特权,改造民族资本的银行,建立以中国人民银行为主体、管理公私合营银行、扶助农村集体信用合作组织,监督和利用私营银行的社会主义金融体系。按照行政区域在全国建立了中国人民银行的分支机构体系。

(2) 中国人民银行一方面通过迅速建立自己的分支机构,扩大业务,为恢复经济服务,作为商业银行发挥重要作用。另一方面又通过制定和执行统一的金融政策,执行管理金融的职能。

(3) 该时期货币政策目标是稳定物价,通过开发储蓄品种,减少游资对市场的冲击和将资金优先贷给国营贸易企业,帮助吞吐物资,平抑物价。

2. 1953—1983 年的计划经济时期

这一时期中国人民银行有以下特点：

(1) 配合高度集中的计划经济体制,中国人民银行也形成了"大一统"的集商业银行和中央银行职能于一身,并排除其他金融形式的金融体制。尽管这一时期名义上还存在中国银行、中国农业银行、中国人民保险公司等金融机构,但实际上仅仅是中国人民银行的一个部门,不仅在业务上,而且在资金的往来和人事管理方面也都全部隶属于中国人民银行。中国人民银行在金融业中具有高度的垄断性。

(2) 中国人民银行通过编制全国综合信贷计划,建立高度集中统一的信贷计划管理体制。即一切存款上缴中国人民银行总行,一切贷款由总行根据国家的计划指标进行分配。

(3) 中国人民银行作为中央银行虽然保留垄断货币发行权的职能,但是货币发行量的控制权并不真正属于中国人民银行。在计划经济体制下,计划以产品为中心,资金成为配套资金,中国人民银行只能被动适应产品的生产和流通的需要,配合计划进行货币发行。货币政策的唯一使命就是如何配合完成计划,而为实现货币政策目标使用的手段也基本上是行政手段。代理国库也仅仅是象征意义上的资金出纳。因此,中国人民银行已经失去通常意义上的中央银行职能,成为计划经济体制中的一个政府部门。

3. 1983—2003 年的金融改革时期

1979 年开始,随着我国经济体制改革和对外开放政策的实施,我国的金融体制发生了巨大的变化。这一时期中国人民银行有以下特点：

(1) 大批专业金融机构先后恢复和建立。中国银行、中国农业银行、中国人民保险公司从中国人民银行中分离出来,成为独立的专业金融机构开展经营活动,同时还新建立了一批如中国国际信托投资公司等这样的非银行金融机构和城市信用合作机构,这些都显示了大一统的银行体制正向多层次、分类型格局的金融体系转化,增强了金融体制的活力。

(2) 改革高度集中的信贷管理体制,提高货币信用调节资源配置的功能。

(3) 1983 年 9 月国务院决定对金融体系进行大改革,1984 年 1 月 1 日起,中国人民银行专门行使中央银行职能,不再兼办工商信贷和储蓄业务,专门负责领导和管理全国的金融事业。同时成立中国工商银行承担中国人民银行原来的商业银行业务。这次改革明确了中国人民银行的性质、地位和基本职能,确立了中国人民银行作为中央银行的货币政策目标,并对人民银行的相对独立性等问题做出了全面的界定。

(4) 1995 年 3 月我国颁布了《中华人民共和国中国人民银行法》,从法律上进一步明确了中国人民银行作为我国中央银行的性质和基本职能。这标志着我国现代中央银行制度正式进入法制化发展的新阶段。

(5) 1998 年 10 月,中国人民银行及其分支机构在全国范围内进行改组,撤销各省级分行,按照经济区域在全国设立九个大区分行和两个营业部。这有利于中国人民银行摆脱地方政府的干预,更好履行中央银行职责。

4. 2003 年至今

中国人民银行专门行使中央银行职能以后,在宏观调控、金融监管等方面取得了令人瞩目的成绩。但是随着全球金融创新的发展和我国金融改革的不断深化,对金融监管的专业水准要求越来越高,促使国家需要不断调整金融监管体制。2003 年 4 月,我国成立了银行业监督管理委员会,专门行使对银行业和除证券、保险以外的其他金融机构的监管。2003 年 11 月,全国人大常务委员会通过了新修改的《中华人民共和国中国人民银行法》,实行货币政策和金融监管职能的适当分离,而中国人民银行定位于国家的中央银行和宏观调控部门,承担"制定和执行货币政策、维护金融稳定、提供金融服务"三大职能。2005 年 8 月 10 日,中国人民银行成立上海总部,承担部分总行职能。

本章小结

1. 中央银行是在资本主义银行制度发展过程中,以社会生产力的发展为基础,与商品货币经济的高度发达程度相适应,从商业银行中独立出来的一种特殊的政府性金融机构。其产生有其深刻的历史背景。

2. 中央银行产生的金融原因是:银行券统一发行的客观需要,集中统一票据交换和清算的客观需要,保证银行支付能力和稳定银行体系的客观需要,对金融业监督管理的客观需要,政府融资便利和代理国库的主观需要。

3. 中央银行的产生一般有两条途径:一是由资本实力雄厚、社会信誉卓著、与政府有特殊关系的大商业银行逐步地缓慢发展演变而成(1913 年以前),二是由政府出面通过法律规定直接组建一家银行作为一国的中央银行。

4. 初创时期中央银行的特征是:自然的发展与演变、逐步拥有到全部垄断货币发行权、兼营商业银行业务、不完全具备调节与控制金融市场的能力、一般多是私人股份或公私合股的银行。

5. 中央银行制度推广时期的特点是:大部分的中央银行都不是由商业银行自然演进而成,而是依靠政府的力量创建的,设立中央银行已成为全球性的普遍现象,稳定货币、控制通货膨胀成为中央银行的首要任务,中央银行的职能逐步扩展。

6. 中央银行制度强化的表现:对中央银行实施国有化改革,中央银行成为国家干预和调节宏观经济的重要工具,新的银行法的制定更加明确了中央银行的职责,中央银行调节经济的手段不断扩大并日益成熟,世界各国中央银行之间的联系更加紧密。

7. 20世纪80年代以来,随着全球经济金融的变化,中央银行面临着政治、经济和技术的挑战,中央银行制度也随之在不断革新变化,全世界中央银行业出现了一场"静悄悄的革命",着力推进现代化进程。中央银行制度的新变化主要表现在以下几个方面:一是中央银行体制类型的多样化;二是中央银行更加专注于货币政策的制定和执行,以及金融市场的稳定;三是中央银行与政府的关系在发生微妙的变化,独立性越来越强,透明度越来越高;四是中央银行为了更好地履行职责,更加关注货币政策有效性、资源利用效率、增加透明度,以及改善财务报表,为此不断改革完善内部管理结构,发挥委员会作用以改善决策、操作程序,依托IT技术发展建立更加安全、高效、快速的支付系统等。

8. 新中国的中央银行发展经历了四个发展阶段。从1984年1月1日起,中国人民银行专门行使中央银行职能,1995年3月我国颁布了《中华人民共和国中国人民银行法》,从法律上进一步明确了中国人民银行作为我国中央银行的性质和基本职能。2003年新修改了《中华人民共和国中国人民银行法》,实行货币政策和金融监管职能的适当分离,而中国人民银行定位于国家的中央银行和宏观调控部门,承担"制定和执行货币政策、维护金融稳定、提供金融服务"三大职能。

关键概念索引

皮尔条例　布鲁塞尔会议　凯恩斯宏观调控理论　中央银行国有化

复习思考题

1. 中央银行产生的金融原因是什么?
2. 中央银行产生的途径有哪些?
3. 中央银行制度推广时期的特点是什么?

4. 为什么第二次世界大战以后中央银行宏观经济调控职能得到进一步强化?
5. 中央银行制度强化表现在什么地方?
6. 中央银行制度未来改革发展的方向是什么?
7. 中国人民银行的发展经历了哪几个阶段?

第二章　中央银行的性质和职能

中央银行的性质与职能之间既相互联系,又相互制约。中央银行的性质决定职能,职能是性质的体现,而中央银行的性质和职能又是由其在国民经济中的地位所决定的。对中央银行地位、性质和职能的分析是理解和掌握现代中央银行制度的基础。本章主要阐述中央银行的性质、基本职能以及不同阶段中央银行职能的变化。

第一节　中央银行的性质

中央银行的性质是指中央银行自身所具有的特有属性。它是由其业务活动的特点和所能发挥的作用决定的。

一、中央银行是一国金融体系的核心

中央银行、商业银行、各种专业银行和非银行金融机构共同构成一国的金融体系,中央银行处于金融体系的核心。中央银行就像一位"总指挥官",是管理一国金融运行的中心;中央银行通过调节利率水平等方式,控制一国的货币供给总量,把握经济发展的冷热程度;中央银行通过颁布各种规章制度对各种金融机构的经营活动进行监管和规范,以贯彻国家政策意图;中央银行还通过与其他国家金融管理机构以及国际金融组织的往来与合作,参与金融全球化发展中金融问题的解决,

在强化一国金融主权的基础上,促进本国经济与金融的发展。由此可见,中央银行的地位与其他金融机构不可同日而语。

二、中央银行是管理全国金融事业的国家机关

几乎所有国家的法律都明确规定,中央银行是一个国家管理全国金融事业的国家机关。作为国家管理金融业和调控宏观经济的重要部门,中央银行自然具有一般的国家机关的性质,负有重要的公共责任。随着国家对金融和经济干预或调控的加强,中央银行的国家机关性质也在不断趋于强化。但是中央银行作为管理机关,又不同于一般国家行政管理机构,有其特殊性,具体表现在:第一,中央银行履行职责是通过金融业务进行的,对金融和经济的管理调控基本上是采用经济手段,这些手段的运用更多地具有银行业务操作的特征,与主要依靠行政或计划手段进行管理的一般政府机构有着本质的区别。第二,中央银行宏观调控是分层次实现的,要经过货币政策的传导达到调节市场主体的行为,并且存在时滞问题,而一般行政机构的行政决策是直接作用于经济主体,并且带有强制性的。第三,中央银行在政策制定上有一定的独立性(关于中央银行的独立性将在第四章专门论述)。

三、中央银行是经营金融业务的特殊金融机构

中央银行既是国家机关,又是具有特殊性质的金融机构。因为中央银行代表国家履行金融管理的职责,是通过办理具体的金融业务来实现的。但又不是普通的金融机构,中央银行作为银行的银行,如果单纯从业务活动的表象来看,无非也就是负债业务、资产业务、支付清算业务等。但是,如果从经营目标、服务对象等方面看,中央银行与普通商业银行有明显区别。

(1) 从经营目标来看,商业银行以及其他金融机构一般以追逐利润最大化为经营目标;而中央银行作为国家管理金融的特殊机构,不以营利为目的,原则上也不从事普通商业银行的业务,而是以忠实执行政府的经济政策、维护金融秩序、保持货币稳定为己任,促进国民经济健康稳定地发展。

(2) 从服务对象来看,普通商业银行和其他金融机构一般以企业、社会团体和个人为其主要的服务对象;而中央银行一般不与企业、个人直接发生业务往来,其主要服务对象是政府和银行等金融机构。

(3) 从经营内容来看,普通商业银行绝大多数都无权发行钞票;中央银行独占货币发行权。中央银行接受银行等金融机构准备金存款和政府财政性存款。中央银行还具有调节信用的职能,其资产具有较大的流动性和可清偿性。除平时保持一定数量的现金和可迅速变现的有价证券外,中央银行的资产中一般不含有长期投资。

综上所述,中央银行的性质可以归纳为:中央银行在一国金融体系中居于核心

地位,是承担管理一国金融事业、调控宏观经济运行的国家机关,是经营金融业务的特殊金融机构。

第二节　中央银行的职能

中央银行的职能是中央银行的性质在其业务活动中的具体体现,尽管各国的政治与经济制度、社会历史背景、商品经济与信用制度的发展水平各不相同,但中央银行的基本功能差不多是一致的。一般而言,中央银行具有三大职能:发行的银行、银行的银行、政府的银行。

一、中央银行是发行的银行①

中央银行是发行的银行,是指中央银行被国家赋予了集中与垄断货币发行的特权,是国家唯一的发行机构,这是中央银行发挥其全部职能的基础。

（一）中央银行垄断货币发行的意义

1. 垄断货币发行权是中央银行最基本、最重要的标志

垄断货币发行权是与中央银行的产生和发展直接相连的。中央银行的根本任务是制定和执行货币政策,调节货币供给量,保持货币稳定和金融稳定。中央银行如果没有货币发行的垄断权,就不可能真正发挥中央银行的职能。

2. 垄断货币发行权是统一货币发行与流通的基本保证

分散发行货币必然造成货币种类过多、劣币和良币混杂以及货币的流通范围受到限制的缺点。要克服这一缺点,必须统一货币发行并赋予货币强制流通。

3. 垄断货币发行权是稳定货币币值的基本条件

中央银行垄断货币发行权可以防止货币分散发行时可能出现的混乱,而且可以通过使用货币政策工具,调节货币数量使之符合经济发展的客观需要,稳定货币币值。

4. 垄断货币发行也是中央银行发挥其全部职能的基础

建立中央银行制度的必要性体现在中央银行向金融机构提供集中服务和管理、代表政府管理金融市场和调节社会信用量,而这些都是以垄断货币发行为前提的。如果有一部分金融机构仍然持有货币发行权,那么,这些金融机构就不一定需要中央银行的集中服务,也可能不一定服从中央银行的管理,中央银行调节社会信用的职能也无从谈起。

---

① 这部分内容主要参考童适平主编的《中央银行学教程》,复旦大学出版社 2003 年版。

（二）中央银行垄断货币发行的基本职责

1. 根据经济发展的需要，掌握货币发行，调节货币流通

在信用货币制度下，中央银行发行的货币数量要以经济发展的客观要求为依据，货币供应与流通中的货币需求基本保持一致，为经济稳定和持续增长提供适宜的金融环境。

2. 掌握货币发行准备，控制信用规模，调节货币供应量

中央银行发行货币与某种资产挂钩能够对货币发行发挥制约作用。因此，目前仍有不少国家实行货币发行准备制度。例如，美国实行证券准备限额发行制，英国实行贵金属和债券联合准备制度。中央银行根据持有的发行准备发行货币，有利于控制信用规模。

此外，中央银行还根据流通的实际需要，印刷、铸造或销毁票币，进行库款调拨，调剂地区间的货币分布和面额比例，满足社会对票币提取和支付的不同要求。

二、中央银行是政府的银行

中央银行是政府的银行，是指中央银行制定和实施货币政策，对金融业实施监督管理；中央银行代表国家政府参与国际金融事务与活动；中央银行为政府代理国库，提供各种金融服务。这主要体现在以下几个方面。

（一）代理国库

中央银行充当国库的总出纳，为政府管好资金，提供服务。具体包括：

（1）收受国库的存款。国家通常把暂时闲置的货币资金存放在中央银行的活期账户上，使中央银行成为国库现款的存储中心。同时，这些资金也成为中央银行的重要资金来源。

（2）为国库办理转账，成为国库的出纳员。

（3）为国库办理代收税款，以及公债的认购、推销、还本、付息等。

（二）代理国家债券的发行

作为政府的银行，中央银行也代理政府的借款。大多数国家的政府通常不能靠税收完全满足筹资的需要，因此各国政府均广泛利用发行国家债券的有偿形式弥补开支不足。中央银行通常代理国家发行债券，以及代理债券到期时的还本付息事宜。

（三）为政府融通资金，提供信贷支持

1. 直接向政府提供贷款或透支

这种方式大多用以缓解财政先支后收等临时性的矛盾。除特殊情况外，各国中央银行一般不承担向财政提供长期贷款或透支的责任，因为这样做会使中央银行沦为弥补财政赤字的简单的货币供给者，从而可能有损于货币的正常供给及金融稳定。所以，中央银行向政府提供的贷款一般采取国库券贴现或以国家有价证

券为抵押的方式进行。为了防止政府利用自己发行的债券向中央银行增加借款而扩大货币发行量,大多数国家通常以立法的形式对此加以严格限制。

2. 购买政府债券

中央银行在一级市场上购进政府债券,资金直接形成财政收入,流入国库;若中央银行在二级市场上购进政府债券,则意味着资金间接地流向财政。无论是直接地还是间接地购进政府债券,从中央银行某一时点的资产负债表来看,只要持有国家债务,就表明是对国家的一种融资。

3. 中央银行为政府融资创造良好的融资环境

中央银行为政府融资创造良好的融资环境主要体现在利率和资金面两个方面。当中央政府需要通过发行国库券进行资金融通时,如果市场利率偏高,中央银行可以通过影响同业拆借市场利率来降低中央政府融资的成本;如果市场上资金偏紧,中央银行可以通过公开市场业务,大量买入流通市场上的有价证券来增加货币供给量,配合中央政府融通资金的需要。需要说明的是,中央银行为政府创造良好的融资环境主要是通过市场行为来实现。

(四) 为国家持有和经营管理包括外汇、黄金和其他资产形式的国际储备

一个独立自主的国家,通常拥有一定数量的外汇和黄金储备。中央银行通过为国家保存和管理黄金、外汇储备,以及根据国内国际情况,适时、适量购进或抛售某种外汇或黄金,可以起到稳定币值和汇率、调节国际收支、保证国际收支平衡的作用。

(五) 制定和实施货币政策,达到稳定币值、促进经济增长等目的

当今世界,各国的货币政策已成为国家整个经济政策的重心,成为调节宏观经济的一个重要手段;而作为制定和执行货币政策的中央银行,在调控宏观经济中起着重要的作用。

(六) 对金融业实施金融监督管理

政府对金融业的监督管理,一般都是由中央银行或中央银行及其他金融管理机构进行的。中央银行对金融业的监督管理包括:制定并监督执行有关的金融法规、基本制度、业务活动准则等;监督管理金融机构的业务活动;管理、规范金融市场。

(七) 代表政府参加国际金融组织和各项国际金融活动

中央银行作为国家的银行,还代表政府参加国际金融组织,出席各种国际性会议,从事国际金融活动,以及代表政府签订国际金融协定;在国内外经济、金融活动中,充当政府的顾问,提供经济、金融情报和决策建议。

(八) 为政府提供经济、金融情报和决策建议,向社会公众发布经济、金融信息

由于中央银行处于社会资金运动的中心环节,是货币、信用的调剂中心、社会资金清算中心和金融业管理中心,因此,中央银行能够掌握全国经济、金融活动的

基本资料信息,能够比较及时地反映整个经济、金融运行状况。在政府的经济决策中,中央银行一般都扮演着重要角色,发挥重要的甚或是主导的作用。

(九)代表国家指导、部署金融业的反洗钱工作、建立征信体系

国际社会洗钱的规模和成长速度已经对国际金融体系的稳定和安全构成威胁,引起了各国政府的高度重视。中央银行具有现代化支付系统和网络优势,由中央银行代表国家指导、部署金融业的反洗钱工作已经成为形势所需。另外,中央银行还可以通过增强全社会的信用意识,建设企业和个人信贷征信体系,建立信用监管和失信惩罚制度,为经济持续健康发展构筑良好的社会信用秩序和环境。

三、中央银行是银行的银行

中央银行是银行的银行,是指中央银行的业务对象是商业银行、其他金融机构及特定的政府部门。中央银行与其业务对象之间的业务往来仍具有银行固有业务的特点,中央银行为金融机构提供支持服务,同时也是它们的管理者,具体表现在以下三个方面。

(一)集中存款准备金

中央银行根据有关法律的规定,要求商业银行和其他金融机构按法定比率向中央银行交纳存款准备金,即中央银行具有为各经营存款业务的金融机构集中保管一部分准备金的特权。

(二)充当金融机构的"最后贷款人"

"最后贷款人"是指在商业银行发生资金困难而无法从其他银行或金融市场筹措时,中央银行对商业银行和其他金融机构发放贷款,帮助其渡过暂时困难,否则便会发生银行的破产倒闭及金融市场的动荡。中央银行充当最后贷款人,旨在维护金融体系的稳定。

专栏 2-1　　　　　　　　　　欧洲央行终于履行"最后贷款人"职责

　　欧债风暴肆虐 2011 年全年,危机自欧元区外围成员国蔓延至核心国家,并不断向欧洲银行业浸染。尽管此前欧洲央行已通过直接购买意大利、希腊等国国债施以援手,但法国等欧元区国家认为,阻止欧债危机蔓延的最佳办法,应是欧洲央行出资干预,或承诺充当最后贷款人,以解决欧元区资金流动性紧缺窘境。不过,这一意见一直遭到德国与欧洲央行反对,后者一再声称要维护欧洲央行的货币政策独立性。

　　欧洲央行自成立以来一直秉承其维持物价的主要职责,欧盟法律也禁止欧洲央行直接或间接透过 EFSF(欧洲金融稳定基金 European Financial Stability Facility)等特殊目的机构来替政府融资。欧洲央行由欧元区国家央行和欧盟非欧元区国家央行共同注资。欧元区国家央行资本占比约 70%,其中德意志联邦银行和法兰西银行所占比例分别约 19% 和 14%。按照欧元区机制,要欧元区 17 国必须共同参与其中,一致同意后欧盟才能实施行动。所以,如果欧洲央行要承担"最后贷款人"的职责,首先欧元区国家要对欧债危机的原因和责任有一个共识,否则解决

方案就难有一个共识。

2011 年 12 月 5 日,标准普尔一份或将调降欧元区 15 个国家信用评级(其中包括 6 个 AAA 评级国家)的声明,再度将欧洲央行推向"是否承诺充当欧债危机最后贷款人"的窘境。在此情况下,市场普遍将欧洲央行视为欧元区的最后一根"救命稻草",期待在欧盟缔结财政新约后,欧洲央行能采取措施,力挽危机狂澜。2011 年 12 月 21 日,欧洲央行终于发挥"最后贷款人"作用,有史以来首次通过提供三年期无上限贷款的方式,向欧洲银行体系贷出 4 890 亿欧元资金,远远超出了此前市场预期的 3 100 亿欧元,同时还通过 98 天期贷款操作向银行释出资金 297.41 亿欧元。其主要目的是帮助各商业银行偿还 2012 年初即将到期的约 2 300 亿欧元到期贷款,保障银行业继续向实体经济提供信贷的能力,同时提升商业银行信誉,缓解信用恐慌,稳定市场情绪。

(三) 组织参与和管理全国的清算

各金融机构之间的清算通过其在中央银行的存款账户进行转账、轧差,直接增减其存款便可完成。一方面,加速了资金周转,提高了清算效率;另一方面,为中央银行加强金融监管和分析金融流量提供了条件。

当初英格兰银行成为中央银行是经过"政府的银行→发行的银行→银行的银行"的发展过程,这三项是《1844 年英格兰银行条例》确立的英格兰银行的三大主要业务,也是中央银行的基本职能。随着经济发展和中央银行制度的完善,今天的中央银行仍具有这三项基本职能,也是各国中央银行从事的基本业务,但其含义已有所扩展,重心也在发生变化。中央银行作为发行的银行已经不再单纯地发行纸币来代替金属货币流通,而是向全社会提供基础货币,调节整个市场的货币供给量,在货币形态不断扩展的情况下保持货币供给与经济发展相适应,是稳定金融的手段之一。中央银行作为政府的银行不再主要是向政府融通资金代理国库,更重要的是为政府经济决策提供支持,参与政府宏观调控,代表政府进行国际交往合作。中央银行作为银行的银行不只是为商业银行提供业务服务而在于提高全社会的资金周转效率,调节商业银行的信用放款能力,实现国家经济可持续发展的政策目标。

随着中央银行在社会经济中的地位和作用日渐突出,发挥的作用强度越来越大,作用范围越来越广,人们对中央银行的认识逐步加深。一些理论工作者从中央银行业务活动的性质角度将中央银行的职能又划分为服务职能、调节职能和管理职能。

所谓服务职能,是指中央银行向政府和银行及其他金融机构提供资金融通、划拨清算、代理业务等方面的金融服务。从中央银行的产生发展史中可知它首先开始于为政府和商业银行提供服务。中央银行为政府服务主要是四个方面:经理国库、临时的财政垫支、作为政府的国际金融活动的代表和作为政府的金融顾问和参谋。中央银行为银行与非银行金融机构服务主要是两个方面:主持全国的清算事宜和作为银行的最后贷款者。

所谓调节职能,是指中央银行运用自己所拥有的金融手段,对货币与信用进行调节和控制,进而影响和干预整个社会经济进程,实现预期的货币政策目标。中央银行的调节职能主要表现在:调节货币供给量、调整存款准备金率与贴现率和开展公开市场操作。此外,中央银行还可通过金融政策的确定实现调节的目的。

所谓管理职能,是指中央银行作为一国金融管理的最高当局,为了维护金融体系的健全与稳定,防止金融紊乱给社会经济发展造成困难,对银行及金融机构的设置、业务活动及经营情况进行检查督导,对金融市场实施管理控制。具体体现在以下三个方面:制定有关金融政策和法令、管理各银行和金融机构、检查监督银行及其他金融机构的活动。

中央银行的服务职能、调节职能与管理职能是由中央银行的性质决定的。作为银行,它需要提供业务服务;作为货币政策执行者,它需要对货币与信用进行调节;作为金融最高管理当局,它需要对全国的金融活动实行统一管理。中央银行只有正确处理服务、调节与管理职能之间的关系,才能真正发挥其作用。

第三节 中央银行职能的变化

中央银行自从产生以来就是一个国家的金融管理机关,逐步体现出其发行的银行、银行的银行、政府的银行的性质,金融监管与制定和执行货币政策、提供金融服务共同成为中央银行的主要职能。20 世纪下半叶开始,随着经济一体化、金融全球化和网络技术的迅猛发展,世界金融发展出现了一些新的特征,跨国金融交易迅速增加,国际资本流动日益频繁,金融控股集团公司逐步主宰全球金融业务,混业经营渐成主流,金融风险和各种避险金融工具创新令人眼花缭乱。尤其是国际性、地区性和国内金融风险和危机的频繁爆发和迅速传播,引起世界各国政府和金融管理当局的高度重视和警惕,纷纷重新审视、检讨金融制度和金融管理体制。因而在保证金融稳定和安全的制度安排方面进行了重大调整和改革。一些国家的中央银行职能相应发生了变化。

一、20 世纪 30 年代经济大危机以前的中央银行职能

20 世纪 30 年代经济大危机前,中央银行制度在全世界已普遍建立,各国中央银行逐渐拥有"发行的银行、银行的银行、政府的银行"这三大基本职能。其特点是中央银行服从于政府的需要,为政府和金融机构服务。主要任务包括发行银行券、保持币值稳定;建立对银行的监管制度;组织票据的交换与清算;充当最后贷款人;实行存款准备金制度等。这一阶段中央银行能够有效地发挥服务职能和管理

职能,但还不具备运用货币政策对宏观经济进行调控的能力。

二、20 世纪 30—80 年代中央银行的职能

20 世纪 30 年代经济大危机的爆发给中央银行制度建设提出了新课题:如何适应政府干预调节经济的需要,如何避免金融机构破产、维持金融秩序的稳定。对这些问题的解决使中央银行在有效执行货币政策、调节宏观经济、进行金融监管、维护金融体系稳定等方面的职能凸显出来。这一时期中央银行的职能得到了全面的发展,尤为重要的是一些国家开始注意中央银行的调控职能。第二次世界大战后,随着各国对中央银行实行国有化改革,作为政府的银行,宏观调控职能和金融监管职能成为中央银行的两大重要职能。

政府对金融的监督管理一般是由中央银行或中央银行和其他金融机构进行的。经济大危机后中央银行管理职能在不断强化,内容逐渐扩大。中央银行不仅依据有关法律法规对金融机构的日常活动进行有效管理,而且随着第二次世界大战后金融市场的兴起与发展,中央银行又将金融市场的管理纳入自己的监管范围中,为经济发展提供稳定的筹融资场所。此外,中央银行的监管方式和力度都在加强,除了预防性的事前管理外,更加注重对金融机构的风险管理,而且形成了一套有效的金融风险管理措施,如建立存款保险制度,评定金融机构信用等级,进行资本充足性管理和清偿能力管理等。随着金融国际化的发展,国际金融市场剧烈动荡而产生的风险加大等因素也促使了各国中央银行进一步加强银行业的国际监管。

三、20 世纪 80 年代以来中央银行职能的新变化

(一) 中央银行职能的新变化

20 世纪末期,可以说是全球金融制度和金融管理制度改革发生巨大变化的时期,其最具有影响的事件是美国顺应金融自由化的发展趋势,于 1999 年放弃实行了半个世纪的金融分业经营体制,实行混业经营体制,同时在金融监管体制方面纷纷出台一些重大改革举措。一些国家如美国和巴西在原来的金融监管框架下进一步强化了中央银行的监管职能,而另一些国家如英国则在 1997 年重新整合了金融监管力量,组成了与中央银行相对独立的、统一的全国性综合金融监管机构——金融服务局(FSA),负责对各领域金融活动的监管。尽管在此之前,北欧各国和加拿大均已分离了中央银行的监管职能,但作为主要国际金融中心进行的首次尝试,英国的此项改革在国际上产生了极大影响。日本也对金融监管体系进行了重大改革,成立了独立的金融监管厅,统一负责对各类金融机构的监管。韩国、澳大利亚、卢森堡、匈牙利等国也先后进行了类似改革。目前,德国、爱尔兰、芬兰、奥地利、以色列和南非等国,以及泰国和墨西哥等一些新兴市场国家也正就这一问题进行

讨论。

20世纪80年代以来中央银行职能变化突出表现在两个方面:第一,货币政策职能与金融监管相分离,突出货币政策调控职能;第二,强调金融稳定职能,维护金融体系的安全①。

(二) 主要国家中央银行职能分离的情况

1. 英国

历史上英国的金融监管主要依赖于自律机构和一系列立法组织机构,这些机构主要包括英格兰银行、证监投资局、私人投资监管局等。1946年《英格兰银行法》将英格兰银行收归国有,同时该法授权英格兰银行管理商业银行,并享有建议权、要求权和一定条件的命令权;1979年的《英格兰银行法》和1987年的《英格兰银行法》的主要内容是授予英格兰银行更多的监管权力,可以说金融监管曾是英格兰银行的主要职能。1986年,英国首相撒切尔夫人实行了史称为"金融大爆炸"(Big Bang)的金融改革。这次改革取消了一系列证券交易方面的限制,并使所有的金融机构都可以参加证券交易所的活动。一系列措施的落实,全面推垮了英国的分业经营体制,银行、证券、保险等部门日益出现相互融合、相互渗透的趋势,传统的业务范围界限出现重叠和交叉。英国的金融业发生了很大的变化,使得原来的监管体制越来越不能适应金融结构的变化要求,不但造成监管效率低下,而且给金融机构带来了许多不必要的负担,更不利于金融业在国际市场一体化背景下的发展。为了适应金融结构的变化,1997年工党政府上台以后,推出了一系列金融改革措施,其中的一个重要举措是颁布了《1998年英格兰银行法》。在该法律中赋予了英格兰银行独立制定货币政策的权力,并对金融监管体制做了重大调整。英国政府将英格兰银行的监管职能、证券投资委员会和其他金融自律组织合并,成立了独立于英格兰银行之外的综合金融监管机构,即金融服务局(Financial Service Authority,简称FSA),负责对各金融领域金融活动的监管。2000年6月,英国又通过了《金融市场与服务法案》,从法律上进一步确认上述金融监管体制的改变。

目前FSA已成为世界上监管范围最广的综合性超级监管机构,负责对各领域金融活动的监管。英格兰银行在职能分拆后主要侧重于货币政策职能。

专栏2-2　　　　　　　　　　　　　**英国金融服务局**

根据法律规定,英国金融服务局的主要任务是:(1)保持公众对英国金融系统和金融市场的信心;(2)向公众宣传,使公众能够了解金融系统及与特殊金融产品相连的利益和风险;(3)确保为消费者提供必要的保护;(4)为发现和阻止金融犯罪提供帮助。FSA内部职能部门设

---

① 2008年全球金融危机爆发以后,世界各国金融监管体制又发生了一些新变化,具体内容请参见第十五章第六节。

置分为金融监管专门机构和授权与执行机构两大块,前者包括银行与建筑协会部、投资业务部、综合部、市场与外汇交易部、退休基金检审部、保险与友好协会部,后者有授权部、执行部、消费者关系协调部、行业教育部、金融罪行调查部、特别法庭秘书处。

FSA拥有监管金融业的全部法律权限,并从2001年12月1日起开始行使其全部监管职能,但其并不是政府机构,而是一个独立的非政府的监管组织,它的经费收入直接来源于它所监管的金融机构。为确保FSA能够正确行使2000年《金融市场和服务法案》所赋予的权力,全面履行其负有的监管职责,同时也为了制止FSA在金融监管中可能发生的以权谋私、渎职行为,英国成立了专门的金融监管制约机构——金融服务和市场特别法庭(Financial Services and Market Tribunal),并于2001年12月1日与FSA同时开始运作。该法庭主要审理发生在FSA与被监管机构之间且经双方协商难以解决的问题。

2. 日本

传统上日本的金融监管以大藏省为主,大藏省负责金融政策、法规的制定,批准金融机构的准入并对其监管。日本的中央银行——日本银行并不具备独立制定货币政策的权力,这个权力实际上由大藏省掌握,日本银行只是参与对金融机构的日常调查。

1997年开始,日本对金融监管体系进行了"大爆炸"式的重大改革,最显著的变化有三点:①大藏省全面淡出货币政策的制定和金融监管;②通过新的《日本银行法》,赋予日本银行独立制定货币政策的职能,并强调日本银行应履行金融监管的职责,日本银行内部进行了一系列机构调整,在监管方面成立了检查局,负责对金融机构的监管及与此相关的金融稳定工作;③1997年6月日本国会通过《金融监督厅设置法》及其相关法案,进行一元化金融监管体制改革,将财政部的官方金融检查部和证券交易等监督委员会以及银行、证券、保险各局的监督、检查职能分离出来,统一集中于金融监督厅。1998年6月22日,金融监督厅正式成立,直属首相府,是日本金融监督管理的最高权力机构,其主要职能是负责管理和监督日本金融机构的各项业务,促进金融机构间的公平竞争。其目的是增强监管机构的独立性,增强风险管理,提高风险防范能力。

1997年颁布的新《日本银行法》第1条规定:"日本银行作为中央银行发行货币,通过调节货币市场和金融市场维持市场的稳定;日本银行作为最终贷款人要保证银行和其他金融机构之间的资金清算顺利进行以维持信用的稳定。"为了维护金融市场秩序、清算体系以及信用的稳定,日本银行在金融监管行政机构以外一直在单独从事对与其有业务关系的金融机构进行检查。日本银行有权与有业务往来的金融机构签订检查合同,并在合同的基础上对其进行检查。日本银行通过现场检查和非现场检查,督促和指导金融机构对其经营中存在的各种风险进行有效管理。

金融监督厅与日本银行之间的分工合作是这样规定的:金融监督厅是金融监

管的最高行政部门,负责颁发营业许可执照、对金融机构进行检查和下达指令。日本银行作为独立的中央银行,为有效控制金融风险而对依据合同对象金融机构进行检查并提供相关服务。根据新《日本银行法》第 44 条第 3 款的规定,应金融监督厅长官要求,日本银行应向金融监督厅出示检查结果并允许金融监督厅职员查阅相关资料。日本银行和存款保险机构只负责对其有交易行为的金融机构进行财务检查,权力来源于双方最初签订的交易合同,与商业银行有权检查对贷款对象企业资产负债表的性质基本相同,与金融监督厅的监管权力来源有着本质的不同。

3. 德国

早在 1961 年,联邦德国就通过了《银行法》,依据该法授权建立了联邦银行监督局。它直接隶属于德国财政部。由于德国银行业实行混业经营,因此银监局实际上就是一个综合金融监管机构。当时,金融监管之所以独立于德意志银行,在于德意志银行是世界上最具独立性的中央银行之一,其货币政策的制定和实施很少受政府干预。人们担心中央银行权力太大,对德国经济影响力过大,所以倾向于将监管职能从其中分离出来。

即便如此,德国《银行法》中仍然承认银监局的功能与德意志银行的功能密不可分。银监局自身缺乏分支机构,必须借助德意志银行的机构和网点才能有效实施金融监管,因此中央银行事实上广泛地参与银行监管。德国银监局负责制定和颁布联邦政府有关监管的规章制度,防止滥用内部信息、不定期收集监管信息以及监督重大的股权交易等。德意志银行负责对金融机构的日常监管。在涉及银行资本金和流动性等重大政策问题上,银监局更需征得德意志银行同意。根据两者的分工,可以看出德国货币政策和金融监管的分离并不彻底,在监管职能上中央银行仍是主角,在监管机构上银监局独立于中央银行之外,这是作为对权力过大的中央银行的一种制衡。

1999 年欧洲中央银行成立以后,德意志银行失去了独立制定货币政策的功能。2002 年 5 月,德国将原银行监督局、证券监督局和保险监督局合并成立了联邦金融监督管理局,由原来的分业监管改变为统一监管。金融监督管理局是独立法人的公共机构,设在波恩,没有分支机构,其收入来源是各金融机构按资产规模一定比例上缴的费用和审计收入。金融监督管理局负责对金融机构准入的资格审批,颁发经营金融业务许可证,定期对董事会成员的任职资格进行审查,对银行、保险、证券和金融服务公司等金融机构经营进行全方位监管,如资本充足率、贷款结构等。

德意志银行仍然具有银行监控的职能。各银行按月向中央银行上报业务报告及规定的内容。中央银行定期将采集的银行信息数据进行分析评估,通报给金融监督管理局,并参与对银行的监管。各银行必须在每一季度将贷款在 150 万欧元以上的客户向中央银行进行通报,便于中央银行全面掌握同一客户在不同银行的贷款情况,并及时反馈给各个银行。中央银行对银行的监管是从量的方面,对银行监控并不是主要的负责方。金融监督管理局则是从质的方面,对金融机构监管是其主要职责。

(三) 货币政策与金融监管的关系

部分国家货币政策与金融监管职能的分离,并不表明货币政策与金融监管之间没有关系,这种职能的分离是为了使中央银行更好地履行宏观调控、维护金融市场的稳定。

1. 货币政策与金融监管的根本目标是一致的

货币政策要求中央银行从整体经济出发,维护以银行业为主体的支付清算体系良好运作,实现币值的稳定并以此促进经济增长目标,保护社会公众的共同利益和福利。金融监管职能更多的是从金融行业角度出发,保证金融机构长期清偿能力,维护债权人利益,促进金融行业适度有序的竞争和稳健经营,从而实现金融体系的稳定。货币政策和金融监管都是经济发展不可分割的两个方面。

2. 货币政策的实施与金融监管职能存在很强的互补性

这种互补性主要表现在:第一,安全有效的金融体系是货币政策有效传导的重要前提。如果金融体系不稳定,会增大货币政策的实施成本,影响货币政策的实施效果。第二,中央银行货币政策的调整必须掌握详尽的金融机构的信息,以便对金融运行情况以及金融运行中可能引发的问题做出正确判断,这样监管部门所掌握的银行等金融机构运行的信息资料如资本充足率、流动性头寸等是中央银行制定和实施货币政策的重要基础和保证。第三,货币币值的稳定是提高金融监管有效性的重要基础。

中央银行货币政策与金融监管职能的相互联系、相互影响决定了中央银行和监管机构需要发挥各自职能维护金融稳定方面的优势和侧重。货币政策和监管职能分离后,中央银行将享有完备的货币政策信息和不完备的金融监管信息,而监管部门则享有完备的金融监管信息和不完备的货币政策信息,为了避免各自信息资源的浪费和防止出现监管真空,需要建立货币政策与金融监管的协调机制和信息共享机制。如通过联席会议制度的方式让双方高层人士参加,定期就货币政策和金融监管等重大金融问题进行协商,及时通报各自情况并制定相应的措施。关于这一点大多数国家的中央银行和监管机构都能做到定期会晤,磋商相关问题,保证各项金融政策和措施协调一致。另外,就金融突发事件应通过建立紧急磋商制度及时给予解决。对新金融机构的准入、新金融工具的采用、新金融业务的开展以及涉及跨行业的监管,也应通过充分协商制度,保证充分的信息沟通。

专栏 2-3　　　　　　　**后危机时代中央银行的职责及使命**

2007 年 8 月爆发的全球金融危机是自 20 世纪 30 年代大萧条以来最严重的金融和经济危

机。为了防止全球经济和金融崩溃,中央银行和政府在抑制危机的影响方面发挥了重要作用。当然,本次危机也会对中央银行的未来产生重要影响。

在金融危机加剧并影响到经济增长的前景时,由于通货膨胀压力减退,全球各国中央银行都将政策利率降到历史最低水平。比如经过几次调整,欧洲央行将主导再融资利率(main refinancing rate,是欧央行最主要的政策利率)降到1%的水平,欧元区成员国多年来都没有出现过如此低的利率。而且,自2009年5月以来,欧洲央行一直维持这一利率水平不变。

包括欧洲央行在内的许多中央银行还采取众多非标准的方法来支持金融市场的运行,目的是保持货币政策传导渠道的畅通和在危急时刻支持资金流向经济实体。欧洲央行的非标准方法包括:向银行提供无限额的融资支持,最长期限为1年;提供外币流动性;扩大合格抵押品的种类;直接购买覆盖债券(covered bonds,一种有抵押资产池的公司债券);近期还通过"证券市场计划"(SMP)干预欧元区的债券市场。

历史上的重大金融和经济危机通常会对中央银行的职责及使命产生深远影响。比如,正是由于19世纪发生的重大银行倒闭事件导致了确立中央银行的职责是确保金融市场的稳定运行,尤其是在危机时期。在20世纪30年代的大萧条之后,人们普遍认为,中央银行对当时的经济灾难负有责任。因此,许多国家的货币政策开始由财政当局控制,直到20世纪50年代才逐渐恢复到独立状态。另外一个例子是20世纪70年代的"大通胀"(Great Inflation),结果是各国普遍采用了现代货币政策框架——货币政策的主要目标是价格稳定,而中央银行的独立性是实现这一目标的制度保障。

本轮金融危机虽然还未完全结束,但是在许多国家,本次危机已经导致中央银行在金融监管方面作用的加强。例如,许多中央银行已经在建立宏观审慎监管框架中被赋予了新职责,即从全系统的角度发现金融稳定的风险。在欧盟,近期设立的欧洲系统性风险委员会(ESRB)就是新的宏观审慎监管机构,这是经济治理框架中的一个重要步骤。欧洲央行向欧洲系统性风险委员会提供分析、统计、行政和后勤等方面的支持。欧洲央行的上述职责是有益的,这并没有改变货币政策的目标。相反,上述职责有助于促进金融稳定,同时也完全符合欧洲央行价格稳定的首要政策目标。在欧洲央行与欧洲系统性风险委员会之间有明确的职责划分。尤其两家机构是相互独立的,具有明确的不同使命——欧央行是保持价格稳定;欧洲系统性风险委员会是缓解系统性风险。根据上述情况,一个比较合理的推断是,本次危机也可能对中央银行的职责及使命产生影响。

资料来源:朱根·斯塔克,《金融危机之后的中央银行》,当代金融家,2011年4月。

第四节　中央银行在现代经济中的地位和作用

中央银行的作用是由它的职能决定的,是中央银行在实际经济生活中执行各项职能所产生的结果。中央银行发挥作用是通过对宏观经济的控制和调节,带动微观经济,即通过对货币供给量的分配、调节、控制,影响整个社会资金的运动,达到促进生产、流通的发展,促进经济结构、比例的协调。中央银行的作用,可以概括为以下几个方面。

一、稳定币值,防止通货膨胀

在金属货币制度下,由于金属货币具有内在价值,可以自发地调节流通中的货币量,当市场上对货币需求增加时,便会有相应的金属块被铸造成铸币进入流通中,当市场对货币的需求减少时,金属货币便会自动退出流通,所以不存在通货膨胀现象。在当前不兑现的信用货币流通的条件下,中央银行垄断一国货币发行权,经济体系对货币的需求必须通过中央银行来实现,因此中央银行对货币供应量的控制就直接关系到币值是否稳定。一般情况下,中央银行可以依据经济发展的客观需要和货币政策的要求,通过对其资产与负债的调整,向市场提供相应的货币供给,满足经济发展的需要。同时中央银行作为控制全国货币信用的中枢,还可以通过运用政策手段对货币和信用进行控制,保证币值的稳定。比如中央银行通过改变基础货币的供应量和货币乘数,收缩或扩张社会货币量,保持货币币值的稳定,防止通货膨胀。

二、调节国民经济,促进经济正常发展

中央银行这一作用是对社会经济活动从价值形式上进行总量调节控制实现的。社会价值形式总量的运动表现为货币流通及资金的运动。货币与资金对经济具有启动、诱导作用。一般情况下,中央银行适当扩张信用,经济趋于繁荣;中央银行收缩信用,经济发展受到抑制。中央银行从宏观上控制了价值总量也就从全局上约束了微观经济活动,而且价值运动通过全国众多的金融机构,形成了一个有机的、以中央银行为中心的传递反馈系统,对全社会的价值总量进行计算、反映。因此,在正常情况下,控制住货币和信贷资金的供应量也就控制住了包括派生存款在内的社会资金整体,从而国民经济各部门的发展规模、速度在价值总量上就有了控制。

中央银行对国民经济的调节,不仅从价值总量上进行,还从价值结构上进行。国民经济中的各种比例关系、积累与消费的比例关系等,从价值形式上看,也就是全社会的总价值结构。中央银行可以通过自身的业务活动,分析国民经济各部门的比例关系是否合理,研究生产结构、收入结构、就业结构、消费结构之间的内部联系和发展变化趋势,向其他有关部门反映情况,提出调整方案。针对经济运行的现实状况,进行正向调节和反向调节,确定信贷支持的重点,引导银行资金的流向、投量,对需要发展的部门、产业和地区可以在信贷上优先供应,利率上优惠照顾,促使经济结构与产品结构优化。

三、集中清算,加速资金周转

中央银行作为票据清算中心是在货币发行与集中保管存款准备金的基础上发展起来的。各家银行在中央银行开立往来存款账户,它们每日营业终了将各自票据交换的差额,通过在中央银行开立的账户,相互划转,及时结清。通过中央银行集中清算,手续简化,方便易行,结算迅速及时,可缩短票据在途时间,节约现金使用和流通费用,起到推动资金加速周转的作用。

四、稳定金融,防范金融风险

中央银行一方面通过对自己资产与负债的调整,实现对全国货币供给量的控制,抑制过度的信用规模,实现币值的稳定。另一方面中央银行还对金融机构实施严格的管理、监督,通过货币政策干预金融市场,沟通各种信用关系,消除不稳定因素,防范金融风险,引导金融业务经营活动保持良好的运行状态,符合宏观经济发展要求,实现金融稳定。

五、推动国际金融合作

当代世界经济越来越成为一个相互依存的整体,各国经济发展的不平衡性要求资源突破国界,在国际范围内重新组合配置。这必然推动国际贸易发展,技术交流频繁,资金融通国际化。中央银行是政府的银行和执行金融政策的银行,有较高地位和威信。在涉及国际重大关系的金融谈判、国际金融机构重要业务活动以及国家外汇储备等方面,它可代表国家参与决定有关国际金融的重大问题,推动国际金融活动的开展,加强国际金融合作。在经济、金融一体化的大背景下,各国中央银行的合作尤为重要,特别是在出现全球性金融危机的情况下,更是离不开各国中央银行之间的合作。

专栏 2-4　　　　　　　**唇亡齿寒:全球六大央行联手拯救欧洲**

美国联邦储备委员会 2011 年 11 月 30 日发表声明称,美联储决定与欧洲央行、英国央行、日本央行、加拿大央行和瑞士央行采取协调行动,向市场提供流动性,以支持全球金融体系。声明称,将把几大央行之间现有的临时性美元流动性互换利率下调 50 个基点,该举措将从 2011 年 12 月 5 日开始生效,互换协议将延长至 2013 年 2 月 1 日。

声明称,此次下调互换利率旨在缓解金融市场资金紧张状况以及资金紧张对家庭和企业信贷供应的影响,从而刺激经济复苏。美联储表示,目前美国金融机构在短期融资市场获得流动性没有困难。如果形势恶化,美联储拥有一系列工具为这些机构提供有效的流动性支持。

声明一经发布,因欧债危机而困顿多日的全球风险资产普获提振,美欧当日及亚洲次日主要股指全线飙升,全球大宗商品价格也应声上扬。截至北京时间 2011 年 11 月 30 日 22 时 40

分,美国道琼斯指数上涨2.8%,标普500指数上涨2.7%,纳斯达克指数上涨2.7%,英国富时100指数上涨2.6%,德国DAX指数上涨4.1%,法国CAC40指数上涨3.2%,纽约商品交易所1月份交货的轻质原油期货价格上涨1.7%至每桶101.5美元,纽约商品交易所2月份交货的黄金期货价格上涨1.7%至每盎司1748.4美元,美元指数下跌1.13%至78.13点。

第五节　中国人民银行的性质和职能

中国人民银行是我国的中央银行。1984年中国人民银行行使中央银行职能后,标志着我国单一中央银行体制的正式建立。1995年3月我国颁布了《中华人民共和国中国人民银行法》,从法律上进一步明确了中央银行的性质和基本职能。2003年12月我国对《中国人民银行法》进行了部分内容的修正。

一、中国人民银行的性质

根据《中华人民共和国中国人民银行法》(修正),中国人民银行是中华人民共和国的中央银行,是在国务院领导下制定和实施货币政策、防范和化解金融风险、维护金融稳定的宏观调控部门。理解我国中央银行的性质,需要弄清以下几个问题。

(一)中国人民银行是特殊的金融机构

中国人民银行是金融机构,是银行,但又不同于一般的商业银行,它具有独特的特殊性。

(1)从地位来看,中国人民银行处于整个金融体系的核心,具有超脱的地位,不与一般商业银行和其他金融机构进行经营性竞争。

(2)从经营业务的对象和目的来看,中国人民银行不同于一般商业银行面对企业和个人开展业务,其经营业务对象是银行和其他金融机构,而不是企业或个人;其开展业务的目的也不是为了盈利,而主要是通过自身的业务活动,贯彻货币政策,维护金融稳定,发挥中国人民银行对宏观经济和金融的调控作用。

(3)从高级管理人员的任命来看,中国人民银行高级管理人员不同于普通金融机构的高级管理人员由股东大会或董事会任命,而是由国家任命。

(二)中国人民银行是特殊的国家管理机关

中国人民银行作为国家金融监督管理机关,与一般的政府机关具有以下区别:

(1)中国人民银行办理金融信用业务,如存款、贷款、贴现、清算等,实行资产负债管理,有资本,有收益。这与完全依靠国家财政拨款维持运转的一般政府机构明显不同。

（2）中国人民银行履行其职能主要是通过金融信用业务活动实现的,管理办法主要是经济手段,调控工具主要是间接杠杆。这与主要依靠行政手段进行管理的一般政府机构有所不同。

（3）中国人民银行因其职能、业务的特殊需要,一般都具有相对独立的法律地位,领导人的任免、货币政策的制定和实施、监督和制约关系等,不像一般政府机构对同级政府负责,而是对中央政府直接负责。

二、中国人民银行的职能

作为中央银行,中国人民银行当然具备发行的银行、政府的银行和银行的银行这些职能。但是随着我国经济体制的改革,中国人民银行的职能也在发生着变化。

1983 年,中国工商银行作为国有商业银行从中国人民银行中分离出来,过去人民银行集金融监管、货币政策、商业银行等职能于一身的高度计划经济的体制终于被打破。

中国人民银行的第二次变革始于 20 世纪 90 年代。随着金融衍生产品的不断增加及资本市场和保险业的迅速发展,1992 年 10 月 26 日,中国证监会正式成立;1998 年 11 月 18 日,中国保监会正式成立,进一步把对证券、保险市场的监管从中国人民银行的职能中剥离出来。

2003 年 4 月,我国为顺应国际金融监管的发展趋势,成立了中国银行业监督管理委员会,将原归属于中国人民银行的这两大职能分离,它标志着中国人民银行集宏观调控与银行监管为一身的监管模式正式结束。

银监会成立后,中国人民银行的职能正式表述为“制定和执行货币政策、维护金融稳定、提供金融服务”。同时,明确界定:“中国人民银行为国务院组成部门,是中华人民共和国的中央银行,是在国务院领导下制定和执行货币政策、维护金融稳定、提供金融服务的宏观调控部门。”这种职能的变化集中表现为“一个强化、一个转换和两个增加”。

“一个强化”,即强化与制定和执行货币政策有关的职能。中国人民银行要大力提高制定和执行货币政策的水平,灵活运用利率、汇率等各种货币政策工具实施宏观调控;加强对货币市场规则的研究和制定,加强对货币市场、外汇市场、黄金市场等金融市场的监督与监测,密切关注货币市场与房地产市场、证券市场、保险市场之间的关联渠道、有关政策和风险控制措施,疏通货币政策传导机制。

“一个转换”,即转换实施对金融业宏观调控和防范与化解系统性金融风险的方式。由过去主要是通过对金融机构的设立审批、业务审批、高级管理人员任职资格审查和监管指导等直接调控方式,转变为对金融业的整体风险、金融控股公司以及交叉性金融工具的风险进行监测和评估,防范和化解系统性金融风险,维护国家经济、金融安全;转变为综合研究制定金融业的有关改革发展规划和对外开放战略,按照我国加入 WTO 的承诺,促进银行、证券、保险三大行业的协调发展和开放,提高我国金融业的国际竞争力,维护国家利益;转变为加强与外汇管理相配套的政策的研究与制订工作,防范国际资本流动的冲击。

"两个增加",即增加反洗钱和管理信贷征信业两项职能。今后将中国由人民银行组织协调全国的反洗钱工作,指导、部署金融业反洗钱工作,承担反洗钱的资金监测职责,并参与有关的国际反洗钱合作。由中国人民银行管理信贷征信业,推动社会信用体系建设。

2008 年 7 月 10 日,国务院办公厅颁布了《中国人民银行主要职责内设机构和人员编制规定》,中国人民银行的职能又有所变化。除了着重强化中央银行制定和执行货币政策、维护金融稳定的职能外,特别规定由中国人民银行管理国家外汇管理局,负责外汇管理。中央银行要对国际金融市场进行跟踪监测和风险预警,监测和管理跨境资本流动,监督管理银行间同业拆借市场、银行间债券市场、银行间票据市场、银行间外汇市场和黄金市场以及与上述市场有关的衍生产品交易。规定中还明确了中国人民银行应会同中国银行业监督管理委员会、中国证券监督管理委员会、中国保险监督管理委员会建立金融监管协调机制,以部际联席会议制度的形式,加强货币政策与监管政策之间以及监管政策、法规之间的协调,建立金融信息共享制度,防范、化解金融风险,维护国家金融安全。由此可见,今后中央银行将更加注重维护金融稳定和化解系统性金融风险。

三、中国人民银行的职责

根据国务院办公厅 2008 年 7 月 10 日颁布的《中国人民银行主要职责内设机构和人员编制规定》,中国人民银行履行下列职责:

(1) 拟订金融业改革和发展战略规划,承担综合研究并协调解决金融运行中的重大问题、促进金融业协调健康发展的责任,参与评估重大金融并购活动对国家金融安全的影响并提出政策建议,促进金融业有序开放。

(2) 起草有关法律和行政法规草案,完善有关金融机构运行规则,发布与履行职责有关的命令和规章。

(3) 依法制定和执行货币政策;制定和实施宏观信贷指导政策。

(4) 完善金融宏观调控体系,负责防范、化解系统性金融风险,维护国家金融稳定与安全。

(5) 负责制定和实施人民币汇率政策,不断完善汇率形成机制,维护国际收支平衡,实施外汇管理,负责对国际金融市场的跟踪监测和风险预警,监测和管理跨境资本流动,持有、管理和经营国家外汇储备和黄金储备。

(6) 监督管理银行间同业拆借市场、银行间债券市场、银行间票据市场、银行间外汇市场和黄金市场及上述市场的有关衍生产品交易。

（7）负责会同金融监管部门制定金融控股公司的监管规则和交叉性金融业务的标准、规范,负责金融控股公司和交叉性金融工具的监测。

（8）承担最后贷款人的责任,负责对因化解金融风险而使用中央银行资金机构的行为进行检查监督。

（9）制定和组织实施金融业综合统计制度,负责数据汇总和宏观经济分析与预测,统一编制全国金融统计数据、报表,并按国家有关规定予以公布。

（10）组织制定金融业信息化发展规划,负责金融标准化的组织管理协调工作,指导金融业信息安全工作。

（11）发行人民币,管理人民币流通。

（12）制定全国支付体系发展规划,统筹协调全国支付体系建设,会同有关部门制定支付结算规则,负责全国支付、清算系统的正常运行。

（13）经理国库。

（14）承担全国反洗钱工作的组织协调和监督管理的责任,负责涉嫌洗钱及恐怖活动的资金监测。

（15）管理征信业,推动建立社会信用体系。

（16）从事与中国人民银行业务有关的国际金融活动。

（17）按照有关规定从事金融业务活动。

（18）承办国务院交办的其他事项。

上述中国人民银行的各项职责,可以归纳为作为发行的银行、银行的银行和政府的银行三个方面的职能。如:"发行人民币,管理人民币流通"为发行的银行的职能;"负责全国支付、清算系统的正常运行"为银行的银行的职能;"起草有关法律和行政法规草案,完善有关金融机构运行规则,发布与履行其职责有关的命令和规章"、"依法制定和执行货币政策"等等,是政府的银行的职能。

需要说明的是,与2003年《中华人民共和国中国人民银行法》的规定相比,中国人民银行的职责主要调整在如下几个方面:第一,中国人民银行要进一步健全货币政策体系,完善人民币汇率形成机制,加强与金融监管部门的统筹协调,防范和化解金融风险,维护国家金融安全。第二,加强综合协调并推进金融业改革和发展,研究、协调解决金融运行中重大问题的职责。第三,将区域金融形势研究、区域金融稳定评估和区域金融协调职责交给中国人民银行分行。第四,将地方中小法人机构差别存款准备金率的实施、存贷款基准利率、浮动利率执行的监测以及地方国库集中收付代理、银行资格的认定等职责交给中国人民银行分支机构。

专栏 2-5　　　　　　　　　　　　**中国人民银行与金融稳定**

金融稳定是指金融体系处于能够有效发挥其关键功能的状态。在这种状态下,宏观经济健康运行,货币和财政政策稳健有效,金融生态环境不断改善,金融机构、金融市场和金融基础设施能够发挥资源配置、风险管理、支付结算等关键功能,而且在受到内外部因素冲击时,金融体系整体上仍然能够平稳运行。

大部分国家的中央银行自成立之初就有一定的金融稳定职能。近几十年来,这项职能不断得到强化,并已普遍成为中央银行的主要职能之一。维护金融稳定是一项系统性工程,需要各相关部门的共同努力。根据《中国人民银行法》赋予的防范和化解金融风险、维护金融稳定的职责,中国人民银行与其他部门密切配合,共同维护金融稳定。在具体工作中,中国人民银行遵循以下框架维护金融稳定(图 2-1)。

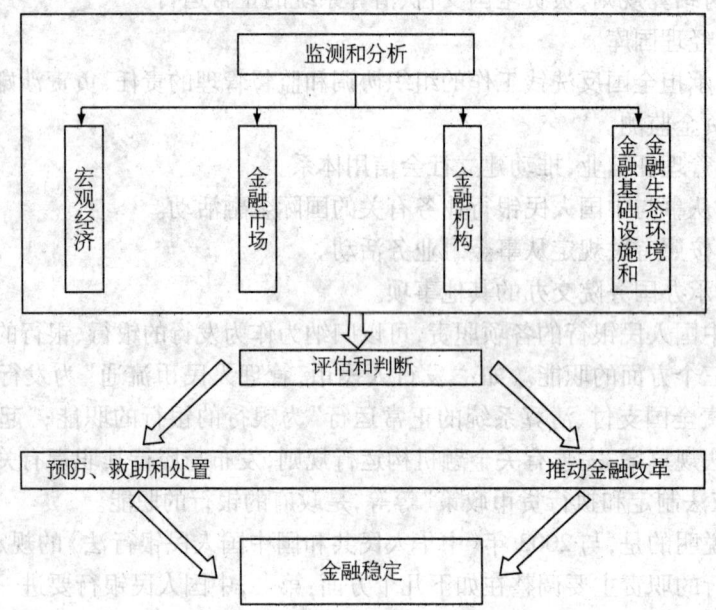

图 2-1　中国维护金融稳定的框架

在此框架中,维护金融稳定分为监测和分析金融风险,评估和判断金融稳定形势,采取预防、救助和处置措施及推动金融改革三个层面。第一,对金融风险进行监测,密切跟踪和分析宏观经济环境、金融市场、金融机构、金融基础设施和金融生态环境及其变动情况。第二,按照有关评估标准和方法,评估和判断宏观经济环境、金融机构、金融市场、金融基础设施和金融生态环境对金融稳定的影响。第三,根据评估和判断的结果,采取应对措施。在金融运行处于稳定状态时,充分关注潜在风险,采取预防措施;在金融运行逼近不稳定的临界状态时,采取救助措施,对有系统性影响、财务状况基本健康、运营正常、出现流动性困境的金融机构提供流动性支持,并通过重组和改革,转换机制,促使这些机构健康运行;在金融运行处于不稳定状态时,积极迅速采取危机处置措施,对严重资不抵债、无法持续经营的金融机构,按市场化方式进行清算、关闭或重组,强化市场约束,切实保护投资者利益,维护经济和社会稳定。同时,针对薄弱环节,及时推动经济体制、金融机构、金融市场、金融基础设施和金融生态环境方面的改革,通过全方位的改革促进金融稳定。

维护金融稳定需要有效的政策、工具和制度。结合国际经验和教训,根据中国人民银行和其他部门在维护金融稳定方面的实践,我们认为,适合中国国情的金融稳定政策、工具和制度安排主要包括:政治保障;利率、汇率、流动性支持、资本账户管理、舆论引导或道义劝告等工具;支付体系支持、法制支持、审慎监管、投资者保护制度、监管协调机制等制度安排。中国人民银行与其他部门密切合作,利用这些政策、工具和制度,维护金融稳定。

资料来源:中国金融稳定报告(2005)。

本章小结

1. 中央银行的性质是指中央银行自身所具有的特有属性。中央银行的性质表现为它是一国金融体系的核心、是管理全国金融事业的国家机关、是经营金融业务的特殊金融机构。

2. 一般而言,中央银行具有三大职能:发行的银行、银行的银行、政府的银行。从中央银行业务活动的性质角度看,中央银行的职能又可表述为服务职能、调节职能和管理职能。

3. 中央银行职能的新变化有两个:一是为了更好地实行货币政策调控职能,把金融监管职能分离出去;二是更加强调金融稳定职能,从而维护金融体系的安全。

4. 中国人民银行是中华人民共和国的中央银行,是在国务院领导下制定和实施货币政策、防范和化解金融风险,维护金融稳定的宏观调控部门。

5. 中国人民银行新的职能是制定和执行货币政策、维护金融稳定、提供金融服务。具体承担十三项职责。

关键概念索引

发行的银行　银行的银行　政府的银行　服务职能　调节职能　管理职能
最后贷款人　金融稳定

复习思考题

1. 简要说明中央银行的性质与职能。
2. 为什么中央银行要垄断货币的发行?
3. 中央银行在什么情况下才能发挥最后贷款人的作用?

4. 为什么说中央银行是政府的银行?
5. 简述中央银行职能变化的主要原因和内容。
6. 依照《中华人民共和国中国人民银行法》,阐述中国人民银行的性质和职能。
7. 货币政策与金融监管有什么关系?
8. 后危机时代,中央银行的职能是否会发生变化? 其变化趋势是什么?

第三章　中央银行制度的类型和结构

📖**本章要点**

- 中央银行的制度类型
- 中央银行的资本结构类型
- 中央银行的组织结构
- 中国人民银行的体制

　　为保证有效履行职能、实现政策目标,中央银行必须建立起完善的制度和组织结构。由于各国的社会制度、经济发展水平、金融发达程度和文化传统等情况不尽相同,中央银行的制度类型、资本金来源、组织结构也就存在着很大的差异,表现出了多样化的形式。本章主要分析比较不同类型的中央银行制度、资本金构成和组织结构,介绍中国人民银行的体制和组织结构。

第一节　中央银行的制度类型

　　就组织形式而言,中央银行制度可以划分为四种不同的类型。

一、单一式中央银行制度

　　单一式中央银行制度是指一个国家设立单独的中央银行机构,使之全面行使中央银行职能,领导全部金融事业的中央银行制度。单一式中央银行制度是目前世界各国所采用的最主要、最典型的中央银行制度类型,具体又分为两种形式:一元式中央银行制度和二元式中央银行制度。

　　(一) 一元式中央银行制度

　　这是指一国只设立一家统一的中央银行,行使中央银行的权力和履行中央银行的全部职责,中央银行机构自身上下是统一的,机构设置一般采取总分行制,逐级垂直隶属。一元式中央银行制度是比较成熟的中央银行制度形式,其特点是权力集中统一、职能完善、业务多样化、分支机构健全。中国的中央银行即中国人民银行也采用一元式组织形式。

（二）二元式中央银行制度

这是指中央银行体系由中央和地方两级相对独立的中央银行机构共同组成。中央级中央银行和地方级中央银行在货币政策方面是统一的,中央级中央银行是最高金融决策机构,地方级中央银行要接受中央级中央银行的监督和指导。但在货币政策的具体实施、金融监管和中央银行有关业务的具体操作方面,地方级中央银行在其辖区内有一定的独立性,与中央级中央银行也不是分行与总行的关系,而是按法律规定分别行使其职能。这种制度一般与联邦制的国家体制相适应,如目前的美国即实行此种中央银行制度。

美国的中央银行称为联邦储备体系。在中央一级设立联邦储备理事会,并有专门为其服务的若干职能部门;在地方一级设立联邦储备银行。美国联邦储备理事会设在华盛顿,负责管理联邦储备体系和全国的金融决策,对外代表美国中央银行。美国联邦储备体系将全美 50 个州和哥伦比亚地区划分为 12 个联邦储备区,每一个区设立一家联邦储备银行。联邦储备银行在各自的辖区内履行中央银行职责。

二、复合式中央银行制度

复合式中央银行制度是指一个国家不单独设立专司中央银行职能的中央银行机构,而是由一家集中央银行与商业银行职能于一身的国家大银行兼行中央银行职能的中央银行制度。这种中央银行制度往往与中央银行初级发展阶段和国家实行计划经济体制相适应。中央银行没有权利基础、职能不明确、组织体系庞杂和分支机构泛滥是这种中央银行制度的特点。前苏联和 1990 年以前的多数东欧国家实行这种制度。中国在 1983 年以前也实行这种制度。

三、准中央银行制度

准中央银行制度是指一国不设通常完整意义上的中央银行,而设立类似中央银行的金融管理机构执行部分中央银行的职能,并由政府授权若干商业银行(或机构)也执行部分中央银行职能的中央银行制度;或者虽然建立了中央银行但缺乏中央银行的基本职能。这种制度通常在国土狭小而经济开放度又比较高的国家或地区实行。中国香港就采用这种制度。香港没有中央银行,其货币发行权由渣打银行、汇丰银行和中国银行分别拥有;票据清算职能由汇丰银行履行;成立于1993 年 4 月的香港金融管理局则专门负责货币政策的制定与实施、金融监管等中央银行职能;其他的中央银行职能也一直由商业银行来负责执行。香港金融管理局由外汇基金管理局与银行业监理处合并而成。金融管理局是香港特别行政区架构中的重要组成部分,设有 7 个部门,包括银行监理部、银行政策部、外事经研部、储备管理部、货币政策及市场部、经济研究部、机构拓展部及运营部。金融管理局的主要职能是:第一,维持港元汇价稳定;第二,透过稳健投资策略,管理外汇基金(即香港的官方储备);第三,促进香港银行体系稳健;第四,发展香港金融市场基础设施,使货币顺畅流通。其政策目标为:第一,在联系汇率制度的架构内,通过外汇基金的稳健管理、货币政策操作和其他适当措施,维持货币稳定;第二,通过监管银行业务和接受存款业务以及监管认可机构,促进银行体系的安全和稳定;第三,促进金融体系,尤其是支付和结算安排的效率、健全性与发展。除中国香港外,还有新加坡、马尔代夫、斐济、沙特阿拉伯、阿拉伯联合酋长国、塞舌尔等国家(地区)采取这种中央银行组织形式。

四、跨国中央银行制度

跨国中央银行制度是指由参加某一货币联盟的所有成员国组成一家中央银行,由其在成员国范围内行使全部或部分中央银行职能的中央银行制度。这些成员国一般地域相邻,经济状况相近。跨国中央银行在各成员国设立中央银行的代理机构,为各成员国发行统一的货币,制定货币政策,提供金融服务,进行金融监管,但不承担对各成员国银行的监督义务或不承担"最后贷款人"义务。这一制度首先是在第二次世界大战后,由非洲的一些国家联合采用。如由当时的尼日尔、塞内加尔、贝宁、象牙海岸、多哥和沃尔特等国家组成的西非货币联盟所设的中央银行,以及由刚果、乍得、喀麦隆、加蓬和中非共和国组成的中非货币联盟所设的中非国家银行等。这些跨国中央银行因其成员国都属于经济欠发达国家,因而没有对世界金融产生更多的影响。目前,最具影响力的跨国中央银行是成立于 1998 年的欧洲中央银行。

专栏 3-1　　　　　　　　　　　　欧洲中央银行

　　欧洲中央银行于 1998 年 6 月 1 日宣告成立,7 月 1 日正式运作。欧洲中央银行是世界上第一个管理超国家货币的中央银行。独立性是它的一个显著特点,它不接受欧盟领导机构的指令,不受各国政府的监督。它是唯一有资格允许在欧盟内部发行欧元的机构。1999 年 1 月 1 日欧元正式启动后,12 个欧元国政府失去了制定货币政策的权力,实行欧洲中央银行制定的货币政策。欧洲中央银行由两个层次组成:一个是欧洲中央银行本身,另一个是由欧洲中央银行和欧盟各成员国的中央银行组成的欧洲中央银行体系。欧洲中央银行与欧元成员国中央银行共同组成欧元体系。

　　欧洲中央银行具备法人身份,是决策机构,欧洲中央银行体系则不具备法人身份,是执行机构。欧洲中央银行下设行长理事会、普通理事会和执行委员会。行长理事会由欧元区各国央行行长参加;普通理事会则吸纳非欧元区的欧盟成员国央行行长参加。日常管理机构是执行委员会,决策机构是行长理事会。欧洲中央银行负责制定欧元区统一的货币政策,然后交由各成员国中央银行来实施。欧洲中央银行理事会每年至少举行 10 次会议。

第二节　中央银行的资本结构类型

中央银行的资本结构是指作为中央银行营业基础的资本金是怎样构成的,即中央银行资本的所有制形式是怎样的。中央银行的资本组成有以下五种类型。

一、全部股份为国家所有

目前大多数国家中央银行的资本金是为国家所有的,称为国有中央银行。这种情况又分为两种类型:一是国家通过购买中央银行资本中原来属于私人的股份而对中央银行拥有了全部股权;二是中央银行成立时,国家就拨付了全部资本金。

目前,中央银行资本为国家所有的国家有英国、法国、德国、加拿大、澳大利亚、荷兰、挪威、西班牙、瑞典、丹麦、俄罗斯、泰国、新西兰、印度等,并且中央银行的国有化已成为一种发展趋势。中国人民银行的资本组成也属于国家所有的类型。

二、公私股份混合所有

公私两种股份混合所有,也可以称半国有性质的中央银行。这种资本组成类型的中央银行,其资本金一部分由国家持股,一般占资本总额的50%以上;另一部分由民间持股,非国家资本即民间资本包括企业法人和自然人的股份。如日本银行,政府拥有55%的股份,剩下的45%股份由民间的企业法人、社会团体、一般公众持有;墨西哥的中央银行,国家资本占53%,民间资本占47%;巴基斯坦中央银行的股份,政府持有51%,民间资本占49%。也有些国家如比利时、委内瑞拉等国中央银行的资本中,政府和民间股份各占50%。

在采取这种所有制结构的中央银行体制中,民间股东的权限受到很大的限制。例如只允许有分取红利的权利,而无经营决策权,其股权的转让也必须经中央银行同意后方可进行。总之,不论国家资本与民间资本的比例关系如何,拥有民间资本的股东不能影响中央银行的宏观金融政策。

三、全部股份为私人所有

这种类型的中央银行,国家不持有其股份,全部资本由私人持有。美国、意大利和瑞士等少数国家的中央银行属于此种类型。美国联邦储备银行的股本全部由参加联邦储备体系的会员银行所拥有,会员银行按照自己实收资本和公积金的6%认购所参加的联邦储备银行的股份,先缴付所认购股份的一半,另一半是联邦储备银行董事会根据需要随时要求会员银行上缴。由于会员银行的资本金和公积金会发生变化,因此上缴联邦储备银行6%的实际数额也需要随时调整。会员银行不能将所持有的联邦储备银行股份转卖和用于抵押,只能获取年息不超过6%的股息。原意大利中央银行的股份由储蓄银行、公营信贷银行、保险公司、社会保障等机构所持有,股份转让也只能在上述机构之间进行,并须先得到意大利中央银行董事会的许可。

四、无资本金的中央银行

无资本金是指中央银行建立之初,根本没有资本,而由国家授权其执行中央银行职能。中央银行运用的资金,主要是各金融机构的存款和流通中的货币,自用资金只占很小部分。韩国的中央银行是目前唯一没有资本金的中央银行。1962年《韩国银行法》规定:韩国银行是"无资本金的特殊法人"。该行的利润首先用于补偿资产的折旧,然后把50%提为法定公积金,但在政府认可下,可以拥有特定的公积金,其余部分缴入政府。会计年度一旦发生亏损,首先用公积金弥补,不足部分由政府账户划拨。

五、多国共有资本的中央银行

多国资本是指跨国中央银行的资本不为某一国家所独有,而是由跨国中央银行的成员国所共有,如西非货币联盟、中非货币联盟和东加勒比海货币管理局就属于这种类型。货币联盟中成员国共同组建中央银行的资本金是由各成员国按商定比例认缴的,各国以认缴比例拥有对中央银行的所有权。

需要说明的是,无论中央银行的资本金是属于国家还是公私混合所有,都不会对中央银行的性质和业务活动产生实质性的影响。因为国家对中央银行拥有直接控制和监督的权力,私人持股者既无决策权,也无经营管理权。因此,从这个意义上讲,任何一个国家的中央银行本质上都是政府机构。随着时间的推移和中央银行职能的不断完善,中央银行的资本结构日趋国有化,已经成为第二次世界大战以后现代中央银行制度发展的普遍规律。

第三节　中央银行的组织结构

中央银行的组织结构包括权力分配结构、内部职能机构和分支机构设置等方面,它是中央银行制度的重要内容之一,是中央银行制定货币政策、实现宏观调控、履行金融监管等职能的重要保证。

一、中央银行的权力分配结构

中央银行的权力分配结构主要是指最高权力分配状况,这些通过权力结构的设置和职责分工体现出来。中央银行的最高权力大致可归并为决策权、执行权和监督权三个方面。其中决策权是权力的核心,是中央银行权威的象征;执行权是权力的集中体现,在执行权中又包含不同层级的决策权;监督权是对决策权和执行权力的约束,是对中央银行有效行使职能的保证。根据不同情况,中央银行的最高权力机构可划分为以下三种类型。

(一)决策、执行和监督权力统一于一个机构

这种类型的中央银行,其权力统一于一个机构,一般是中央银行的董事会(或理事会),它既要制定各项政策和方针,又要负责这些政策、方针的贯彻、实施和监督。这种类型的最高权力机构具有决策层次少、权力比较集中等特点,优点是有利于政策间的衔接和一致,便于迅速决策和实施,缺点是决策、执行和监督之间缺乏强有力的制衡机制。属于这一类的中央银行有英格兰银行、美国联邦储备体系、菲律宾中央银行、马来西亚中央银行等。

以美国为例,美国联邦储备体系的最高权力机构是联邦储备委员会。联邦储备委员会的首要职能是制定货币政策和金融业的规章制度。除此之外,联邦储备委员会还对各联邦储备银行及各类银行机构负有监管职责。联邦储备委员会由7名委员组成,直接对国会负责。每位委员任期14年,不得连任,委员任期错开,每两年有1位委员离任。委员会主席和副主席,由总统从委员会成员中指定,但要征得参议院同意,任期4年,可以连任。联邦储备委员会制定全国性货币政策,具体实施由联邦储备体系中另一重要权力机构——公开市场委员会承担。公开市场委员会除了决定联邦储备体系在公开市场上的证券买卖业务外,还管理美元汇率和外汇市场业务。联邦公开市场委员会由12名委员组成,联邦储备委员会的7名理事为当然委员,其余5名为联邦储备银行行长。委员会主席由联邦储备委员会主席兼任。另外,公开市场委员会也是联邦储备体系中的核心机构之一,但由于其成员大部分来自联邦储备委员会,而且委员会主席也由联邦储备委员会主席兼任。因此,美国联邦储备体系的决策权、执行权和监督权,事实上统一于一个最高权力机构——联邦储备委员会。

(二)决策、执行和监督权力分别由不同机构承担

这种类型的中央银行,其决策、执行和监督权力分别由不同的机构承担,不同的机构行使不同的权力。决策机构代表政府发布行政性命令,执行机构通过中央银行业务来掌握全国的金融情况,监督机构则是执行金融管理纪律的司法机构。这种"三驾马车"式的机构设置,体现了行政、业务、司法三个方面的配合。日本、澳大利亚、巴西、韩国等国的中央银行属于这一类型。

日本的中央银行——日本银行的最高决策机构是日本银行政策委员会,它的任务是:根据经济发展的要求,调节日本银行的业务,调节通货与信用,具体决定官定利率、公开市场业务、存款准备金率以及管理民间利率等。银行政策委员会的决

定须征得半数以上委员的同意。日本银行政策委员会由 7 人组成,日本银行的总裁是当然委员,另有都市银行、地方银行、工商业、农业、大藏省和经济企划厅的代表各 1 人,其中大藏省和经济企划厅的代表为官方代表,无表决权。委员由政府内阁任命,但须事先征得国会同意。银行政策委员会议长在享有表决权的委员中选举产生,自该委员会成立以来,日本银行总裁一直被选为议长。

日本银行的最高执行机构是日本银行理事会,由总裁、副总裁和 7 名理事组成,负责日本银行的日常业务,贯彻执行日本银行政策委员会制定的方针政策。另外,日本银行还设立监事会作为行使监督权的机构,负责监督检查日本银行的业务和政策执行情况。

（三）决策、执行和监督权由不同机构交叉承担

这种权力分配结构的设置,中央银行通常设有一个主要的决策机构,除此之外,还设有专门的执行机构和监督机构,它们也有一定的决策权。采用这种最高权力机构模式的有瑞士、比利时、荷兰等国的中央银行。

以比较典型的瑞士国家银行为例。瑞士国家银行是瑞士的中央银行,除股东大会以外,还设有参事会、联邦银行委员会和理事会等机构。这些机构交叉行使中央银行的决策权、执行权和监督权。参事会是瑞士国家银行的最高监督机构,同时也拥有一定的决策权。参事会负责发行钞票,向联邦政府推荐理事会成员和分行行长人选,审定业务规章制度和年度决算。参事会由 40 人组成,其中 15 人由股东大会选举产生,其余 25 人由政府指派。联邦银行委员会是瑞士国家银行具体监管业务的机构,负责审查送交参事会的各种业务报告。联邦银行委员会也参与贷款利率和贴现率的制定。联邦银行委员会的成员由参事会选出。理事会是瑞士国家银行的最高执行机构,并拥有一定的决策权。理事会由联邦政府任命的 3 名理事组成,任期 6 年。理事会负责定期向银行委员会提供口头或书面报告,对国家履行自己的职责,并对国家银行的所有行为负责;执行瑞士国家银行制定的货币政策和其他金融方针政策。另外,理事会还拥有制定贴现率和利率的决策权。

二、中央银行的内部机构设置

中央银行内部机构的设置,是指中央银行总行或总部机关的职能划分及分工。为确保中央银行行使其职能,必须设置具体的职能部门进行业务操作。各国中央银行内部职能部门的设置都是根据其负担的任务,包括货币政策的组织实施、与各类金融机构的业务往来、金融监管等,按照精干、高效和有利配合协调等原则而设置的。尽管各国中央银行的内部机构设置数量不等,名称也有差别,但总体来看,大都包括如下几种部门:

（1）与行使中央银行职能直接相关的部门。这是中央银行内设机构的主体部分,包括办理与金融机构业务往来的部门、货币政策操作部门、负责货币发行的部

门、组织清算的部门、金融监管部门等。

（2）为中央银行行使职能提供咨询、调研和分析的部门，包括统计分析部门、研究部门等。

（3）为中央银行有效行使职能提供保障和行政管理服务的部门，包括行政管理部门、服务部门、后勤保障部门等。

中央银行内部职能机构的设置并不是固定不变的，随着中央银行职能和业务量的变化，职能机构也会随之调整，各部门之间的业务分工也会视工作的方便而有所改变。但一般说来，在一定时期内，中央银行的内部职能机构是比较稳定的。

三、中央银行的分支机构设置

中央银行作为一种特殊的金融机构，在分支机构的设置上不同于一般的金融机构，它要以保证各项金融政策和基本职能得以有效贯彻实施为原则来设置分支机构。具体地讲，中央银行设置分支机构一般根据三种情况进行。

（一）按经济区域设置分支机构

这种方式是根据各地经济、金融发展状况和中央银行业务量的大小，视实际需要，按经济区域设立分支机构，与行政区划并不一致。经济区域的划分主要考虑以下因素：①地域关系；②经济、金融联系的密切程度；③历史传统；④业务量。分支机构一般都设立在该区域内的经济和金融中心，机构规模的大小视实际需要而定。这种设置方式有利于中央银行各项政策方针的贯彻执行和货币政策的集中统一操作，受地方政府的干预较少，也反映出中央银行是国家的宏观调控部门而非一般行政机构的基本特征。同时，按经济区域设置中央银行的分支机构能更好地体现市场经济的原则，也符合商品经济发展的客观规律。此外，这种设置方式的主动权完全在中央银行，中央银行可根据实际需要确定分支机构的设置数量，而不是被动地依据行政区划逐一设立，这就使中央银行的分支机构能够尽可能地集中，减少了成本，提高了效率。目前大多数国家的中央银行分支机构是按经济区域设置的。

（二）按行政区划设置分支机构

中央银行的分支机构设置与国家的行政区划相一致，逐级设置分行或支行，分支机构的大小与其所在行政区划的级别有关，而与业务量关系不大。这种形式一般与计划经济体制相适应。前苏联以及其他实行计划经济体制的国家基本上都是采取按行政区划设置分支机构的方式。中国人民银行在 1998 年以前也是采取这种设置方式。

（三）以经济区域为主兼顾行政区划设置分支机构

这种设置方式一般是按经济区域设置分行，而分行之下的机构设置则考虑行政区域，并尽量与行政区域相一致。日本银行分支机构的设置基本上是这种模式。日本银行把全国 47 个都、道、府、县划分为 33 个业务区，每区设立一个分行，分行所在的中心城市也是商业银行等金融机构比较集中的地区,同时还设有 12 个办事处。分行以下机构的设立则更多地考虑行政区划。我国在 1998 年对中国人民银行的分支机构设置进行了重大改革,人民银行分行按经济区域设置,而中心支行和支行则是按行政区域设置的。

目前世界各国的中央银行,除美国联邦储备体系之外,其分支机构都可以看作为中央银行总行或总部的派出机构。总行或总部对分支机构一般都实行集中统一领导和管理,在分支机构层次较多的情况下,大都按逐级管理的方式进行运作。根据中央银行分支机构设置数量的多少和赋予分支机构职责的大小,各国中央银行在人员分布上有很大的不同,有些国家中央银行的总行或总部人员数量较多,而分支机构的人员规模较小,有些国家中央银行分支机构的人员数量较多,而总行或总部的人员在中央银行人员总数中只占有较小的比例。中国人民银行的人员构成即属于后一种类型。由于各国情况不同,中央银行对其分支机构的授权也有较大差异,有些国家中央银行的分支机构权力较大,有些则相对较小,但其基本任务或职责却是一致的,如贯彻总行或总部的方针政策;执行总行或总部的指令;在授权范围内代表中央银行在本辖区实施金融监管;提供区域性支付清算服务与管理;进行经济、金融统计与调查研究;办理本辖区内中央银行业务,如经理国库、代发政府债券、现金发行与调拨、外汇金银管理等。

专栏 3-2　　　　　　　　　　　**中央银行的现代化文化及改革**

20 世纪 80 年代,一些国家的中央银行开始了自身的改革进程,以强化责任、透明度和效率。到了 20 世纪 90 年代,许多中央银行开始将其作为现代化文化的一部分而采用。但这并不是一种制度化行为。

在 21 世纪,要求中央银行提高管理效率、责任、资源利用率和透明度已经很少受到置疑。大多数国家中央银行开始采取行动以实现现代化。一些中央银行对自身运作结构和框架进行了重大改革。

中央银行常常深刻地意识到了其所面临的政治、经济和技术的挑战。21 世纪的前 25 年,中央银行将完成从一个小的到成熟的和真正全球性的行业的演变。发展中的经济体,中央银行要么变得更加有效和高效率,要么已消失。在较发达的经济体,中央银行发现新的充满活力的角色或萎缩成为古董。

中央银行意识到,准备有效率地迎接内部变动挑战的中央银行最有可能在 21 世纪保持持续的相关性、独立性和影响。

为什么要改变? 有一个简单的答案:改变对生存和发展至关重要。组织和管理变动的直接效益可能包括以下几方面原因:(1)更大效率:更好地实现更明确的目标;(2)更高效率:用较少的资源实现同样的效果;(3)较少分心:更加注重核心职能;(4)更好决策:更快和更可靠的决策;(5)给领导层更多的时间:有利于领导层创造更多的空间进行战略思维和管理;(6)强大动力:员工致力于履行更多的职责;(7)提高创新:不断进步的组织吸引并留住创造性人才。

在许多发展中经济体,中央银行的成就正在受到过时的领导和管理做法限制。症状包括:(1)组织结构不能很好地支持目前的职能;(2)由于缺乏充分授权和业务流程过时,决策层超负荷运行;(3)好的中层管理人员太少,很难实现有效授权;(4)难以吸引并留住人才;(5)苦于从政策功能取得创造性成果;(6)增加内部支持单位,过度消耗资源;(7)未来价值有限的长期服务的职员得到高于其市场价值的报酬;(8)缺乏成本信息和在控制成本上存在困难。

如何开始变革?更好的做法是超前。在将来的某一天,中央银行可能是什么样?我们希望中央银行成为什么样?要使未来设想变为现实,需要什么样的组织结构、资源基础和管理系统?

然后,从未来的状态向后规划。它可能不同于今天?我们应该开始逐步减少什么样的结构、资源和系统?我们应该致力于建立什么新的能力、做法和过程?应当鼓励和阻止哪些外部和内部的期望?

制定一个切实可行的蓝图来激发信心,提高动机是高度可行的。但也应该建立具体的行动计划。可以从管理数据开始。中央银行的政策和业务效率很大程度上依赖于信息。是正确决定的前提(好的信息),央行应全力收集、核对和分析实际的和预测的信息。但是传统的管理信息往往没有涉及变革的领导者要回答的问题,比如:组织资源正在执行什么活动?履行组织活动和业务需要花多少钱?对于组织的产品、服务和客户的每一项活动需要多少费用等。其实,满足内部和外部的要求并不困难。一个服务于中央银行报告的良好的信息运作系统可随时实现:(1)商业化负责——总体结果的报告和商业运作的方式,符合国际标准,并采用最佳的专业化运作;(2)政府部门负责制——以同时对其他机构有意义的和有用的方式确定职能、制定目标和衡量业绩的方式;(3)管理报告——为财务管理和为提供服务的有效性和效率进行监测,并建立问责制。

资料来源:尼尔·库提斯、彼特·尼可编著,《中央银行现代化》,中国金融出版社2010年。

第四节 中国人民银行体制和组织结构

一、中国人民银行体制

我国实行一元式中央银行体制,由中国人民银行执行中央银行的全部职责。按照《中华人民共和国中国人民银行法》(修正)的有关规定,中国人民银行是我国的中央银行。中国人民银行在国务院领导下制定和执行货币政策,防范和化解金融风险,维护金融稳定。中国人民银行就年度货币供应量、利率、汇率和国务院规定的其他重要事项做出的决定,报国务院批准后执行。中国人民银行应当向全国人民代表大会常务委员会提出有关货币政策情况和金融业运行情况的工作报告。中国人民银行在国务院领导下依法独立执行货币政策,履行职责,开展业务,不受地方政府、各级部门、社会团体和个人的干涉。

二、中国人民银行的资本所有

根据《中华人民共和国中国人民银行法》(修正)第一章第八条规定,中国人民银行的全部资本由国家出资,属于国家所有。可见中国人民银行属于国家所有制。

三、中国人民银行的机构设置

中央银行要有效地履行其职责,需要有自身的组织机构作保证。目前,中国人民银行的机构设置如图3-1所示。

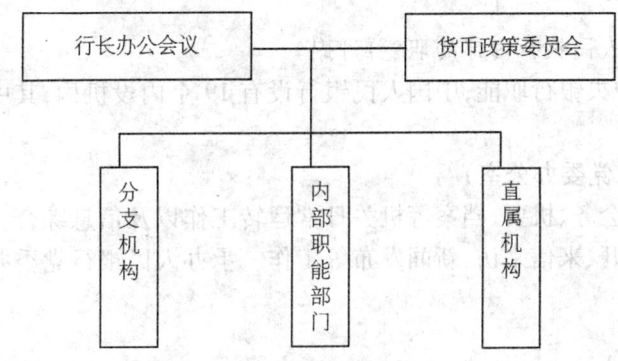

图3-1　中国人民银行机构设置图

(一)中国人民银行的最高权力机构

目前实施的《中国人民银行法》对中国人民银行是否设理事会或董事会的问题没有做出明确的法律规定,而是根据我国的国情以及新中国成立以来中国人民银行组织机构的情况规定中国人民银行设行长一人,副行长若干人。中国人民银行行长的人选,根据国务院总理的提名,由全国人民代表大会决定,副行长由国务院总理任免。中国人民银行实行行长负责制。行长负责制是指中国人民银行行长在银行中处于中心地位,起中心作用,对银行全面负责。副行长在行长的领导下,按各自的分工协助行长工作,对行长负责。银行行长与银行副行长的关系,是领导与被领导的关系。

中国人民银行于1997年设立货币政策委员会。货币政策委员会的职责、组成和工作程序,由国务院规定,报全国人民代表大会常务委员会备案。根据《中国人民银行货币政策委员会条例》的规定,"货币政策委员会是中国人民银行制定货币政策的咨询议事机构"。货币政策委员会的组成人员有:中国人民银行行长、中国人民银行副行长2人,国家计划委员会副主任1人,国家经济贸易委员会副主任1人,财政部副部长1人,国家外汇管理局局长,中国证券监督管理委员会主席、国有独资商业银行行长2人,金融专家1人。货币政策委员会设秘书处,作为常设办事机构。目前货币政策委员会秘书处与中国人民银行货币政策司合署办公。货币政策委员会的主要职责是,在综合分析宏观经济形势的基础上,依据国家的宏观经济调控目标,讨论下列货币政策事项,并提出建议:①讨论货币政策的制定和调整;②一定时期内的货币政策控制目标;③货币政策工具的运用;④有关货币政策的重要措施;⑤货币政策与其他宏观经济政策的协调。货币政策委员会实行例会制度,在每季度的第一个月中旬召开例会。货币政策委员会在制定货币政策方面发挥着重要作用,但由于该委员会的性质是咨询议事机构,因此,从中国人民银行的权力分配结构看,是属于决策权、执行权、监督权合一并且权力高度集中的中央银行。

（二）中国人民银行内部的职能部门①

为了履行中央银行职能,中国人民银行设有 19 个内设机构,其中汇率司是新设内部机构。

1. 办公厅（党委办公室）

负责文电、会务、机要、档案等机关日常运转工作以及信息综合、应急管理、安全保密、政务公开、来信来访、新闻发布等工作。承办人民银行党委办公室的日常工作。

2. 条法司

起草有关法律、行政法规草案;拟订或组织拟订、审核与履行职责有关的金融规章;负责中国人民银行金融法律事务、咨询服务和法制宣传工作;承担机关有关规范性文件合法性审核工作;办理行政复议和行政应诉工作。

3. 货币政策司

拟订货币政策中介目标并组织执行;提出货币政策工具选择建议并组织实施;拟订并组织实施存款准备金率及差别准备金率的调整;拟订本外币利率政策、管理办法、调整方案并组织实施;拟订本币公开市场操作方案并组织实施;承办中国人民银行货币政策委员会及宏观调控部门协调机制的有关工作。

4. 汇率司

拟订人民币汇率政策并组织实施;研究、制订并实施外汇市场调控方案,调控境内外汇市场供求;根据人民币国际化的进程发展人民币离岸市场;协助有关方面提出资本项目兑换政策建议;跟踪监测全球金融市场汇率变化;研究、监测国际资本流动,并提出政策建议。

5. 金融市场司

拟订金融市场发展规划,协调金融市场发展,推动金融产品创新;监督管理银行间同业拆借市场、银行间债券市场、银行间票据市场和黄金市场及上述市场的有

---

① 参见国务院办公厅 2008 年 7 月 10 日颁布的《中国人民银行主要职责内设机构和人员编制规定》。

关衍生产品交易;分析金融市场发展对货币政策和金融稳定的影响并提出政策建议;拟订宏观信贷指导政策,承办国务院决定的信贷结构调节管理工作。

6. 金融稳定局

综合分析和评估系统性金融风险,提出防范和化解系统性金融风险的政策建议;评估重大金融并购活动对国家金融安全的影响并提出政策建议;承担会同有关方面研究拟订金融控股公司的监管规则和交叉性金融业务的标准、规范的工作;负责金融控股公司和交叉性金融工具的监测;承办涉及运用中央银行最终支付手段的金融企业重组方案的论证和审查工作;管理中国人民银行与金融风险处置或金融重组有关的资产;承担对因化解金融风险而使中央银行资金机构的行为的检查监督工作,参与有关机构市场退出的清算或机构重组等工作。

7. 调查统计司

负责金融业的统计、调查、分析和预测。拟订金融业综合统计制度,编制金融业统计报表;负责有关货币政策和金融稳定的数据采集并按规定对外公布统计结果;按照规定提供金融信息咨询。

8. 会计财务司

协助有关部门完善中央银行和商业银行会计准则、制度、办法和会计科目;组织实施中国人民银行财务制度;编制并监督检查中国人民银行系统财务预决算;编制中国人民银行资产负债表和损益表等会计财务报表;承办中国人民银行系统会计、财务、基建、固定资产和政府采购项目管理工作。

9. 支付结算司

拟订全国支付体系发展规划;会同有关方面研究拟订支付结算政策和规则,制定支付清算、票据交换和银行账户管理的规章制度并组织实施;维护支付清算系统的正常运行;组织建设和管理中国现代支付系统;拟订银行卡结算业务及其他电子支付业务管理制度;推进支付工具的创新;组织中国人民银行会计核算。

10. 科技司

拟订金融业信息化发展规划,承担金融标准化的组织管理协调工作;指导、协调金融业信息安全和信息化工作;承担中国人民银行信息化及应用系统的规划、建设、安全、标准化及运行维护等工作;承办中国人民银行系统的科技管理工作;拟订银行卡业务技术标准,协调银行卡联网通用工作。

11. 货币金银局

拟订有关货币发行和黄金管理办法并组织实施;承担人民币管理和反假货币工作;制定现钞、辅币和贵金属纪念币的生产计划,负责对人民币现钞、贵金属纪念币的调拨、发行库管理及流通中现金的更新和销毁;管理现金投放、回笼工作和库款安全;管理国家黄金储备;承办国务院反假货币联席工作会议的具体工作。

12. 国库局

组织拟订国库资金银行支付清算制度并组织实施,参与拟订国库管理制度、国库集中收付制度;为财政部门开设国库单一账户,办理预算资金的收纳、划分、留解和支拨业务;对国库资金收支进行统计分析;定期向同级财政部门提供国库单一账户的收支和现金情况,核对库存余额;按规定承担国库现金管理有关工作;按规定履行监督管理职责,维护国库资金的安全与完整;代理国务院财政部门向金融机构发行、兑付国债和其他政府债券。

13. 国际司(港澳台办公室)

承办金融业务开放的相关工作;承办中国人民银行与国际金融组织和各金融当局的交流与合作;承办对港澳台的金融交流与合作;承办中国人民银行外事管理工作;指导中国人民银行驻外机构的业务工作;协调国际金融合作;开展国际金融调研工作。

14. 内审司

拟订中国人民银行内审工作规章、制度和办法;监督检查中国人民银行各级机构及其工作人员执行金融政策、法规,依法履行公务和执行财务纪律的情况;承办主要负责人的离任审计工作,对违法违规人员的处理提出建议;指导、监督、检查中国人民银行系统内审工作。

15. 人事司(党委组织部)

拟订中国人民银行人事、教育、劳动工资管理制度、办法并组织实施;承办中国人民银行系统机构、编制和干部管理工作;承办中国人民银行系统社会保险管理工作;拟订人员培训规划,组织人员考试测评工作;负责中国人民银行系统统战工作。

16. 研究局

综合研究金融业改革、发展及跨行业的重大问题,协调拟订金融业改革发展战略规划,研究促进金融业对外开放的政策措施;围绕中央银行职责,研究分析宏观经济、金融运行状况,以及货币信贷、金融市场、金融法律、法规等重大政策或制度的执行情况,并提出政策建议。

17. 征信管理局

组织拟订征信业发展规划、规章制度及行业标准;拟订征信机构、业务管理办法及有关信用风险评价准则;建设金融征信统一平台,推进社会信用体系建设。

18. 反洗钱局(保卫局)

承担反洗钱工作的组织协调和监督管理职责;会同有关部门拟订反洗钱政策和规章;监督、检查金融机构及非金融机构高风险行业履行反洗钱义务情况;收集、分析和监测相关部门提供的大额和可疑交易信息;对可疑交易开展反洗钱调查,协助公安司法机关调查涉嫌洗钱犯罪案件;负责中国人民银行系统安全保卫工作;承办反洗钱国际合作工作;承办反洗钱工作部际联席会议办公室的具体工作。

19. 党委宣传部（党委群工部）

负责中国人民银行系统党的思想建设和宣传工作；负责思想政治工作和精神文明建设；负责指导、协调本系统群众工作。

中国人民银行纪律检查委员会负责中国人民银行系统纪律检查工作。

机关党委负责机关和在京直属单位的党群工作。

离退休干部局负责机关离退休干部工作，指导直属单位的离退休干部工作。

另外，中国人民银行还有 16 个直属机构，它们是：中国人民银行机关服务中心、中国人民银行集中采购中心、中国反洗钱监测分析中心、中国人民银行征信中心、中国外汇交易中心（全国银行间同业拆借中心）、中国金融出版社、金融时报社、中国人民银行清算总中心、中国印钞造币总公司、中国金币总公司、中国金融电子化公司、中国人民银行研究生部、中国人民银行党校、中国金融培训中心、中国人民银行郑州培训学院、中国钱币博物馆。

（三）按经济区域为主兼顾行政区划设置分支机构

中国人民银行根据履行职责的需要设立分支机构，作为中国人民银行的派出机构。中国人民银行对分支机构实行统一领导和管理。

中国人民银行从 1948—1998 年底一直按行政区划设置分支机构，这种模式在较长时期内发挥了一定的积极作用，但随着我国经济、金融体制改革的深入，人民银行独立性地位的提高，这种模式逐渐暴露出一定的局限性，如机构臃肿重叠、成本高、效率低、受地方政府干预过多、货币政策传导渠道不畅等。1998 年 11 月，国务院根据我国国情，结合精简高效和宏观调控有效性的原则，改革人民银行的管理体制，撤销省级分行，设立跨省分行。具体设置如下。

中国人民银行总行设在北京，下设九个区域分行和两个营业部。九个分行分别是：天津分行（管辖天津、河北、山西、内蒙古）；沈阳分行（管辖辽宁、吉林、黑龙江）；上海分行（管辖上海、浙江、福建）；南京分行（管辖江苏、安徽）；济南分行（管辖山东、河南）；武汉分行（管辖江西、湖北、湖南）；广州分行（管辖广东、广西、海南）；成都分行（管辖四川、贵州、云南、西藏）；西安分行（管辖陕西、甘肃、宁夏、青海、新疆）。两个营业部是在撤销原中国人民银行北京分行和重庆分行的基础上，设立的中国人民银行营业管理部和中国人民银行重庆营业管理部。中国人民银行各分行再下设若干个中心支行，中心支行下设县支行。现设分行的省会城市不再另设中心支行，未设分行的计划单列城市和部分沿海开放城市设立中心支行。中国人民银行各级分支机构都要贯彻执行总行的货币政策和执行金融法规，办理各项具体金融业务。

2005 年 8 月 10 日，成立中国人民银行上海总部，履行中央银行的部分职能。

专栏3-3   **中国人民银行上海总部**

2005年8月10日,中国人民银行上海总部正式挂牌成立。上海总部成立初期与中国人民银行上海分行合署办公,并逐步与上海分行整合。上海总部作为总行的有机组成部分,在总行的领导和授权下开展工作,主要承担部分中央银行业务的具体操作职责,同时履行一定的管理职能。总的来说,设立中国人民银行上海总部后,人民银行的部分操作性业务将移至上海,总行侧重于政策决策和制定。

1. 成立上海总部的具体原因。在现代市场经济条件下,中央银行的货币政策操作主要采用间接调控模式,即中央银行通过参与金融市场交易来调节市场流动性或利率水平,并借助金融市场将货币政策信号传导到金融体系,进而影响实体经济的产出和总体价格水平。间接调控的货币政策操作以公开市场操作为主,同时辅以再贴现操作等手段。

由于中央银行的货币政策操作是一种市场行为,就必须对市场形势有准确的判断。目前上海是金融市场集中的地方,已经成为各类金融机构在我国内地的主要集聚地。这里设有全国统一的银行间同业拆借市场、债券市场和外汇市场,拥有证券、商品期货和黄金三个交易所。建设上海国际金融中心也已成为一项国家战略。中央银行在上海设立总部,并承担公开市场操作等货币政策操作职能的优点如下:一是操作人员可以实时、实地观察金融市场的变化,切身感受市场情绪,及时对市场走向做出判断,这有助于操作人员选择最佳操作策略。二是操作人员可以及时与市场组织者和市场参与者沟通,了解市场参与者对市场行情和市场走向的看法,有利于形成正确的市场预期。三是中央银行在上海开展货币政策操作还可以对市场的异常波动迅速做出反应,有利于市场的平稳运行。

2. 上海总部承担的主要职责。根据总行提出的操作目标,组织实施中央银行公开市场操作;承办在沪商业银行及票据专营机构再贴现业务;管理银行间市场,跟踪金融市场发展,研究并引导金融产品的创新;负责对区域性金融稳定和涉外金融安全的评估;负责有关金融市场数据的采集、汇总和分析;围绕货币政策操作、金融市场发展、金融中心建设等开展专题研究;负责有关区域金融交流与合作工作,承办有关国际金融业务;承担国家部分外汇储备的经营和黄金储备经营管理工作;承担上海地区人民银行有关业务的工作等。

上海总部承担的管理职能包括对现有上海分行辖区内人民银行分支机构的管理,以及人民银行部分驻沪企事业单位的管理和协调。直接管理的单位包括中国外汇交易中心、中国反洗钱监测分析中心、中国人民银行数据处理中心、中国人民银行征信服务中心等。协调管理的单位是中国银联和上海黄金交易所。

3. 上海总部的内设机构。为保证职责的有效履行,上海总部内设11个部,包括:公开市场操作部、金融市场管理部、金融稳定部、调查统计研究部、国际部、金融服务一部、金融服务二部、外汇管理部8个业务部门,以及综合管理部、人力资源部和纪检监察办公室3个支持服务部门。

4. 上海总部与总行的关系。上海总部作为总行的有机组成部分,是在总行的领导和授权下开展工作的。总行侧重于政策的决策,是决策中心,总部侧重政策的操作和实施,是业务运营中心。为充分发挥好总部作为总行有机组成部分的作用,在领导体制上,由总行的两位行级领导分别兼任上海总部的主任和副主任,上海总部党委接受人民银行党委领导;在内部组织架构上,凡需要接受总行相关指令进行操作的业务,有些采取由总行有关司局负责人在总部有关机构兼职的形式;在技术手段上,总行与上海总部之间将建立完善的远程办公自动化系统,依靠现代通讯技术跨越地理空间上的限制,缩短从政策决策到操作的时滞。

　　5. 上海总部的建设目标。尽快把上海总部建设成为总行公开市场操作的平台、金融市场运行监测的平台、对外交往的重要窗口和一部分金融服务与研究和开发业务的中心。

　　资料来源:项俊波副行长就上海总部有关问题接受采访。www.pbc.gov.cn。

📖 本章小结

　　1. 中央银行的制度类型主要有四种:单一式中央银行制度、复合式中央银行制度、准中央银行制度和跨国中央银行制度。其中单一式中央银行制度又可分为两种类型:一元式和二元式。我国实行一元式中央银行体制,由中国人民银行执行中央银行的全部职责。

　　2. 中央银行的资本结构类型可分为五种:全部股份为国家所有、公私股份混合所有、全部股份为私人所有、无资本金和多国共有资本。中国人民银行的全部资本由国家出资,属于国家所有。

　　3. 中央银行的权力分配结构主要是指最高权力分配状况。中央银行的最高权力大致可归并为决策权、执行权和监督权三个方面。中央银行的权力分配结构有三种类型:决策、执行和监督权力统一于一个机构;决策、执行和监督权力分别由不同机构承担;决策、执行和监督权由不同机构交叉承担。

　　4. 中央银行内部机构的设置是指中央银行总行或总部机关的职能划分及分工。为确保中央银行行使其职能,一般都设置有与行使中央银行职能直接相关的部门;为中央银行行使职能提供咨询、调研和分析的部门;为中央银行有效行使职能提供保障和行政管理服务的部门。

　　5. 中央银行分支机构设置有三种形式:按经济区域设置、按行政区划设置或者以经济区域为主兼顾行政区划设置分支机构。中国人民银行是按经济区域为主兼顾行政区划设置分支机构。

　　6. 中国人民银行实行行长负责制。货币政策委员会是中国人民银行制定货币政策的咨询议事机构。为了履行中央银行职能,中国人民银行设有18个内部职能部门。下设九个区域分行和两个营业部。2005年8月成立中国人民银行上海总部。

🔑 关键概念索引

　　单一式中央银行制度　一元式中央银行制度　二元式中央银行制度　复合式中央银行制度　准中央银行制度　跨国中央银行制度　公私混合所有中央银行

欧洲中央银行　权力分配结构　货币政策委员会

 复习思考题

1. 中央银行有哪些基本类型? 各有何特点?
2. 中央银行的资本结构有哪些类型?
3. 中央银行的组织结构包括哪些主要内容?
4. 什么样的权利分配结构更有利于中央银行发挥职能作用?
5. 中央银行为什么要按经济区域设置分支机构?
6. 中国人民银行为什么要建立上海总部?
7. 概要说明中国人民银行目前的组织结构状况。

第四章 中央银行的独立性

📖 **本章要点**

- 独立性和相对独立性
- 独立性的内容与模式
- 中央银行独立性与其地位职能
- 中央银行与政府的关系

中央银行作为一国管理全国金融事业的国家机关,其独立性直接影响到中央银行职能的发挥。自从中央银行制度产生以来,就一直存在着中央银行独立性大小的争论。中央银行的独立性是相对独立性,从各国中央银行职能发挥情况看,独立性大小确实是一个重要因素。

第一节 中央银行独立性概述

一、中央银行独立性的含义

对于中央银行的独立性,理论界有不同的看法。弗里德曼(1962)给出的中央银行独立性的含义是:中央银行应该是与立法、行政、司法部门同等的一个独立的政府部门,而且它的行动受制于司法部门的解释。他把中央银行的独立性解释为中央银行在其运作过程中相对独立于政府的地位。诺德豪斯和林德贝克(1976)提出,中央银行独立性实际上是避免货币政策被政治派别的支持者所左右,而交由一个组织来管理。库克曼(1992)认为,中央银行独立性就是一种承诺将货币政策的主要目标置于价格稳定方面的行为。库克曼、韦伯和尼亚普蒂(1994)认为,中央银行的独立性不是无条件地独立于政府,而是在追求价格稳定目标过程中的独立,甚至是在牺牲其他也许对政治当局更重要目标的基础上。

要理解中央银行的独立性,需要明确以下几点:①中央银行作为一国管理全国金融事业的国家机关,履行国家赋予的职能,是国家权力的一部分。因此,中央银行的独立性应该是指独立于国家的权力。②由于中央银行的职能和权限是由法律赋予的,因此中央银行又不可能独立于立法和司法。③中央银行是否可以完全独立于行政或政府呢? 这不可能完全做到。因为:第一,无论是作为总统制的政府还是作为内阁制的政府都对议会负责。第二,中央银行作为政府的银行和政府在金融领域的代理人,必然要体现和实现政府的某些意图,在为政府提供服务的同时,在一定程度上还要接受政府的控制。第三,在多数国家,中央银行是作为政府机构存在的。因此中央银行要完全独立于政府也是不可能的。

　　归纳起来,中央银行独立性是指作为货币行政管理当局的中央银行在制定和执行货币政策过程中相对独立于国家权力、立法、司法和政府。中央银行独立性实质是相对独立性。

二、中央银行相对独立性的主要内容

　　中央银行相对独立性的内容一般包括以下三个方面。

　　1. 垄断货币发行权

　　中央银行必须垄断货币发行权,根据货币政策的目标、经济发展和货币信用规律,自行决定发行货币的数量、时间和方式,不受政府目标和行为的干扰。中央银行按经济原则发行货币,不能代行应由财政部门行使的职能。

　　2. 保持政治上的独立

　　这是指央行行长及董事会成员的任免及任期、货币政策委员会的构成等方面的人事自主权。中央银行货币政策委员会的成员在政治上独立,有助于抵制政府施加给中央银行实施货币政策的压力,最终阻止政府和其他选民对货币政策施加的短期影响,使中央银行的货币政策不再受政府政治周期的干扰,有利于保持货币政策的稳定与连续。

　　3. 拥有操作上的自主性

　　这是指经济上的独立性,包括中央银行法赋予中央银行在制定和执行货币政策、给政府的信贷融资、使用货币政策工具和财务等方面的自主权。首先,中央银行有明确的货币政策目标,并独立地选择货币政策工具。第二,为了加强操作上的自主性或信用的独立性,许多国家中央银行法明确规定,禁止中央银行为财政赤字直接进行融资,不能在国债发行市场上直接购买长期国债。第三,中央银行有资金来源渠道,不依赖财政拨款维持运作。

专栏 4-1　　　　　　　　**量化中央银行独立性的指标体系**

　　巴德和帕金在 1988 年首次整理了中央银行在法律上独立性的指标,并由阿莱希纳和萨莫斯对其进行扩展。指标集中于以下问题:中央银行对货币政策是否有最终权力、在控制中央银行的机构中是否有政府官员、政府任命的最高权力机构的官员是否过半等。格里利等首先设计了中央银行政治和经济独立性的指标体系。政治独立性指标涉及中央银行董事会成员的任命程序、任期以及实现货币稳定的法令是否存在。经济上的独立性考察中央银行在执行货币政策的过程中在多大程度上独立于政府。库克曼等提出的一种指标体系包括在法律上给予中央银行的十种特许权,包括四个方面:(1)中央银行行长的提名、罢免和任期;(2)政府目标和中央银行目标之间矛盾解决程序,货币政策最终权力的制度安排;(3)相对其他目标而言,物价稳定目标的重要性;(4)对政府从中央银行借款限制的严格程度及其普遍性。埃吉芬格等建立和完善的指标体系考察以下三个方面:(1)对货币政策最终责任的界定;(2)政府官员是否在中央银行董事会中任职;(3)由政府任命的董事会成员在中央银行董事会中的比例。对于这些指标体系,相同的一点是:所得分数越高,表明中央银行独立性越强。

　　资料来源:蔡志刚,《中央银行独立性与货币政策》,中国金融出版社2004年。

三、中央银行独立性的不同模式

(一)　独立性强的模式

中央银行享有很高的独立性,表现在法律地位上独立于政府机构,直接向最高权力(立法)机构(如国会、议会等)负责,有权独立制定和执行货币政策,在人事、资金来源上较少受制于政府。这种模式在联邦制国家中较为常见。例如,独立性强的美国联邦储备体系和德意志联邦银行。《欧洲联盟条约》赋予欧洲中央银行很强的独立性。具体表现在:

1. 组织上的独立性

《欧洲联盟条约》规定:欧洲中央银行、各成员国中央银行的决策机构的任何成员在行使权力和履行职责时,不得寻求或接受指导。为此,各成员国政府需要建议与条约相兼容的中央银行制度,确保中央银行能够独立地制定货币政策。

2. 人事上的独立性

欧洲中央银行的日常管理机构——执行委员会成员由欧洲首脑会议直接任命,任期8年,不能连任。各成员国中央银行行长任期不少于5年,与政府首脑任期错开。

3. 决策上的独立性

欧洲中央银行的决策机构是理事会,由执行委员会成员和各成员国中央银行行长组成,负责独立制定货币政策。

4. 资金运用上的独立性

《欧洲联盟条约》禁止欧洲中央银行为成员国政府的财政赤字提供资金融通,以防止货币发行财政化。

5. 制定规章和实施处罚上的独立性

《欧洲联盟条约》赋予欧洲中央银行颁布具有普遍适用性的、对成员国有全面直接约束力的法规制定权,有权对不遵守其法规的企业实施处罚。

（二）独立性次强的模式

中央银行在名义上隶属于政府或者受制于财政部,但拥有实际上较大的独立性。代表国家是日本、英国、澳大利亚等。

1946 年,英格兰银行被收归国有,隶属于财政部,由政府决定其最高决策机构的成员。财政部有权对英格兰银行发布行政命令,但事实上从未使用过该权力。政府充分尊重英格兰银行的意见,以及它在管理金融事务方面的特殊地位和作用。英格兰银行不为政府提供长期资金支持,拥有较大的资金上的独立权。

（三）独立性弱的模式

中央银行直接接受政府的行政命令,其货币政策的制定和执行必须得到政府同意,代表国家是意大利和韩国。韩国政府一直牢牢掌握着调控经济的大权,以至于压制韩国银行作为中央银行作用的正常发挥。韩国银行隶属于财政经济院,制定货币政策的金融委员会由财政经济院长官担任主席,而不是中央银行行长,导致其难以独立制定和执行货币政策。韩国银行的货币发行受制于政府的经济增长要求,货币供应增长率远远高于经济增长速度。

四、决定中央银行独立性的主要因素

1. 法律地位

中央银行的独立地位最终要靠成文的法律和有约束力的制度来保障。智利和菲律宾曾是少数几个将中央银行独立地位写入宪法的国家,他们后来通过专门的法律,保障中央银行的独立性。大多数国家通过制定一个专门的法律,授予中央银行独立自主权。

2. 隶属关系

这是指中央银行对谁负责,如果是直接对最高权力机构负责,则具有较高独立性,如美国;如果隶属于财政部,其独立性较弱,如韩国。

3. 人事制度

中央银行负责人和决策机构的成员的任命过程、任期、权责如何确定,在很大程度上影响中央银行独立性。在独立性较强的国家,人事任命的周期不受政府更迭的影响,以保障货币政策的连续性和平稳。

4. 财务独立

中央银行的独立性与其资金使用情况密切相关。如果中央银行的预算需要经过财政部的批准,依靠财政部提供资金支持,则其独立性受到制约。美国联邦储备体系的自用开支预算享有不需国会批准的特权。

第二节 中央银行独立性的争论

一、中央银行独立性争论的几个阶段

（一）中央银行诞生至第一次世界大战之前

在这一阶段，中央银行一般不受政府控制，拥有高度的独立性。中央银行与政府的关系更多地体现在业务关系上，而不是隶属关系和被控制的关系。究其原因，一是当时处于自由竞争资本主义阶段，实行金本位制度，货币流通比较稳定，国内物价和外汇行市可以通过市场机制自动调节且只在微小的幅度内波动。其二，自由放任的自由主义思想占主导地位，人们普遍认为货币只是经济的面纱，"看不见的手"可以自发地调节经济，对国家宏观调控的重要性以及中央银行的作用还缺乏认识。其三，中央银行的实际职能局限于维持银行券与黄金的自由兑换，其他职能因客观条件的限制尚无法发挥应有的作用。比如，虽然中央银行在当时已开始代理国库，充当政府的银行，但资本所有权大多不属于政府，而是私人银行。由于中央银行还没有成为干预和调节经济的工具，所以也就不存在不独立的问题。

（二）第一次世界大战至 20 世纪 60 年代

由于战时财政需要，各交战国除英国以发行国库券筹措军费外，无不利用中央银行增发纸币以供军费开支，中央银行的独立性实际上荡然无存。战争结束后，由于经济困难，一些国家继续利用增发货币作为发展经济的捷径，结果却饱受通货膨胀的困扰。1920 年布鲁塞尔国际金融会议开始提倡中央银行应对政府保持独立，决议指出："中央银行必须不受政府的压力，而应依循审慎的金融路线行动。"1922年的热那亚国际金融会议，对上述宗旨予以同样的强调。这些本应成为战后中央银行制度建立的最重要的理论基础，由于受 30 年代大危机的冲击和凯恩斯主义重财政政策轻货币政策的影响，中央银行不仅无法独立于政府，还在长期内依附于财政。

（三）20 世纪 70 年代以来

在经历了 50 年代和 60 年代的高速发展之后，资本主义经济进入滞涨阶段，经济衰退和通货膨胀局面并存，这一经济现实迫使人们反思中央银行与政府的关系。凯恩斯解救经济危机的药方失灵，以弗里德曼为代表的货币主义思想重新抬头，主张重视货币政策，控制货币供应量以对付通货膨胀。而要使货币供应量适度，就必须减少政府对中央银行的干预，保持中央银行的独立性。于是，加强中央银行独立性的呼声再起。

70 年代之后，美国先后颁布施行了《1977 年联邦储备系统改革法》、《1980 年存款机构放松管制和货币控制法》等法律,通过了《联邦储备系统——财政部协议》这一具有法律意义的重要文献,加强了中央银行的独立性。德国国会于 1994 年通过《德意志联邦银行法修正案》,对 1957 年《德意志联邦银行法》中"联邦银行在规定限额内对政府机构、专门公共财产机构提供短期保证贷款"的条文予以废除,切断了央行与政府的直接信贷关系,从而在资金运用方面进一步强化了央行的独立性。而欧盟成员国就中央银行的独立性已达成了共识,并以德意志联邦银行为样板,成立了独立性很大的中央银行——欧洲中央银行。日本和英国也重塑中央银行的独立性。

二、从独立性角度看中央银行的职能

(一) 货币发行与独立性

目前,大多数国家由中央银行垄断货币发行权,并以经济发行的原则确定货币供应量增长水平,同时规定,禁止财政直接向央行透支等,以避免财政赤字因素干扰货币发行,最终影响物价水平。但是,在中央银行独立性较弱的国家,货币发行是为了满足政府经济增长目标的实现,如韩国。我国中央银行法规定,中国人民银行就年度货币供应量、利率、汇率和国务院规定的其他重要事项做出的决定,报国务院批准后执行。

同时,在经济发展日益全球化的情况下,一国货币发行还受到国际收支等因素的影响。以我国为例。随着我国经济总体规模不断发展与开放程度提高,国际收支连续多年出现双顺差,外汇储备逐年增加,在 2011 年 12 月达到 3.18 万亿美元。在 2002 年 1 月至 2011 年 12 月期间,中央银行资产负债表中的"外汇"和货币供应量(M_2)数据显示:外汇资产占 M_2 的比重呈明显的上升趋势,2008 年时达到最高约 32%。受制于美国和欧洲经济形势不明朗,近年来这一比重下降至约 28% 的水平。具体见图 4-1。

在现行结售汇制度下,中央银行在外汇市场上购买外汇而投放大量基础货币,带动了货币供给量成倍扩张。在被动增加基础货币投放的同时,中国人民银行为了收缩过剩流动性,经常利用发行中央银行票据等方式开展公开市场业务操作。但是,票据有利息成本,随着票据规模的扩大,中央银行需要付出的利息成本增加,提高了调控成本。在兑付央票时,利息支付将增加央行票据持有者的准备金,对紧缩政策产生一定冲击。货币发行的独立性还影响到货币政策工具的选择和调控效果。

因此,影响中央银行垄断货币发行权的因素除了来自各级政府和弥补财政赤字的干扰以外,其他因素也会制约中央银行货币发行的独立性,进而对其宏观调控产生负面影响。

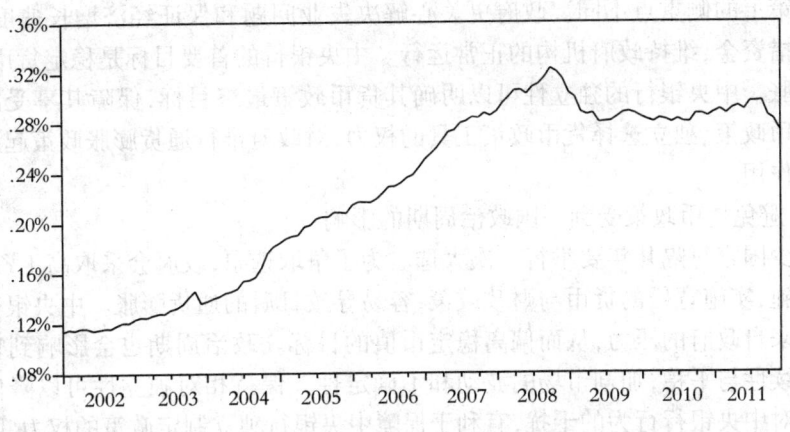

图 4-1　外汇占货币供应量 M₂ 的比重

数据来源：中国人民银行网站。

（二）最后贷款人与独立性

在英国、日本等建立专门行使金融监管职能的国家，中央银行仍然承担最后贷款人职责。美国联邦储备体系集货币政策与金融监管职能于一身，也通过再贴现窗口和其他市场化措施实现最后贷款人作用。

虽然各国中央银行提供支持的方式不同，但是，如果简单依靠提供再贷款实现最后贷款人职责，无异于将金融风险货币化，易引发金融机构的道德风险，影响中央银行资金安全和信用独立性。银行"大而不倒"的观念也造成中央银行被动地履行最后贷款人职责。中央银行提供的资金造成基础货币投放的增加，对货币政策的独立性造成负面影响。为限制道德风险，一些国家的中央银行在提供再贷款时遵循"建设性的模棱两可"原则，即中央银行事先故意使其是否履行最后贷款人的条件变得模棱两可，并给予中央银行是否进行危机救助以最大限度的自主判断。金融机构不能确定自己是否为援助对象，可以形成对其行为的约束，使其加强自身风险防范。中央银行根据系统性风险发生的可能性，确定救助行为。

（三）货币政策委员会制度与独立性

货币政策委员会一般是中央银行的决策机构或决策咨询机构，其人员组成、任期等对一国中央银行的独立性有一定影响。如果一个国家货币政策的决策权控制在中央银行，其货币政策的独立性强。

三、保持中央银行相对独立性的必要性

1. 中央银行与政府有不同的经济目标、利益驱动和制约机制

政府的目标是多元化的，不仅有经济目标，还有社会目标。经济目标不仅是物价稳定，也包括经济增长率、失业率等。中央银行与政府所处的地位不同，在决定

经济政策上的侧重点不同。政府更关心解决失业问题和保证经济增长速度,以及如何筹措资金,维持政府机构的正常运行。中央银行的首要目标是稳定货币,防止通货膨胀。中央银行的独立性可以明确其货币政策最终目标,保障其享受制定和执行货币政策、独立选择货币政策工具的权力,对政府推行通货膨胀政策起到一定的制约作用。

2. 避免货币政策受到一国政治周期的影响

不少国家每隔几年要举行一次大选。为了争取选票,政府会采取高工资、高就业等措施,实施宽松的货币与财政政策,容易导致日后的通货膨胀。中央银行就易于受到来自政府的压力,从而偏离稳定币值的目标。政治周期也会影响到货币政策的连续性与平稳,加剧市场的波动和不确定性。保持相对独立性可以降低党派和政治对中央银行行为的干扰,有利于保障中央银行独立制定政策的权力,降低政策波动对经济的干扰。

3. 避免财政赤字货币化

财政赤字货币化是指当出现财政赤字时,中央银行无条件弥补。这种行为会导致中央银行丧失独立的货币发行权力,制定和执行货币政策的独立性易受影响,容易出现通货膨胀,这与中央银行稳定货币的目标背道而驰。因此,为避免通过增发货币去弥补财政赤字,造成通货膨胀,有必要保持中央银行的独立性。不少国家以法律的形式明确规定中央银行向政府提供资金的形式与数量。

第三节　中央银行与政府、政府部门的关系

一、中央银行的隶属关系

中央银行的隶属关系指的是中央银行向谁负责,谁有权利改变中央银行制度等。不少国家实行的是行政、立法和司法三权分立的政治制度,这些国家的法律规定中央银行要对上述三个权力机构负责。

(一)对立法机关负责

中央银行对立法机关负责意味着中央银行直接受议会控制,有义务向议会汇报工作。典型代表是美联储和德意志联邦银行。美国联邦储备体系是国会下属的一个机构,直接向国会负责。理事会有义务向众议院院长提交年度运作报告,一年两次就经济状况和货币信用目标提出特别报告。美联储主席每半年向国会参众两院报告货币政策目标和执行情况。只有国会有权改变联邦储备体系的制度和权限。

(二)对行政权力机关负责

各国在法律上或制度上一般要求中央银行根据需要随时向政府提供某些特定

的信息、报告和建议。在独立性较弱的模式下,政府直接干预中央银行运作。在日本和英国等财政部地位较高的国家,财政部对中央银行的运作有直接的控制,影响到中央银行的独立性。

对于独立性强的德意志联邦银行,政府要求其在重大货币政策问题上向联邦政府提供建议,并应其请求提供相关信息。美联储也应政府的请求提供建议和信息。

(三) 对司法权力机构负责

司法部门拥有对中央银行的行为以及中央银行为行使职能而做出的决策的合法性实行监督的权力。审计部门也有权监督中央银行的运作和财务。

美联储是国会设立的一个行政机构,它的决策接受司法监督。会计总署每年审计美联储的财务。

二、中央银行与政府的关系

(一) 中央银行有义务支持政府的经济政策

中央银行和政府共同负有调节、管理国民经济的责任。中央银行的货币政策以国民经济发展的总体目标为依据,并为宏观经济政策服务。第二次世界大战后,各国政府十分重视货币政策的作用,将它和财政政策并列为最重要的经济政策,直接为政府的经济目标服务。即便中央银行有较高的独立性,法律也规定,中央银行有义务支持政府的经济政策。

中央银行是国家制度的一个组成部分,大多数国家以法律的形式确定中央银行的基本职责和在既定体制下的权力范围、行动准则和协调方式,这样既保证了中央银行的独立性,又不致使中央银行成为"国中之国",与政府的经济目标相背离。

(二) 独立的中央银行是政府经济决策的一个制衡力量

经济学对政府在现实经济生活中的目标有三种假设:"公共利益假设",认为政府以公共利益为目标;"特殊利益假设",认为政府行为是为了满足某些特殊利益团体;"自身利益假设",认为政府为了提高政治支持率,巩固权力地位,谋取自身福利最大化。上述三种假设均有一定的合理性,政府的行为糅合了公众利益和自身利益,因此,政府的经济决策需要一个约束和监督机制。

独立的中央银行对政府的制衡不是为了争权夺利,而是为了在经济运行中建立稳定器和制动器。中央银行用独立的货币政策约束或限制政府经济政策的负效应,中央银行资金上的独立性是为了防止政府推行赤字财政政策,避免引起通货膨胀,影响社会公众利益。

(三) 政府对中央银行的管理

1. 中央银行资本国有化

第二次世界大战后,随着政府不断加强对经济的干预,货币政策的重要性日益提高,各国政府加强了对中央银行的控制和管理,其中一个重要措施就是将中央银行的资本国有化。中央银行资本国有化有利于保障其超然的地位,也确保其政策与政府的宏观经济政策相协调。

2. 政府有权任命或提名中央银行领导人

政府拥有任命或提名中央银行最高权力机构成员和主要领导人的权力。美联储理事会的 7 名成员由总统在征得参议院同意后任命,并有权指定其中的 2 位担任正副主席,但也必须获得参议院批准。欧盟委员会在与欧洲议会和欧洲中央银行管理委员磋商的基础上,提出中央银行正副行长以及执行理事会成员人选,再由欧盟成员国首脑共同决定。《新西兰储备银行法》则授权政府撤换未达到预定目标的储备银行行长。

3. 政府直接派代表参加最高权力机构

政府为了确保中央银行的货币政策与宏观经济政策相协调,往往在中央银行的最高权力机构派出代表,参加会议,表明政府的立场和原则。各国政府的做法不尽相同,有些国家的政府代表参加中央银行的最高权力机构,拥有发言权和表决权;有的国家则规定政府代表能够参加最高权力机构的会议,但没有表决权。例如,欧盟财长会议和欧盟委员会可派一名代表参加欧洲中央银行理事会会议,两者享有提出动议权,但均无投票权。

4. 政府享有最终的权威

尽管中央银行享有制定和执行货币政策的独立自主权已经成为一种发展趋势,各国也在致力于提高中央银行独立性,但是,即使是在美国这样中央银行独立性高的国家,中央银行的运作也会受到政府政策和意图的影响,总统和国会对美联储运作有很大影响。

三、中央银行与财政的关系

1. 行政隶属关系

由于中央银行和财政部的特殊职能以及政策上的相关性,两者之间的行政隶属关系主要有以下三种:①中央银行隶属于财政部,在组织人事、政策制定方面接受财政部的领导。在这种关系下,中央银行的独立性较弱,其运作直接受到财政部的干涉。如,日本、韩国、新西兰等。英格兰银行名义上受制于财政部,但其实际独立性程度较高。近年来,上述国家均已采取改革措施,减少财政部对中央银行运作的直接干预,提高中央银行的地位和独立性。②中央银行和财政部均接受政府的直接领导。在这种关系中,中央银行与财政部是平行的、独立的政府机构,各自行使职责,不存在隶属关系。这是大多数国家采取的制度安排。③中央银行直接对国会负责。中央银行享受较高的独立性,其组织人事和决策直接向国会负责,不必接受政府的行政命令,政府无权干涉美联储依法行使职责。

2. 资金与业务关系

作为政府的银行,中央银行与财政部之间有密切的业务往来。在预算、账务等方面,中央银行要受到来自于财政部的管理。作为垄断货币发行的主体,中央银行保持资金上的独立性,主要是割断直接向财政部提供资金的途径。在政府出现赤字财政的情况下,如果允许财政透支,容易导致货币发行财政赤字化,不利于中央银行对货币发行的管理与实现货币政策调控目标。不少国家以法律的形式规定中央银行与财政部之间的资金关系。例如,禁止直接向政府提供长期贷款,禁止中央银行在发行市场上购买国债,但是一般不限制其在二级市场上参加交易。

3. 政策协调配合关系

货币政策与财政政策是两大宏观经济调控政策。两者之间的区别主要表现在:目标、工具、传导机制等。由于两者各自的特点不同,所以需要配合,搭配实施。财政政策在刺激经济、克服需求不足时,较为有效。而货币政策在使经济降温时,效果更明显。根据两者之间的搭配关系,可以表述为"双松"、"双紧"和"一松一紧"。

专栏 4-2　　　　　　　　提高中央银行的透明度:独立性的平衡机制之一

在提高中央银行独立性的同时,为防止其滥用决策的独立权力,加强社会公众对中央银行行使职能的监督,不少国家提高中央银行的透明度,以建立独立性的平衡机制。国际货币基金组织(IMF)在 1999 年 9 月 26 日通过的《货币和金融政策透明度良好行为准则:原则宣言》中对货币政策透明度的定义是:在通俗易懂、容易获取并及时的基础上,让公众了解政策的目标、政策的法律、机构和经济框架、政策决定过程及原理。IMF 准则所列的货币政策透明度的内容包括:(1)明确中央银行的作用、责任和目标;(2)公开中央银行制定和报告货币政策决策的过程;(3)公众获得货币和金融政策有关信息的难易程度;(4)中央银行的责任心和诚信保证。

提高货币政策透明度带来的好处包括公众预测准确性提高,通货膨胀水平下降和波动减少,产出水平的波动下降;成本是货币政策的预测准确性和效率下降。虽然对提高透明度与货币政策有效性之间的关系存在理论上的争议,但是,英国、瑞典、新西兰等国的中央银行发表高质量的"通货膨胀报告",取得的治理通货膨胀的成就令其他国家纷纷效仿其提高货币政策透明度的做法。美联储也致力于提高货币政策透明度,依靠良好的信誉成功影响公众预期,逐渐转变长期以来保持的中央银行隐秘性的特点。例如,美联储的货币政策目标是充分就业、价格稳定以及适度的长期利率。这些目标既无明确定义,也无先后顺序,价格稳定也没有更高的权重。在目标透明度不高的情况下,前美联储主席格林斯潘一贯坚持的"反对通货膨胀"的言论与实际行动弥补了这一不足,使得社会公众可以明确中央银行的目标偏好,理解并接受中央银行的信息与预测,调整自身的预期与行为。

自 2006 年伯南克就任美联储主席之后,就一直致力于提高货币政策决策过程的透明度。美联储决定,自 2012 年 1 月起,公布联邦公开市场操作委员会(Federal Open Market Committee)的各位委员对未来货币政策走向的预期和利率水平的预测,包括对首次加息时间的预测、对加息幅度的预测,以及对长期利率水平的预测等。

2012 年 1 月 26 日,美联储宣布了联邦公开市场委员会的 17 名利率政策委员关于未来利率的预测。具体情况如表 4-1 所示。

表 4-1　美联储关于未来利率水平的预测

事项	观点	人数
首次加息的时间	在 2012 或 2013 年	6
	在 2014 年	5
	在 2015 或 2016 年	6
加息幅度	2013 年底利率将升至 0.25%—2%	6
	2014 年底利率将升至 0.25%—2.75%	11
	2014 年之前利率将保持目前水平不变	6
2014 年底利率水平	基准利率将位于 1.5% 或更高水平	6
	基准利率将保持在目前水平	6
长期利率预测	在较长时期内,利率将在 4%—4.25%	多数委员
	在更长时期内,利率将在 3.75%—4.50%	所有委员

同时,美联储还公布了经济预测。2012 年国内生产总值的增长率将在 2.2% 到 2.7% 之间;失业率将在 8.2% 到 8.5% 之间。基于个人消费开支的通货膨胀率预期在 1.4% 到 1.8% 之间。

值得关注的是,美联储联还公布了长期通货膨胀率的目标,将基于个人消费开支物价指数年度变动幅度指标的通货膨胀率的长期目标确定在 2%,这是美联储至今为止设定的、最为明确的通货膨胀率目标。但是,美联储没有公布失业率目标。

Cruijsen 和 Eijffinger 等(2010)用 100 个国家在 1998—2005 年期间的面板数据进行实证检验,研究结果是:存在一个最优的货币政策透明度,央行公布太多的信息反而可能导致公众无所适从,公众形成通胀预期更加依赖以往的信息,通胀的粘性更高。

资料来源:根据有关资料整理。

第四节　中国人民银行的相对独立性

一、中国人民银行的隶属关系

根据 2003 年修正后的《中国人民银行法》的相关规定,中国人民银行是中华人民共和国的中央银行,全部资本由国家出资,属于国家所有。中国人民银行在国务院领导下,制定和执行货币政策,防范和化解金融风险,维护金融稳定。中国人民银行就年度货币供应量、利率、汇率和国务院规定的其他重要事项作出的决定,报国务院批准后执行。中国人民银行就上述规定以外的其他有关货币政策事项作出决定后,即予执行,并报国务院备案。中国人民银行在国务院领导下依法独立执行货币政策,履行职责,开展业务,不受地方政府、各级政府部门、社会团体和个人的干涉。

中国人民银行行长的人选,根据国务院总理的提名,由全国人民代表大会决定。中国人民银行设立货币政策委员会。货币政策委员会的职责、组成和工作程序,由国务院规定,报全国人民代表大会常务委员会备案。

中国人民银行应当向全国人民代表大会常务委员会提出有关货币政策情况和金融业运行情况的工作报告。

二、中国人民银行与财政部的关系

在行政关系上,中国人民银行与财政部同属国务院直接领导,以平等独立的身份协调配合工作。它们之间不存在行政隶属关系,这有利于保障中央银行的独立性。

在资金融通方面,为防止财政赤字货币化,2003 年的《中国人民银行法》修正案第二十九条规定,中国人民银行不得对政府财政透支,不得直接认购、包销国债和其他政府债券。除此之外,法律规定的中国人民银行和财政部的业务往来还包括:中国人民银行实行独立的财务预算管理制度。中国人民银行的预算经国务院财政部门审核后,纳入中央预算,接受国务院财政部门的预算执行监督;中国人民银行每一会计年度的收入减除该年度支出,并按照国务院财政部门核定的比例提取总准备金后的净利润,全部上缴中央财政。中国人民银行的亏损由中央财政拨款弥补;中国人民银行的财务收支和会计事务,应当执行法律、行政法规和国家统一的财务、会计制度,接受国务院审计机关和财政部门依法分别进行的审计和监督。

中国人民银行与财政部作为服务于国家宏观经济目标的职能部门,在业务上存在着政策相互协调的问题。货币政策与财政政策作为调控宏观经济的主要政策手段,需要中国人民银行与财政部的协调配合,否则,会影响两大政策的有效性。

三、中国人民银行与国家发展与改革委员会的关系

国家发展和改革委员会的职责主要是:拟订并组织实施国民经济和社会发展战略、中长期规划和年度计划;研究分析国内外经济形势和发展情况,进行宏观经济的预测、预警;汇总和分析财政、金融等方面的情况,参与制定财政政策和货币政策,拟订并组织实施产业政策和价格政策;研究经济体制改革和对外开放的重大问题;提出全社会固定资产投资总规模,规划重大项目和生产力布局等。

中国人民银行和国家发展和改革委员会均是国务院的直属机构,两者不存在行政隶属关系,但联系密切。国家发展和改革委员会制定国民经济发展计划和速

度,必须考虑到中国人民银行货币供应量的增长情况。为避免财政赤字货币化,保障制定和执行货币政策的独立性,中央银行不会通过多发货币的方式满足政府的资金所需以及保障经济增长目标的实现。中国人民银行要根据经济合理增长因素、动态情况和货币流通状况,制定前瞻性的货币政策,确定货币供应量的增长目标。

此外,《中国人民银行法》还规定:中国人民银行不得向各级政府部门提供贷款。通过建立政策性银行,也杜绝了各级政府部门以政策性业务为由向中央银行寻求资金支持,从而保障中央银行资金上的独立性。

四、中国人民银行与其他金融监管部门的关系

目前,我国建立了三家专门行使金融监管职能的机构,分别是中国证券监督管理委员会、中国保险监督管理委员会和中国银行业监督管理委员会。由此,形成了中国人民银行同银监会、保监会和证监会的"一行三会"的平行配置,形成分工明确、互相协调的金融监管体制和分业经营、分业监管的格局,见表4-2。中国人民银行货币政策与金融监管职能的分离,有利于中央银行专注于货币政策,提高中央银行独立性,原金融监管职能转变为防范和化解金融风险,维护金融体系稳定。银监会、证监会和保监会积极寻求协调合作,加强信息沟通,于2003年9月18日召开第一次监管联席会议,并通过了《银监会、证监会、保监会在金融监管方面分工合作的备忘录》。

表4-2　一行三会各自的管辖权限

监管机构	管辖的机构	管辖的市场	管辖的产品					
			股权产品	固定收益产品				衍生品
				政府债券	非政府债券	资产支持证券	理财产品	存、贷款	
中国人民银行	银行业金融机构的准备金、利率管理、窗口指导	银行间市场、黄金交易所		政策性金融债和国债在银行间交易市场的发行和交易	金融债、短期融资券的发行和交易、企业债在银行间市场的交易	信贷资产支持证券的发行和在银行间市场的交易	利率管制	存款准备金、存贷款利率	银行间市场的利率和汇率衍生品

续表

监管机构	管辖的机构	管辖的市场	管辖的产品						
			股权产品	固定收益产品					衍生品
				政府债券	非政府债券	资产支持证券	理财产品	存、贷款	
银监会	商业银行、信用社、信托公司、财务公司				部分金融债（次级债、混合资本债等）的发行	信贷资产支持证券的发行	商业银行理财产品和信托公司资金信托	业务指导、风险监控	银行业参与衍生品的风险监控
证监会	证券公司、基金公司、期货公司等	上交所、深交所、期货交易所	股票的发行和交易[1]	国债在交易所市场的交易	可转换债券、企业债在交易所市场的交易	资产支持证券的发行和在交易所市场的交易	基金、证券公司理财计划		交易所、证券公司开发的衍生品、期货
保监会	保险公司						投连险		

注：① 三板股票的挂牌和交易由证券业协会管辖。

资料来源：尹剑峰主编，《中国金融产品与服务报告 2006》，社会科学文献出版社 2006 年。

五、中国人民银行分支机构与地方政府的关系

根据 2003 年修正后的《中国人民银行法》第十三条的规定，中国人民银行根据履行职责的需要设立分支机构，作为中国人民银行的派出机构。中国人民银行对分支机构实行统一领导和管理。中国人民银行的分支机构根据中国人民银行的授权，维护本辖区的金融稳定，承办有关业务。

《中国人民银行法》第三十条规定，中国人民银行不得向地方政府提供贷款。为了减少地方政府对中央银行的行政干预，推动区域内经济合作，加强中央银行调控的独立性，1998 年中国人民银行对分支机构作了重大改革，不再按照行政区划设置其分支机构。

专栏 4-3　　　　　　　　　　中国人民银行提高透明度

近年来，中国人民银行提高透明度的措施主要是：

1. 1995 年颁布的《中国人民银行法》及 2003 年的修正法案明确规定了中央银行的作用、责任和目标。按照中央银行法规定，中国人民银行向全国人民代表大会常务委员会提供货币政策、金融业运行情况的工作报告，并于每一会计年度结束后的 3 个月内，编制资产负债表、损益

表和相关的财务会计报表,编制年度报告,予以公布。

2. 从1996年开始,中国人民银行按季度向社会公布各层次货币供应量统计数据,并公布每年货币供应增长率的控制目标,从2001年一季度开始按季度向社会公布我国货币政策执行报告,其中包括对当年经济运行的总结和下一年度货币供应量增长率等预测指标。

3. 我国从1999年6月开始每季度召开货币政策委员会会议,货币政策委员会季度例会后及时向社会发布新闻稿,公布会议主要内容。

4. 中央银行提高货币政策工具的透明度。在重要货币政策变化公布之时,通过举行新闻发布会和发表中央银行负责人的谈话来说明央行意图。例如,在2006年4月宣布提高存款准备金率的决定后,央行发表了关于这一操作的详细解释。为增加公开市场操作的透明度和影响力,每次公开市场操作的中标结果产生后,中央银行通过"中国债券信息网"和"中国货币网"同时向社会发布《公开市场业务交易公告》,包括当日交易品种、期限、招标量、招标利率以及中标利率等信息。

5. 公众可以通过中国人民银行网站及统计季报、年报等获得各种经济与金融信息。

6. 为提高我国金融统计透明度,加强政务公开,方便公众获取金融统计数据,中国人民银行在2012年2月公布了金融统计数据时间表。

资料来源:根据相关资料整理。

📖 本章小结

1. 中央银行独立性是指相对独立于政府的地位,主要包括垄断货币发行权、政治上的独立性和操作上的自主性。中央银行保持相对独立性。

2. 中央银行的独立性有强、次强和弱三种模式。决定独立性的主要因素是:法律独立性、隶属关系、人事制度、财务独立。

3. 中央银行有义务支持政府的经济政策,同时,政府也管理中央银行。中央银行与财政部作为调控经济运行的部门,存在密切联系。

4. 《中国人民银行法》对中央银行独立性的有关内容作了规定。中国人民银行在国务院领导下依法独立执行货币政策,履行职责,开展业务,不受地方政府、各级政府部门、社会团体和个人的干涉。

🔑 关键概念索引

相对独立性　政治独立　操作独立　货币政策透明度　功能性监管　实际独立性

复习思考题

1. 如何理解中央银行独立性的含义?
2. 为什么中央银行需要保持相对独立性?
3. 结合实际,分析影响我国中央银行独立性的因素。
4. 分析说明中央银行独立性与货币政策有效性之间的关系。

第五章 中央银行业务规范与资产负债表

📖 本章要点

- 中央银行业务活动范围
- 中央银行业务特点及经营原则
- 中央银行资产负债表的基本结构
- 中央银行资产负债业务与其职能之间的关系

中央银行是具有金融机构某些特性的政府机关,中央银行的各项职能主要是通过各种业务活动来实现的。中央银行特殊的地位和职能决定其特殊的经营范围和经营原则,并通过资产负债表、货币政策执行报告等对外反映其业务活动情况。与普通银行一样,中央银行的业务活动也可以分为负债业务、资产业务和其他业务三大类,但是中央银行又有特殊的法定业务权利和业务范围、特殊的业务活动原则和业务种类,其资产负债表的格式和具体项目也不同于普通银行。

第一节 中央银行业务活动的法律规范与业务范围

一、中央银行法是中央银行业务的基本规范

中央银行的一切业务活动都通过中央银行法来加以规范。中央银行法是调整中央银行的金融管理行为及由此而产生的金融管理关系的法律规范的总称。中央银行作为代表国家进行金融调控与管理的特殊金融机构,决定了中央银行立法不同于普通(商业)银行立法。由于中央银行特殊的性质及其权利、义务、责任不同于普通银行,因而许多国家在银行立法时,将中央银行单独立法,称为《中央银行法》,其他银行的立法称为《普通银行法》。

中央银行法的一般立法结构主要有以下内容。

1. 总则

一般规定立法宗旨,中央银行所在地,中央银行分行体系、分行设立制度、撤销程序,中央银行资本来源及运用限制等。

2. 中央银行组织机构

主要包括:中央银行最高领导机构理事会或管理委员会的组成、人数、来源、任期;监事会的职权、违法情况的查处,行长或总裁的任期、任职条件、职责、行长缺席代理,中央银行下设的职能机构(如业务机构、发行机构、国库、金融研究机构、会计机构、稽核机构)及其职权范围等。

3. 中央银行货币政策目标和工具

明确规定中央银行货币政策目标,以及为实现货币政策目标而进行宏观经济、金融调控可以采用的手段或工具。

4. 中央银行业务

中央银行履行职能所需要开展的一些银行性业务和管理性业务。

5. 中央银行的预算和决算

中央银行每一会计年度开始前应编制预算,经理事会批准后执行。年度终了后,应作出决算报理事会审核。此外,还规定了银行会计各项目的提取比例及损益调整方法等。

6. 中央银行的法律责任

主要规定中央银行及其人员在行使职权中,如果违反法律或有关规定时,应承担的法律后果。从法律责任主体看,分为中央银行的责任、主要负责人的责任、直接责任人员的责任;从责任的性质来看,分为行政责任、刑事责任。

除中央银行法明确规定其性质、职能、运作等外,其他相关法律也涉及、规范中央银行的运作。下面以美国、英国和我国为例进行分析。

二、主要国家的中央银行法律规范

(一)美国联邦储备体系

由于分权制衡的法律政治理念和联邦制的宪政架构,联邦政府在 1811 年、1836 年两次组织设立的中央银行先后失败,于是形成现在的通货监理署、联邦储备系统、联邦存款保险公司的联邦一级的三大机构分享中央银行职能的组织结构。依据 1913 年《联邦储备法》建立的联邦储备系统行使制定货币政策和实施金融监管的双重职能,最类似于中央银行。

依据《联邦储备法》有关规定,美联储作为与政府并列机构直接向国会负责,除个别情况下总统可对其发号指令外,任何机构或部门均无权干涉。美联储货币政策的目标是最大限度保证就业、价格稳定以及适度的长期利率。这些目标既无明确定义,也无先后顺序。美联储通过三种主要的手段(公开市场操作,规定银行准备金比率,批准各联邦储备银行要求的贴现率)来实现货币政策目标。美联储的职责还包括:监督、指导各个联邦储备银行的活动;监管美国本土的银行,以及成员银行在海外的活动和外国银行在美国的活动;批准各联邦储备银行的预算及开支;任命每个联邦储备银行的9名董事中的3名;批准各个联邦储备银行董事会提名的储备银行行长人选;行使作为国家支付系统的权利;负责保护消费信贷的相关法律的实施;通过各种出版物向公众公布联邦储备系统及国家经济运行状况的详细的统计资料;每年年初向国会提交上一年的年度报告(需接受公众性质的会计师事务所审计)及预算报告(需接受美国审计总局的审计)。另外,委员会主席还需定时与美国总统及财政部长召开相关的会议并及时汇报有关情况,并在国际事务中履行好自己职责。

1978年通过的《汉弗莱-霍金斯法》把最大限度就业规定为失业率不超过4%,并要求美联储每年2月20日及7月20日向国会提交经济与货币政策执行情况的报告。这种作证制度成为中央银行独立性的外在约束机制。

1999年11月4日,经过20多年争论,美国国会参众两院最终表决通过了以金融混业经营为核心的《1999年金融服务现代化法案》(Financial Services Modernization Act of 1999)。《金融服务现代化法案》在加快金融业自由化改革步伐的同时,也调整改善了现有的金融监管体系。《金融服务现代化法案》从金融机构的稳健经营、投资者的保护、公平竞争等目的出发,以金融服务功能进行分类管理,依法进行横向综合性监管。当一种新金融商品出现时,不同背景的金融控股公司都有相同的经营权,既适应了金融融合的要求,又能够按不同服务功能进行有效监管。该法案还对以往"列举"式界定新的金融商品改为以"灵活判断"的方式来定义金融商品。

专栏 5-1　　《多德—弗兰克华尔街改革和消费者保护法案》对美联储的影响

2010年7月,美国颁布《多德—弗兰克华尔街改革和消费者保护法案》,以强化防范和化解系统性风险为主线,其中涉及美联储的内容主要是:

1. 设立金融稳定监督委员会,识别和防范系统性风险。美联储有权监管属于系统重要性机构的非银行金融机构;建议美联储对系统重要性机构提高监管标准,包括:资本、杠杆率、流动性、风险管理、清算方案等要求;在必要时批准美联储分拆严重威胁金融稳定的金融机构。

2. 扩大监管范围,填补监管漏洞。美联储作为系统重要性机构的监管主体,不仅监管资产超过500亿美元的银行,还监管所有具有系统重要性的证券、保险、金融控股公司,如果对冲基金和私募基金被认为规模过大或风险过大,将被置于美联储的监管之下。美联储有权对金融控股公司及其任何一个子公司(包括非存款类子公司)进行直接检查,有权直接从金融控股公司获取信息。对于在金融活动之外还从事非金融活动的公司,美联储可要求其成立中间持股公司,以更好地管理金融业务。

3. 强化美联储对系统重要性支付、清算、结算活动及系统重要性金融市场公用设施的监管,在必要时提供贴现窗口支持和优惠贷款。保留美联储对小银行的监管权。

4. 成立金融消费者保护机构，加强金融消费者保护。在美联储内部设立相对独立的金融消费者保护局（CFPB），统一行使原分散在 7 家金融监管机构的消费者权益保护职责，具体包括：负责制定反不公平、欺诈和不法行为的规则；对向消费者提供信用卡、按揭贷款等金融产品和服务的银行或者非银行金融机构实施行为监管，并有权对存款类机构、投资顾问、大型金融服务提供者等实施检查。增加相应的编制和预算，预算资源由美联储提供。加强消费者金融教育，规范销售和放贷行为。提高投资门槛，确保对冲基金和私募基金只销售给对此类基金的投资风险具有识别和承受能力的投资者。设立住房抵押贷款全国性最低标准，要求银行审核借款人收入水平、信用历史和就业状况，确保借款人有能力偿还借款。

资料来源：《2011 年中国金融稳定报告》，中国人民银行网站。

（二）英国英格兰银行

1844 年的《银行特权法》（又称《皮尔条例》）赋予英格兰银行部分中央银行职能。直至 1946 年《英格兰银行法》将其收归国有，才完成英格兰银行由私营商业银行向中央银行演变，并且在财政部指导下享有统治银行系统的权利。《1919 银行法》正式将银行监管职能权授予英格兰银行。尽管法律上英格兰银行隶属于财政部，但是实践中，财政部一般尊重英格兰银行决定，英格兰银行也主动寻求财政部支持，几乎未发生"独立性"危机。1997 年 5 月《英格兰条例》修改，不仅在法律上承认英格兰银行事实上的独立地位，而且进一步提高其独立性。1997 年 5 月 6 日，大选获胜后不到一周的工党政府即授权国家银行——英格兰银行自行决定利率。1998 年 6 月 1 日，英国又出台了改革后的《英格兰银行法》。

新的银行法除重申英格兰银行作为英国国家中央银行的职能外，还确定它拥有独立决定基本利率的权力。除非发生"非常经济形势"，否则，政府不再对英格兰银行决策进行干预。工党政府授权英格兰银行独立决定利率的核心举措是，责成英格兰银行成立一个以确保经济持续增长和创造就业机会为目的的货币政策委员会，在政府确定的 2.5％ 通胀幅度内，制订和实施包括决定利率在内的货币金融政策。

该银行法还规定：英格兰银行不再对各银行拥有监管权，其原有的银行监管职能将从该银行法生效之日起由新成立的金融服务局（Financial Service Authority）承担。2000 年 6 月，英国又通过了《金融市场与服务法案》，从法律上进一步确认上述金融监管体制的改变。

1998 年 FSA 成立后不久，英国就发布了《财政部、英格兰银行和金融监管局之间的谅解备忘录》（以下简称《备忘录》）。《备忘录》首先明确规定，英国金融监管体制改革后英格兰银行、FSA 和财政部共同负有维护金融稳定的责任，同时提出了三者之间分工协作的指导原则，即明确责任、充分透明、避免重复和共享信息。

《备忘录》规定英格兰银行要对金融和货币体系的整体稳定负责，具体包括：英格兰银行仍扮演最后贷款人角色，必须为不具备创造流动性的金融服务局补充此职能，应通过市场操作来解决日常流动性波动，以维持货币体系的稳定；英格兰银行作为支付体系的核心，有责任维持金融体系基础设施（如支付系统）的稳定，并致力于金融基础设施的发展与完善，以降低系统性风险；英格兰银行将负责货币稳定，并通过在金融监管机构中设一高级别代表（英格兰银行负责金融稳定的副行长为 FSA 理事会成员）及时发现支付体系中的潜在问题，就国内和国际市场中影响金融稳定的迹象提出警告，并就金融部门相关事件对货币环境的影响作出评估；为限制存在于某些金融机构或对这些机构产生影响的风险向金融体系的其他部分传播，英格兰银行可以根据《备忘录》的相关条款进行官方操作。为此，英格兰银行内部新设了金融稳定委员会和金融市场稳定局。

专栏 5-2　　　　　　　　　德国中央银行法的修改及其职责转变

　　按照 1991 年 12 月 10 日欧洲共同体首脑会议通过的《欧洲同盟条约》，欧共体在 1999 年 1 月 1 日起进入欧洲货币联盟第三阶段。在此同盟内，将实现统一货币"欧元"、统一的中央银行和统一的货币政策。为符合《欧洲同盟条约》关于建立欧洲中央银行体系的有关规定，《德国联邦银行法》进行了历史上的第六次修改。

　　德国联邦银行是欧洲中央银行体系的组成部分，其首要职责是以稳定货币为目的，并办理国内外支付往来的银行业务。从 1999 年 1 月 1 日起规定成员国固定汇率到 2000 年 1 月 1 日发行"欧元"纸币和辅币这段过渡期内，德国联邦银行虽然仍有权发行德国马克，但必须经过欧洲中央银行理事会批准。三年过渡期后，德意志联邦银行将丧失货币发行权。

　　原《联邦银行法》第 15 条贴现、信贷和公开市场政策、第 16 条最低存款准备金政策的规定被删除，预示德国联邦银行稳定货币的职责将移交给欧洲中央银行。德国联邦银行保留参加国际货币组织的权利，如国际清算银行，但必须报经欧洲中央银行批准。只有联邦银行在其对欧洲中央银行职责的执行不受侵犯的条件下，它才可继续支持联邦政府的经济政策。

　　根据《欧洲联盟条约》规定，德国联邦银行的资本金和法定储备都增至 50 亿马克，会计报表上的资本金、法定储备数额将在 1998 年 12 月 31 日变更，其会计制度和报表制定也将由欧洲中央银行制定。

　　在欧洲货币联盟实行后，德意志联邦银行不仅丧失制定货币政策的权力，而且丧失货币发行权。虽然德国联邦银行理事会不再决定货币和信贷政策，而仅决定业务政策，它的职责是按照欧洲中央银行的指示和方针办事，但德国联邦银行仍有很多任务，如银行的再贷款、在欧洲中央银行公开市场政策管辖下的债券回购业务、现金和非现金结算业务、银行监管、外汇储备管理、人事问题等等。德国联邦银行在人事任命、机构设置等方面并不听命于欧洲中央银行。此外，欧洲中央银行规定各国中央银行不得在一级市场上买卖政府债券，以防止各国政府干涉欧洲中央银行运作。

　　资料来源：根据相关资料整理。

　　（三）中国人民银行

　　1983 年 9 月 17 日，国务院发布《关于中国人民银行专门行使中央银行职能的决定》,中国人民银行作为我国中央银行,原中国人民银行办理的工商信贷和城镇储蓄结算业务均由新成立的中国工商银行承办。1984 年 1 月 1 日中国人民银行专门行使中央银行职能,标志着现代中央银行体制的建立。

1986 年国务院《中华人民共和国中国人民银行管理条例》第一次以行政法规的形式赋予中国人民银行作为中央银行的法律地位,即中国人民银行是国务院领导下管理全国金融事务的国家机关。管理条例还明确了"三个独立",即独立于财政、独立于经济计划和主管部门、独立于当地政府。

1995 年 3 月 18 日八届人大三次会议通过的《中国人民银行法》,第一次以国家基本法的形式明确了中国人民银行的法律地位,即第二条规定的"中国人民银行在国务院领导下制定和实施货币政策,对金融业实施监督管理",并且法律从不同角度对此进行深入阐述。

为了进一步健全金融监管体制,国务院决定设立银监会,统一监管银行、金融资产管理公司、信托投资公司等银行业金融机构。中国人民银行不再履行上述金融监管职责后,其职能主要是制定和执行货币政策,不断完善有关金融机构的运行规则,更好地发挥作为中央银行在宏观调控和防范与化解金融风险中的作用。为适应中国人民银行职能的调整和金融监管体制的改革,2003 年 12 月 27 日,全国人大常委会第六次会议通过了《中国人民银行法》和《商业银行法》的修改决定,通过了《银行业监督管理法》。

原《中国人民银行法》共计八章 51 条,赋予中国人民银行的职责主要有制定和执行货币政策、实施金融监管和提供金融服务三个方面。修改后的《中国人民银行法》,法条增加至 53 条,将中国人民银行的职责调整为制定和执行货币政策、维护金融稳定和提供金融服务三个方面。

三、中央银行业务活动的范围

中央银行的业务活动范围一般都在相应的中央银行法中做了明确界定。各国中央银行的业务范围稍有区别,但一般都可分为法定业务权力、法定业务范围和法定业务限制三个方面。

（一）中央银行的法定业务权力

中央银行的法定业务权力是指法律赋予中央银行在进行业务活动时可以行使的特殊权力。一般有以下几项:

(1) 有权发行货币;

(2) 有权管理货币流通;

(3) 有权发布监管金融机构的业务命令与规章制度;

(4) 有权持有、管理、经营国家的黄金外汇储备;

(5) 有权经理国库;

（6）有权对金融业的活动进行统计和调查；

（7）有权保持业务活动的相对独立性。

（二）中央银行的法定业务范围

根据中央银行法的规定，中央银行的业务范围一般包括以下几种业务。

1. 发行货币

国家赋予中央银行集中与垄断货币发行的特权，使之成为一国唯一的货币发行机构。货币发行是指有权发行银行券、纸币。垄断货币发行权是中央银行最基本、最重要的特征。只有中央银行垄断货币发行权，才标志着中央银行制度的确立。

2. 办理必要的银行业务

（1）集中和保管存款准备金。中央银行作为银行的银行，主要负责集中保管银行业等存款类金融机构的存款准备金（包括法定准备金存款和超额准备金存款），成为金融机构的现金准备中心。金融机构在中央银行开设资金账户。在各金融机构存款的基础上，中央银行为它们办理相互之间的转账结算，成为全国金融行业的票据清算中心。

（2）在公开市场上买卖证券。中央银行以市场交易者的身份，在金融市场买卖证券。中央银行买入证券，是向社会投放货币，如果卖出证券，则是将流通中的货币收回。

（3）为金融机构办理再贷款和再贴现。以准备金存款和货币发行为资金来源，中央银行对金融机构提供资金，成为最后贷款人。中央银行作为最后贷款人向商业银行提供流动性资金支持，有利于加强整个信用系统的弹性。

（4）组织、参与和管理全国清算。1854年，英格兰银行采取了对各银行间每日清算差额进行结算的做法，大大简化了各银行间资金往来的清算程序，首开中央银行组织、参与和管理全国清算的先河。目前，大部分国家的中央银行担负着组织管理全国清算的职责，成为全国资金清算中心。由于金融机构在中央银行开设存款准备金账户，从而通过各自在中央银行的账户划拨资金，这成为最便捷的清算方式。

3. 对金融市场和金融机构进行管理，发布行政命令和规章制度

出于保障金融安全、保证金融业健康与稳定发展和经济稳定增长的考虑，各国政府均赋予中央银行制定和执行金融法规、规章的权力。除了议会以外，中央银行是一国唯一具有金融立法权的国家机构。它制定的金融方面的法规、规章涵盖货币发行、存款准备金、银行管理、外汇管理、票据结算和贴现、信贷资金管理、资金清算、联行和利率管理等方面。

4. 持有、管理和经营国家外汇储备

中央银行代理政府保存和管理黄金、外汇储备，对国际储备的经营管理包括：

对储备资金总量进行调控,使之与国内货币发行和国际贸易所需的支付数量相适应;对储备资产结构进行调节;经营管理储备资产,负责储备资产的保值及经营收益;合理运用储备资产,实现国际收支平衡和汇率基本稳定。

5. 代理国库、代理政府债券发行和兑付

各国中央银行法无一例外地都规定中央银行要为政府提供金融服务,其范围包括:代理国库,办理预算收支,协助财政、税收部门收缴国库款。中央银行经理国库业务具有诸多优越性:①收缴库款方便;②库款调拨灵活;③资金安全,数字准确;④有利于中央银行的宏观调控。

当一国政府发行政府债券筹集资金时,一般也是由中央银行代理财政办理公债、国库券的发行和到期时的还本付息。此外,中央银行也通过向政府贷款,购买政府公债等方式为政府提供资金支持。

6. 对金融业的活动进行稽核、检查、审计、统计和调查

中央银行通过对金融机构的各种业务报表的稽核和分析,及时掌握金融业运行状况,发现问题,这也是中央银行进行金融监管的方式之一。同时,调查统计是中央银行获取信息的重要渠道,是中央银行观察、分析和研究一国经济、金融状况的重要途径。

国际货币基金组织特别强调要让公众与政府一样及时掌握相同的信息资源。对社会公众公布经济、金融运行情况,也要求中央银行对金融业开展稽核、统计、调查等业务。各国中央银行根据国际货币基金组织有关发布数据标准的指南和程序以及由其他国际机构和协会制定的标准,通过及时、便捷的途径向社会公布编制出的有关数据。

7. 法律允许的其他业务

中央银行还可以根据法律开展其他业务,例如:外国中央银行或政府存款,非存款货币银行的存款,特种存款;发行中央银行债券或票据;向财政部、外国中央银行或政府、国际性金融机构发放贷款;代表国家参加国际金融活动,开展国际金融事务的磋商、协调事宜;作为政府的金融政策顾问,为制定国际金融政策提供资料、数据和方案,并保障其贯彻、执行等。

从上述中央银行的业务范围可以看出,有些业务与货币资金运动相关,称为银行性业务;有些是中央银行运用法定特权,作为金融管理者所从事的业务,与货币资金运动没有直接关系,称为管理性业务。有些银行性业务形成中央银行的资金来源和资金运用,反映在中央银行的资产负债表内。中央银行也正是通过资产负债表内各项目的调整来实现货币供给量调节的。

(三) 中央银行的法定业务限制

为了保证中央银行认真履行其职责,合理运用其拥有的特权,保持其高度的信誉、权威性和超然地位,各国中央银行法都对中央银行的业务活动进行必要的限

制。这种限制主要有：

（1）不得经营一般性银行业务或非银行金融业务。

（2）不得向任何个人、企业或单位提供担保，不得直接向他们发放贷款，有的国家还规定不得向地方政府、各级政府部门、非银行金融机构提供贷款。

（3）不得直接从事商业票据的承兑、贴现业务。

（4）不得从事不动产买卖业务。

（5）不得从事商业性证券投资业务。

（6）一般不得向财政透支、直接认购包销国债和其他政府债券。

第二节　中央银行业务特点和一般原则

中央银行特殊的地位和职能决定其业务与普通商业银行的业务有着根本区别，其业务经营原则也完全不同于普通商业银行。

一、中央银行的业务特点

（一）中央银行开展业务的目的是为了履行其宏观调控职能

中央银行不是普通商业银行意义上的"银行"，而是政府的一个机构，其基本职责是要实现整个经济的一定目标，通过对金融的调控实现对宏观经济的调控。这就决定了中央银行开展业务活动的目的不是为了获取盈利，而是为了履行宏观调控职能。比如，中央银行垄断货币发行权，不是为了获得"铸币税收入"，而是为了保证金融体系创造准备金的能力，稳定币值；中央银行集中存款准备金，不是为了获得资金来源，而是为了调节商业银行的流动性；中央银行履行"最后贷款人"职责向商业银行发放再贷款或再贴现，不是为了获得贷款利息收入，而是补充商业银行的流动性，或是为了"救助"有问题的金融机构，化解金融风险，维护金融体系的稳定；中央银行在公开市场上买卖证券，不是为了获得证券价格的差价，而是为了调节市场货币供给量等。

（二）中央银行业务操作的重点是调控货币供给量

中央银行主要依靠货币政策工具，而不是行政命令手段来开展宏观经济调控。货币供给量与一国经济运行之间存在一定的联系，是中介目标之一，是货币政策传导机制中的重要环节。中央银行的资产业务形成货币供给，对货币供给量的扩张和收缩有决定性影响。中央银行的负债业务，除货币发行外，对货币供应的影响是收缩性的。中央银行通过调整业务数量与结构，影响货币供给量，从而达到预设的调控目标。

（三）中央银行业务对象主要是金融机构而非个人

普通金融机构的业务对象主要是企业和个人,而中央银行的业务对象不是企业和个人,主要是金融机构和政府。比如,中央银行只能向存款类金融机构吸收准备金存款;在金融市场中,作为市场交易主体之一的中央银行,在开展公开市场业务时,其业务对象是经过选择的金融机构,而不与一般的企业和个人进行直接交易。表 5-1 说明了欧洲央行、日本、英国、美国和我国公开市场操作的金融机构。

表 5-1　公开市场业务交易对手方

		交易对手方数量	交易对手方类型
交易对手方固定	美国	一级交易商制度,主交易商约 25 家	全部是证券公司
	英国	18 家	证券公司和银行
	中国	一级交易商制度,52 家交易商	商业银行、证券公司、保险公司、证券投资基金
交易对手方不固定	欧洲央行	所有符合最低准备金要求的金融机构,实际数量是 400 多家。	按照交易类型,确定交易对手方信用机构
	日本	所有交易对手方都能参加所有类型交易	商业银行、证券公司、短期公司

注:根据相关资料整理。

（四）中央银行业务操作平台是金融市场

1. 中央银行参与或监督多个金融市场

中央银行作为多个金融市场的参与主体,其交易行为反映出中央银行对经济形势的判断和宏观调控措施。中央银行参与一国的同业拆借市场、外汇市场、回购协议市场、债券市场等,一方面以资金供应者或者资金需求者的身份,调节货币供给量,达到稳定货币等目标;另一方面,中央银行对金融市场进行调节干预,维护金融市场的稳定。

2. 货币政策工具的"告示效应"需要借助金融市场

金融市场上的信息透明公开,对信息的质量有一定的约束机制。中央银行的货币政策工具,如调整存款准备金率等,需要借助金融市场,充分发挥"告示效应"对社会公众心理预期和行为产生影响。同时,金融市场上投资者对货币政策操作的反应也成为中央银行判断政策有效性的重要信息。目前,不少国家的中央银行提高货币政策透明度,在政策调整前后,对金融市场进行详细解释说明,影响社会公众的心理预期和投资行为,以实现宏观调控目标。

3. 金融市场信息是中央银行重要的决策依据

金融市场的交易状况是中央银行调控经济重要的信息来源。利率和货币供给量作为常用的中介目标,是中央银行和其他金融市场参与主体密切关注的指标,较好地反映出中央银行调控行为与经济运行的状况。市场预期也成为中央银行关注的内容。

二、中央银行业务经营的原则

(一) 服从履行职责的需要

中央银行在一国金融体系中居于核心地位,并由相关法律规定其职责。作为发行的银行、银行的银行和政府的银行,中央银行肩负代表国家管理金融的职责。除了必要的行政措施外,中央银行更多地运用间接货币政策工具,影响金融市场参与主体的行为。中央银行开展业务是履行其职责的手段,必须围绕法定职责展开,以有利于履行职责为原则。

(二) 不以盈利为目标

为保证中央银行进行宏观调控和行使监管职能所需要的客观、公正和独立的立场,中央银行的一切业务活动不以盈利为目的,只要是宏观金融管理所必需的,即使不盈利甚至亏损的业务也要去做。在同等或可能的情况下,中央银行的业务活动应尽量避免或减少亏损,以降低宏观金融管理的成本。

(三) 不经营一般商业银行业务

与以赚取利润为目的的商业银行不同,中央银行并不直接与企业、一般消费者发生业务关系,其主要业务对象是政府和商业银行及其他非银行金融机构。中央银行与金融机构开展业务,如,存款、贷款、提供清算服务、证券交易,不是为了赚取利润,而是对金融机构的支付能力和风险监督和监测,维持金融体系的安全稳定。与此同时,这也是中央银行运用货币政策工具调节宏观经济运行的方式。

(四) 保持资产的流动性

中央银行在充当金融机构的"最后贷款人"、进行货币政策操作和宏观经济调控时,必须拥有相当数量的可用资金,才能及时满足其调节货币供求、稳定币值和汇率、调节经济运行的需要。所以,为了保证中央银行资金可以灵活调度和及时运用,中央银行必须使自己的资产保持最大的流动性,不能形成不易变现的资产。以保持流动性为原则从事资产业务,就必须关注对金融机构融资的期限性,一般不发放长期贷款;同时在公开市场买卖有价证券时,也要尽量避免购买期限长、流动性小的证券。

(五) 保持业务的公开性

为了让公众及时了解货币政策是如何制定的,决策依据是什么,许多国家的中央银行将其决策程序与过程公开化,并公布所使用的模型以及运用模型进行预测的结果。一些国家的中央定期出版《通货膨胀报告》,解释中央银行通货膨胀控制目标,阐述当前通货膨胀与其目标之间的相关关系,预测未来通货膨胀趋势,讨论预测存在的风险,解释控制目标与实际数据存在偏差的原因以及为纠正这种偏差所需要采取的行动;发行《货币政策执行报告》,发布国内外经济金融形势、货币政策操作执行情况等;出版《货币政策委员会纪要》,提供形成货币政策决策与执行情况的相关分析,阐述可能影响未来政策的风险等。

中央银行负责人还经常就货币政策、经济状况等发表演说,表明中央银行对经济的看法和货币政策取向;定期举行新闻发布会,说明与解释中央银行所采取的政策及措施;通过央行网站及时发布各种政策信息等等。

（六）保持业务的主动性和一定的独立性

由于中央银行的资产负债业务直接与货币供应相关,例如货币发行业务直接形成流通中的货币,存款准备金业务不仅导致基础货币的变化,还会引起货币乘数的变化,再贴现、公开市场业务是提供基础货币的主要渠道等,因此,中央银行必须使其资产负债业务保持主动性,这样才能根据履行职责的需要,通过资产负债业务实施货币政策和金融监管,有效控制货币供应量和信用总量。

为了避免多种因素的干扰,例如,政治周期、来自政府弥补财政赤字的压力,中央银行在业务经营上保持相对独立性,有利于独立行使制定执行货币政策的权力,履行相关法律规定的职责,以确保独立的货币政策目标得以实现。

第三节　中国人民银行的资产负债表

中央银行资产负债表是银行性业务中资产负债业务的综合会计记录。中央银行履行职能所开展的资产负债业务的种类、规模和结构,都综合地反映在一定时期的资产负债表上。由于各国中央银行所处的金融制度、信用制度以及政策环境各不相同,其资产负债表所包含的内容不尽完全相同,但也有许多相似之处。这里我们主要介绍中国人民银行的资产负债表。

一、中国人民银行资产负债表的主要内容

（一）中国人民银行的资产负债表的基本结构

中国人民银行从 1994 年开始按照国际货币基金组织的要求,根据《国际金融统计》规定的格式,编制中国货币当局资产负债表,反映中央银行货币发行等业务开展情况,并定期向社会公布。表 5-2 显示了资产负债表的基本结构。

表 5-2　中国人民银行资产负债表 （单位：亿元）

报表项目　Items	2011.12.31
国外资产　Foreign Assets	237 898.06
外汇　Foreign Exchange	232 388.73
货币黄金　Monetary Gold	669.84
其他国外资产　Other Foreign Assets	4 839.49
对中央政府债权　Claims on Government	15 399.73
其中：中央政府 Of which：Central Government	15 399.73
对其他存款性公司债权　Claims on Other Depository Corporations	10 247.54
对其他金融性公司债权　Claims on Other Financial Corporations	10 643.97
对非金融性部门债权　Claims on Non-financial Sector	24.99
其他资产　Other Assets	6 763.31
总资产　Total Assets	**280 977.60**
储备货币　Reserve Money	224 641.76
货币发行　Currency Issue	55 850.07
其他存款性公司存款　Deposits of Other Depository Corporations	168 791.68
不计入储备货币的金融性公司存款　Deposits of financial corporations excluded from Reserve Money	908.37
发行债券　Bond Issue	23 336.66
国外负债　Foreign Liabilities	2 699.44
政府存款　Deposits of Government	22 733.66
自有资金　Own Capital	219.75
其他负债　Other Liabilities	6 437.97
总负债　Total Liabilities	**280 977.60**

注：1. 自2011年1月起，人民银行采用国际货币基金组织关于储备货币的定义，不再将其他金融性公司在货币当局的存款计入储备货币。

2. 自2011年1月起，境外金融机构在人民银行存款数据计入国外负债项目，不再计入其他存款性公司存款。

资料来源：中国人民银行网站统计数据。

在我国中央银行资产负债表中，其他存款性公司包括存款货币公司和其他存款货币公司。存款货币公司是指可以吸收活期存款、使用支票进行转账并以此实现支付功能的金融公司。在我国主要包括：国有独资商业银行、股份制商业银行、城市商业银行和农村商业银行、城市信用社和农村信用社、外资银行、中国农业发展银行。其他存款货币公司是指接受有期限、金额限制和特定来源存款的金融性公司，包括中资和在我国的外资企业集团财务公司以及国家开发银行、中国进出口银行。其他金融性公司是指除中央银行和其他存款性公司以外的其他金融公司，在我国主要包括信托投资公司、金融租赁公司、保险公司、证券公司、证券投资基金管理有限公司、养老基金公司、资产管理公司、担保公司、期货公司、证券交易所和期货交易所等。

（二）中国人民银行资产负债表基本结构的分析

中国人民银行资产负债表按照复式记账原则编制，遵循会计恒等式。

1. 资产

中央银行资产方记载中央银行资金运用，包括国外资产和各种债权，从中反映出中央银行通过运用货币政策工具，行使调控经济的职能。分析资产方数据和结构，可以看出中央银行不同货币政策工具运用情况以及调控模式。

（1）国外资产。是国外资产与国外负债轧抵后的净额，包括中国人民银行所掌握的国家外汇储备、黄金及国际金融机构往来的头寸净值。

（2）对中央政府债权。中国人民银行对政府提供的借款与透支以及买断的国债。

（3）对其他存款性公司债权。中国人民银行对这些存款性金融机构发放的信用贷款、再贴现等性质的融资。

（4）对其他金融性公司债权。中国人民银行为其他存款性公司以外的其他金融公司发放的贷款等。

（5）对非金融性部门债权。中国人民银行为支持老少边穷地区经济开发等所发放的专项贷款。

2. 负债

中央银行负债方反映的是其资金来源，主要包括：

（1）储备货币。中国人民银行所发行的货币及存款货币银行库存现金，各金融机构依法缴存中国人民银行的法定存款准备金和超额储备，邮政储蓄转存款和金融机构吸收的由财政拨款形成的部队机关团体等财政性存款。

（2）发行债券。中国人民银行发放的中央银行债券和票据。

（3）中央政府存款。各级财政在中国人民银行账户上预算收入与支出的余额。

（4）国外负债。中国人民银行的国外负债种类主要是：外国政府贷款、国际金融组织贷款、国外银行及其他金融机构贷款和对外发行债券，其中国际金融组织贷款所占比重最高。

（5）自有资金。中国人民银行的资本金和信贷基金。

二、中国人民银行资产负债表的特点

（一）资产负债表反映中央银行宏观调控特点

中国人民银行的资产负债表反映其运作状况。从表5-2中可看出，我国中央银行的资金运用主要是：外汇、对其他存款性公司债权、对其他金融性公司债权，这反映出巨额的外汇占款对人民币的币值和货币发行造成很大影响。中央银行的资金来源主要是货币发行、金融性公司存款,中央银行利用发行中央银行票据,作为冲销市场过多流动性的工具。

(二) 中央银行的资产与负债业务的关系是资产引起负债

商业银行贷款业务的增加是建立在存款规模扩大的基础之上的。商业银行先有负债,才能扩大资产业务;负债业务的规模对资产业务的扩大有一定的制约作用。

对于中央银行来说,负债业务对其资产业务的约束并不存在。首先,它没有类似的准备金存款,也没有任何一个在它之上的机构保管它的存款;第二,它不需要库存现金,现金货币由其完全垄断发行和印制。中央银行扩大资产业务,必然相应形成商业银行的准备金;商业银行从其准备金账户提取现金以满足流通所需时,中央银行有能力予以保证。所以,中央银行的资产业务会引起商业银行的准备金存款和现金发行之和与之相对应。这就是中央银行运作的特点所在。

如果把中央银行的资产负债表高度概括,则结果如表 5-3 所示。

表 5-3 中央银行资产负债简表

资　产	负　债
各种贷款和占款	以商业银行准备存款为主的存款、现金的发行

虽然中央银行资金运用不受资金来源的限制,但这并不意味着中央银行可以滥用货币发行的权力。中央银行承担着稳定货币的任务,货币价值的波动成为约束中央银行货币发行的力量。同时,中央银行操作透明度的提高,也强化了对中央银行行为的制约。

专栏 5-3　　　　　中国人民银行夺魁全球最有影响力央行

中国人民银行分别于 2004 年 6 月、2005 年 9 月和 2006 年 1 月先后超过美、欧和日央行,成为资产规模最大的中央银行。2006 年到 2010 年间,中国人民银行的资产再度扩张 2.4 倍,2010 年资产总额高达 3.9 万亿美元,占同年 GDP 的 67%。

中国人民银行成为全球最大央行,不仅可能影响大国央行的政策走向,而且可能影响未来的全球金融格局。

——从资产的绝对量看,2010 年,美、英、日、欧、中五家央行的总资产达到 11 万亿美元,其占比分别为 22.3%、3.5%、14.4%、24.3%、35.5%,也就是说,中国人民银行的资产分别是美联储和欧洲央行的 1.6 倍和 1.5 倍。

——从资产的相对量看,2010 年,美、英、日、欧、中五国央行资产占本国 GDP 的比重分别为 16.8%、17.1%、29.0%、22.0%、66.9%,这意味着,中国人民银行资产占 GDP 的比重分别是美联储的 4 倍和欧洲央行的 3 倍。

——从资产构成看,2010 年底,美、英、日、欧四家央行所持国债占本国央行资产的比重分别为 43%、80%、73%、9%。此外,四家央行还持有私人金融机构的抵押品(如按揭证券)。中国人民银行的主要资产是外汇储备资产,2010年外汇储备资产占中国人民银行总资产的比重为80%,分别是美、英、日和欧洲央行资产的1.3倍、8.1倍、2倍和1.2倍。不夸张地说,仅中国人民银行的外汇储备资产就足以买下任何一家央行。

——与资产相匹配,各国央行的负债规模也很大,且负债的主要组成部分是银行准备金。2010年底,各央行银行准备金占五家央行的全部银行准备金的比重分别为26%、5.5%、5.5%、10.8%和52.3%,据此估算,中国人民银行的银行准备金的绝对量是美联储的2倍和欧洲央行的近5倍。此外,五家央行的银行准备金占GDP的比重分别为6.9%、9.6%、3.9%、3.5%和35.3%。也就是说,中国人民银行准备金对GDP的相对规模是美联储的5倍和欧洲央行的10倍。

美、英、日、欧四国央行和中国人民银行资产负债表规模和结构变化的动因不同。这四家央行资产负债表的扩张和结构变化,主要是其应对金融危机的结果。危机期间,四大经济体的居民部门和银行部门的债务风险传导为主权债务风险,又因债务过高制约,四国央行直接买入金融机构的金融资产和国债。

中国人民银行资产负债表的扩张和结构变化,则主要反映了中国出口导向增长模式、人民币升值预期和外汇储备的积累:外汇储备增加的过程就是中国人民银行资产增加和基础货币上升的过程,2000—2010年外汇储备与资产和基础货币的相关系数均为0.99,也就是说,外汇储备是影响资产和负债的核心因素。

中央银行的资产负债表对理解一国的宏观经济、风险和政策有一定意义。它不仅直接影响政府和银行部门的资产负债表,而且间接影响居民和企业的资产负债表。

例如,资产和负债规模越大,中央银行的政策和自身风险对实体经济和金融市场的影响越大;如果该国是储备货币发行国而且拥有发达的金融市场,则资产负债规模和结构的变化必然带来全球性影响。再如,如果一家央行持有的外汇资产占比较高,则其面临的汇率风险较大;如果一家央行在危机时期为"救火"而买入质量不高的金融资产,则央行的信贷风险就会上升。无论是何种损失,最终都会反映为央行资本金的减少和财政负担的增加(如财政为央行注资)。

资料来源:《新世纪》——财新网 作者:孙涛 2011-07-18

三、中国人民银行资产负债表与其职能的关系

(一)中央银行业务对商业银行体系准备金的影响

根据资产负债表编制原理,存在以下基本恒等公式:

$$资产 = 负债 + 所有者权益$$

针对中央银行的具体情况,上述公式可以表达为:

$$资产 = 准备金存款 + 其他负债 + 所有者权益$$
$$准备金存款 = 资产 - 其他负债 - 所有者权益$$

这个方程式表明:中央银行任何资产的增加(或减少),在资产负债表其他项目不变的情况下,存款机构准备金存款将增加(或减少);中央银行负债的增加(或

减少),在其他项目不变的情况下,存款机构准备金存款减少(或增加)。可见,中央银行资产负债表上各项目的变动,决定商业银行体系准备金存款数额。

(二) 资产与负债方存在的对应关系

从对货币供应影响的角度分析看,资产方和负债方主要项目之间存在一定的对应关系。

1. 对金融机构债权和对金融机构负债的关系

对金融机构的债权包括对存款货币银行和非货币金融机构的再贴现和各种贷款、回购等;对金融机构的负债包括存款货币银行和非货币金融机构在中央银行的法定准备金、超额准备金等存款。这两种项目反映了中央银行对金融系统的资金来源与运用的对应关系,也是一国信贷收支的一部分。当中央银行对金融机构债权与负债总额相等时,不影响资产负债表内的其他项目;当债权总额大于负债总额时,若其他对应项目不变,其差额部分通常用货币发行来弥补;反之,当债权总额小于负债总额时,则会相应减少货币供应量。由于中央银行对金融机构的债权比负债更具主动性和可控性,因此,中央银行对金融机构的资产业务对于货币供应有决定性作用。

2. 对政府债权和政府存款的关系

对政府的债权包括对政府的贷款和持有的政府债券总额;政府存款在中国还包括部队存款等财政性存款。这两种项目属于财政收支的范畴,反映了中央银行对政府的资金来源与运用的对应关系。当这两种对应项目总额相等时,对货币供应影响不大;但在其他项目不变的情况下,若因财政赤字过大而增加的中央银行对政府债权大于政府存款时,会出现财政性的货币发行;反之,若政府存款大于对政府的债权,则将消除来自财政方面的通货膨胀压力,并为货币稳定提供支持。

3. 国外资产和其他存款及自有资本的关系

当上述两个对应关系不变时,若中央银行国外资产的增加与其他存款及自有资本的增加相对应,不会影响国内基础货币的变化;反之,将导致国内基础货币的净增加。因此,中央银行国外资产业务是有条件限制的,对基础货币有重要影响。

(三) 中央银行业务反映其调控职能

(1) 中央银行的资产业务都形成货币供给,直接影响货币供应量

当需要采取扩张性货币政策时,中央银行增加资产业务,购买政府债券或向商业银行提供再贷款和再贴现,增加商业银行体系的准备金,提高其创造信用的能力。反之,中央银行减少资产业务,收缩货币供应。

(2) 中央银行的负债业务,除货币发行外,对货币供应的影响是收缩性的

因此,中央银行负债项目的增加,将减少商业银行的准备金,降低其信用创造能力;反之,则加强。

总之,根据调控经济的需要,中央银行通过调整自身资产与负债业务,对商业

银行体系的准备金数额加以影响,调节金融机构的信用创造能力,进而调整货币供给量,以实现货币政策目标。

本章小结

1. 中央银行的一切业务活动都通过中央银行法来加以规范。中央银行的业务活动范围一般都在相应的中央银行法中做了明确界定。各国中央银行的业务范围稍有区别,但一般都可分为法定业务权力、法定业务范围和法定业务限制三个方面。

2. 中央银行的法定业务范围一般包括以下几种业务:发行货币;必要的银行业务(集中和保管存款准备金、在公开市场上买卖证券、为金融机构办理再贷款和再贴现、组织、参与和管理全国清算等);对金融市场和金融机构进行管理,发布行政命令和规章制度;持有、管理和经营国家外汇储备;代理国库、代理政府债券发行和兑付;对金融业的活动进行稽核、检查、审计、统计和调查;法律允许的其他业务。

3. 中央银行特殊的地位和职能决定其业务与普通商业银行的业务有根本区别,中央银行的业务特点是开展业务的目的是为了履行其宏观调控职能,业务操作的重点是调控货币供给量,业务对象主要是金融机构而非个人,业务操作平台是金融市场。

4. 中央银行业务经营的原则是服从履行职责的需要,不以盈利为目标,不经营一般商业银行业务,保持资产的流动性、保持业务的公开性、保持业务的主动性和一定的独立性。

5. 中央银行资产负债表是银行性业务中资产负债业务的综合会计记录。中央银行履行职能所开展的资产负债业务的种类、规模和结构,都综合地反映在一定时期的资产负债表上。我国货币当局的资产负债表分为资产和负债。资产方主要包括国外资产、对中央政府债权、对其他存款性公司债权、对其他金融性公司债权和对非金融性公司债权。负债方主要包括储备货币、发行债券、国外负债、政府存款和自有资金。

6. 中央银行的资产与负债业务的关系是资产引起负债。中央银行的资产业务都形成货币供给,直接影响货币供应量。中央银行的负债业务,除货币发行外,对货币供应的影响是收缩性的。

关键概念索引

中央银行法　法定业务权力　银行性业务　管理性业务　中央银行资产中央银行负债　中央银行资产负债表　存款货币公司　金融性公司

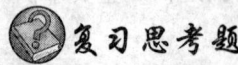 **复习思考题**

1. 中央银行的业务经营范围如何体现中央银行的职能与地位？
2. 从中央银行业务经营范围和原则角度，分析中央银行与政府之间的关系。
3. 中央银行业务经营的特点是什么？
4. 说明中央银行资产负债表的基本结构。
5. 试分析中国人民银行资产负债表及其结构特征。
6. 中央银行的资产与负债之间是什么关系？
7. 中央银行如何通过资产负债表的调整来进行货币供给调控？

第六章　中央银行的负债业务

本章要点

- 货币发行原则和准备制度
- 中央银行存款业务特点与主要存款业务
- 中国人民银行负债业务
- 中央银行发行票据的目的和意义

中央银行的负债业务是形成其资金来源的业务,主要包括货币发行和准备金存款业务等。作为一国货币发行与管理的主体,中央银行的负债业务是影响基础货币投放和货币供应量增长的重要因素。中央银行开展负债业务不以其存款数量为限制,吸收存款、发行债券等不是为了筹集资金,而是以此为调控工具,实现货币政策目标。

第一节　货币发行业务

一、货币发行的内容

（一）货币发行的含义

货币发行有双重含义:一是指货币从中央银行的发行库通过各家商业银行的业务库流向社会,二是指货币从中央银行流出的数量大于从流通中回笼的数量。中央银行所发行的货币是基础货币的主要部分。

中央银行代表国家发行货币,只是得到对货币资金的一种占用权或使用权,是代表国家对社会的一种负债。对中央银行来说是一种债务收入,而不是无须偿还的收益。

在实行中央银行制度的国家,货币发行是中央银行最重要的负债业务。通过这项业务,中央银行既为商品流通和交换提供流通手段和支付手段,也相应筹集了社会资金,满足中央银行履行其各项职能的需要。

（二）货币发行的两种性质——经济发行和财政发行

1. 经济发行

货币的经济发行是指中央银行根据国民经济发展的客观需要增加货币流通量。货币发行包括增加现金发行和存款货币在内的货币供应总量。在经济发行下,货币发行适应流通中货币量的需求,既满足经济增长对货币的需要,又避免货币投放过多,造成通货膨胀。为保证货币的经济发行,必须建立健全货币发行制度,包括货币发行的程序、最高限额和发行准备制度等。坚持经济发行原则有利于保障中央银行的独立性,减少来自政府等外界因素对中央银行实现其货币政策目标的干扰;有利于实现物价稳定,避免相机选择的政策波动给经济运行造成的损失,保证货币政策的稳定和连续;有利于提高其政策透明度和信誉,成功影响市场预期,实现调控目标。

2. 财政发行

货币的财政发行是指为弥补财政赤字而进行的货币发行,主要是财政向中央银行借款或者发行政府债券。在这种情况下,中央银行货币发行数量受制于政府筹措资金的需要。财政发行增加的货币不以商品流通为基础,容易导致市场物价上升,对中央银行稳定货币的政策目标产生负面影响。各国一般都限制中央银行直接向财政提供资金。

（三）货币发行的渠道和程序

中央银行的货币发行是通过再贴现、再贷款、购买证券、购买金银和外汇等中央银行的资产业务活动,将货币注入流通领域,并通过同样的渠道反向组织货币的回笼,从而满足国民经济发展的需求。流通中的货币都是中央银行对公众的负债,而对每一个货币的持有者来讲,其手中持有的货币也就是对中央银行的债权凭证。

美国《联邦储备法》规定,美国联邦储备券的发行和回笼由美国联邦储备委员会统一管理。美国货币发行的程序是:①在需要增发流通中的货币时,联邦储备体系的各个分系统向分系统主席(联邦储备委员会任命的货币发行抵押人)申报需要现钞的数量,同时递交100%的证券作为发行准备。②分系统主席审查、核实申请和作为发行准备的证券后,如数交割合格的发行抵押品,换给同等数量的现金。美国联邦储备委员会有权通过分系统主席部分或者全部拒绝新增货币发行的申请。③经流通后回笼到储备银行的货币,由储备银行送回本辖区储备分系统的货币发行代理人。货币发行代理人则将最初抵押的证券还给发行银行。这样就完成了货币发行和回笼的过程。

（四）现金在货币发行中的地位

尽管金融创新不断发展,货币形式日趋多样化,存款货币在货币供应中的比重不断提高,但是,现金仍然是最普遍和最重要的结算手段。现金的使用范围广泛,没有手续费等成本,可接受程度高。在信用制度还不是十分发达的国家,现金的使用范围仍然很广泛,因此,中央银行十分重视现金货币的发行。

以我国为例。如表6-1所示,从2001—2005年,流通中现金和狭义货币供应量同时增长,其比重基本稳定,说明在流通领域,现金仍然起着重要的作用。现金比率的下降趋势也说明了我国信用制度及金融业的发展。在2006—2011年,现金比率的下降趋势较为明显。

表6-1 2001—2011年货币供应量与现金比率(M_0 / M_1)

年份	M_0(亿元)	M_1(亿元)	现金比率(%)
2001.12	15 688.80	59 871.60	0.26
2002.12	17 278.43	70 882.19	0.24
2003.12	19 745.99	84 118.60	0.24
2004.12	21 468.30	95 970.82	0.23
2005.12	24 031.67	107 278.60	0.23
2006.12	27 072.62	1 264 028.05	0.21
2007.12	30 334.32	152 519.17	0.20
2008.12	34 218.96	166 217.13	0.21
2009.12	38 246.97	221 445.81	0.17
2010.12	44 628.17	266 621.54	0.17
2011.12	50 748.46	289 847.7	0.18

资料来源:中国人民银行网站。

二、货币发行原则

1. 垄断发行原则

货币发行权高度集中于中央银行。中央银行垄断货币发行权,可以避免货币分散发行的弊端,有利于防止银行券滥发而导致的银行券信用低下、流通混乱及由此引起的银行券的挤兑和经济、金融动荡。同时,有利于中央银行加强对货币流通的管理,便于调控货币发行量,保持市场货币量与国民经济发展需要的适当比例,保证通货的稳定。货币发行作为中央银行重要的资金来源,强化了中央银行在一国金融体系中的核心地位。

2. 信用保证原则

货币发行要有一定的黄金或有价证券作为保证,也就是说,通过建立一定的发行准备制度,保证中央银行的独立发行。在贵金属货币时期,货币发行量受到黄金存量的限制。在银行券分散发行时期,以可以要求的兑换权和贵金属作为银行券的信用保障。不兑现的纸币发行要求纸币的发行量不得超过经济发展的客观要求,而要与国民经济客观发展水平、客观的货币需求量之间保持一个相对适应的关系。因此,中央银行不得在政治等压力下随意发行,要以可靠的准备金制度为基础。

3. 弹性原则

货币发行要有高度的伸缩性和灵活性,不断适应社会经济状况变化的需要,既要充分满足经济发展的需要,避免因通货不足而导致经济萎缩,又要严格控制发行数量,避免因通货过量而引起通货膨胀,带来经济混乱。因此,中央银行在决定货币发行时,应该充分考虑各种因素对市场的影响,研究市场变动和货币供求状况,根据市场指向投入和回笼货币,使货币发行具有一定的弹性。

三、货币发行的准备制度

货币发行的准备制度是指中央银行以一种或几种形式的资产作为发行货币的准备,从而使货币的发行量与货币发行准备资产之间建立相互联系、相互制约的关系。

(一) 发行准备

发行准备主要有两类:一是现金准备,即以金银、外汇等具有极强流动性的资产作为准备。这种准备形式为货币发行提供了现实的价值基础,有利于货币的稳定,但是缺乏弹性,不利于中央银行根据经济发展的需求调节货币的发行。二是保证准备(即证券准备),即以短期商业票据、短期国库券、政府公债等可在金融市场上交易、流通的证券作为准备。这种准备形式虽然解决了现金准备难以实现弹性发行的问题,但是中央银行控制货币发行的难度却增大了。

(二) 主要发行准备制度

1. 现金准备发行制

货币的发行必须以100%的黄金、外汇等现金作为发行准备。这种制度虽能防止货币过度发行,但缺乏应有的弹性。

2. 证券保证准备制

货币发行以政府公债、短期国库券、短期商业票据等作为发行准备。这种发行容易造成货币的财政发行,使发行成为弥补财政赤字的工具。

3. 现金准备弹性比例制

增加发行的钞票数超过了规定的现金比率时,国家对超过法定现金准备部分的发行课征超额发行税。如果钞票回笼或准备现金增加,且达到规定比例,则免征发行税,以限制中央银行过度发行货币。

4. 证券保证准备限额发行制

在规定的一定发行限额内,中央银行可以全部用规定证券作为发行准备,但超过限额的发行,必须以十足的现金作为发行准备。这种制度有利于限制货币的财政性发行,但弹性较低。

5. 比例准备制

这是规定货币发行准备中现金与有价证券各自的比重。这种制度虽能克服现金准备发行制缺乏弹性和保证准备制难以控制的缺点,但各种准备资产的比例往往难以科学确定。

四、主要国家和地区的货币发行制度

(一) 美国货币发行制度

美国联邦储备委员会掌握了美国的货币发行权,各联邦储备银行需要领取现钞时,都要经过这个委员会的批准,而且设在各地的美国联邦储备委员会代表机构,每天都要向委员会报告发行和回笼的情况。

美国实行“发行抵押”的制度,规定各联邦储备银行需要发行货币时,必须提供 100% 质量合格的抵押品,而且美国联邦储备委员会有权随时要求各联邦储备银行提供附加担保品。可充作抵押品的有:黄金证券;在公开市场上流通的美国政府发行的债券;经审查合格的商业票据、抵押票据、银行承兑票据;经审查合格的州和地方政府发行的债券。通过这种发行抵押,使得联邦储备券的发行成为具有充分担保的经济发行,同时又不以事先规定的限额为依据,具有相当的弹性。

(二) 英国的货币发行制度

英格兰银行是世界上最早统一掌管全国货币发行业务的银行,其货币发行制度特点如下:一是英格兰银行可以根据自身持有的黄金数量超额发行。尽管 1939 年公布的银行法规定了银行券的发行总额最高限,限额内 100% 的以政府债券或其他证券作为发行准备。但目前,英格兰银行的货币发行已经由部分信用保证制度完全转变为信用保证制度。二是英格兰银行虽然只在英格兰和威尔士享有货币发行权,在苏格兰和北爱尔兰由一般商业银行发行货币,但是在这两地发行货币都要以英格兰银行发行的货币作为保证。因此,它实际上也是苏格兰和北爱尔兰的发行银行。三是英格兰银行通过自己的分支机构向商业银行供应货币,并且贷款给贴现所和承兑所,而不直接贷款给商业银行。

(三) 日本货币发行制度

日本的货币发行制度有以下几个特点:一是实行最高限额发行制。日本银行制定货币发行最高限额的依据是国民生产总值增长幅度加上物价预期上升幅度,这个最高限额须经政府内阁会议讨论后由大藏大臣决定。额度外的发行,在 15 日之内的须经大藏大臣认可,超过 15 日的则需缴纳超额发行税。二是法律规定的发行保证物有金银、外汇、3 个月内到期的商业票据、银行承兑票据以及 3 个月内到期的以票据、国家债券、其他有价证券及金银、商品为担保的放款。三是购买黄金、外汇,对民间、政府提供信用是日本银行货币发行的主要途径。

（四）香港特别行政区的货币发行

香港没有真正的中央银行,1997 年以来由香港汇丰银行、(标准)渣打银行和中国银行三家商业银行来执行发行港币的职能,铸币税归其货币当局香港金融管理局所有。由于港币与美元之间实行"联系汇率制",即港币的发行与美元之间的汇率保持固定的联系(一直维系在 1 美元兑换 7.7—7.8 港元左右)。因此,香港货币当局要求承担发行货币职能的商业银行以 100% 的美元作为发行的保证。其基本做法是:当发钞银行根据业务需要(即经济活动的需要)发行钞票时,须按照 7.7—7.8 港元兑 1 美元的比率,将与所发钞票等值的美元上缴港府的外汇基金管理局,换得外汇基金管理局出具的"负债证明书"。该负债证明书写明外汇基金管理局对发钞银行负有多少金额的美元债务,以此为凭可发行多少金额的港元钞票。当外汇基金管理局要求收回其"负债证明书"时,向相应发钞银行支付与"负债证明书"中载明的相同数额的美元,则该发钞银行须将等值的港元钞票回笼。香港以 100% 的外汇作为货币发行准备,有利于本地区货币的稳定。

专栏 6-1   **铸币税的含义**

铸币税原指通过铸造硬币所获得的收益或利润,即所使用的贵金属内含值与硬币面值之差。铸币税并不是国家通过权力征收的一种税负,而是铸造货币所得到的特殊收益。随着货币和货币制度的不断发展变化,铸币税的含义也随之演变。

在用贝壳等实物行使货币职能的时期,铸币税并不存在。因为贝壳等实物不是人们可以任意制造的,它必须通过商品交换才能取得。

在金属货币时代早期,货币以等值的黄金或白银铸造,其本身的价值与它所代表的价值是相等的,铸币者得不到额外的差价收入,铸币税实际上就是铸币者向购买铸币的人收取的费用扣除铸造成本后的余额(利润),该利润归铸币者所有。到了金属货币时代的中后期,货币铸造权已归各国统治者所有。统治者逐渐发现,货币本身的实际价值即使低于它的面值,同样可以按照面值在市场上流通使用。于是,统治者为谋取造币的利润,开始降低货币的贵金属含量和成色,超值发行,即所谓的"硬币削边"。这时的铸币税演变成了货币面值大于其实际价值的差价收入。这种差价越大,铸币税越多。当然,货币的铸造数量要受到贵金属产量的限制。当货币的铸造数量过多、货币的面值较大地偏离其实际价值,会造成货币贬值,从而迫使铸币者提高货币的实际价值。

随着信用货币的出现,低成本的纸币取代了金属币,纸币也仅占货币总量中的一部分,从狭义上讲,由于中央银行代表国家发行货币,铸币税仅仅指中央银行所获得并上交中央财政的利润,也即中央银行基础货币创造过程中运作资产负债的利息差减费用,这里的费用包含货币发行费和中央银行履行其职责所必须开支的业务及管理费用。

从广义上讲,铸币税应该是泛指政府从货币发行中获得的收益。这里说的货币发行,不是指现金发行,而是广义的货币创造,包括:(1)中央银行所获得并上交中央财政的利润(创造基础货币过程中展开的资产负债利息差减费用)。(2)中央银行和商业银行在货币创造过程中通过购买国债向中央财政提供的资金。(3)财政直接发行通货所获得的收益。在美国,主币由联邦储备银行发行,硬币及 10 美元以下纸币等辅币由财政部发行,辅币约占货币发行总额的 10%。我国则由中央银行统一发行主币和辅币。

资料来源:张明艳,《铸币税与央行财务收支的关系》,www. studa. net。

第二节　中央银行的存款业务

一、中央银行存款业务的特点与意义

（一）中央银行存款业务的特点

1. 开办存款业务是为了实现调控职能

中央银行的资金运用创造资金来源,所以,吸收存款不是为了筹集资金,而是作为调控经济运行、实行金融监管的方式。中央银行吸收存款不是为了发放贷款,这与商业银行的存款业务有本质差别。

2. 存款具有一定强制性

中央银行有权确定法定存款准备金率,强制集中保管金融机构的存款准备金。对于财政存款和特定机构存款,也要求必须存在中央银行。

3. 存入款项的对象具有特殊性

中央银行吸收存款的对象是金融机构和财政等部门。中央银行开办存款业务,调整法定存款准备金率,主要是调控货币供给量,影响金融机构放款行为。中央银行代理国库,管理财政收支,财政存款与财政政策相关。

4. 存款人之间的关系具有特殊性

中央银行与存款人之间的关系不仅仅是经济关系,更是一种管理与被管理的关系。

（二）中央银行吸收存款的意义

1. 有利于维护金融业的安全稳定

中央银行集中保管商业银行准备金,最初目的是维护金融体系的流动性,这是中央银行行使最后贷款人职能的基础之一。一些国家将法定存款准备金率的高低与资本充足率挂钩,对资本充足率高的银行实行相对较低的准备金率要求。这一做法加强了对商业银行稳健经营、注重资产质量、防范风险的外在约束,有利于维护整个金融体系的安全稳定。

2. 有利于加快资金清算

中央银行是一国资金清算中心,金融机构和财政部门等将款项存入中央银行,便于中央银行提供资金清算等服务,使债权债务关系得以顺利结算,加速资金周转,提高资金使用效率。在已经取消法定存款准备金要求的国家,如英国、加拿大等,商业银行仍然在中央银行开设账户,存入一定的款项,主要是为了满足结算的需要。

3. 中央银行通过变动存款准备金率,调控货币供给量

中央银行通过提高或者降低法定存款准备金率,影响商业银行超额准备金和货币乘数,进而影响货币供应量。

二、中央银行主要存款业务

（一）准备金存款业务

1. 存款准备金的含义

存款准备金是指金融机构为保证客户提取存款和资金清算需要而准备的资金,金融机构按规定向中央银行缴纳的存款准备金占其存款总额的比例就是存款准备金率。

存款准备金制度是在中央银行体制下建立起来的,世界上美国最早以法律形式规定商业银行向中央银行缴存存款准备金。存款准备金制度的初始作用是保证存款的支付和清算,之后才逐渐演变成为货币政策工具。

2. 准备金存款业务的基本内容

准备金存款业务主要包括以下五个方面的基本内容:①被要求缴纳法定存款准备金的机构范围;②准备基数,即哪些负债项目应该缴纳法定准备金;③哪些资产可以充当法定准备金;④法定准备比率的高低;⑤计算准备金和缴纳法定准备金的时间。

（二）中央银行其他存款业务

1. 政府存款

政府和公共部门在中央银行存款包括两部分:一是财政金库存款,二是政府和公共部门经费存款。由于中央银行代理国家金库和财政收支,所以国库的资金以及财政资金在收支过程中形成的存款也属于中央银行存款。政府存款一般包括国库持有的货币、活期存款、定期存款及外币存款等。政府存款在有些国家是指中央政府的存款,有的国家将各级地方政府的存款、政府部门的存款也列入其中。

2. 其他金融机构存款

非银行金融机构在中央银行的存款,有的国家中央银行将其纳入准备金存款业务,按法定要求办理;有的国家中央银行则单独作为一项存款业务,在这种情况下,中央银行的这类存款业务就有较大的被动性,因为非银行金融机构的存款不具有法律强制性,没有法定的存款缴存比率,通常他们将存款存入中央银行的主要目的是便于清算,存多存少由他们自主决定,但中央银行可以通过存款利率的变动加以调节。我国各种非银行金融机构在中国人民银行都有存款,主要也是用于清算。

3. 外国存款

这项存款或是属于外国中央银行或是属于外国政府,他们持有这些债权构成本国的外汇,随时可以用于贸易结算和清算债务,存款数量多少取决于他们的需要。虽然外国存款对本国外汇储备和中央银行基础货币的投放有影响,但由于外国存款数量较小,影响力并不大。

4. 特定机构和私人部门存款

特定机构是指非金融机构,中央银行收存这些机构的存款,或是为了特定的目的,如对这些机构发放特别贷款而形成的存款;或是为了扩大中央银行资金来源。多数国家法律禁止中央银行收存私人部门的存款,有些国家虽然法律允许收存,但只限于特定对象,并且数量很小。

5. 特种存款

特种存款是中央银行直接控制方式之一。它是指中央银行按商业银行和其他金融机构信贷资金的营运情况,根据银根松紧和资金调度的需要,以特定方式向这些金融机构集中一定数量的资金。它是调整信贷资金结构和信贷规模的重要措施。一个国家的特种存款的数量和期限由总行确定,资金的使用由总行统一调度,各分行对总行下达的特种存款任务必须按时、足额地完成。特种存款业务有几个特点:一是非常规性,中央银行一般只在特殊情况下为了达到特殊目的而开办,比如中央银行为调整信用规模和结构,为支持国家重点建设或其他特殊资金需要,从金融机构的存款中集中一部分资金。二是特种存款业务对象具有特定性,一般很少面向所有的金融机构,不像存款准备金是面向所有吸收存款的金融机构而吸收的。三是特种存款期限较短,一般为 1 年。四是特种存款的数量和利率完全由中央银行确定,具有一定的强制性,特定金融机构只能按规定的数量或比率及时足额地完成存款任务。

三、中央银行存款业务与其发挥作用的关系

1. 存款业务与流通中现金的投放有直接关系

中央银行垄断一国货币发行权,其存款的形成和增加是现钞未投放市场或者市场回笼加快的结果,而存款的减少表明现钞投放市场的增加和货币回笼的放慢。所以,中央银行存款变动与现金投放有直接关系。

2. 存款准备金比率的高低对存款货币银行的信用创造能力和支付能力有决定性作用

中央银行根据宏观调控的需要,变动法定存款准备金率。提高准备金要求,中央银行集中更多资金,存款货币银行的超额准备金减少,其信用创造能力和支付能力下降。

3. 中央银行集中必要资金可发挥最后贷款人职能

在中央银行承担最后贷款人职责时,如果用增加货币发行的方式解决商业银行流动性不足的问题,不利于稳定货币币值。中央银行利用集中的存款准备金,提供资金给商业银行,可弥补暂时性资金短缺,维护金融体系的安全。

4. 便于中央银行组织全国清算

作为一国资金清算的中心,中央银行通过组织全国的资金清算,使债权债务关系顺利了结,加快资金周转,提高资金使用效益。

5. 通过存款账户掌握了解和监督金融业的资金运动

中央银行通过观察、收集商业银行和其他金融机构账户上的信息,获得决策所需的资料。同时,中央银行可监督金融业的资金运作状况,进一步监控其经营风险,及时防范和化解风险,以维护金融体系的安全稳定。

第三节　中央银行的其他负债业务

一、发行债券

(一) 发行债券的目的与意义

发行中央银行债券是中央银行的一项主动性负债业务。中央银行债券发行的对象主要是国内金融机构。通常是在商业银行或其他非银行金融机构的超额储备过多,而中央银行不便采用其他政策工具进行调节的情况下发行的。中央银行发行债券的目的:一是针对商业银行和其他金融机构超额储备过多的情况,发行债券以减少它们的超额储备,以便有效地控制货币供给量;二是以此作为公开市场操作的工具之一,通过中央银行债券的市场买卖行为,灵活地调节货币供给量。许多发展中国家在由直接调控转向间接调控的过程中,由于金融市场不发达,尤其是国债市场不发达,中央银行债券往往成为公开市场操作的主要工具。

(二) 发行债券的具体操作

中央银行发行债券有两种方式:一是信用发行,大多数国家的中央银行都采取这种方式发行。按照国际惯例,中央银行债券是零风险,中央银行发行债券不需担保和质押。二是外汇质押,实际是外汇掉期。后者主要被一些小规模的开放经济体的货币当局所采用。例如香港金融管理局发行的外汇基金票据就是以其持有的外汇资产作为质押的,这是因为香港采取货币局制度,金融管理局并非真正意义上的中央银行,金融管理局创造的负债必须全额与其外汇资产对应。从一般经验看,外汇掉期只适合小规模操作,这也是发达国家很少采用外汇掉期作为主要的货币政策操作手段的原因。

二、国外负债

（一）国外负债的目的

各国中央银行对外负债的目的如下：①为了平衡国际收支。为弥补国际收支逆差，中央银行通常采取国际贷款的方式。②为了维持本币汇率的既定水平。中央银行一般是通过对外汇市场的干预来调节汇率，这就需要手中持有一定数量的外汇，通过买卖外汇来干预外汇市场。③为了应付货币危机或金融危机。一旦出现危机，中央银行在干预市场的过程中，一般需要通过从国外银行借款等对外负债业务，从国外筹措外汇资金，以增强中央银行的调控能力。

（二）国外负债的主要内容

中央银行的对外负债业务主要包括从国外银行借贷、对外国中央银行的负债、国际金融机构的贷款、在国外发行的中央银行债券等。

三、中央银行的资本金

（一）中央银行资本金来源的主要类型

中央银行的资本金业务是指筹集、维持和补充自有资本的业务。中央银行自有资本的形成主要有三个途径：政府出资、地方政府或国有机构出资、私人银行或部门出资。政府出资是指中央银行资本由中央政府拨款形成，并通常由政府财政部门代为持有，这是中央银行资本形成的主要方式。地方政府或国有机构出资是指政府不直接持有中央银行股份资本，而是由地方政府、国有银行、公共部门等出资构成中央银行资本。私人银行和部门出资是指中央银行股份资本由私营机构，如银行、公司企业持有。这种情况不多见，主要有美国和意大利。

（二）中央银行资本金与其独立性

资本金结构在一定程度上可以影响中央银行独立性，但不是最根本的决定因素。美国和意大利中央银行的资本金均由私人部门出资，但是，前者的独立性很强，而意大利中央银行的运作则受到政府干预，货币政策和采取的措施需要经过政府的批准，独立性弱。大多数国家的中央银行是由政府出资建立，但其中的独立性也不相一致。1946年，英格兰银行被收归国有，在行政上隶属于财政部，但是英格兰银行享有实际上较高的独立性。通过修改《英格兰银行法》等，英格兰银行的独立性得到进一步提高。作为国有的中央银行，中国人民银行和财政部同属于政府的职能部门，不存在上下级关系，接受国务院领导，其独立性和其他国有的中央银行存在差别。

第四节　中国人民银行的负债业务

中国人民银行的负债业务包括储备货币(主要指货币发行和金融机构存款)、发行债券、国外负债、政府存款、自有资金以及其他负债,2011年末的数据见表6-2所示。

表6-2　　中国人民银行负债业务种类　　　　　　(单位:亿元)

负债业务	2011年12月
储备货币	224 641.76
货币发行	55 850.07
其他存款性公司存款	168 791.68
不计入储备货币的金融性公司存款	908.37
发行债券	23 336.66
国外负债	2 699.44
政府存款	22 733.66
自有资金	219.75
其他负债	6 437.97
总负债	280 977.6

资料来源:中国人民银行网站。

一、中国人民银行的货币发行业务

(一) 人民币发行原则与准备制度

为保证人民币币值稳定,促进国民经济协调、稳定、健康的发展,我国人民币的发行历来坚持以下三大发行原则。

1. 集中统一发行原则

集中是指人民币的发行权集中于国务院。统一是指国家授权中国人民银行统一垄断货币发行。除中国人民银行外,任何地区、任何单位和个人都无权发行货币或发行变相货币。

2. 计划发行原则

货币发行要根据国民经济发展的要求,有计划地发行。具体由中国人民银行总行提出货币发行计划,报国务院批准后组织实施。

3. 经济发行原则

货币发行要根据国民经济发展情况,按照商品流通的实际需要进行。这种发行是在经济增长的基础上增加货币投放,是为了适应和满足商品生产和商品流通对货币的客观需要。

人民币的发行由商品作保证。向市场投放货币,意味市场商品物资的增加。出售商品,回笼货币,市场货币流通量相应减少。如果市场上的商品和货币之间不平衡,就会出现通货膨胀或者通货紧缩现象,对稳定人民币币值造成不利影响。

(二) 人民币发行和回笼的程序

1. 人民币发行程序

人民币发行程序是指人民币发行的步骤和方法,是属于人民币发行制度的重要组成部分。人民币的发行程序大致分为四步,具体的发行程序是:

(1) 提出人民币的发行计划,确定年度货币供应量。每年由中国人民银行总行根据国家的经济和社会发展计划,提出货币发行和回笼计划,报国务院审批后,具体组织实施。包括负责票币设计、印制和储备。

(2) 国务院批准中国人民银行报批的货币供应量计划。

(3) 进行发行基金的调拨。发行基金是中央银行为国家保管的待发行的货币。它是货币发行的准备基金,不具备货币的性质,由设置发行库的各级人民银行保管,总行统一掌管,发行基金的动用权属于总库。

发行基金的调拨是组织货币投放的准备工作,是发行库与发行库之间发行基金的转移。发行基金调拨实行"适当集中,合理摆布,灵活调拨"的方针。发行库调拨发行基金,应当依照上级发行库的调拨命令办埋。任何单位和个人不得违反规定,动用发行基金。发行基金的调拨采取逐级负责的办法,即总行负责大区分行之间的调拨,到区分行负责所辖中心支行和县支行之间的调拨。

(4) 普通银行业务库日常现金收付。人民币的货币发行主要是通过商业银行的现金收付业务活动来实现的。各商业银行将人民银行发行库的发行基金调入业务库后,再从业务库通过现金出纳支付给各单位和个人,人民币钞票就进入市场。这称为"现金投放"。同时,各商业银行每日都要从市场回收一定的现金,当业务库的库存货币超过规定的限额时,超出部分要送交发行库保管。这称为"现金归行"。货币从发行库到业务库的过程叫"出库",即货币发行;货币从业务库回到发行库的过程叫"入库",即货币回笼。

2. 现金发行

现金从发行库进入商业银行的业务库称为现金发行,从商业银行的业务库回到发行库称为现金回笼。发行库是人民银行为保管货币发行基金而设置的金库,是办理货币发行的具体机构,由人民银行根据经济发展和业务需要决定设置。不设人民银行机构的县如设立发行库,须委托商业银行代理,业务上由上级发行库领导。发行库的主要职能是:保管人民币发行基金;办理人民币发行基金出入库和各银行及其他金融机构的现金存取业务;办理人民银行业务库现金收付业务;负责回笼现金的整理清点等。业务库是各银行基层分、支行为办理日常现金收付而设置的金库。业务库保管的货币是流通中的货币,处于周转状态。为节约现金使用和减少现金调拨,控制货币发行的额度,在保证业务现金需要的前提下,人民银行对各银行业务库保留的现金,均确定一个库存限额。业务库库存限额确定后,不能任意突破。库存现金超出限额时,超出部分要缴回发行库;不足限额时,发行库就发行一部分货币补充业务库,使其恢复到正常水平。

3. 发行库与业务库的区别

发行库与业务库虽然都属人民币发行程序的主要环节,但两者发挥着不同的作用。其主要区别是:①机构的设置不同。发行库是各级人民银行的重要组成部分,实行垂直领导;而业务库则是政策性银行和商业银行为办理现金收付业务而设立的金库。②保管的货币性质不同。发行库保管的是发行基金,在出发行库之前,它尚属货币准备金性质,不是流通中的货币,不具备货币的职能;业务库保管的是现金,属流通中货币的一部分。③业务对象不同。发行库的业务对象是各普通银行;业务库的对象是全社会。④收付款项的起点不同。发行库出入库的金额起点是以千元为单位,必须整捆出入库;而业务库收付现金则不受金额起点的限制。

在一定时期内,出库的货币额大于入库的货币额,是增加货币发行;出库的货币额小于入库的货币额,是减少货币发行。人民币发行业务便是通过发行库和业务库之间往来调拨货币完成的。

上述过程如图 6-1 所示。

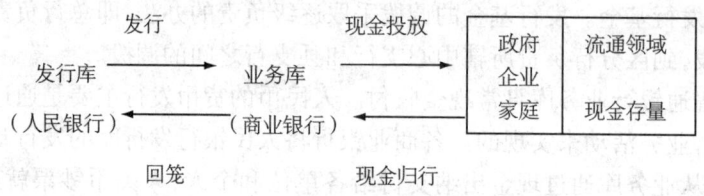

图 6-1　人民币发行和回笼程序

(三) 人民币发行的管理

《中国人民银行法》(修正)和《货币发行管理制度(试行)》及《人民币管理条例》等法律、法规,就人民币的发行制度与管理作了规定。发行人民币和管理人民币流通是我国法律赋予人民银行的重要职责和业务,是人民银行作为"发行的银行"的重要标志。

《中国人民银行法》(修正)第十八条规定:"人民币由中国人民银行统一印制、发行。中国人民银行发行新版人民币,应将发行的时间、面额、图案、式样、规格予以公告。"按照《货币发行管理制度（试行）》第五条的规定,人民银行作为货币发行机关,货币发行管理是人民银行的一个重要职责,其基本任务是:①根据国民经济发展的需要提出货币发行计划,报国务院批准后组织实施;②研究货币发行与社会经济发展的关系,为调节货币流通和制定货币发行政策提供科学依据;③根据国务院批准的货币发行计划,编制货币需要量计划;④根据国务院决定,组织办理新版人民币的发行和旧版人民币的回收工作;⑤根据市场货币流通状况,编制、执行、调整发行基金调拨计划和损伤货币销毁计划,调节市场流通货币的面额结构,组织普通银行办理货币兑换和调拨业务;⑥制定与货币发行业务有关的规章、规定;⑦宣传国家货币发行政策,组织反假人民币工作;⑧办理人民币发行基金的供应、调运、销毁及核算业务;⑨办理普通银行存取现金业务;⑩监督、检查、协调普通银行的现金出纳业务。

二、中国人民银行的准备金存款业务

根据《中国人民银行法》(修正)的规定,银行业金融机构按照规定的比例向中国人民银行交存存款准备金。我国的存款准备金率作为一种政策工具,正式确立于1984年。经国务院同意,中国人民银行决定从1998年3月21日起对存款准备金制度进行改革。对各金融机构法定存款准备金按旬考核,各金融机构按统一法人上缴准备金存款,中央银行对金融机构准备金存款支付利息。准备金的计提考核机制采用时点法,具体包括计提的时点法和考核的时点法,前者是指以计算期期末的存款作为计提法定准备金的基础,后者是指要求维持期内商业银行每日准备金都要满足法定要求。

中国人民银行结合宏观审慎理念和流动性管理的需要,从2011年起对金融机构引入差别准备金动态调整机制,配合存款准备金率、公开市场操作、利率等常规性货币政策工具发挥合力。2011年上半年,对若干家资本充足率较低、信贷增长过快、顺周期风险隐患增大的金融机构实施差别准备金要求。差别准备金动态调整工具通过把信贷增长与逆周期资本要求联系起来,对金融机构信贷投放数量进行了有效引导,在信贷总量调控中发挥了积极作用,信贷投放节奏的均衡性也明显提高。

专栏 6-2   **保证金存款**

所谓保证金存款,指的是金融机构为客户提供具有结算功能的信用工具、资金融通以及承担第三方担保责任等业务时,按照约定要求客户存入的用作资金保证的存款。在信贷紧缩和存贷比日均考核的监管压力下,银行通过承兑汇票业务来规避监管。

中国人民银行统计数据显示,截至2011年7月末,金融机构的人民币单位项目下保证金存款余额44 222.36亿元,个人保证金存款余额192.80亿元,一共是44 415.16亿元。

中国人民银行已于2011年8月下发通知,将商业银行的信用证保证金存款、保函保证金存款以及银行承兑汇票保证金存款等三类保证金存款纳入存款准备金的缴存范围。其中,工、农、中、建、交、邮储银行,从 2011 年 9 月 5 日上缴首批保证金存款准备金;而其他银行从 2011 年 9 月 15 日上缴。

三、中国人民银行的债券发行业务

(一)中央银行债券发行背景

中国人民银行发行的债券称为中央银行融资券。它是中国人民银行发行的、由商业银行和其他金融机构购买的一种债券。发行融资券是中国人民银行加强金融宏观调控,探索中央银行由直接调控向间接调控转变的一种尝试。发行融资券最初是中央银行为了增加公开市场业务操作对象,解决国债规模小、期限结构不合理的问题,并提供了可供调度的资金来源。随着我国外汇储备的不断增加,发行中央银行融资券主要对冲增加发行的人民币,从债券持有人手中收回一部分资金,起到适度紧缩货币的作用。

从 1995 年开始试办债券公开市场业务起,发行中央银行融资券就成为中国人民银行公开市场业务操作的重要手段。1993 年中国人民银行发布了《中国人民银行融资券管理暂行办法》和《中国人民银行融资券管理暂行办法实施细则》,并开始发行中央银行融资券。1993 年共发行了两期融资券,总金额为 200 亿元。1995 年,中国人民银行开始试办债券公开市场业务操作,发布了《关于办理中央银行融资券的具体操作、资金清算和债券托管等问题的通知》,与公开市场业务一级交易商签署了《中央银行融资券回购主协议》,并向公开市场业务一级交易商发行了 118.9 亿元记账式的中央银行融资券,期限为 3 年,年利率为 9.9%。在 1997 年颁布的《公开市场业务暨一级交易商管理暂行规定》中,将中央银行融资券作为债券交易品种。因此,发行中央银行融资券一直是中国人民银行公开市场操作的一种重要交易方式。

2002 年 9 月 24 日,为增加公开市场业务操作工具,中国人民银行将公开市场业务未到期的正回购转换为中央银行票据,发行总量为 1 937.5 亿元,包括 3 个月、6 个月和 1 年期三个品种。之所以将转换的中央银行债券命名为"中央银行票据",是突出中央银行票据的短期性特点。

中国人民银行发行中央银行债券采用信用发行方式。

(二)中央银行融资券发行规定

根据 1993 年 5 月实施的《中国人民银行融资券管理暂行办法》,为了增强中央银行对信贷资金间接调控能力,中国人民银行决定发行中国人民银行人民币融资券(以下简称融资券)。融资券是以中国人民银行为发行人、面额固定、期限固定、到期由中国人民银行还本付息的记名方式的有价证券。融资券的发行总量由总行根据宏观金融调控的需要和各地货币供应量的增长情况决定。融资券利率采取浮动利率,由中国人民银行确定。融资券发售对象为国内持有中国人民银行颁发的《经营金融业务许可证》的金融机构。融资券认购方式为自愿认购和计划配购两种。融资券发售时,中国人民银行可以与发售对象签订回购协议。融资券可以在持有《经营金融业务许可证》的金融机构之间转让,转让时应予背书。禁止非金融机构和个人持有融资券。持券人可以将融资券作为向中国人民银行借款的抵押品。除经中国人民银行总行批准外,持券人不得以融资券向中国人民银行贴现。融资券不得提前兑付,不得兑付现金。

　　根据《中国人民银行融资券管理暂行办法实施细则》(1993),根据宏观调控需要,人民银行总行可以回购融资券,回购价格由人民银行总行统一确定。

　　(三)发行债券的规模

　　发行中央银行票据已日益成为中国人民银行日常调节市场短期货币流动性的重要手段,因此中央银行会适时在公开市场发行或回购中央银行票据。截至 2011年第三季度,债券市场共发行各类债券 1.78 万亿元。具体见表 6-3。

表 6-3　2011 年第三季度中央银行票据发行情况　　　　　(单位:亿元)

	2011 年第三季度		2011 年第二季度		2010 年第三季度	
	发行量	占比(%)	发行量	占比(%)	发行量	占比(%)
央行票据	1 640	9.22	5 840	26.34	12 738	43.56
债券发行总量	17 789.68	100	22 167.82	100	29 244.93	100

资料来源:中央国债登记结算公司《中国债券市场 2011 年第 3 季度分析报告》。

　　2011 年 9 月底,中央银行票据余额为 2.12 万亿元,同比、环比分别减少52.37% 和 20.89%。具体数据见表 6-4。

表 6-4　2011 年第三季度中央银行票据余额情况　　　　　(单位:亿元)

	2011 年第三季度		2011 年第二季度		2010 年第三季度	
	债券余额	占比(%)	债券余额	占比(%)	债券余额	占比(%)
央行票据	21 159.72	9.87	26 747.72	12.63	44 423.83	21.67
债券发行总量	214 460.7	100	211 772.5	100	205 023.55	100

资料来源:中央国债登记结算公司《中国债券市场 2011 年第 3 季度分析报告》。

　　(四)发行债券的意义与作用

　　中央银行发行债券,不同于其他发行主体发行债券,中央银行发行债券主要目的是将其作为调控工具之一,通过公开市场操作,实现宏观调控目标。发行的债券以短期为主,也有少量的中长期债券,主要调节商业银行流动性。发行的利率由中央银行制定,反映中央银行调控意图,引导市场利率。在目前我国国债市场还不完善的情况下,发行债券是中央银行一个有益的尝试。实践证明,中央银行发行债券的操作,影响市场预期,并收到了预期的政策效果。

四、中国人民银行的国外债务

(一) 国外负债的主要种类

中国人民银行的国外负债种类主要是:外国政府贷款、国际金融组织贷款、国外银行及其他金融机构贷款和对外发行债券,其中国际金融组织贷款所占比重最高。近年来我国国外负债的情况如表6-5所示。

表6-5　2004—2011年中国人民银行国外负债　　　　　　　(单位:亿元)

年份	2004年末	2005年末	2006年7月	2007年末	2008年末	2009年末	2010年末	2011年末
国外负债	562.28	641.57	715.97	947.28	732.59	761.72	720.08	2 699.44

资料来源:中国人民银行网站"货币当局资产负债表"。

(二) 国外负债的期限与利率

国际金融组织向成员国提供贷款,条件优惠,期限较长,利率较低。外国政府贷款具有双边经济援助性质,一般金额较大,利率低,期限长,附加费用少,但是附加条件多,主要以外国政府提供的优惠贷款和出口信贷结合使用。向国外银行和其他金融机构借款主要是为了用于某些特定项目,贷款手续简便,限制条件少,但是利率较高。对外发行债券的条件与中央银行的信誉以及当时的国际市场资金状况相关。

五、中国人民银行的其他负债业务

(一) 政府存款

中国人民银行代理国库,管理财政收支。影响财政收支的因素众多,例如,积极或者紧缩的财政政策,财政发行国债筹资,税率变动等,这些都会在政府存款账户中反映出来。由于金额较大,政府存款也是中央银行资产负债表中重要的内容。表6-6反映了我国政府存款逐年增长的情况。

表6-6　2004—2011年我国政府存款数量　　　　　　　(单位:亿元)

年份	2004年末	2005年末	2006年7月	2007年末	2008年末	2009年末	2010年末	2011年末
政府存款	5 832.22	7 527.23	14 064.8	17 121.1	16 963.84	21 226.36	24 277.32	22 733.66

资料来源:中国人民银行网站"货币当局资产负债表"。

(二) 其他存款

中国人民银行除了吸收各种金融机构准备金和政府存款外,还有特种存款、外国政府和金融组织存款、特定机构和私人部门存款等。

六、中央银行票据

（一）中央银行票据与货币政策操作

中央银行票据,是中央银行为调节商业银行超额准备金而向商业银行发行的短期债务凭证,其实质是中央银行债券。它是中央银行调节基础货币的一种形式。

中央银行向商业银行发行票据的直接结果,是将商业银行原存在中央银行的超额准备金存款,转换为存在中央银行的央行票据。这一过程对于商业银行而言,其资产和负债总量不变,但资产结构发生了变化;对于中央银行而言,其资产和负债总量也不变,但负债结构发生了变化。这一过程的政策效应,从商业银行来讲,是将原本由商业银行持有、可以直接用于支付的超额准备金存款,转变为仍由商业银行持有、但却不能直接用于支付的央行票据,减少了可贷资金量;从中央银行来讲,这种负债结构的变化,总体上减少了基础货币总量,它与提高法定存款准备金率以吸收超额存款准备金的效果是相同的。但与提高法定存款准备金相比,不同之处在于,当提高法定存款准备金率使超额存款准备金转变为法定存款准备金后,商业银行这部分资金既不能用于现金支付,也不能流通;而央行票据虽不能用于现金支付,但可以流通交易,起到了既在总体上吸收商业银行部分流动性,又在个体上给予商业银行流动性的作用。因此,发行中央银行票据具有市场化、灵活性的优势,有利于实现调控目标。

中央银行票据与金融市场各发债主体发行的债券具有根本的区别:金融市场各发债主体发行的债券是一种筹集资金的手段,其目的是为了筹集资金;中央银行票据是中央银行调节基础货币的一项货币政策工具,目的是减少商业银行可贷资金量。商业银行在支付认购央行票据的款项后,其直接结果就是可贷资金量的减少。

（二）我国中央银行票据发行和交易情况

根据 2006 年初公布的主要中央银行票据期限品种发行计划,中国人民银行原则上每周二发行 1 年期央行票据,每周四发行 3 个月期央行票据;3 年期央行票据安排在周四发行,其他期限品种央行票据发行时间不固定。同时,根据货币政策需要,中国人民银行也可以进行灵活选择其他交易工具和期限品种。表 6-7 说明了中央银行票据历年的发行数量。

表 6-7　中央银行票据 2007—2011 年 9 月发行量　　　　（单位:亿元）

年份	2007 年	2008 年	2009 年	2010 年	2011 年第三季度
央行票据	36 587	48 121	42 326	40 909	21 160

资料来源:中央国债登记结算公司《中国债券市场 2011 年第 3 季度分析报告》。

目前,央行票据的交易方式有现券交易、质押式回购和买断式回购。现券交易又称债券买卖,是指交易双方以约定的价格转让债券所有权的交易行为。这种交易表现为以债券为交易标的,一方出资金,一方出让债券,一次买断。债券买断式回购是指债券持有人(正回购方)将债券卖给债券购买方(逆回购方)的同时,与买方约定在未来某一日期,由卖方再以约定价格从买方买回相等数量同种债券的交易行为。债券质押式回购是指债券持有人(正回购方)将债券质押给资金融出方的同时,与买方约定在未来某一日期,以约定的价格从资金融出方买回该债券。买断式回购的逆回购方在期初买入债券后享有再行回购或另行卖出债券的完整权利。具体见表6-8。

表6-8　2011年第三季度中央银行票据交易情况

交易方式	交易情况		
现券交易	交易量(亿元)	占比(%)	换手率(%)
	23 904.27	12.99	122.96
质押式回购	交割量(亿元)	占比(%)	笔数
	48 772.62	17.35	6 813
买断式回购	交割量(亿元)	占比(%)	笔数
	128.4	1.52	55

资料来源:中央国债登记结算公司《中国债券市场2011年第3季度分析报告》。

(三) 中央银行票据的作用

1. 调节货币供应量和短期利率的重要工具

过去中国人民银行的公开市场操作,无论是回购还是现券卖断买断,都受到其实际持券量的影响,使得公开市场操作的灵活性受到了较大的限制。央行在调节货币供应量时也不得不受自身持有债券的限制。引入中央银行票据后,央行则可以利用这些票据或回购及其他们的组合进行"余额控制,双向操作"。央行通过对票据进行滚动操作,增加了其公开市场操作的灵活性和针对性,加强了对短期利率的影响,增强了调节货币供应量的能力和执行货币政策的效果。

2. 弥补中短期交易品种短缺的现状,增加金融机构资金运用的途径

中央银行票据期限从3个月到3年期,增加了市场中短期交易品种。央行票据在收益率、流动性和安全性方面基本充当了"短期国债"的角色,成为商业银行、基金公司、保险公司等机构"资产池"中的重要组成部分。随着中央银行票据市场存量的增加和持票机构的多样化和在二级市场的流动性的逐步增强,金融机构可以通过参与公开市场操作或在二级市场买入等方式持有中央银行票据,以灵活调剂手中的头寸,因而减轻短期资金运用压力。

3. 票据利率引导市场利率

由于价格(利率)招标方式能够灵敏地测试出市场资金面的变化,以及货币市场即期利率的定位,因而价格招标实际上可以反映资金面松紧。在资金面趋紧时,

它能反映出上升的发行利率,而在资金面宽松的环境下则相反。数量招标则显示央行对当前市场利率的引导意图,在数量招标情形下,流标与否能直接反映出央行与市场成员间对利率水平定位是否存在差异。央行根据市场状况交错发行 3 月期、6 月期、1 年期和 3 年期央票,分别回笼不同期限的资金,引导银行间市场、交易所市场和相关债券市场形成相应期限的市场利率和收益率曲线。

4. 中央银行票据是一种选择性的、温和的工具

中央银行票据不是一种立竿见影的货币政策工具,而是一种平缓的政策工具,可以减少货币政策工具的运用对经济造成的波动。央行票据是一种选择性的调整工具,中央银行决定发行的数量和时间,对购买票据的金融机构起作用,体现中央银行精确调控的意图。

央行票据是在公开市场操作基础上的一种短期调控政策的加强,是一种临时性的紧缩措施。一旦宏观经济走向正常,央行票据发行就会减少,直至隐退。央行票据几乎可以无限制地发行,但是票据有利息成本,随着票据规模的增大,中央银行需要付出的利息成本越高。这也是中央银行票据的局限性。

(四)中央银行发行定向票据

定向发行央行票据通常根据货币调控需要在特定情况下启用。定向发行央行票据包含一定的政策信号,发行利率通常略低于当时相同期限市场化央行票据,以体现警示作用。定向票据具有惩罚性,未经央行批准,不得转让,不得抵押,相当于冻结了放贷过速的银行的部分流动性。

2004 年初的几个月里,CPI 迅速上升,信贷和外汇储备猛增,通胀预期空前高涨,债券收益率迅速上升,甚至多次出现发行中央银行票据流标的情况,中国人民银行不得不采取定向发行 500 亿元中央银行票据的方式来回笼货币。

2006 年 5 月 17 日,中央银行采用固定利率数量招标方式贴现发行 1 000 亿元定向票据,对象为贷款增长较快、资金相对充裕的商业银行,包括建行、农行、工行、中行、民生和光大银行。此后的 6 月 14 日,央行再次将 1 000 亿元定向票据发给建行、农行、工行、交行、光大和浦发。2006 年 7 月 13 日,根据 6 月各银行的新增贷款规模,中央银行发行定向票据 500 亿,期限为 1 年,利率是 2.1138%。被定向的商业银行当中,中国银行定向发行规模 210 亿元,建设银行定向 100 亿元,其他如华夏、民生、广发和上海银行的规模分别为 60 亿、60 亿、30 亿和 15 亿元;此外,上海银行、南京市商业银行、洛阳市商业银行和上海农商行等也为被定向发行对象。

中国人民银行在 2007 年 10 月 11 日发行 1 520 亿元规模的定向票据,期限为 3 年,票面利率为 3.95%,主要面向国有商业银行和股份制银行发行。由于 10 月份到期的中央银行票据高达 4 700 亿元,且四季度为传统出口高峰期,月度贸易顺差将超过 250 亿美元,外汇占款居高不下,中央银行回收流动性任务非常艰巨。由于发行中央银行票据紧缩流动性的成本由中央银行承担,因此中央银行通常在加

息之前定向发行票据,以此来降低调控成本。

2009 年 7 月 14 日,央行有针对性地向部分银行发行 1 年期定向央票,发行利率为 1.5% ,9 月中旬缴款。这是继 2007 年央行曾针对信贷投放过快的银行发行过定向央票后,该操作工具再度启用。这是央行针对部分信贷投放过快的中小型股份制商业银行的警示,包括中信、光大、招商银行在内的多家银行接到了定向央票通知,发行规模均在 90 亿—100 亿左右的水平。配合公开市场现有的其他操作品种,央行为调控信贷投放打出的一系列组合拳显示其"微调"力度在逐步加大。

本章小结

1. 中央银行负债业务是形成其资金来源的业务,由于中央银行特殊的职能和地位,货币发行和准备金存款是其主要资金来源。各国建立一定的货币发行制度,约束中央银行货币发行的权力。

2. 货币发行有双重含义:一是指货币从中央银行的发行库通过各家商业银行的业务库流向社会,二是指货币从中央银行流出的数量大于从流通中回笼的数量。中央银行所发行的货币是基础货币的主要部分。有两种货币发行:经济发行和财政发行。货币发行一般有三个原则:垄断发行原则、信用保证原则和弹性原则。

3. 货币发行的准备制度是指中央银行以一种或几种形式的资产作为发行货币的准备,从而使货币的发行量与货币发行准备资产之间建立相互联系、相互制约的关系。主要发行准备制度有现金准备发行制、证券保证准备制、现金准备弹性比例制、证券保证准备限额发行制、比例准备制。

4. 中央银行存款业务的特点是开办存款业务是为了实现调控职能、存款具有一定强制性、存入款项的对象具有特殊性、存款人之间的关系具有特殊性。中央银行吸收存款的主要目的是为了实现宏观调控目标。中央银行主要存款业务有准备金存款、政府存款、其他金融机构存款、外国存款、特定机构和私人部门存款、特种存款。中央银行存款业务与其发挥作用的关系。

5. 中央银行的其他负债业务包括发行债券、国外负债和资本金业务。

6. 中国人民银行的负债业务包括储备货币(主要指货币发行和金融机构存款)、发行债券、国外负债、政府存款、自有资金以及其他负债。人民币的发行历来坚持三大发行原则,即集中统一发行原则、计划发行原则和经济发行原则。发行库与业务库虽然都属人民币发行程序的主要环节,但两者有明显区别。货币发行管理是中国人民银行的一个重要职责。

7. 中央银行票据是中央银行为调节商业银行超额准备金而向商业银行发行的短期债务凭证,其实质是中央银行债券。它是中央银行调节基础货币和短期利率的重要工具。

关键概念索引

负债业务　经济发行　财政发行　垄断发行　信用保证　发行准备　现金准备发行制　证券保证准备制　现金准备弹性比例制　证券保证准备限额发行制　比例准备制　铸币税　财政存款　发行债券　国外负债　发行库　业务库　发行基金　中央银行票据

复习思考题

1. 在不兑现的纸币发行制度下,如何制衡中央银行货币发行的权力?
2. 在垄断货币发行权的情况下,中央银行如何保障货币的信誉?
3. 为什么要坚持货币的经济发行原则?
4. 分析我国中央银行发行票据的作用。
5. 分析中央银行存款业务与发挥职能之间的关系。

第七章　中央银行的资产业务

📖 本章要点

- 再贴现和再贷款业务
- 证券买卖业务
- 储备资产及其管理
- 中国人民银行的主要资产业务
- 一级交易商制度

中央银行的资产业务是其资金运用方式,反映中央银行进行宏观调控的货币政策工具运作及结果。同时,中央银行资产业务的开展也反映其金融体系核心地位以及不以赢利为目标、资产保持较高流动性、具有一定独立性等经营原则。

第一节　中央银行的再贴现和再贷款业务

一、中央银行再贴现业务

(一) 再贴现业务的含义和特点

再贴现也称"重贴现",是指商业银行将通过贴现业务所持有的尚未到期的商业票据向中央银行申请转让,中央银行据此以贴现方式向商业银行提供资金的业务。对中央银行而言,再贴现即为买进商业银行已经贴现的商业票据,付出资金;商业银行则为卖出票据,获得资金。中央银行开展再贴现的目的是提供短期资金融通。

再贴现是中央银行最早开展的业务。再贴现业务的特点是:①中央银行对再贴现业务的对象、合格票据、再贴现率、再贴现额度、贷款收回等都有具体规定。②再贴现业务与合格票据相联系,中央银行通过再贴现投放的资金,体现商品经济对货币流通量的需要,不同于财政发行。票据到期时,中央银行将收回原先投放的货币。③中央银行调整再贴现率,反映中央银行调控意图,对其他资金市场也会产生影响。

（二）再贴现业务的操作

很多国家规定只有在中央银行开设账户的商业银行等存款货币银行才有资格提出再贴现申请。美联储通过再贴现窗口直接向商业银行提供贷款,英格兰银行并不直接贷款给商业银行,而是贷款给伦敦贴现市场的 11 家贴现行。

中央银行设立再贴现窗口,受理、审查、审批各商业银行等金融机构的再贴现申请,并经办有关的再贴现业务。商业银行等金融机构必须以已办理贴现的未到期的合法票据申请再贴现。很多国家规定进行再贴现的票据必须是有商品交易为基础的真实票据。同时,持票人申请再贴现时,须提交贴现申请人与出票人或其前手之间的增值税发票。中央银行收到商业银行提出的再贴现申请后,主要审查票据的合理性和资金营运状况,确定是否符合再贴现的条件。若审查通过,商业银行在票据上背书并办理再贴现手续。

再贴现时实付的金额按照原承兑汇票票面金额扣除贴现息,计算公式如下:

$$再贴现息 = 票据面额 × 日再贴现率 × 未到期天数$$
$$再贴现实付金额 = 票据面额 - 再贴现息$$

再贴现的票据到期时,中央银行通过票据交换和清算系统向承兑单位或者承兑银行收回资金。若承兑单位账户资金不足,由承兑单位开户银行将原票据按照背书银行名称退给再贴现的商业银行,按照逾期贷款处理。

专栏 7-1　　　　　　　　　　　　**美联储再贴现工具的改革**

美联储对再贴现进行改革,有三个目的:一是强化贴现窗口作为“最后贷款人”的应急功能;二是限制金融机构将贴现贷款作为套利的渠道,减少美联储进行审批的管理成本;三是重新设计利率调控框架。具体举措如下:

（一）主动吸引金融机构利用再贴现窗口融资

1. 金融机构不再需要证明:除了再贴现窗口,没有其他的资金来源渠道。美联储意识到需要鼓励金融机构使用再贴现窗口,才能发挥其调控作用和影响力度,变被动为主动。

2. 再贴现得到的资金可以在市场上交易。在市场资金紧缺的情况下,这一规定有利于及时向市场 提供流动性,降低利率波动的幅度。

3. 对于符合要求的再贴现申请,不再使用配额限制。

（二）再贴现行为不再被视为财务状况困难的信号

改革后的再贴现贷款包括一级贷款、二级贷款和季节性贷款。一级贷款期限短,通常是隔夜贷款,只向资信状况良好的金融机构发放。二级贷款提供给不能获得一级贷款、甚至出现财务困难的金融机构,体现“最后贷款人”的作用。季节性贷款提供给中小金融机构,以解决因季节性、偶发性因素造成的资金短缺,体现政府的扶持。三种贷款都需要提供充足的抵押品。

（三）再贴现利率与目标利率挂钩,成为市场利率的上限一般来说,一级贷款的利率比目标利率高 100 个基点,二级贷款的利率比一级贷款利率高 50 个基点。由于有政策扶持性质,季节性贷款的利率一般低于一级贷款的水平,是经过选择的某些市场利率的平均值。

设置再贴现利率高于联邦基金利率,金融机构不能利用再贴现窗口获得无风险套利资金。用成本机制约束再贴现行为,不需要中央银行在审查和分配配额上耗费资源,有利于降低联储自身的管理费用,提高运作效率。

再贴现率与目标利率同向浮动,使再贴现率有效地成为市场利率的上限,克服了再贴现率不能频繁变动的缺陷。

(四)再贴现工具和其他政策配套,实现宏观调控和金融监管的双重作用

1. 美联储采取一致的标准审查金融机构的资信情况以决定其是否具有获得一级贷款的资格。常用的判断标准是 CAMELS 和 SOSA 评价体系①。本国金融机构的 CAMELS 评级得到"一"或者"二"、外国金融机构分支机构的 SOSA 评级得到"一"都可以获得一级贷款。

2. 配合联邦存款保险公司(FDIC)的运作,发放二级贷款,体现中央银行最后贷款人作用和调控的灵活性。根据最小化拯救成本的原则,联储决定是否给予在 CAMELS 和 SOSA 评级中得分较低的金融机构以资金支持。

资料来源:作者根据相关资料整理。

二、中央银行再贷款

(一)再贷款业务的对象

中央银行再贷款业务体现其行使"最后贷款人"职能,提供短期资金,解决商业银行暂时性资金不足。同时,也可以缓解财政资金紧张的状况。再贷款业务的对象包括金融机构和财政部等。

根据 1980 年美国金融管制法,任何提供交易账户或非个人定期存款的机构都可以从联邦储备银行获得信贷。这种信贷主要是短期调整信贷、季节性信贷或其他类型的信贷。只有在有问题的银行无任何其他资金来源时,联邦储备银行才对其发放信贷,这体现其"最后贷款人"的职责。

(二)再贷款业务的种类

对商业银行贷款是中央银行再贷款业务的主要种类。中央银行定期公布再贷款利率。商业银行提出贷款申请后,中央银行审查其贷款的数额、期限和用途。中央银行再贷款一般为短期贷款,通常以政府债券和商业票据作担保,也有完全的信用放款。

此外,中央银行还开办对其他金融机构的贷款、对政府的贷款和其他贷款。

① SOSA(Strength of Support Assessment)评级制度分为三级,一级表示金融机构安全程度好,三级表示监管当局高度关注。

（三）再贷款的操作程序

再贷款的操作程序一般分为贷款申请、审查、发放和收回四个步骤。现以我国短期再贷款为例，说明再贷款的操作程序。

1. 贷款申请

借款人应填制《中国人民银行再贷款申请书》，并在加盖借款人的公章和法定代表人或单位负责人的签章后，提交给当地中国人民银行开户行。

2. 贷款审查

对受理的短期再贷款申请，应依据《中国人民银行分行短期再贷款管理暂行办法》进行审查；对单笔金额较大的贷款申请，应建立集体审批制度；中心支行对超过审批权限的贷款申请，应提出审查意见，报分行审批。

3. 贷款发放

对审查批准的短期再贷款申请，应与借款人签订《借款合同》；发放质押贷款时，还应同时签订《质押担保合同》；会计营业部门应凭《借款合同》、贷款额度通知书办理有关会计处理手续，发放质押贷款的，还应凭据《质押担保合同》。

4. 贷款收回

借款人应当按照借款合同规定，按时足额归还贷款本息。对逾期的短期再贷款，可从借款人准备金存款账户扣收贷款本息，并按照逾期贷款利率计收利息。质押贷款发生逾期，可依法处置作为贷款权利凭证的有价证券用于偿还贷款本息。

目前发达市场经济国家主要采取在公开市场操作目标利率基础上加点的方式确定再贷款（再贴现）利率。例如，美联储再贴现窗口（即附抵押品的再贷款）的最高档利率为联邦基金目标利率（美联储确定并定期公布的公开市场操作目标利率水平）加150个基点。欧洲央行贷款便利利率为公开市场操作最低投标利率加100个基点，中央银行隔夜再贷款（再贴现）利率构成货币市场短期利率的上限。

（四）再贷款业务的作用与特点

1. 再贷款业务的作用及其职能转变

再贷款业务是中央银行作为最后贷款人的具体体现。美国《联邦储备法》规定，联邦银行对会员银行贷款要实现两个目的。其一，提供弹性货币和准备金，防止过去金融恐慌和金融萧条的重演。其二，用这些贷款帮助流动性暂时有问题的银行。通过给遇到存款外流或其他麻烦的银行提供短期贷款，联邦储备委员会可保证这类银行不采用过激行动，以免公众对银行发生猜疑，动摇对银行业的信心。

从数量上看，中央银行再贷款的业务量呈下降趋势。主要原因是：金融机构只有证明别无其他资金来源时，中央银行才会提供再贷款；再贷款的利率往往高于市场利率，带有一定的惩罚性；金融创新和金融市场的不断发展为金融机构提供了广泛的资金来源渠道；申请再贷款的金融机构不希望这一信息公布于众，以免造成对其声誉的不良影响；各国一般都限制财政或者其他部门直接向中央银行要求提供资金支持。

无论中央银行是否承担金融监管的职责,它都是一国金融体系的最后贷款人。随着再贷款业务量的逐渐下降,调控基础货币的作用逐渐让位于中央银行履行最后贷款人职责、维护金融体系稳定的要求,如提供紧急贷款、短期流动性贷款,以帮助商业银行解决暂时的流动性不足,防止其经营风险进一步恶化和扩散。再贷款对象的范围也有所扩大,从商业银行发展到证券公司、投资基金等金融机构,主要目的是防范金融体系的系统性风险。

2. 再贷款业务的特点

再贷款业务的特点如下:

(1)中央银行再贷款的发放与贷款利率的确定与调整,是为了满足宏观调控和履行职责的需要,不以赢利为目的,以确保再贷款发放的公正性。

(2)以短期放款为主,中央银行一般不提供长期资金。

(3)为保持中央银行相对独立性,再贷款有严格的限制性条件。

三、再贷款与再贴现业务的比较

1. 资金的收回方式不同

再贴现贷款到期时,中央银行向票据承兑人出示票据并要求其兑付,收回贷款。再贷款的借款人应当按照《借款合同》约定,按时足额归还再贷款本息。对逾期的再贷款,从借款人准备金存款账户中扣收贷款本息。依法处置抵押物、质物,或要求保证人履行还款保证责任,以收回再贷款本息。

2. 票据的作用不同

再贴现贷款时,合格票据的所有权让渡给中央银行。以票据、证券作担保的再贷款,票据的所有权并未转移,借款人仍然是票据的所有者。

3. 贷款的安全程度不同

如果是信用贷款,中央银行有收不回贷款的可能性,对中央银行履行职能、维持物价稳定等造成负面影响。以证券、票据作担保以及有担保人的再贷款和再贴现,资金安全程度要高于信用贷款。

第二节　中央银行的证券买卖业务

一、中央银行证券买卖业务的有关规定

(一)证券买卖业务的概念

中央银行证券买卖业务是指中央银行以市场交易主体的身份,在公开市场上

通过买卖有价证券的办法来调节超额准备金或基础货币,从而调节货币供给量或者利率的一种行为。中央银行买入证券,是向社会投放货币,卖出证券则是将流通中的货币收回。

(二)买卖证券种类的规定

中央银行证券买卖的对象主要是国库券。不同国家的中央银行证券买卖的对象存在一定差异。美联储规定,可用于公开市场业务交易的债券包括政府债券,以及由政府部门担保或由政府扶持的企业担保的债券。此外,公开市场业务交易室出于对中央银行持有债券结构的考虑,也可以对特定类型的债券拒绝进行交易。英格兰银行自 1997 年改革以来,金边债券已成为主要的回购抵押债券。为了扩大抵押物的范围,加强与欧洲大陆各国的联系,目前英格兰银行也允许采用以欧元为面值的欧洲政府债券作为交易工具。日本银行对于不同类型的交易品种,要求采用不同的债券。回购交易中,抵押物是政府债券和非金融机构发行的商业票据。以现金作抵押借入债券这一具有日本特色的交易品种而言,借入债券只能是两年期以上的中长期政府债券。此外,日本银行还建立了"备用抵押库",其中既包括政府债券、政府担保债券、市政债券、外国政府债券、国际金融机构债券,也包括商业票据、企业债券以及资产支持债券,这些债券可以相互合并,作为日间透支的抵押物。为了维护欧元体系的金融稳定,并维持欧洲联盟建立前后货币政策操作工具的持续性,欧洲央行选择了范围极其广泛的债券作为其可交易工具,并将这些债券分为两个等级:第一级债券包括欧洲央行的债务凭证和其他市场化的债务工具,这些债券的发行人既可以是欧元体系,也可以是公众和私人部门,还可以是跨国机构,但这些发行人必须经欧洲央行确认为金融健全的机构;第二级债券包括市场化的债务工具和非市场化的债务工具,发行人为公众和私人部门,发行人应该由其所在国的国家中央银行认为是金融健全。这两个等级的债券在资产质量方面并无大的区别,并且均可适用于各种类型的货币政策操作,不过在操作范围方面仍有所区别,例如欧洲中央银行在隔夜操作中通常只使用第一级债券,而不使用第二级债券。

发展中国家中央银行在选择证券业务交易对象时,主要是四种类型:①始终以国债为交易对象,如巴基斯坦、以色列、墨西哥等;②开始时采用国债与中央银行融资券,逐渐转变为以国债为主,如菲律宾和波兰;③开始时采用国债和中央银行融资券,逐渐转变为以中央银行融资券为主,如智利和新西兰;④主要以中央银行融资券为操作工具,如韩国和印度尼西亚。

(三)证券买卖市场的规定

中央银行一般在二级市场进行证券交易,不直接在一级市场购买政府债券等。这主要是为了保证中央银行证券业务的独立性,防止其成为弥补财政赤字的工具。中央银行交易对手方的确定也成为公开市场业务开展的重要环节。

交易对手的选择大致可分为两种类型:第一类是央行确定固定的交易对手,并与之开展所有类型的交易,美联储是这种类型的典范。凡获准与美联储开展公开市场业务的交易对手均被称为公开市场业务一级交易商。这些一级交易商不仅踊跃参加公开市场交易,同时也是国债一级市场的承销商。目前美联储的一级交易商均为证券公司,而没有一家是商业银行,但这些证券公司不能在联储直接开户,它们与联储的资金清算需由代理银行来进行。这样,尽管联储没有同银行直接进行交易,但其交易结果则对商业银行的资产负债表产生直接的影响。英格兰银行也是选择固定的交易对手开展交易,其交易核心群体既包括银行,也有规模较大的证券公司。

第二类则以欧洲中央银行和日本银行为代表,这两家中央银行与其交易对手是一种松散型的关系,凡符合中央银行有关规定的机构都可成为公开市场业务的交易对手,但对于不同的交易品种,央行可以选择不同范围的交易对手。例如,理论上所有满足最低准备金要求的机构都可以成为欧洲中央银行的交易对手。根据2002年10月公布的名单,有6 983个信用机构都符合作为央行交易对手的条件,但能与央行进行主要再融资交易的有2 339家,占所有符合条件机构的30%;能参与微调操作的是141家,仅占所有符合条件机构总数的3%。商业银行、证券公司以及短资公司都可以成为日本银行的交易对手,日本银行通常根据不同类型的交易品种选择不同的交易对手:可以与日本银行进行政府债券买卖的交易对手为40家;可以在回购合同下买卖短期国库券和金融票据的交易对手有50家;可以以商业票据为抵押,与日本银行开展逆回购交易的机构有35家。一般情况下,日本银行每年对其交易对手调整一次。

(四) 证券买卖的方式

公开市场业务的买卖方式分为三种类型:一是直接买卖,成交后立即结算交割,结束交易;二是买回协定即逆回购,指卖者(中央银行交易对手方)同意在未来的某一天将以协定价格买回这些证券;三是卖出协定即正回购,指中央银行保证在将来某一天以协定价格买回这些证券。后两种一般只是短时间内的逆转交易,其目的只给准备金短时间的影响,以抵消市场因素波动引起的准备金变化,维持商业银行准备金的稳定。这种策略称之为防御性操作。另外一种策略是主动性操作,即中央银行为调整基础货币而采取的主动的市场行为。大多数公开市场业务都是防御性的。

欧洲中央银行体系内的公开市场业务在指导利率、管理货币市场、向市场发出政策信号等方面发挥主要作用。欧洲中央银行主要通过回购协议、出售资产、信贷业务等进行公开市场业务操作。公开市场业务有四种方式,一是主要再融资业务,成员国中央银行根据投标程序每周进行一次,两周到期,向市场发出政策信号。再融资利率也是欧洲中央银行调控经济的最主要的杠杆利率。二是长期融资业务,成员国中央银行根据投标程序每月进行一次,三个月到期。三是微调操作,由成员国中央银行在特定情况下通过投标程序和双边程序进行。四是结构操作,只要欧洲中央银行想调整资金结构,就可以由成员国中央银行通过投标程序和双边程序进行。尽管欧洲中央银行将现券买卖列入其可供选择的交易品种,但目前为止尚未开展这种交易。

（五）证券买卖的操作过程

从交易频率看,英国、日本和美国基本上是每天进行公开市场操作,而欧洲中央银行则是每周操作一次。

欧洲中央银行通常在每周二上午进行主要再融资操作。欧洲中央银行一般在周一下午3:30公布其招标要素,各成员国中央银行汇总本国交易商的投标情况后,于周二上午9:30以前提交欧洲央行,欧洲央行则在上午11:15公布招标结果。欧洲央行每月进行一次长期再融资操作,微调操作只与规定的交易对手进行,通常采取快速招标,在两个小时内即公布招标结果。

美联储通常每天上午7:45至9:30对其前一天做出的操作方案进行最终决策,首先由交易室工作人员根据早晨7:45公布的前一天的实际数据修改其预测结果,进一步测算今后一段时期内的资金供求,之后联储行长董事会成员就资金供求预测结果交换意见,并与财政部召开电话会议,比较有关预测结果,了解财政部的现金管理方案,最后由董事会在9:10左右作出最终决策。联储操作室通常在上午9:30开始进行临时性短期操作,通过交易室的自动处理系统公布招标要素,在交易结束前5分钟决定接受或拒绝交易对手的投标,待交易全部结束后通过自动处理系统向交易对手公布操作情况概要;如果要进行较长期限的回购交易,通常在上午8:20即开始招标;永久性买入债券的操作,通常在临时性操作结束之后,通过交易室自动处理系统公布联储希望买入债券的期限,同时列出不能参与交易的债券,但对买入债券的数量规模不予公布,由交易对手对债券的价格和期望交易的数量进行投标。

英格兰银行至今仍通过与交易对手打电话的方式进行交易,而未建立电子交易系统。公开市场操作分上午9:45和下午2:30两轮进行,通常只开展期限为两周的逆回购操作。如果在两轮操作后,交易对手清算账户出现盈余,可以于下午3:30通过英格兰银行提供的隔夜存款便利将盈余部分转为存款,其利率为隔夜利率减去1%;相反,当清算银行在两轮交易后其流动性仍存在缺口时,则可以于下午4:20进行隔夜回购操作,利率为日间回购利率加上1.5%。如果出现透支,则至少要按日间回购利率加3%来支付罚息。

日本银行通常在上午8:50由其金融市场部就当天的操作方案作出决策,然后根据不同的清算日要求以及不同的交易品种分门别类地进行交易。上午9:20进行清算方式为T+0的现券买卖,同时还在回购合同下买卖日本政府债券,此类交易在中午 12:50 还要开展一次。上午 9:30 专门进行清算日在 1 天以上的回购交易,并且以日本政府债券为抵押。上午 10:10 进行现券买断交易,可买入的债券包括短期国库券、金融票据和日本政府债券,同时还在回购合同下买入商业票据,交易的清算日为 T+1 至 T+4。下午继续开展清算日在 1 天以上的现券买卖,并在回购合同下买卖政府债券。

现将上述四家中央银行的公开市场业务操作的基本情况汇总在表 7-1 中。

表 7-1　四家中央银行公开市场业务基本情况

	美国	英国	欧洲央行	日本
货币政策目标	充分就业、价格稳定以及适度的长期利率	2.5%的零售物价指数	首要目标是维持物价稳定	经济增长与正的消费物价指数
决策机构及会议召开时间	公开市场委员会;每6周	货币政策委员会;每月	管理委员会;每两周	货币政策委员会;不定期
业务操作频率	每周	每天	每天	每天
交易的证券品种	政府债券、政府担保债券、政府扶持的企业担保的债券	金边债券、以欧元为面值的欧洲政府债券	一级债券、二级债券	政府债券、政府担保债券、市政债券、外国政府债券、国际金融机构债券、商业票据、企业债券、资产支持债券
交易对手方类型	一级交易商制度;证券公司	商业银行和证券公司	符合基本要求的金融机构	商业银行、证券公司、短资公司

资料来源:作者根据相关资料整理。

二、中央银行证券买卖业务的特点

(1) 不以赢利为目的。中央银行证券买卖不是为了赚取价差收入,而是不以赢利为目的的,也不以赢利作为操作与否的标准,把公开市场业务作为日常操作的工具,实现宏观调控目标。

(2) 调节和控制货币供应量。中央银行开展证券买卖业务的目的是调节和控制货币供应量,影响市场利率。中央银行买卖证券,增加或者减少商业银行准备金,影响商业银行贷款发放和信用货币创造能力,从而影响货币供应量多倍地变动。通过买卖不同期限的证券,影响市场利率水平和结构,进而影响对不同利率有不同敏感性的贷款与投资,达到调控货币供应量、引导市场利率的目的。

(3) 配合其他政策工具的使用。

三、中央银行证券买卖业务与贷款业务的异同

(一) 两者的相同之处

(1) 中央银行买进证券是利用自身创造的负债支付,相当于中央银行为市场

提供贷款。而卖出证券,则是中央银行收回贷款。

(2)中央银行买卖证券同贷款业务一样,都会对货币供应量和市场利率产生影响。

(3)中央银行进行证券买卖和开展贷款业务,目的相同,都是为了实现宏观调控目标,不以赢利为目的。

(二)两者的不同之处

(1)资金的流动性不同。中央银行贷款有一定期限,只有到期时,中央银行才能收回。证券买卖可以随时进行,不存在到期问题。因此,证券买卖的资金流动性要高于贷款业务,中央银行的灵活性和主动性更高。

(2)操作的具体规定不同。中央银行可以向商业银行和政府提供贷款,一般不直接向政府购买证券。两者在交易对手、交易频率等方面均不同。公开市场业务日益成为中央银行使用的主要工具,而贷款业务则逐渐减少。

(3)收益不同。中央银行开展业务虽然不以赢利为目的,但是,提供贷款可以获得利息收入,证券买卖可以获得利息收入和买卖价差收入(亏损)。

(4)对金融环境的要求不同。中央银行开展公开市场业务,需要一个发达的金融市场和充足的交易对象,贷款业务对经济、金融环境的要求较低。

第三节　中央银行的储备资产业务

一、中央银行储备资产的构成

(一)储备资产的概念

储备资产是指一国货币当局能够随时用来干预外汇市场、调节国际收支、进行国际清算的资产。

在金本位制时期,黄金作为国际通用货币。布雷顿森林体系建立后,国际清算手段是黄金、美元和国际货币基金组织份额和特别提款权。在牙买加体系下,美元和一些主要发达国家的货币被用来作为国际清算手段。目前,黄金不再作为货币使用,但是其自然属性使中央银行仍然持有,作为一国的储备资产。

大多数国家委托中央银行保管经营黄金、外汇等储备资产,形成中央银行储备资产业务。

(二)储备资产的构成

1.黄金储备

黄金是最古老的储备资产,具有价值稳定等特点。在牙买加体系下,黄金不能直接用于支付结算。目前,由于持有黄金要支付较高的管理成本,在世界各国的储备资产中的比重逐渐下降。

2. 外汇储备

外汇储备是指以可自由兑换货币形式保存的国际储备资产,充当外汇储备的货币通常称之为"储备货币"。储备货币必须具备以下三个基本条件:①能自由兑换成其他储备货币;②在国际货币体系中占据重要地位;③其购买力必须具有稳定性。国际货币基金组织规定外汇储备的具体形式为:一国政府在国际银行的短期外币存款或其可在外国兑换的支付手段,如外国有价证券和外国银行的支票、期票、汇票等。外汇储备有流动性好、管理成本低、有收益的优点,同时,也存在汇率风险、信用风险等。

3. 储备头寸和特别提款权

各成员国分到的储备头寸和特别提款权的数量都取决于各国向世界货币基金组织缴纳的份额,且受基金组织的分配、安排,不能随意变更。这部分储备资产具有安全、流动性高的特点,相对于外汇和黄金储备而言,在储备资产中所占比例较低。

二、储备资产的管理原则

1. 安全性

储备资产的安全性是指储备资产本身的价值稳定,且存放可靠。

2. 流动性

流动性是指该储备资产的变现能力。不同形态的储备资产,具有不同的流动性。一般来说,活期存款、现钞、汇票等资产的流动性较高,可作为第一储备。金银、债券等资产的流动性稍弱,可作为第二储备。

3. 保值性

保值性是指储备资产的价值稳定,不易贬值。进行保值的一般做法是:使储备货币多样化,对各种储备资产进行最佳组合。此外,还可采取储备货币与进口支付、干预市场需要的货币保持一致的做法,避免汇率风险。

4. 盈利性

盈利性是指储备资产在保值的基础上有较高的收益。

上述四条原则往往存在一定矛盾,因此,各国在营运安排储备资产时,需要处理好上述原则之间的矛盾,达到收益较大、风险较小的最佳储备资产组合。

三、中央银行储备资产业务的意义

1. 弥补国际收支逆差,平衡国际收支

如果一国出现暂时性的国际收支困难,可动用国际储备予以解决,不必采取宏观调整政策来进行调节,以避免给国内经济发展带来不利影响。如果一国出现长期性的、巨额的国际收支逆差,虽然动用国际储备可能不足以解决问题,但它可以起到一定程度的缓冲作用,使政府有时间逐渐地实施宏观调整政策,以避免过快调整造成国内经济的震荡。

2. 稳定币值

当国内商品供求出现不平衡,物价上涨压力增大时,中央银行利用持有的储备资产进口商品或者直接向社会出售储备资产,回笼货币,平抑物价,以保持币值稳定。

3. 干预外汇市场,稳定本国货币汇率

储备资产是一国用以干预外汇市场、稳定本国货币汇率的重要手段。当本国货币汇率在外汇市场上发生波动时,尤其是由投机性因素引起本币汇率波动时,政府可动用国际储备资产来缓和汇率的波动,或者是改变汇率变动的方向。但是,动用国际储备来调节汇率,其成功与否要受一定条件的制约:①它要取决于国际储备数量的大小。②它要以发达的外汇市场和本国货币可自由兑换为前提条件。对于许多发展中国家来讲,由于实行严格的外汇管制,国际储备基本上不具备这一作用。

4. 维护对外借款信用,增强本国资信

国际储备可以作为一国向外借款的信用保证。目前在国际上通常是以一国持有的国际储备作为资信调查和评价国家风险的一项重要指标。

四、保管和经营储备资产应注意的问题

1. 确定一定时期最适度的国际储备量

国际储备总量控制是指一国根据自身经济发展的需要,确定包括黄金、外汇及其他资产在内的储备总量的大小。储备总量的确定,既要满足国际支付、干预市场等方面的需要,又不至于过多而造成储备资产浪费或低效运行。影响最适度国际储备量确定的因素主要有:国际收支状况、经济活动规模、外汇管理与汇率制度、外债数量与结构等。

2. 确定合理的外汇储备比例

外汇储备流动性大,盈利性高,因此,世界各国持有的外汇储备较之其他储备资产比例都较高。确定外汇储备比例包含两层含义:一是外汇储备与黄金储备及其他储备资产的比例的确定,二是外汇储备中各种货币构成比例的确定,即储备资产结构的确定。保持合理的储备资产构成,主要是考虑外汇储备的货币品种、汇率以及供求状况等。

3. 提高储备资产使用效益

各国一般由中央银行具体进行储备资产的经营管理。除了实现稳定汇率与币值、调节国际收支的目标外,中央银行也应该协调安全性、流动性与盈利性之间的矛盾,提高储备资产的使用效益。

专栏 7-2　　　　　　　　　　　欧元区的储备资产管理体系

欧洲中央银行（ECB）通过制定战略性投资决策进行外汇储备管理，目标是保持外汇储备的安全性和流动性，以满足干预外汇市场的需要，在此基础上追求储备资产价值最大化。根据《欧洲中央银行系统法》规定，成员国中央银行向 ECB 转移的国际储备资产由他们各自在欧洲央行的资本所占的份额决定，其中 15% 以黄金的形式转移，其余是美元和日元组成的外汇。ECB 的决策机构制定战略性的投资决策，主要涉及外汇储备的货币结构、利率的风险与回报之间的平衡、信用风险、流动性要求等。ECB 的管理委员会根据未来操作需要决定 ECB 外汇储备的投资决策，ECB 告知成员国中央银行后，成员国中央银行通过相关机构协同操作。ECB 为储备管理定义了四个关键参数：一是对每种储备货币定义了两个级别的投资基准，其中：战略性的基准由 ECB 管理委员会制定，反映 ECB 长期政策的需要以及对风险、回报的偏好，策略性基准由 ECB 执行董事会制定，反映 ECB 在当前市场情况下对中短期风险和回报的偏好。二是风险收益相对于投资基准的偏离程度以及相关的纠偏措施。三是储备交易的操作机构和可投资的证券。四是对信用风险暴露的限制。ECB 并不公布上述四方面参数的细节，以避免对金融市场造成不必要的影响。

资料来源：钟伟，《储备管理的国际比较及对中国的启示》。

第四节　中国人民银行的主要资产业务

一、中国人民银行的再贴现业务

（一）我国再贴现业务发展历程

我国贴现业务从 1981 年开始试办，1986 年在上海率先办理再贴现业务，正式启动再贴现政策作为宏观调控的货币政策工具。1994 年，中国人民银行总行首次安排 100 亿元再贴现资金，专项用于煤炭、电力等五行业及四种农副产品的已贴现票据的再贴现，从而使再贴现政策在结构调整中开始发挥作用。1996 年，再贴现已由国家支持的"五行业、四产品"辐射到各行各业，成为基层人民银行解决商业银行临时性资金困难的主要途径。1997 年，亚洲金融危机的冲击使商业银行对票据签发的审查更严，商业票据承兑和贴现量大为降低。

1998 年，改革了贴现利率和再贴现利率的确定方法，再贴现利率作为一种基准利率，由中国人民银行根据市场资金的供求状况进行调整。贴现利率由商业银行在再贴现利率基础上加百分点的方式执行。近年来再贴现率调整情况如表 7-2 所示。

表7-2　再贴现率调整情况

调整时间	再贴现率（%）	调整时间	再贴现率（%）
1998.03.21	6.03	2004.03.25	3.24
1998.07.01	4.32	2008.01.01	4.32
1998.12.07	3.96	2008.11.27	2.97
1999.06.10	2.16	2008.12.23	1.8
2001.09.11	2.97	2010.12.26	2.25

资料来源：中国人民银行网站。

（二）中国人民银行再贴现业务的有关规定

中国人民银行在1999年颁布了《关于改进和完善再贴现业务管理的通知》。本通知主要内容如下：

（1）进一步完善再贴现操作体系，加快发展以中心城市为依托的区域性票据市场。

（2）中国人民银行扩大再贴现的对象和范围。一是对符合国家产业政策的各类所有制企业以真实的商品、劳务交易为基础签发的商业汇票，经金融机构贴现后，各分行、营业管理部可按规定条件办理再贴现。二是把再贴现作为缓解部分中小金融机构短期流动性不足的一项政策措施。三是对资信情况良好、产供销关系比较稳定的企业签发的商业承兑汇票，商业银行贴现后，可向人民银行申请再贴现。四是对人民银行各分行、营业管理部办理的再贴现不再实行总量比例和投向比例控制。

（3）改进再贴现操作方式，提高业务效率。对商业银行省级分行持有的贴现和转贴现票据可办理回购。通过广泛运用计算机手段，提高再贴现业务操作和管理水平。

2008年，为适应金融宏观调控取向的变化，中国人民银行进一步完善了再贴现政策，适度发挥再贴现引导信贷资金投向和促进信贷结构调整的功能。

第一，适时增加再贴现额度。2008上半年，对遭受严重雨雪冰冻灾害和地震灾害的省（区、市）及时安排增加再贴现额度共256亿元，用于解决受灾地区金融机构增加灾后恢复生产信贷投入的流动性需求。2008年12月，对票据业务量较大的16个省（区、市）增加再贴现额度共346亿元，用于支持其扩大"三农"信贷投放和中小企业融资。

第二，两次下调再贴现利率共2.52个百分点，支持金融机构进一步扩大票据融资。

第三，进一步完善再贴现制度管理。下发《关于完善再贴现业务管理，支持扩大"三农"和中小企业融资的通知》，要求中国人民银行分支机构适当增加再贴现窗口，扩大再贴现的对象和机构范围；运用再贴现推广使用商业承兑汇票，促进商业信用票据化;通过票据选择明确再贴现支持的重点,对商业承兑汇票、涉及"三农"和中小企业的票据优先办理再贴现;进一步明确再贴现可采取回购和买断两种方式,提高业务效率。

二、中国人民银行的再贷款业务

(一)再贷款业务发展概括

自 1984 年中国人民银行专门行使中央银行职能以来,再贷款作为货币政策的主要工具,曾扮演过非常重要的角色,在 1984—1993 年,再贷款是中央银行吞吐基础货币的重要渠道。1993 年收回了人民银行分行以下供应和调剂再贷款规模的权力,中心支行再贷款管理的主要任务调整为发放短期资金用于解决商业银行头寸不足。1998 年中国人民银行取消了对商业银行贷款规模的指令性计划,再贷款成为真正的间接调控工具。处于金融主体地位的国有商业银行自有资金比较宽裕,对再贷款的需求不大,从而使再贷款调控基础货币的作用有所弱化。亚洲金融危机的发生,再贷款开始承担化解金融风险、支持金融体制改革、维护金融稳定的重任,如地方政府向中央银行专项贷款、支农再贷款、无息再贷款和中小金融机构再贷款等。除总行承担宏观管理职能外,基层行承担了大量的微观操作职能。

近年来,适应金融宏观调控方式由直接调控转向间接调控,再贷款所占基础货币的比重逐步下降,结构和投向发生重大变化。新增再贷款主要用于促进信贷结构调整,引导扩大县域和"三农"信贷投放。

(二)再贷款业务的有关规定

1. 再贷款业务对象

中国人民银行再贷款对象分为金融机构和非金融机构,以金融机构为主。其中,金融机构包括商业银行、政策性银行、城市信用社、中小金融机构、资产管理公司、信托投资公司、金融租赁公司等各类金融机构,非金融机构包括中央和地方政府以及部分企业和事业单位贷款。

2. 再贷款种类

2004 年,《中国人民银行关于实行再贷款浮息制度的通知》对再贷款进行了重新分类,第一类是流动性再贷款,它包括对金融机构头寸调节和短期流动性支持的各档次再贷款和对农村信用社再贷款;第二类是专项政策性再贷款,它包括中国农业发展银行再贷款、金融资产管理公司再贷款以及对商业银行发放的用于指定用途的再贷款;第三类是金融稳定再贷款。它主要包括地方政府向中央专项借款、紧急贷款等用于处置风险的再贷款。对再贷款重新分类主要是以金融机构为划分标准,而不是根据业务性质和功能来决定的。

目前仅人民银行分支行所操作的再贷款种类就达到了六大类十几个小类,具体划分为:用于解决商业银行头寸不足的短期再贷款;用于支持农户生产的支农再贷款;用于解决中小金融机构支付困难的紧急贷款;用于化解地方金融风险的地方政府专项借款;其他再贷款。

3. 再贷款浮息制度

中央银行自 2004 年 3 月 25 日起对再贷款实行浮息制度,即,在再贷款(再贴现)基准利率基础上,适时确定并公布中央银行对金融机构贷款利率加点幅度。近年来,再贷款利率的调整情况如表 7-3 所示。

表 7-3　再贷款利率调整情况

调整时间	对金融机构再贷款利率(%)			
	1 年	6 个月	3 个月	20 天
1998.03.21	7.92	7.02	6.84	6.39
1998.07.01	5.67	5.58	5.49	5.22
1998.12.07	5.13	5.04	4.86	4.59
1999.06.10	3.78	3.69	3.51	3.24
2002.02.21	3.24	3.15	2.97	2.7
2004.03.25	3.87	3.78	3.6	3.33
2008.01.01	4.68	4.59	4.41	4.14
2008.11.27	3.60	3.51	3.33	3.06
2008.12.23	3.33	3.24	3.06	2.79
2010.12.26	3.85	3.75	3.55	3.25

资料来源:中国人民银行网站。

4. 再贷款发放

目前,总行、大区分行、省会城市中心支行、中心支行、县支行各个层次的人民银行都担负了再贷款的宏观管理职能和微观操作职能;如总行直接负责对金融资产管理公司发放再贷款,而支农再贷款则由中央银行的最小单位县支行直接对农村信用社办理发放和收回手续。

5. 再贷款管理

为确保再贷款的用途和投向,目前中国人民银行总行规定再贷款都是专款专用,各类再贷款之间严禁串用,对不同种类的再贷款的发放期限、投向、办理手续等提出了不同的管理要求,如颁布了《对农村信用社再贷款管理办法》、《短期再贷款管理办法》、《地方政府向中央专项借款管理规定》、《中国人民银行紧急贷款管理暂行办法》等。

(三)再贷款业务的特点

1. 再贷款业务的职能发生了变化

再贷款的职能由最初的调节基础货币投放,发展到调整信贷结构、化解金融风险、提供政策支持、维护金融稳定等作用。

2. 再贷款和再贴现利率作为基准利率对货币市场利率走势起着重要的指导作用

中央银行决定再贷款基准利率,加点浮息制度和基准利率的变动表明中央银行的调控意图,有利于引导市场预期和市场利率走势,促使利率水平保持合理性。

3. 再贷款对象扩大

随着再贷款业务职能的转变,再贷款的投放对象逐步扩大到农村信用社、城市商业银行、股份制商业银行等中小金融机构,国有商业银行所占的比重大幅下降。2005 年,为了稳定股票市场和配合股权分置改革,中国人民银行将再贷款的支持范围扩大到了证券公司,对经营基本正常但有流动性困难的申银万国、华安证券公司提供了 200 亿元的再贷款。

4. 再贷款业务风险增加

我国于 1999 年 12 月颁布执行《中国人民银行紧急贷款办法》,有问题金融机构在满足一定条件下可以获得中央银行提供的再贷款。为解决被撤销的金融机构支付个人合法债务和外债的资金缺口,26 个省(市、自治区)以地方财政作担保,总计向央行申请了 1 411 亿元的再贷款。在人民银行担当最后贷款人的角色后,再贷款被用于撤销机构的债务兑付,由于撤销机构资产质量差,清收难度大,再贷款难以按期收回,甚至出现损失。

表7-4 列示了我国再贷款业务资金的主要去向及用途。从中可以看出,再贷款主要用于推动国有商业银行改革、支农再贷款和承担金融机构关闭的成本,作为调控基础货币工具的作用已经让位于中央银行提供政策性支持、化解金融风险、维护金融稳定的需要。

表 7-4   我国再贷款数量及主要用途   (单位:亿元)

再贷款数量	用途	说明
12236	四大金融资产管理公司购买国有商业银行不良资产	不包括 600 亿美元注资以及为推进农村信用社改革所将发行的 1 680 亿元央行票据
10557	支农再贷款	这是 1999—2006 年 4 月,累计对全国农村信用社发放的数量
1411	关闭中小金融机构	为了兑付金融机构撤销的债务,26 个省(市、自治区)以财政担保向央行借款
300	提供证券公司周转贷款	创新类证券公司获得的贷款,用于缓解流动资金紧张问题,包括给申银万国和华安证券的 200 亿
270	偿还被关闭或被托管证券公司的债务	从 2002 年鞍山证券开始,中央银行承担了 11 家被关闭或托管的证券公司的债务缺口
100	证券投资者保护基金启动资金	将由证券投资者保护基金负责偿还

资料来源:根据相关资料整理。

三、中国人民银行的公开市场业务

（一）公开市场业务交易概况

中国人民银行的公开市场业务包括外汇公开市场和国内债券公开市场业务。1994年国家外汇体制改革放松了外汇管制，实行有管理的浮动汇率制度，它由银行柜台结售汇市场和银行间外汇市场组成。央行在银行间外汇市场进行外汇公开市场操作，吞吐基础货币，实施对外汇市场和人民币汇率的调控，表现为商业银行超额储备的增加和减少。

本币公开市场业务债券交易于1996年正式启动，1997年停止，1998年5月恢复操作，主要包括回购交易、现券交易和发行中央银行票据。公开市场操作的交易方式包括数量招标和利率招标。目前，公开市场操作工具包括国债、中央银行票据和政策性金融债，以中央银行票据为主。

2006年以来，银行体系流动性偏多，CPI涨幅上升，货币政策的取向在2007年底宣布转为"从紧"，进一步加大公开市场对冲操作力度，回收银行体系的过剩流动性。

2007年，为缓解中央银行票据集中到期投放流动性的压力，于当年1月末重启3年期中央银行票据，较为深度地冻结了银行体系流动性，并实行市场化发行中央银行票据与定向发行中央银行票据相结合的发行方式。

2008年，由于美国次贷危机的影响，研究创设了短期招标工具（TAF）。从2008年下半年起，我国货币政策开始从"从紧"转向"适度宽松"，及时为流动性出现暂时困难的境内金融机构提供资金支持。

2009年，为了适应新股IPO重启以来货币市场利率波动性加大且有所上行的新变化，公开市场操作利率由小步上行到逐步企稳，如28天期正回购和3个月期央行票据操作利率分别企稳于1.18%和1.33%，较年初分别上升28个和36个基点；1年期央行票据发行利率企稳于1.76%，有效引导了市场预期，发挥了利率调节资金供求关系的作用。

2010年以来，中国人民银行加强对国内外经济、金融形势和银行体系流动性变化的分析监测，按照货币调控的要求灵活地开展公开市场操作，不断优化操作工具组合，促进银行体系流动性总体适度。4月初及时重启3年期央行票据发行，进一步提高了流动性冻结深度，同时灵活安排短期正回购操作期限品种，通过长、短期操作工具的合理搭配，灵活调节银行体系流动性。增强公开市场操作利率弹性，有效引导市场预期。

（二）公开市场业务交易系统

1. 一级交易商制度

（1）为规范公开市场业务，中国人民银行在1997年制定实施了《公开市场业务暨一级交易商管理暂行规定》,建立和完善了公开市场业务一级交易商制度。一级交易商是指经中国人民银行审定的、具有直接与中国人民银行进行债券交易资格的商业银行、保险机构、证券公司和信托投资公司以及证券投资基金。

（2）一级交易商的资格要求。申请成为一级交易商须具备下列条件:经中国人民银行批准设立,具有独立法人资格的商业银行、证券公司和信托投资公司;遵守国家有关经济、金融法律、法规和中国人民银行制定的有关资产负债比例管理的规定;城市合作银行、证券公司和信托投资公司的注册资本金不低于人民币2亿元(包括经折算的外汇资本金);证券公司和信托投资公司的债券交易量应占有相当的市场份额,具有较大规模的代理业务及合格的业务人员,经营资产质量较好,盈利能力较强,内部管理机制健全;有能力并愿意履行一级交易商的各项义务;中国人民银行规定的其他条件。取得"中华人民共和国国债一级自营商"资格的机构可优先成为一级交易商。

（3）一级交易商的权利。包括:同中国人民银行直接进行债券交易;优先获取中国人民银行发布的公开市场业务信息,以及获取公开市场业务操作室提供的有关资料;享有中国人民银行和有关债券登记结算机构在账户开立、资金清算、债券托管结算及技术支持等方面提供的便利业务;参加中国人民银行定期召开的一级交易商联席会议和交流研讨、人员培训等活动;参与讨论中国人民银行公开市场业务相关规章制度;可按中国人民银行的有关规定,相互进行政策性金融债和中央银行融资券交易;依法享有的其他权利。

（4）一级交易商的义务。包括:踊跃参加债券交易,在公开市场业务操作室规定的交易日不参加交易或不进行投标、报价的,应及时向操作室说明原因及有关背景;在宏观调控特殊需要时,完成中国人民银行指定的交易任务,及时传导货币政策意图。中国人民银行在下达指定交易任务的同时,应适当兼顾一级交易商的利益;与中国人民银行进行诚实的债券交易,提供合理的市场报价;提供资金头寸、债券持有情况、债券二级市场交易情况及其他有关资料等数据;定期向操作室提供市场信息及市场分析资料,对重大突发事件及时报告;严格履行公开市场业务有关规定的其他义务。

（5）一级交易商的作用。通过选择信誉好、有实力的金融机构作为公开市场业务一级交易商,中央银行与之进行公开市场业务操作,直接传递货币政策信息与调控意图,完善货币政策传导机制,借助这些机构与其他金融机构在货币市场和债券市场的交易,使中央银行的货币政策操作扩散到整个金融体系,有助于提高货币政策传导效率,实现宏观调控目标。

1997年至2003年2月,一级交易商数目从最初的16家增加至43家。2004年初,中央银行增加了9家公开市场业务一级交易商,并且将银行、保险、证券及农村信用社等金融机构也纳入公开市场业务一级交易商范围。2006年2月,又增加了两家证券投资基金公司作为一级交易商。2009—2011 年一级交易商为 50 家，并新增了政策性银行。

表 7-5　2008—2011 年我国公开市场一级交易商组成结构　　（单位：家）

年份	中资银行	证券公司	保险公司	投资基金	外资银行	政策性银行	合计
2008	39	5	4	2	2	—	52
2009	38	5	4	1	2	—	50
2010	37	5	4	1	2	1	50
2011	37	5	4	1	2	1	50

资料来源：作者根据相关年份中国人民银行公开市场业务公告整理。

2. 交易时间规定

2003 年 2 月下旬，中国人民银行根据商业银行流动性不断增加的状况，将公开市场操作由每周二的一个操作日调整为每周二和周四两个操作日。2004 年下半年，为进一步提高公开市场操作的效率，中国人民银行将每周操作频率由周二操作一场调整为操作两场，即发行央行票据和正回购操作各一场；周四固定发行央行票据，并根据货币政策调控需要适时进行正回购操作。

3. 交易系统基础建设

中央银行为了进行公开市场操作，开发了公开市场业务交易系统、统计系统、债券发行系统，建设了具有国内先进水平的人民银行公开市场业务交易室。公开市场业务系统与支付系统成功实现连接，开始以 DVP 方式进行债券、资金清算，大大提高了清算的安全性和时效性。

4. 公开市场业务决策程序和操作程序

基本做法是：中央银行货币政策操作部门根据金融宏观调控需要，分阶段提出公开市场操作的方向、交易方式及目标值的意见，报经人民银行领导批准后，具体负责日常操作的实施。公开业务操作结束后以《债券交易周报》的形式向央行领导报告操作情况。债券交易的招标、中标、信息反馈完全通过远程电子系统进行。在每次操作时，中央银行在规定的时间内向所有的一级交易商同时公开发送标书，一级交易商在规定时间内投标，电子系统根据招标规则自动生成中标结果并反馈给一级交易商。

5. 公开市场操作公告制度

为提高公开市场操作的透明度和影响力，公开市场操作的中标结果产生后，中国人民银行通过“中国债券信息网”和“中国货币网”同时向社会发布《公开市场业务交易公告》，公告内容包括当日交易品种、期限、招标量、招标利率以及中标利率等信息。

6. 建立对商业银行流动性监测制度

与目前公开市场业务操作相适应，中国人民银行建立了对商业银行流动性的监测制度,密切关注商业银行的流动性变化,为公开市场操作决策提供依据。

(三) 公开市场业务与再贷款、再贴现业务的比较

1. 交易规模

再贴现业务在近年来呈现上升趋势,承担着调节信贷结构等任务。具体交易量如表7-6所示。

表7-6　再贴现业务数据 　　　　　　　　　　 (单位:亿元)

年份	2007	2008	2009	2010
再贴现	138.22	109.7	248.8	1 712

资料来源:根据相关年份《中国货币政策执行报告》等整理。

但是,与再贴现业务交易量相比较,公开市场业务交易量很大,成为中央银行主要的宏观调控工具。由于我国国债规模相对较小,公开市场业务主要以央行票据为操作对象。近年来央行票据的交易情况如表7-7所示。

表7-7　央行票据操作情况 　　　　　　　　　　 (单位:万亿元)

年份	央票累计发行	央票余额	正回购
2007	4.07	3.49	1.27
2008	4.3	4.65	3.3
2009	4.0	4.2	4.2
2010	4.2	4.0	2.1

资料来源:根据相关年份《中国货币政策执行报告》等整理。

再贷款业务由于职能的变化,用于金融资产管理公司收购不良资产、发放支农再贷款、偿还破产金融机构债务等,详见本章表7-4。近年来中央银行主要通过公开市场业务对冲通过再贷款途径增加的基础货币。

2. 作用比较

目前,再贷款业务职能转变,调控基础货币的作用降低。作为“最后贷款人”,中央银行运用再贷款业务,维护金融稳定,体现“银行的银行”和“政府的银行”职能。再贴现业务量也有所增加。再贷款利率和再贴现率的变动体现了央行宏观调控的意图。

目前,以中央银行票据为主要操作对象的公开市场业务成为中央银行日常调控的工具,在调节货币供应量、进行结构调整中起着非常重要的作用。

四、中国人民银行的储备资产业务

(一) 目前我国储备资产的构成

我国储备资产由黄金、外汇、储备头寸和特别提款权构成。改革开放前,我国

实行计划经济体制,没有建立与国际经济接轨的国际储备制度。1980年我国正式恢复了在国际货币基金组织(IMF)和世界银行的合法席位,次年正式对外公布了国家黄金外汇储备,逐步形成我国的国际储备体系。

外汇储备主要来源于三条渠道:第一,央行干预外汇市场购入外汇;第二,借入外汇补充外汇储备;第三,用外汇储备收益补充外汇储备。其中,第一条渠道涉及外汇占款,而且是1994年以后我国外汇储备增长的主要源泉。

我国储备资产中,黄金数量变化频率不高,储备头寸和特别提款权在储备资产中占比较低。由于国际收支顺差、我国外汇管理制度等原因,我国外汇储备逐年递增,并在2006年成为世界上外汇储备最多的国家。

表7-8　我国储备资产主要构成

年份	2007.12	2008.12	2009.12	2010.12	2011.12
黄金(万盎司)	1 929	1 929	3 389	3 389	3 389
外汇储备(亿美元)	15 282.49	19 460.3	23 991.52	28 473.38	31 811.48

资料来源:中国人民银行网站。

(二)我国储备资产的管理制度

1992年下半年以前,我国外汇储备统计口径包括国家外汇库存部分和中国银行外汇结存部分。1992年下半年起,我国外汇储备统计口径重新作了调整,即去除了中国银行外汇结存部分。1994年,我国建立了新的外汇管理体制,中国人民银行集中管理外汇储备,并直接在外汇交易市场吞吐外汇,购买大量外汇资金进入储备资产。中国人民银行授权国家外汇管理局经营和管理国家外汇储备。国家外汇管理局储备管理司的职责是:根据国家外汇储备经营战略、原则,负责国家外汇储备的经营管理以及经批准受托经营中国人民银行的外汇存款准备金等。外汇管理局委托外部经理经营一部分储备资产。

外汇储备历来是我国储备资产的主要内容,因此,外汇储备的管理也成为我国储备资产管理的重点。我国外汇储备管理不以短期利润为目标,外汇储备管理遵循的基本原则是:

(1)多元化的货币储备,以分散汇率变动风险。

(2)掌握储备货币比例。一是根据支付进口商品所需要的货币币种和数量,确定该货币在储备中的比例;二是根据对外负债过程中遵循借、用、收、还货币一致性的原则,确定不同货币在储备中的比例;三是根据外汇汇率的变化,随时调整储备货币的比例。

(三)我国储备资产的经营管理

1. 储备资产经营管理的原则

我国对储备资产的管理长期遵循安全、流动、增值的原则。因此,管理储备资产,要根据我国经济发展的实际需要,合理安排储备资产组成部分的比重,适时调整货币结构和资产结构,规避市场风险,实现"三原则"之间的合理组合。

2. 储备资产经营管理的内容

(1)外汇储备的规模管理。规模管理问题实为国际储备适度化问题。尽管大量的外汇储备为金融安全增加了保险系数,增强了我国经济的国际信用度,却导致高成本、低效率占用人民币资源,对人民币币值、中央银行货币发行和货币政策独立性造成负面影响。

(2)外汇储备的收益性。一般而言,外汇储备投资于外国政府债券、企业债券、股票、黄金等。随着外汇储备数量的上升,在保证外汇储备整体安全性和流动性的同时,应兼顾外汇储备的收益性。一般将约80%左右的外汇储备确保在可承受的成本收益范围内,获得充足的流动性;20%左右的外汇储备用于积极的储备管理投资,其中海外股权投资是主要的选择方式。

(3)风险管理制度。中央银行在外汇储备经营管理中,主要面临主权风险、信用风险和市场风险。首先要使币种多元化,以分散风险。其次是合理安排储备资产结构,确保流动性。第三是选择信誉好的外国金融机构作为交易对手方。与此同时,储备资产管理当局也应该建立和完善风险管理框架,包括运用先进的风险控制手段、建立完善的内部控制制度和风险披露制度等。

(4)建立储备资产经营模式,合理划分经常性储备和战略性储备。经常性储备主要用于干预外汇市场和稳定人民币汇率,保持必要的对外支付能力。经常性储备应采取短期性运用和投资的做法,提高外汇储备的流动性。战略性储备主要用于满足国家较长期限的资金需求,用于中长期项目投资和国家重点建设项目。

专栏 7-3 中央银行亏损问题

中央银行从铸币税中获得的收入一般能使其盈利,但是,在某些业务上会发生亏损,如:公开市场操作;冲销外汇流入;在国内外的投资、信贷和担保;金融部门重组带来的成本;直接或隐性的利息补贴;财政或准财政性质的非核心业务。央行在两种情况下会发生亏损,即:当运营费用超出运营收入时,出现净运营亏损;资产债务重估导致净值亏损,且减值亏损超出运营收入。

20 世纪 80 年代和 90 年代,非洲、欧洲、拉丁美洲和亚太地区国家的央行出现亏损。具体原因包括:汇率上升时期政府向央行的转移或私人部门对央行的债务;从开发性银行业务或问题金融机构获得的不良资产;国外债务超过国外资产时本币的贬值;银行的资产组合中本国证券或外国货币发生损失;外汇担保等或有债务定价不恰当;对提供给优先发展行业、机构或个人的贷款予利息补贴;对出口商的补贴;承担借给国外的转贷资金的汇率风险;按补助性非市场利率进行的外汇交易;与公开市场操作有关的运营费用;无约束的行政开支和央行进行的转移。与亏损发生有关的业务超出了传统的央行职能。

表 7-9 1990 年代有关国家中央银行亏损情况

国家	发生亏损年份	亏损金额(百万,本国货币)	亏损占上年央行资本净值的比例(%)	亏损占中央政府支出的比例(%)	弥补亏损的机构
巴西	1997	1 875(里尔)	52	1.5	政府
智利	1997	756 560(比索)	570	11.3	央行
捷克	1996	8 653(克朗)	32	1.8	央行
匈牙利	1996	51 600(福林)	108	1.8	政府
韩国	1994	73 331(韩圆)	7	0.1	央行
泰国	1997	67 613(泰铢)	147	7.7	央行

如果不能解决持续亏损或资本净值为负的问题,将妨碍货币管理并可能危害央行的独立性和货币政策可信性。中央银行透明度和会计标准要求将净亏损如实记入损益表中。央行发生净运营亏损实际上是在创造流动性,因为此时它对外投放的现金多于回笼的现金。当央行在此类亏损下运营,特别是亏损额巨大且持续发生时,央行的政策会受到影响,亏损实际上削弱了货币政策或汇率政策的有效性。国家一般规定,在发生巨额央行亏损时要予以政府支持。这种支持通常由中央政府以预算拨款,用现金或政府债券对央行进行资本重组。

资料来源:John Dalton、Claudia Dziobek,IMF 工作论文《央行亏损及若干国家的经验》。

本章小结

1. 中央银行的资产业务是其资金运用方式,反映中央银行进行宏观调控的货币政策工具运作及结果,主要包括再贴现业务、再贷款业务、证券买卖业务和储备资产业务。

2. 再贴现是指商业银行将通过贴现业务所持有的尚未到期的商业票据向中央银行申请转让,中央银行据此以贴现方式向商业银行提供资金的业务。目的是向金融机构提供短期资金融通。

3. 中央银行再贷款业务体现其"最后贷款人"职能,提供短期资金,解决商业银行暂时性资金不足。再贷款业务的对象包括金融机构和财政部等。贷款种类有对商业银行的贷款、对其他金融机构的贷款、对政府的贷款和其他贷款。

4. 中央银行证券买卖业务是指中央银行以市场交易主体的身份,在公开市场上买卖有价证券。中央银行买入证券,是向社会投放货币,卖出证券则是将流通中的货币收回。一般情况下,中央银行证券买卖的对象主要是国库券。中央银行一般在二级市场进行证券交易,不直接在一级市场购买政府债券等。交易对手有两种类型,一是央行确定固定的交易对手,二是交易对手不固定。买卖方式分为三种类型,一是直接买卖,二是买回协定即逆回购,三是卖出协定即正回购。央行买卖证券不以赢利为目的,而是为了调节和控制货币供应量,配合其他政策工具的使用。

5. 大多数国家委托中央银行保管经营黄金、外汇等储备资产。中央银行管理储备资产,以保持储备资产的安全性、流动性、有一定盈利为目的,以有利于保障本国币值和外汇市场平稳。

6. 中国人民银行的资产业务主要包括再贴现业务、再贷款业务、证券买卖业务和储备资产业务。再贴现业务和再贷款业务逐步萎缩,其功能作用也从原来的单纯提供流动性支持,转变为以维护金融稳定、防范金融风险为主。证券买卖业务成为中国人民银行日常的业务,建立了比较完善的一级交易商制度。

关键概念索引

再贴现　合格票据　再贴现率　再贷款　公开市场业务　回购交易　逆回购
正回购　储备资产　一级交易商制度　外汇储备

复习思考题

1. 说明再贴现、再贷款与公开市场业务的运作原理,并分别分析其优缺点。
2. 为什么再贴现、再贷款会出现萎缩,而公开市场业务交易量却增加?
3. 中央银行经营管理储备资产的目标和原则是什么?
4. 为什么要建立一级交易商制度? 其在货币政策传导中有什么作用?
5. 联系我国实际,分析外汇储备迅速增长对中央银行宏观调控造成的影响。

第八章　中央银行支付清算业务

📖 **本章要点**

- 中央银行支付清算业务的意义
- 中央银行支付清算业务体系和运行原理
- 中央银行支付清算业务系统种类
- 中央银行支付清算业务风险管理
- 中国国家现代化支付系统

中央银行支付清算业务在提高货币政策执行效果、维护金融稳定等方面具有重要作用。多数国家都规定由中央银行负责本国的支付清算系统建设和管理。为此,中央银行建立了比较完备的支付清算体系和制度,承办相关的支付清算业务。

第一节　中央银行支付清算业务概述

一、中央银行支付清算业务的含义

清算源于结算。结算一般是指为债权债务清偿及资金转移而发生的货币收付行为。根据支付媒介的不同,结算可分为现金结算和转账结算两大类。

现金结算是指以现金为媒介实现的经济交易或消费支付,现金结算具有强制性和结算随现金转移同时完成的特点,是最基本的结算手段。现金结算一般用于小额结算手段。

转账结算也称非现金结算,一般需通过银行间的账户设置和一定的结算方式实现各种经济行为引发的债权债务清偿和资金划转,主要工具有支票票据、汇票、转账信用卡、电子汇兑等,广泛用于企业间的结算、异地清算、工资发放、商品购买等。

一般而言,一个国家的经济和金融产业越发达,其现金结算的比重越低,转账结算的比重越高,范围越广。根据结算业务地域的不同,结算活动又分为国内结算和国际结算,国内结算处理一国境内的相关结算事项;国际结算则主要办理一国对外经济及非经济活动所产生的货币资金的跨国转移。

从商业银行的结算业务流程来看,其在提供结算服务的过程中,除了必须采取相应的结算工具、结算方式之外,还需要其他银行的协作,才能最终实现客户委办的结算业务。此外,出于银行开办其他业务的需要,银行也会与其他金融机构产生大量的业务往来。代客结算和自身业务往来所产生债权债务关系需要清偿,这个清偿活动被称为"清算"。所谓清算,是指通过一定的清算组织和支付体系,进行的支付指令的发送与接受、对账与确认、收付数额的统计轧差、全额或净额清偿等一系列程序 。对于其中的支付体系,国际清算银行下设的支付清算系统委员会(Committee on Payment and Settlement Systems,简称 CPSS)在 2006 年公布的《国家支付体系发展的一般指引》(General Guidance for National Payment System Development)中,认为支付体系是为发起、转移对中央银行或商业银行的货币债权而形成的设施、机构及制度的有机结合。支付清算体系应该包括:支付工具、支付基础设施、金融机构、市场安排、法律标准和规则。《中国支付体系发展报告(2006)》(中国人民银行,2007)将支付体系界定为实现资金转移的制度和技术的有机组合。

最初的清算安排是商业银行之间自发形成的双边清算制度。但在现代金融体系下,双边清算制度难以适应规模庞大的资金清算需求,这种制度的最大缺陷是运转效率低下,而且在清算过程中各种利益矛盾也急需一个权威的机构加以协调规范。在这种情况下,就需要中央银行出面提供必要的支付清算服务,以适应经济和金融产业发展的客观需要。中央银行作为银行的银行,在其资产负债业务进行中,必然发生与其业务对象之间的债权债务关系的清算。中央银行作为政府的银行,具有非营利性质和垄断货币发行的特殊地位,因此,中央银行不存在流动性风险和信用风险。中央银行通过接受商业银行的法定存款准备金,为金融机构间的清算创造了便利条件。因此,尽管各国的支付清算体系构成不同,但银行同业间的资金转移一般都是通过中央银行的最终清算实现的,中央银行成为各国提供清算服务和支付系统的专门组织。

在现代支付清算业务体系中,中央银行支付清算业务处于核心地位。中央银行支付清算业务是指中央银行作为一国支付清算体系的参与者和管理者,通过一定的方式、途径,使金融机构之间的债权债务清偿及资金转移顺利完成并维护支付系统的平稳运行,从而保证经济活动和社会生活的正常进行。中央银行支付清算业务通过结算与清算活动完成。

二、中央银行支付清算业务的作用与意义

支付清算系统的效率与稳定对于中央银行执行货币政策、维护金融稳定、促进

经济和社会发展具有至关重要的影响。支付系统是货币体系不可分割的重要组成部分,是一国金融基础设施的核心部分。如同社会经济活动中的血液传输与循环系统,其运行质量与效率对经济健康发展与金融体系稳健运行具有举足轻重的作用。

1. 支付清算系统运行是经济和社会生活正常运转的重要保障

由于各国商业银行都在中央银行开设账户,中央银行为各银行之间应收应付款项进行资金划转提供了便利,同城、异地及跨国交易所产生的债权债务均可通过中央银行得以最终清偿,促进了资源优化配置,提高了劳动生产率,保证了经济健康发展和社会生活正常进行。

2. 支付清算系统运行效率对货币政策实施具有重要影响

(1)中央银行通过提供支付清算服务,掌握全社会的金融状况和资金运动趋势,有助于正确制定货币政策,增强货币政策实施效果。

(2)公开市场操作是中央银行实施货币政策的主要手段,中央银行有效进行公开市场操作的前提是拥有灵活、高效的支付体系和清算机制,大额支付系统已经成为中央银行货币政策传导机制的重要工具。只有具备了灵活高效的清算体系,中央银行公开市场操作才能马上完成有关资金收付,及时调节货币供应量,从而达到预期的政策效果。

(3)灵活、高效的清算体系有助于货币市场运作,增强货币市场资金的流动性,从而减少商业银行对中央银行货币需求的依赖性,使中央银行更直接、准确地进行货币操作,有利于中央银行更灵活、有效地实施货币政策。同时,操作信息可以更快速地传递至市场参与者,其反应也可快速反馈至中央银行,提高中央银行货币政策操作的实际效果。

(4)当支付清算过程中支付指令的传送和支付资金的清算转移不同步时(时隔发生),产生在途资金,增加了银行流动性管理难度,影响了中央银行对准备金需求的准确把握。中央银行可通过提供高效率的清算服务,减少在途资金,从而提高货币政策制定的准确性。

(5)中央银行在提供支付清算业务的过程中,还往往向金融机构提供透支便利,以维持清算系统正常运行。当金融机构倒闭、支付系统出现技术故障或其他不可预测的突发事件导致金融机构出现流动性风险时,由中央银行提供临时信贷,以防止"多米诺骨牌"效应引发清算系统瘫痪的发生,避免大范围内金融风险的发生。

3. 与金融稳定具有密切的关系

支付系统是金融信息和金融危机的主要传导渠道,如果银行的支付出现问题,将影响公众的信心甚至引发社会恐慌;如果一家银行不能履行支付义务,有可能引发连锁违约,使整个支付系统阻滞或瘫痪,直接危及国家金融体系,影响经济和社会稳定。中央银行通过支付清算服务,可以有效地监督和保障支付系统运行,防范与控制风险,进而维护金融稳定。

4. 在跨国支付清算中发挥重要作用

作为政府的银行,中央银行负有代表国家发展对外金融关系、参与国际金融活动、管理官方储备、监督外汇收支与资本流动等重要职责。中央银行履行上述职责必然涉及跨国支付清算,国际结算面临对方毁约、银行资信等信用风险和汇率风险。中央银行以其特有身份对跨国支付清算活动直接或间接进行干预。这将在本章第二节中详述。

三、中央银行的支付清算业务体系

中央银行的支付清算体系是中央银行向金融机构及社会经济活动提供资金清算服务的综合安排,包括清算机构、支付系统、支付结算制度以及银行间清算制度。

1. 清算机构

清算机构是为金融机构提供资金清算服务的中介组织。在各国的支付清算体系中占有重要位置。清算机构在不同国家有不同的组织形式,有票据交换所、清算中心、清算协会等。票据交换所是最传统而典型的清算机构,专门为金融机构提供票据交换与清算服务。从所有权性质看,清算机构既有私营的,也有政府或货币当局组建的。从业务地域看,清算机构既有地方性的,也有全国范围的,还有国际性的清算组织。清算机构一般实行会员制度,会员必须遵守组织章程和操作规则,并需交纳会员费用。在很多国家,中央银行通常作为清算机构的主要成员,直接参与清算支付活动。一般说来,各国的主要清算机构通常拥有并经营支付系统,通过支付系统的运行实现清算。

2. 支付系统

支付系统是由提供支付清算服务的中介机构和实现支付指令传送及资金清算的专业技术手段共同组成,其职能是实现债权债务清偿及资金转移的一种金融安排。支付系统的任务是快速、有序、安全地实现货币所有权在经济活动参与者间的转移。

支付系统的组织和运作主要取决于市场和经济因素,政府和货币当局对支付系统进行监管,以保证其平稳运行。由于支付系统关系到货币政策的实施,因此,中央银行对支付系统的建设与监管极为重视。

3. 支付清算制度

支付结算制度是关于结算活动的规章政策、操作程序、实施范围等的规定与安排。中央银行作为货币当局有义务根据国家经济发展状况、金融体系构成、金融基础设施及银行业务能力等,会同有关部门共同制定支付结算制度。中央银行负有结算监督职权,并根据经济与社会发展需要,对支付结算制度实施变革。很多国家的中央银行还制定同业间清算制度,用以实现金融机构间为客户委办业务和自身需要所进行的债权债务清偿和资金划转。由于同业间清算量巨大,一旦出现支付障碍,将会危及金融稳定,所以各国政府对同业间清算的制度建设、系统设计、操作规则等予以高度重视,并赋予中央银行管理监督同业间清算的职权。

专栏 8-1 　　　　　　　　　　**支付清算系统的变迁与发展趋势**

支付清算系统的高效运行与现代科技在金融领域的广泛应用密不可分。在 20 世纪 70 年代以前,包括发达国家在内的支付清算均以手工操作为主,效率低下。随着票据交换业务量的急剧增长和电子技术的进步,美国纽约清算所 1970 年和 1975 年相继开通了两个电子清算网络:纽约清算所同业银行支付系统(CHIPS)和纽约自动清算所(ACH)系统。

随着现代信息技术的飞速发展,以电子支付工具、数据通讯和数据处理技术组成的电子支付方式已成为现代金融运行体系的主流趋势。如在零售支付领域,以银行信用卡为代表的各种卡类、ATM(自动柜员机)和 POS(销售终端机)网络、企业银行业务、家庭(电话)银行服务、网上银行业务、电子数据交换(EDI)等现代支付媒介和支付系统为社会提供着快捷、高效、安全的服务。在行间支付清算领域,信息技术的应用更为广泛,支付系统用户的计算机设备与支付系统操作者的计算机系统相连接,通过地面线路和卫星通讯网在系统用户之间传送信息,从而完成支付指令的传输和资金清算。

近年来,迅速兴起的电子商务已成为互联网应用的最大热点。电子商务的快速发展,带动了网上银行业务的兴起,网上银行既是电子商务的支撑条件,又是金融发展新的增长点。中国银行于 1998 年 3 月 6 日在因特网上办理了中国第一笔网上银行业务,目前国内几乎所有大中型商业银行都推出了自己的网上银行或在 Internet 上建立了自己的主页和网站。2010 年,中国人民银行网上支付跨行清算系统建成运行,我国网上支付处理更加高效便捷。全年商业银行网上支付客户数达 2.46 亿户,发生业务 84.98 亿笔,金额 522.39 万亿元,业务笔数、金额同比分别增长 70.54% 和 48.80%;电话支付客户数达 2.63 亿户,发生业务 5.20 亿笔,金额 9.44 万亿元,业务笔数、金额同比分别增长 0.52% 和 54.76%;移动支付业务客户数达 0.90 亿户,发生业务 1.18 亿笔,金额 0.57 万亿元,业务笔数、金额同比分别增长 77.08% 和 102.01%。

近年来,第三方支付发展迅速。第三方支付模式是由已经和各银行签约并且具备一定实力和信誉保障的第三方独立机构提供。在第三方支付模式中,客户选购商品后使用第三方支付平台进行支付,第三方通知商家货款送达、进行发货。买家在验证货物之后,通知第三方付款给商家。随着科学技术的发展,第三方支付服务的业务运用领域越来越宽泛,其交易渠道已从单纯的网络支付延伸至移动支付、电视支付、电话支付以及 POS 支付,支付账户从银行账户扩大到行业性的储值账户,支付介质从传统的卡磁条拓展到了 IC 芯片,经营模式、运营方式的创新也方兴未艾。2011 年 5 月 26 日,中国人民银行公布了首批获得第三方支付业务许可证的 27 家单位。2011 年 8 月 5 日,易观智库发布《2011 年第二季度中国第三方支付市场季度监测》数据报告称,2011 年第二季度中国第三方互联网在线支付市场交易规模达到 4 609 亿,环比增长 16%,同比增长 95.3%,支付宝以 46.48% 的份额继续占据市场的首位;财付通以 21.58% 的市场份额排名第二;银联在线支付、快钱和汇付天下,分别以 7.78%、7.67% 和 7.64% 的市场占比分居第三、第四和第五位。

支付系统现代化建设的快速发展,也带来了一些新的问题和矛盾。如以信息和电子计算机技术支持的支付系统运行加速了金融市场一体化进程,市场参与者之间的相互依赖进一步增强,风险传播更为快速;相关法规和惯例建设滞后于支付系统发展,影响对支付系统运行的有效约束和当事人合法权益的保障;信息资料的安全保密和防止高科技犯罪等技术和法律问题有待解决等等。更为重要的是,支付系统建设的快速发展使得中央银行对支付系统的监管及有关的国际合作变得更为迫切和必要。

为规范商业银行利用互联网开展银行业务,2001 年 6 月,中国人民银行制定颁布了《网上银行业务管理暂行办法》。2005 年 4 月 1 日起我国《电子签名法》正式施行,2005 年,电子回执业务开始应用。为有效控制电子银行业务风险,中国银监会于 2006 年初发布了《电子银行业务管理办法》和《电子银行安全评估指引》,于 2006 年 3 月 1 日起开始施行。

第二节　中央银行支付清算业务运行

一、中央银行支付清算业务运行的基本原理

尽管各国中央银行提供支付清算服务的方式与范围有所不同,但业务运行原理基本一致。中央银行为便于提供清算服务和监督支付系统运行,通常设立国家清算总中心和地区分中心,并以服务提供者和管理者的双重身份参与其中。金融机构首先在中央银行开立账户(存款账户或清算账户)。中央银行通常要求金融机构在账户中保持一定的备付金,以保证清偿的顺利进行,金融机构之间的债权债务和应收应付款项,通过其在中央银行账户的借、贷记载进行划转清算。在实行法定存款准备金制度的国家,通常允许商业银行将法定存款准备金用于履行同业支付义务。

清算参与银行的资金来源通常由以下几项组成:①在中央银行储备账户内的存款余额。一些国家允许将法定准备金作为该项来源之一。②中央银行信贷。在账户余额不足时,银行可利用中央银行提供的信贷,以保证按时支付。③通过货币市场借入的临时性资金。④由于支付时隔所产生的在途资金。

下面主要介绍行间支付清算系统和实时全额清算系统的运行原理。

（一）行间支付（清算）系统运行原理

行间支付系统为银行自身和客户委办的结算事项提供资金清算服务。资金清算过程包括两个基本程序:一是付款行通过支付系统向收款行发出支付信息(指令),二是付款行和收款行之间实现资金划转。

按照对转账资金的不同处理方式,银行同业间清算可通过差额清算系统与全额清算系统两种形式进行。差额清算系统的基本原理是在一定时点(通常为营业日结束时)上收到的各金融机构的转账金额总数减去发出的转账金额总数,得出净余额(贷方或借方),即净结算头寸。支付系统对金融机构的净结算头寸通过中央银行或清算银行进行划转,从而实现清算,这一过程可以是双边或多边的。全额清算系统的基本原理是对各金融机构的每笔转账业务进行一一对应结算,而不是在指定时点进行总的借、贷方差额结算。按结算发生的时间不同,全额结算又分为以下两种:①定时(延时)清算,支付清算集中在营业日系统运行期间的一个指定时刻,如这一时刻为日终,则称为日终清算系统。②实时(连续)清算,支付清算在营业日系统运行期间的任何时刻都可进行,支付指令随时发送随时处理,属于资金转账指令处理和资金清算同步、持续进行的实时全额清算。

（二）实时全额清算系统的运行原理

实时全额清算系统(Real Time Gross Settlement, RTGS)的显著特征在于"实时"和"全额"。"实时"是指清算在营业日清算期间内不间断、非定期地持续进行;"全额"是指每笔业务单独进行、全额清算,而非在指定时点进行借、贷方总额轧差处理。另外,RTGS系统处理的所有支付清算均是不可变更和无条件的终局性清算。RTGS系统有四种支付信息发送和资金清算流程。

1. V形结构

在V形结构中,付款行先将完整的支付信息传送至中央银行,中央银行完成资金汇划清算后,再将完整的支付信息发送收款行。如图8-1所示。

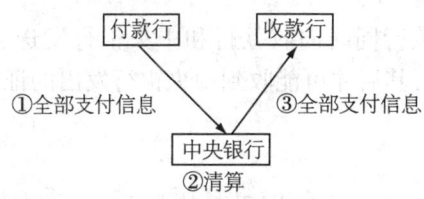

图8-1　V形结构图

2. Y形结构

在Y形结构中,付款行先将完整的支付信息传送至中央处理器,中央处理器再将该信息传送至中央银行。中央银行收到信息后,需确认付款行账户中有无足够的资金用于支付,若资金充足,中央银行当即进行清算;若资金不足,有些国家的中央银行将其置于排队状态,直到付款行有充足资金时再进行清算。当清算完成后,中央银行将已清算信息传回中央处理器,中央处理器将完整的支付信息传至收款行。如图8-2所示。

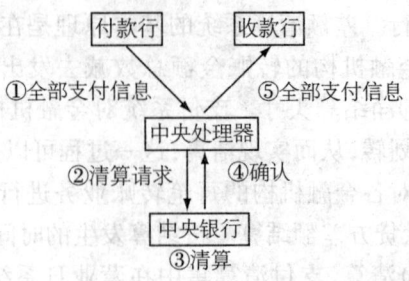

图 8-2　Y 形结构图

3. L 形结构

在 L 形结构中,付款行向中央银行传递完整的支付信息,中央银行核实付款行账户有无足够余额并相应作出清算或排队等候决定后,向付款行传回已清算信息,付款行再将其传送至收款行。如图 8-3 所示。

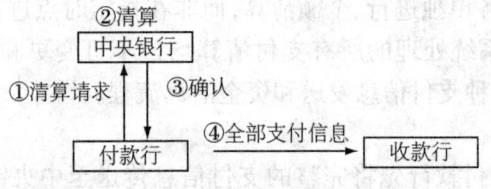

图 8-3　L 形结构图

4. T 形结构

在 T 形结构中,付款行同时向收款行和中央银行发送支付信息,收款行先收到未经清算的支付信息,其后才可能收到中央银行发出的证实清算已完成的信息。如图 8-4 所示。

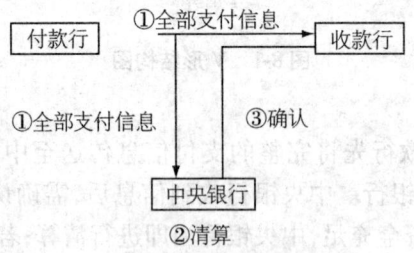

图 8-4　T 形结构图

对以上 4 种 RTGS 系统的运行流程进行比较,有如下特点:①在 V 形和 Y 形结构中,所有的支付信息先传送至中央银行的中央处理器,待清算完成后再由其将清算已完成的信息传送至收款行。②在 L 形结构中,中央银行只负责清算,不在付款行和收款行之间传递支付信息。③在 V 形结构中,中央银行兼具支付信息传送和资金清算两项职能。④在 V、Y、L 三种结构中,收款行只有在清算完成之后才可收到支付信息;而在 T 形结构中,收款行在清算完成之前即已收到支付信息,因此而产生的支付时隔使其难以区分已清算支付信息和未清算支付信息,若一旦付款行因账户余额不足而并未实现资金划转,而收款行已按照收到的支付信息贷记其客户账户,或将款项用于他处,即有可能产生信用风险或流动性风险。鉴于这一原因,绝大多数发达国家均未采用 T 形结构。

二、中央银行支付清算业务系统的种类

（一）按经营者身份的不同划分,可分为由中央银行拥有并经营、私营清算机构拥有并经营和各银行拥有并经营的行内支付系统

（1）中央银行直接拥有并经营支付系统,多见于根据国家赋予的职能权限,积极参与支付清算活动并负有监管职责的中央银行,如美国联邦储备体系、日本银行、德国联邦银行、瑞士国民银行及中国人民银行等。

（2）私营清算机构拥有并经营支付系统,中央银行通常不直接参与私营清算系统运行,但各系统的资金最终清算往往通过中央银行账户进行,中央银行采取各种手段对私营清算系统运行实行监督、审计,如日本东京银行家协会的全银数据通讯系统等等。

（3）各银行拥有并经营的行内支付系统,目的在于便利行内支付清算,如我国各大商业银行均开通了各自的电子资金汇兑系统。

（二）按支付系统的服务对象及单笔业务支付金额划分,可分为大额支付系统和小额支付系统

（1）大额支付系统(资金转账)。主要处理行间往来、证券和金融衍生工具交易、黄金和外汇交易、货币市场交易及跨国交易等引发的债权债务清偿和资金转移,尽管每笔资金转账数额没有下限规定,但多在数百万美元以上。

（2）小额支付系统 (零售支付系统)。服务对象主要是工商企业、个人消费者、其他小型经济交易的参与者。其特点是:服务对象数目众多,支付处理业务量大,但每笔交易金额较小,支付比较分散,拥有广阔的服务市场,所以小额支付系统必须具有极强的支付处理能力。小额支付系统采用的支付媒介较多,如现金、银行卡及其他各种卡类、票据等等。小额支付系统一般由各国的银行系统、私营清算机构经营,如日本的全银系统、美国的自动清算所系统(ACH),以及在很多国家拥有的信用卡网络、ATM 网络、POS 网络、小额终端、家庭银行等。由于支付金额较小但业务频繁,小额支付系统多采用批量处理、差额结算的方式。

（三）按支付系统服务的地区范围划分,可分为境内支付系统和国际性支付系统

（1）境内支付系统。主要处理一国境内各种经济和消费活动所产生的本币支付与清算,既有中央银行运行的,也有私营清算机构或商业银行运行的;既包括大额支付系统,也包括小额支付系统。

（2）国际性支付系统。主要处理国际各种往来所产生的债权债务清偿和资金转移,大致有两种类型:一类是由某国清算机构建立并运行,鉴于该国金融及货币在世界经济中占有重要地位,遂逐步被沿用至国际支付清算领域,如美国的CHIPS、英国的 CHAPS 以及日本的外汇日元清算系统等等。另一类是由不同国家共同组建的跨国支付系统,如由欧洲中央银行建立的"欧洲间实时全额自动清算系统(TARGET)",即负责欧元区国家间大额欧元交易的支付清算。

三、中央银行支付清算业务的主要内容

（一）组织票据交换和清算

票据交换是最基本的行间清算手段之一。票据交换既可由中央银行负责组织、管理,也可由私营清算所或金融机构联合主办,但票据交换的资金清算一般通过各银行或清算机构在中央银行开立的账户完成。票据交换的基本流程如图 8-5所示。付款人甲将表示甲欠乙的票据交给乙,乙将票据交给银行 B,委托银行 B 收款。银行收到客户提交的票据后,拿到票据交换所进行提示,付款银行 A 对票据进行确认后,委托票据交换所进行清算。票据交换所委托中央银行将开设在中央银行的 A 银行账户的资金转移到 B 银行账户。一般情况下,银行拿到票据交换所的票据不只一张,而是多张以己方为收款行的票据,交给付款行,并取回其他银行代收的以己为付款行的票据,然后通过各自在中央银行开设的账户进行彼此的债务债权抵消和资金清算。

（二）办理异地跨行清算

不同地区、不同银行之间的资金清算是中央银行支付清算服务的重要内容。各行间的异地债权债务形成了各行间的异地汇兑,会引起资金头寸的跨行、跨地区划转,划转的速度和准确关系到资金的使用效率和金融安全,因此各国中央银行通过各种方式和途径,对清算账户进行集中处理,提高清算效率,减少资金消耗,保证异地跨行清算的顺利进行。

异地跨行清算的流程如图 8-6 所示。付款人甲向自己的往来银行 A 发出通知,银行 A 作为汇出银行向当地中央银行的分支机构发出指令,中央银行分支机构将 A 银行账户上的资金扣除,然后通过清算中心向汇入银行 B 所在地区的中央银行分支机构发出向 B 银行支付的信息,B 银行所在地区的中央银行分支机构收到信息后,向 B 银行发出支付通知的同时,将资金划入 B 银行的账户,B 银行向受

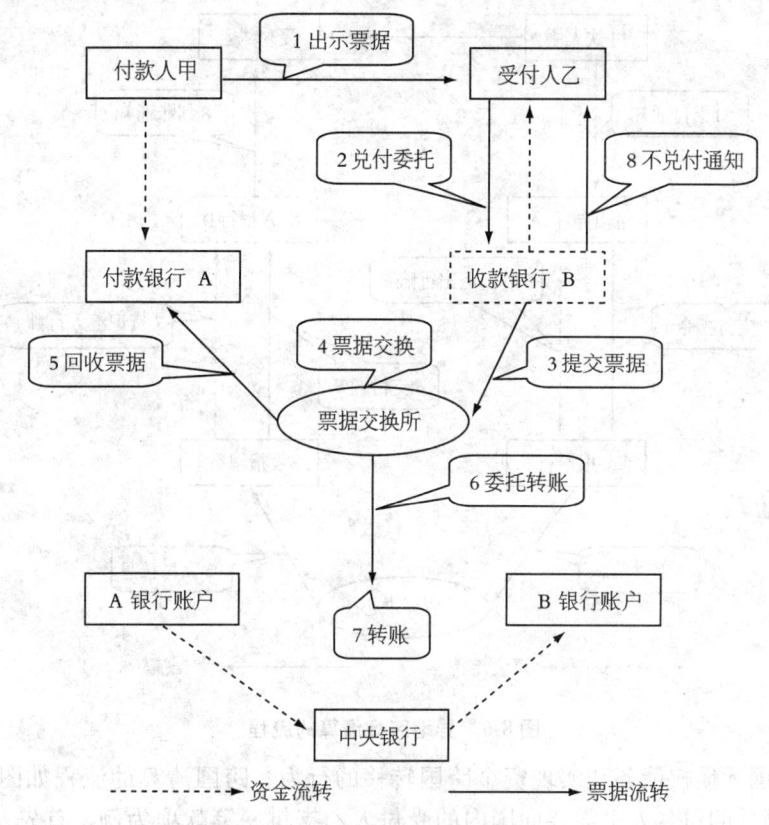

图8-5　票据交换过程

付人发出到账通知。

（三）提供证券和金融衍生工具交易清算服务

证券和金融衍生工具交易不同于其他经济活动所产生的债权债务清算。在许多发达国家,有专门为证券和金融衍生工具交易提供结算服务的支付系统。由于证券交易金额大,不确定因素多,易引发支付系统风险,尤其是政府证券交易直接关系到中央银行公开市场操作效果,所以中央银行对其格外关注,有些央行甚至直接参与其支付清算活动。如美国的政府证券交易主要通过美联储的 FEDWIRE 簿记证券系统完成资金的最后清算;英格兰银行则提供中央金边证券系统(CGO)和中央货币市场系统(CMO)的结算与支付服务;日本银行的日银网络系统中的日本政府债券服务系统,专门用于日本政府债券的交割和清算。中国的证券清算则由专门的中央登记结算公司完成。

（四）提供跨国支付清算服务

跨国清算又称国际结算,是指按照一定的规则、程序并借助结算工具和清算系

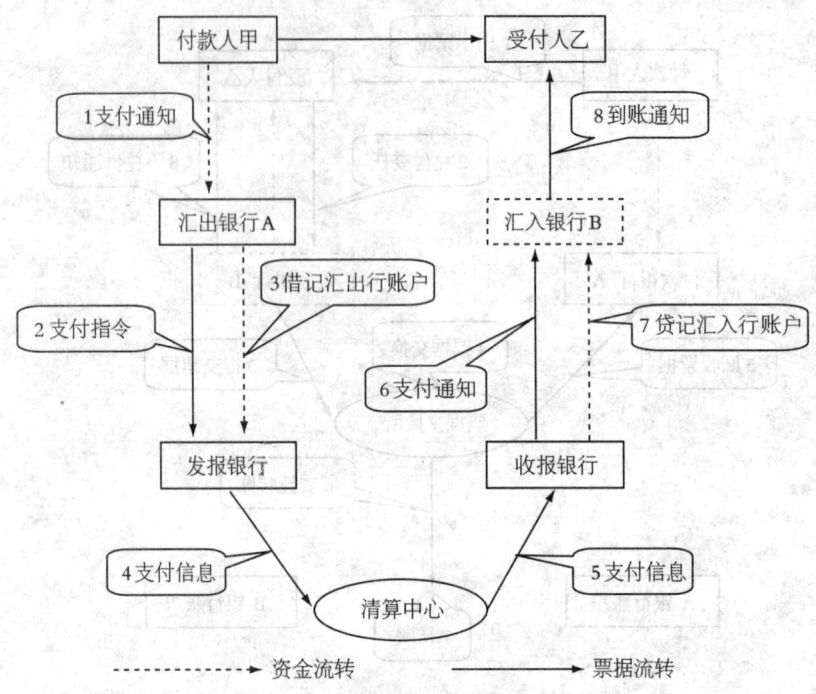

图 8-6 异地跨行清算的流程

统,清偿国际债权债务和实现资金跨国转移的行为。跨国清算的流程如图 8-7 所示。以国外的付款人甲需要向国内的受付人乙支付一笔款项为例。首先,甲向往来银行 A 发出向乙的支付请求,A 接手后向乙所在国的国内代理行 B 发出委托请求,代理行 B 接受委托后,将 A 账户内的资金扣除,并向跨国清算系统发出向受付人的往来银行 C 的支付通知,跨国清算系统核对后要求中央银行将 B 账户内的资金划到 C 账户,到账后,C 将资金转入乙的账户同时向乙发出到账通知。

随着国际经济、贸易、投资和民间往来的增多,跨国支付清算业务量迅速膨胀。为了提高跨国支付系统的运行能力和效率,1973 年欧美的大银行开发了环球银行金融电讯协会(The Society for Worldwide Interbank Financial Telecommunication,简称 SWIFT 系统),成为全球普遍使用的跨国支付清算系统。其参加者遍布全球数千家金融机构,可以为用户提供及时的支付清算服务。跨国清算最终还是要通过银行包括代理行之间的资金划转进行,同时中央银行还负有对资金在国内外流动的监督责任,因此,中央银行在跨国支付清算中起着极其重要的作用。

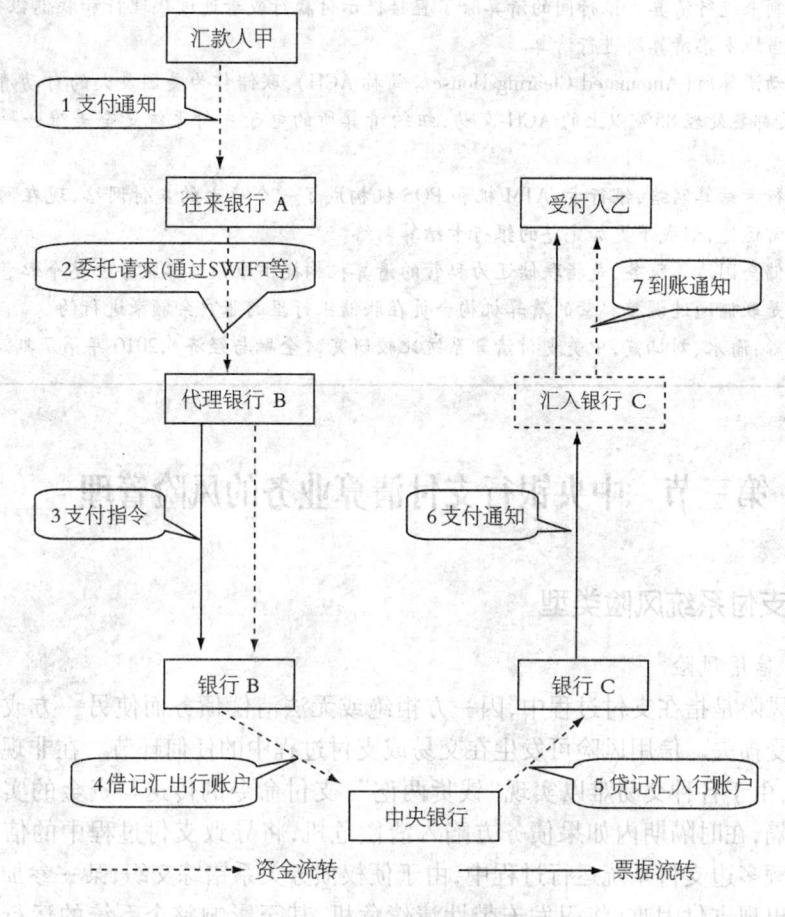

图 8-7 跨国清算流程

专栏 8-2 　　　　　　　　　　　　**美国的美元跨行支付系统**

美国跨行支付清算主要有五种渠道。

（1）美元大额支付系统。FEDWIRE（联邦电子资金转账系统）和 CHIPS（清算所同业支付清算系统）是支持美元全球清算的两大主要大额支付系统。FEDWIRE 系统是一个高度集中化的系统，由纽联储建设、管理和运行。其中，FEDWIRE 资金转移系统提供实时全额结算服务，主要用于金融机构之间的隔夜拆借、行间清算、公司之间的大额交易结算等，可实时进行每笔资金转账的发起、处理和完成，运行全部自动化；CHIPS 系统则是一个著名的私营跨国美元大额支付系统，目前 95% 的跨国美元最终清算通过 CHIPS 系统进行，为来自全球 95 家会员银行提供美元大额实时最终清算服务。该系统采用了多边和双边净额轧差机制实现支付指令的实时清算。可以最大限度地提高各国金融机构美元资金的流动性。

（2）支票结算体系。据统计，全美大约有 30% 的支票在开立行内清算，另外 70% 通过银行间的清算机制来进行清算。银行间的清算除了直接提示付款行或者通过代理行和联储银行外，还可以通过当地支票清算所进行清算。

（3）自动清算所(Automated Clearing House，简称 ACH)，联储作为美国最大的自动清算所运营者，每天都要处理 85% 以上的 ACH 交易，纽约清算所的电子支付系统是全美唯一一家私营 ACH。

（4）银行卡结算网络，银行卡、ATM 机和 POS 机构成了一个庞大的支付网络，现在网上银行发展也非常迅速，形成了更加完整的银行卡结算网络。

（5）联储全国清算服务，是指联储还为私营的清算机构提供净额结算服务。整个私营系统的最终清算是联储通过调整私营的清算机构会员在联储银行里的账户余额来进行的。

资料来源：潘永、刘灿霞，中美支付清算系统比较研究，《金融与经济》，2010 年第 7 期。

第三节　中央银行支付清算业务的风险管理

一、支付系统风险类型

（一）信用风险

信用风险是指在支付过程中，因一方拒绝或无法清偿债务而使另一方或其他当事者蒙受损失。信用风险可发生在交易或支付过程中的任何环节。在非现金结算条件下，由于各种交易难以实现"钱货两讫"，支付命令的传送与资金的实际转移具有时隔，在时隔期内如果债务方陷入清偿危机，将导致支付过程中的信用风险。在大额多边支付系统运行过程中，由于债权债务关系错综交织，某一参加者在某一阶段出现支付困难，将引发连带性清偿危机，甚至影响整个系统的运行。另外，在外汇交易中，如一方违约，将致使另一方不能在交割日收到交易货币，进而影响对其他到期应付债务清偿，加上时区因素影响，潜在风险隐患更大。发生于 20 世纪 70 年代的赫斯塔特①(Herrstatt)事件即是一个典型例证。

（二）流动性风险

流动性风险是指资金拖欠方并未发生实质上的清偿危机，只是由于资金不能如期到位而造成不能按期履约支付，致使对方无法如期收到应收款项。流动性风险对支付系统运行也会产生干扰，由于延期支付，迫使收款方为弥补资金缺口不得不寻求其他融资途径，并须承担融资成本；若资金缺口不能如期弥补，将引发收款

---

① 1974 年德国的赫斯塔特银行与美国一些银行进行美元与马克交易，赫斯塔特银行买入马克卖出美元，交易支付需通过货币发行国的国内支付系统进行，由于时差原因，美国银行比赫斯塔特银行提前 1 个营业日交割马克。在美国银行完成交割后，德国赫斯塔特银行宣布倒闭，使美国银行蒙受损失，也扰乱了支付系统的运行秩序。

方对其债权人的延期支付,当这种连锁拖欠效应越来越大时,将危及支付系统的正常运行。

（三）系统风险

系统风险是指在支付系统运行中,因某一系统用户无法履行债务义务,而造成其他用户无法履约,使系统运行陷入困境。系统风险的发生与信用风险和流动性风险的存在有密切关系,信用风险和流动性风险发生所造成的后果将导致系统风险。

（四）法律风险

法律风险是指由于法律制度的缺陷和不同地区或国家法律制度的差异所引发的支付清算风险。随着科技在金融领域的广泛应用,支付系统的现代化建设进展迅速,从而引发了一系列问题,如电子支付和电子凭证的有效性、数字签名的合法性,以及与电子支付有关的纠纷、索赔、保险等等,需要立法和进行法律修订,否则难以有效保障和约束当事人的权利与义务。对跨国支付系统而言,由于系统的运行覆盖不同国家,建立共同法规及解决法律冲突,也是一个至关重要的问题。

（五）其他风险

其他各种因素和突发事件也会引起支付系统运行障碍和紊乱,如现代化支付系统对技术支持的依赖程度越来越高,一旦发生技术故障,势必引发系统瘫痪;又如对支付系统实施了错误操作或违法操作时,将对系统运行构成重大威胁。

二、中央银行对支付系统风险的防范与控制

中央银行负有维护金融稳定的职责,对支付系统风险管理的措施主要有以下几类。

（一）对大额支付系统进行管理

为对大额支付系统透支实行风险控制,一些国家的中央银行对透支采取相应的限制性措施。如美联储针对 20 世纪 70 年代以来大额支付系统交易量及透支需求量迅速增长的情况,于 1985 年颁布了"减少支付系统风险计划",对 FEDWIRE 系统用户的当日透支实行限制性管理。包括:对开立储备账户的金融机构规定最大透支额度;对平均每日透支金额收取费用;对经营不善或没有遵守美联储风险管理政策的金融机构不予提供透支便利;要求经常超过最大透支额度的金融机构对超过部分提供美联储可以接受的透支抵押担保等。

中央银行还要求所有利用其差额清算服务的私营大额清算系统,必须建立风险防范与控制机制,并须采取具体措施保证各清算参加者的差额头寸能在规定时间内完成清算。另外,中央银行对私营大额清算系统经营者及系统运营状况实行审计、监督,对系统用户（各金融机构）加强监管。

（二）对银行结算支付活动进行监督

对银行结算业务实行严格监督,是中央银行金融监督的重要内容,是完善国家支付清算体系的有力措施。中央银行通过制定结算制度、颁布结算办法、监督结算活动,可以有效地维护结算秩序,保护广大银行与客户的合法权益。

（三）发展 RTGS 支付系统

RTGS 系统的设计思想之一即实现支付系统风险控制,许多发达国家的大额支付系统已采用了实时全额结算程序,旨在降低甚至消除支付系统风险。其一,RTGS 系统清算实时、连续进行,而不是在一天结束时或指定时点进行,清算参与银行有足够时间解决头寸不足问题。其二,在 RTGS 系统设计中,收款行一般是在清算完成后才能得到支付信息,收款行可根据已转入头寸贷记客户账户或安排其他用途,使支付系统时隔或在途资金被降至最低甚至为零,从而规避了信用风险和流动性风险。其三,信用风险的有效规避可大大降低支付系统的系统风险系数。进入 20 世纪 90 年代以来,更多国家和地区的中央银行如澳大利亚中央银行、欧洲中央银行等都使用了 RTGS 系统;很多尚未使用 RTGS 系统的发展中国家正在积极创造条件,力图实现大额支付系统的实时全额清算。

（四）加强支付清算领域的法规建设

为防范与控制支付系统风险,许多国家加强了相关立法工作,旨在通过法律手段强化对支付系统建设及运营的监管,解决金融科技广泛应用于支付系统所带来的法律问题。此外,中央银行对清算机构的建立、规章制度及支付系统操作规则也负有审批、管理和督促执行的责任。

（五）加强支付系统现代化建设与改造

完备的硬软件设施和技术保障是防范支付系统风险的重要基础,各国对支付系统的现代化建设予以很高投入,中央银行通常直接干预国家主要支付系统的设计与运行,加强与科技及相关部门之间的合作,以提高支付系统的整体运行能力和安全系数。

专栏8-3　　　　　　中国现代化支付系统(CNAPS)的流动性风险管理

（一）CNAPS 流动性风险控制措施

1. 排队机制。各金融机构在 CNAPS 开设有清算账户,当其清算账户资金不足以清算时,CNAPS 采用将错账冲正、计息计费、大额支付、小额支付等各类待清算业务作排队处理,待金融机构筹足资金后,按排队顺序进行资金清算。各金融机构可以根据需要对救灾战备款、紧急大额支付、一般大额支付在同一类队列中调整先后顺序。

2. 清算窗口时间管理。CNAPS 每日业务截止时,如清算账户发生日间透支或仍存在排队等待清算的支付业务,CNAPS 则开启清算窗口。清算窗口的时间,用于金融机构筹措资金,以弥补日间透支和清算队列中的支付业务。清算窗口时间结束后,CNAPS 对仍不足支付的大额排队业务作退回处理。

3. 高额罚息贷款(伦巴第贷款)。对于无法退回的小额轧差净额、同城票据交换轧差净额或暂时无法弥补的日间透支业务,中国人民银行将提供高额罚息贷款解决,以保证清算窗口尽早关闭,避免该金融机构发生隔夜透支。

(二) CNAPS 流动性风险监测方式

1. 清算账户的头寸查询。中国人民银行制定相关规定,要求各金融机构和人民银行本身对 CNAPS 清算账户的头寸和预期头寸进行查询。人民银行分支机构可查询所辖金融机构的清算账户余额,各金融机构的分支行可查询下级行的清算账户余额,但禁止下级行对上级行的查询和不同银行之间的相互查询。

2. 排队业务队列查询。金融机构可以在 CNAPS 中查询本行清算账户中排队等待清算的支付业务,以便其根据排队情况筹措资金。

3. 使用中央银行会计集中核算系统(ABS)监视清算账户余额。ABS 提供清算账户余额监视功能,并可设定清算账户余额警戒值,当所管辖金融机构的清算账户余额到达警戒值时,系统将自动开启清算账户余额监视窗口通知监视人,当金融机构弥补资金后监视窗口将自动关闭。

资料来源:匡云芸,国内外支付系统流动性风险管理比较与借鉴,区域金融研究,2009 年第 1 期。

第四节　中国支付清算体系的历史沿革

一、改革开放之前的支付结算体系

这一时期从中国人民银行建行开始,直至改革开放之前。该时期的支付结算体系充分反映和适应了计划经济体制下产品生产、交换对支付结算的特殊要求。主要特点如下。

1. 以计划为主的支付结算体系

中国人民银行建行初期曾沿用旧中国银行业的资金清算方式,即同城结算以现金和支票为主,异地结算则以汇兑为主。随着银行汇兑业务的全面恢复,国家对机关、团体、公营企业实行严格的现金管理,除小额交易和对个人支付可用现金外,其余支付一律通过银行转账结算进行。后又采用了前苏联的结算模式,在全国推行支票结算、托收无承付结算等 9 种结算方式。在这一时期,以计划为主的支付结算体系具有鲜明的计划经济色彩,突出银行作为国民经济活动的结算中心地位,限制和取消商业信用,有计划地组织和调节货币流通。

2. 高度集中的联行清算体系

为了适应以计划为主的支付结算体系,这一时期银行间的清算也显示出高度的集中与统一。从 1953 年起,中国人民银行建立了称之为“全国大联行”的三级联行清算体系：县（市）级的县辖联行；省（区）内的省辖联行；跨省（区）的全国联行。各级联行负责辖内各金融机构之间的资金清算，全国联行通过人民银行总行清算。大联行清算体制推行以来，虽小有调整，但无根本性变革，一直沿用至改革开放初期。

二、改革开放之后的支付结算体系

（一）支付结算制度体系的变革

1980 年中国人民银行在全国推行了异地委托收款结算方式和限额结算方式。1985 年开始在全国推行商业汇票承兑、贴现业务和中央银行的再贴现业务，在结算体系中销声匿迹几十年的汇票重新进入流通领域，便利了融资与结算。1986 年为适应多种经济形式的出现及结算需要，中国人民银行批准开办了个体经济和个人使用支票业务，结束了银行只为国有和集体经济提供转账结算服务的历史，同时加强对票据使用的管理及清算设施的建设。1988 年国务院批准了中国人民银行《关于改革银行结算的报告》之后，启动了我国结算制度的重大变革，其基本内容包括：明确银行与客户的平等信用关系；强调结算工具的"方便、通用、迅速、安全"功能；坚持"恪守信用，履约付款，谁的钱进谁的账，由谁支配；银行不垫款"的原则。这次重大变革，确立了票据在结算中的主导地位，大力推行银行汇票、商业汇票、本票、支票和信用卡等信用支付工具，开始向国际通行做法靠拢。为了从法律上规范票据的流通使用，在总结票据结算实践经验的基础上，1995 年第八届全国人大常委会第十三次会议正式通过了《中华人民共和国票据法》，并于 1996 年 1月 1 日正式实施。中国人民银行还相继颁布了《票据管理实施办法》、《支付结算办法》等规章制度，标志着我国票据融资与结算逐步纳入法制化管理。

（二）联行清算体系的改革

1985 年为适应银行信贷资金管理，实行了"统一计划、划分资金、实贷实存、相互融通"的变革措施，全国联行清算体系也随之进行了重大改革，由中国人民银行主办的"大联行"改为各专业银行自成联行系统、跨行直接通汇清算，将人民银行和专业银行的资金分开管理，以利于资金的清算和划拨转移。1987 年 4 月 1 日，中国人民银行再次改革了联行资金清算办法，以分清人民银行和专业银行之间的资金以及专业银行之间的资金，旨在扭转资金相互占用的状况。

三、现代化支付清算系统的建设

（一）中国国家现代化支付系统

20 世纪 80 年代中期以后，中国人民银行即着手规划银行支付电子化建设，并着重于银行同业行间信息交换系统的建设开发。在利用我国科技力量和引进国外技术、设备的基础上，我国清算支付体系的现代化建设迅速发展，涉及银行支付的电子化改革、联行清算体系的现代化建设、现代化支付系统建设等领域,与发展市场经济和对外开放相适应的支付体系已初步建立。目前,中国人民银行运行着同城结算所、全国手工联行系统和全国电子联行系统三个跨行支付系统,80%—90%的异地支付可通过电子支付系统办理;各大商业银行均建立起各自系统内的全国电子资金汇兑系统,处理着约2/3的异地结算业务。国际上一般认为金融电子化发展需经历后台业务电子化、前台业务电子化、网络化三个阶段,目前我国金融电子化正步入网络化阶段,发展迅速。

中国人民银行从1991年开始规划建设中国国家现代化支付系统CNAPS (China National Advanced Payment System),得到了世界银行等国际组织和一些国家中央银行的技术援助,于1996年开始动工建设。该系统涉及中国人民银行清算总公司和各家商业银行、政策性银行、股份制银行、外资银行和其他金融机构。2002年该系统建成并开始运行。该系统包括大额支付系统、小额支付系统和支票影像交换系统等,连接中央债券综合业务系统以支持公开市场操作、债券发行和兑付、债券交易的资金清算,连接央行国库业务系统、全国外汇交易中心、银行间同业拆借中心、中国银联银行卡系统等以支持相关的资金清算。支付系统基本覆盖了全国主要的银行业金融机构,处理了几乎所有经济实体间、银行间支付的跨行清算业务,成为我国社会资金往来和银行间资金往来的核心枢纽。可以说,中国人民银行已经成功地建立了以支付系统为核心、商业银行行内业务系统为基础、地区性同城清算为辅助的支付清算体系,完全改变了支付系统建立以前的那种以同城清算为主、全国联行为辅的支付清算格局。

2009年以来,中国人民银行总行已开始着手建设更加统一、安全、高效的第二代支付系统和中央银行会计核算数据集中系统(ACS系统),为进一步提高中央银行履职能力提供强有力的基础设施服务,有效满足社会经济的支付需求,促进金融机构改善经营管理,支持经济金融又好又快发展。按照系统建设实施计划,第二代支付系统的网银互联应用系统先行建设,已于2011年1月份完成了全国推广,第二代支付系统的其他应用系统和ACS系统将于2012年10月8日上线运行。

(二)中国国家第一代现代化支付系统

中国国家现代化第一代支付系统是一个大型的电子化应用系统,包括全国所有的金融支付业务的最终清算。该系统采用将通信子网与资源子系统分离的计算机通信网络工程设计原则,建成中国金融系统各部门共用的金融计算机通信网络——中国国家金融网络;业务处理支付服务、支付资金清算和金融信息管理等多种支付应用功能资源的子系统。该系统是集金融服务、资金清算与金融经营管理等货币政策职能于一体的综合服务系统。它的主要构成如图8-8所示。

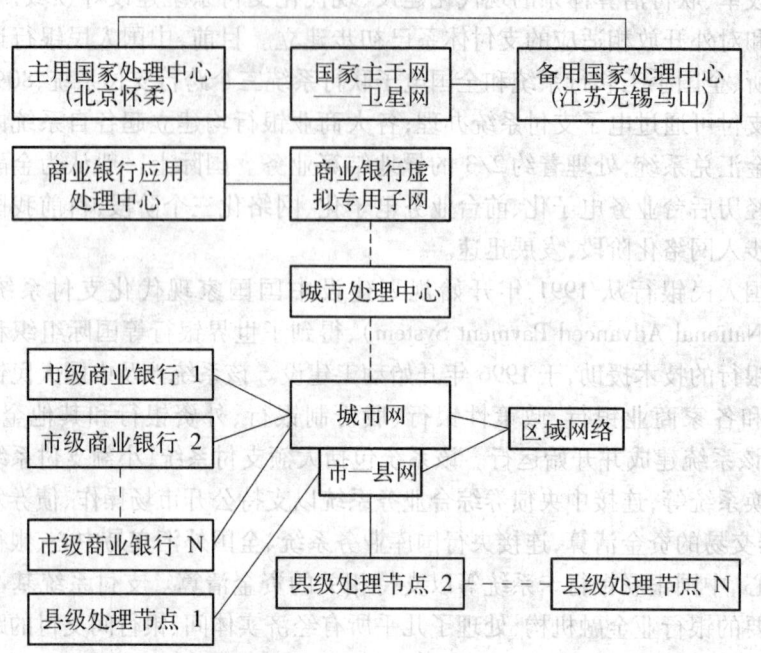

图 8-8　中国国家现代化支付系统总体结构

1. 中国国家金融网络的物理结构

中国现代化支付系统的网络基础建设,是在充分考虑我国国情,利用现有环境资源的前提下设计的。该网以 400 个城市为基础组成区域网络。采用三级节点,即:一级节点为全国处理中心;二级节点为城市处理中心;三级节点为县级处理节点。二级网络结构,即:国家级主干网络和区域级网络,以中国人民银行卫星通信网为国家主干网络,构成层次型星形——网状混合网络拓扑结构。中国国家金融网络由五部分构成,它们是:

(1)一级国家处理中心,即全国网络管理、应用系统控制中心,提供所有跨行的信息处理,收集下级处理中心的金融业务信息,处理结果转发到下级处理中心。

(2)二级城市处理中心,集中本市及本区域三级节点的金融业务信息,并作为城市范围内国有商业银行的直接入口,进行必要的业务处理和信息转发。

(3)三级县级处理节点,集中本地所有金融业务信息,送到上级处理中心,并将上级转发的金融业务信息送到所属各金融机构。

(4)四级银行间网关接口,将人民银行与各商业银行的系统连成一体,汇接各种金融业务信息。

(5)五级灾难恢复接口,将主用国家处理中心(北京怀柔主站)经过地面高速信道或卫星高速链路连接,一旦主用中心出现灾难,备用中心(江苏无锡备用主站)将全部接收主用中心的业务。

2. 中国现代化支付系统应用系统结构

(1)业务处理系统结构。该系统主要有两层,支付的全过程将在两个层次完成,即下层是商业银行与客户之间的资金支付往来与结算,有相应的清算机制;上层是中央银行与商业银行之间的支付清算,执行中央银行货币政策和金融监管职能。两个层次支付活动的全过程,构成完整的支付体系。跨行、跨地域的银行间资金结算为中国支付系统的上层资金清算系统,各银行、金融机构与客户之间的经济活动的支付系统为下层支付服务系统,两个层次的系统相辅相成,相互补充,上、下层有机连接,组成一个综合性的支付大循环体系——中国国家支付系统。中国国家支付系统物理结构如图8-9所示。

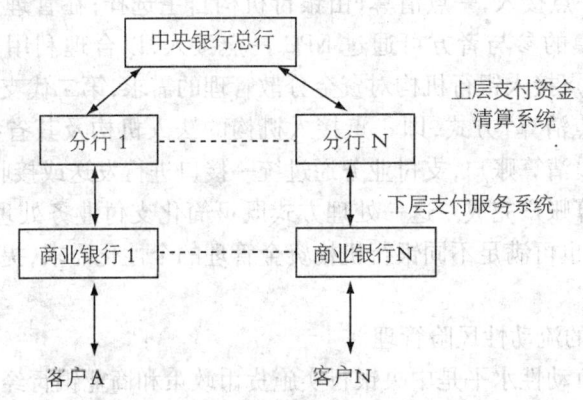

图8-9 中国国家支付系统

(2)上层支付资金清算系统。该系统建立有三个子系统:

一是小额批量支付系统。该系统用于处理大量同城和异地、跨行和行内的电子支付业务,面向金融机构提供批量净额清算服务,接收同城交换系统的净额清算。

二是大额支付系统,即实时全额清算系统。该系统用于处理同城和异地的跨行和行内的大额贷记支付以及时间要求紧急的其他贷记业务。资金清算是在人民银行账簿上以实时的方式逐笔记账。

三是清算账户处理系统。该系统对全国各银行的直接参与者账户之间的业务资金进行清算,以及对直接参与者账户和有关往来账户进行管理,采取"物理上集中存放,逻辑上分散管理"的做法,即全国各市级商业银行和各市级人民银行,在国家处理中心都设立一个资金清算账户,日常账户管理由各市级人民银行负责,如开户、销户、日间透支限额管理等。为保证国家处理中心账务核算的平衡和完整,该系统设置汇总平衡科目,用以核算发起行或接收行为人民银行的或只涉及直接参与者账户核算的现金、内转业务以及同城票据交换轧差净额的清算。该系统不处理二者之间的双边清算。

中央银行上层支付资金清算系统,以实现商业银行之间支付资金的最终清算为目的。它的功能包括:同城清算所;大额实时支付业务;电子批量支付业务;政府债券簿记业务;跨行 ATM、POS 授权服务;金融管理信息服务等。

(二) 第二代支付系统的主要特点

1. 支持商业银行一点接入

为适应商业银行经营发展的需要,便于其业务和流动性管理,第二代支付系统应支持银行机构以法人为单位一点接入。结合支付系统的物理架构及银行机构的接入现状,为简化支付业务处理流程,可考虑同时支持银行机构通过国家处理中心(NPC)或 CCPC 一点接入,一点清算,由银行机构自主选择;在管理上可以要求业务量达到一定规模的参与者方可通过 NPC 一点接入,以合理利用系统资源。另外,为适应部分一点接入银行机构对资金分散管理的需求,第二代支付系统还应支持"一点接入、多点清算"方式,即一点接入机构的法人机构及其省级分支机构分别在支付系统开设清算账户,支付业务通过统一接口进行发送或接收,资金清算则分别从指定的清算账户完成。这一处理方式既可简化支付业务处理流程,提高支付业务处理效率,也可满足不同银行机构资金管理的个性化需求,提高支付系统的适应性。

2. 提供全面的流动性风险管理

银行机构的流动性水平是中央银行实施货币政策和商业银行经营管理共同关注的指标,也是影响支付系统清算效率和安全的重要因素。第二代支付系统除保留第一代支付系统的自动质押融资、日间透支、大额清算业务排队、小额排队业务撮合、清算窗口管理等功能外,还应根据银行机构的现实需求,完善流动性风险管理功能,以进一步提高支付系统的整体运行效率。一是提供"一揽子"流动性实时查询功能,在实现中央银行会计核算数据集中的基础上,为各银行业金融机构提供包括清算账户和非清算账户余额的"一揽子"流动性实时查询功能。二是在大额支付系统中引入排队业务撮合功能。三是提供"资金池"管理功能,即系统根据法人授权,将其在支付系统的多个清算账户相互绑定,实现资金在绑定的账户之间自动调度。四是提供自动拆借功能,即由参与者根据拆借协议在系统中作相应设置,当协议一方清算账户余额不足时,系统自动从另一方清算账户拆入资金,完成排队业务的资金清算。

3. 建设网银互联平台

第二代支付系统中新建网银互联平台,实现各商业银行网银系统的互联互通,以提高跨行网银支付的清算效率,促进商业银行提升网银服务水平,进一步支持新兴电子商务的发展。网银互联系统将实行 7×24 小时连续运行,客户可基于存折账户、借记卡账户或贷记卡账户发起网银支付业务,并可实时获知对方收款人入账情况,显著提升客户在线体验,更好地支持电子商务的发展。系统同时支持非金融支付服务组织发起的各类在线电子支付信息,支持非金融支付服务组织进行业务创新,对促进支付服务市场竞争、进一步满足社会公众日益多样化的支付需求将产生积极推进作用。

4. 支持本外币交易的 PVP(即对等支付结算)

目前,我国银行间外汇市场的交易模式分为竞价交易和询价交易,询价交易金额占外汇交易的 99% 以上。外汇交易的人民币结算通过大额支付系统处理,外币结算主要通过境外代理银行完成。现有结算方式由于尚未按照 PVP 原则组织结算,存在一定本金风险,结算效率也比较低。境内外币支付系统的建成运行,为境内外币结算提供了安全、高效的通道,有必要依托大额支付系统和境内外币支付系统,按照国际通行的同步支付(PVP)原则组织我国外汇交易的资金结算,以有效防范结算风险,推动外汇市场的健康发展。

为支持本外币交易 PVP 结算,第二代支付系统可以与境内外币支付系统连接,通过两系统间的信息交换实现本币和外币的同步交收。对于竞价交易,可由外汇交易中心统一发起 PVP 结算指令;对于询价交易,由交易双方分别通过大额支付系统或外币支付系统发起 PVP 结算指令完成资金结算。

5. 完善人民币跨境支付结算功能

为支持人民币跨境支付业务的资金结算,同时借鉴其他国际化货币在全球支付的最终结算主要通过发行国大额支付系统完成的实践经验,第二代支付系统将完善人民币跨境支付结算功能,支持人民币用于跨境支付以及境外支付的最终结算。系统将支持汇兑、信用证、托收、保函等主要国际结算方式的信息流转及资金清算,对人民币跨境支付以及境外支付提供最终结算,并实现对跨境支付业务的统计监测。

专栏 8-4　　　　　　　　　　　2012 年第一季度中国支付系统运行情况

第一季度,支付系统①共处理支付业务 42.70 亿笔,金额 548.27 万亿元,同比分别增长 20.5% 和 18.9%,增速分别较上年同期放缓 22.7 个百分点和 11.1 个百分点;从支付系统资金往来情况②看,省(市、自治区)辖内资金流动量占比较 2011 年第四季度略有下降。第一季度,全国共 23 个省(市、自治区)的辖内资金流动量占本省(市、自治区)资金流动总量的比例超

---

① 支付系统包含大额实时支付系统、银行业金融机构行内支付系统、银行卡跨行支付系统、网上支付跨行清算系统、小额批量支付系统、同城票据清算系统及境内外币支付系统等 7 个系统。

② 包含大额实时支付系统、小额批量支付系统、银行业金融机构行内支付系统等 3 个系统处理的资金交易。

过50%。

大额实时支付系统业务量同比快速增长,日均处理业务笔数和金额同比大幅攀升。第一季度,大额实时支付系统处理业务1.00亿笔,金额378.47万亿元,同比分别增长30.4%和23.5%,占支付系统业务笔数和金额的2.4%和69.0%,业务金额是第一季度全国GDP总量的35.04倍,较2011年第四季度有所上升;日均处理业务164.18万笔,金额6.20万亿元①,同比分别增长28.3%和21.3%,较2011年第四季度日均处理业务笔数减少7.73万笔,金额增加4 273.40亿元。

小额批量支付系统业务量继续保持增长态势。第一季度,小额批量支付系统共处理业务1.55亿笔,金额4.97万亿元,同比分别增长37.0%和3.9%,占支付系统业务笔数和金额的3.6%和0.9%;日均处理业务175.60万笔,金额565.16亿元②。

同城票据清算系统业务量继续保持下降态势。第一季度,同城票据清算系统共处理业务0.91亿笔,金额15.57万亿元,同比分别下降9.0%和11.3%,占支付系统业务笔数和金额的2.1%和2.9%;日均处理业务149.28万笔,金额2 552.85亿元③。

境内外币支付系统业务量稳步增长,业务金额同比大幅增长。第一季度,外币支付系统共运行61个工作日,处理支付业务22.12万笔,金额6 479.90亿元(1 028.23亿美元),同比笔数增长39.4%,金额增长99.6%;日均处理支付业务3 626笔,金额106.23亿元(16.86亿美元),同比笔数增长37.1%,金额增长96.3%。

网上支付跨行清算系统业务发展态势良好。截至第一季度末,全国共有120家机构接入网上支付跨行清算系统。第一季度,网上支付跨行清算系统共处理支付业务3 837.46万笔,金额5 354.24亿元,占支付系统业务笔数和金额的0.9%和0.1%;日均处理支付业务42.17万笔,金额58.84亿元④。

银行业金融机构行内支付系统业务量继续保持较快增长。第一季度,银行业金融机构行内支付系统共处理业务20.44亿笔,金额143.99万亿元,同比分别增长18.3%和11.7%,占支付系统业务笔数和金额的47.9%和26.3%;日均处理业务2 246.81万笔,金额15 822.98亿元⑤。

银行卡跨行支付系统业务量同比继续快速增长。第一季度,银行卡跨行支付系统共处理业务18.42亿笔,金额4.09万亿元,同比分别增长20.7%和23.9%,占支付系统业务笔数和金额的43.1%和0.7%;日均处理业务笔数2 023.77万笔,金额449.01亿元。

资料来源:中国人民银行《2012年第一季度支付体系运行总体情况》。

四、中国的支付服务组织

(一) 中国人民银行

中国人民银行肩负"维护支付、清算系统正常运行"、"推进支付工具创新"的

---

① 2012年第一季度大额实时支付系统实际运行61个工作日,此处按实际运行工作日计算。
② 2012年第一季度小额批量支付系统实际运行88个工作日,此处按实际运行工作日计算。
③ 此处按2012年第一季度实际工作日61日计算。
④ 此处按2012年第一季度91个自然日计算。
⑤ 此处按2012年第一季度91个自然日计算。

法定职责,是我国支付体系建设的组织者、推动者、监督者。作为跨行支付服务的提供者,近年来,中国人民银行建设运行了大小额支付系统、全国支票影像交换系统、境内外币支付系统、电子商业汇票系统、网上支付跨行清算系统等重要业务系统,对于加速社会资金周转,促进经济、金融发展发挥了重要作用。中国人民银行清算总中心是中国人民银行直属的、不以营利为目的的、实行企业化管理的事业法人单位。

（二）银行业金融机构

银行业金融机构是中国企业和个人支付服务的主要供给主体。依托遍布城乡的营业网点,面向社会公众提供零售支付服务,其业务种类多,规模大,服务覆盖面广。

（三）清算组织

1. 中国银联股份有限公司

中国银联已成为国内知名度最高和具有国际影响的组织。作为一个立足中国、走向全球的银行卡品牌,中国"银联"品牌正得到各国主流银行卡机构和海内外亿万持卡人的普遍认同。

2. 城市商业银行资金清算中心

城市商业银行银行汇票处理系统是依托中国人民银行大额支付系统,实现城市商业银行签发、兑付银行汇票信息传输和资金清算的业务处理系统。该系统于2004年10月接入大额支付系统,由城市商业银行资金清算中心、各会员行、成员行和代理兑付行组成。

3. 农信银资金清算中心

2010年,农信银资金清算中心顺利实现全国农村合作金融机构核心业务系统的联网运行。开发完成农信银共享网上支付系统,为全国农村合作金融机构提供了一条方便、快捷接入中国人民银行网上支付跨行清算系统的渠道。

（四）证券结算机构

1. 中央国债登记结算有限责任公司

它是为全国债券市场提供国债、金融债券、企业债券和其他固定收益证券的登记、托管、交易结算等服务的国有独资金融机构,是财政部唯一授权主持建立、运营全国国债托管系统的机构,是中国人民银行指定的全国银行间债券市场债券登记、托管、结算机构和商业银行柜台记账式国债交易一级托管人。

2. 中国证券登记结算有限责任公司

2001年3月,中国证券登记结算有限公司组建成立,承接了原来隶属于上海证券交易所和深圳证券交易所的全部登记结算业务。它的成立标志着全国集中统一的证券登记结算体制的组织架构已经基本形成。

3. 银行间市场清算所股份有限公司

2009年11月,中国外汇交易中心、中央国债登记结算有限责任公司、中国印钞造币总公司、中国金币总公司等 4 家单位共同发起,按照《公司法》的要求依法设立的股份有限公司。主要业务是为银行间市场提供以中央对手净额清算为主的直接和间接的本外币清算服务,包括清算、结算、交割、保证金管理、抵押品管理;信息服务、咨询业务;以及相关管理部门规定的其他业务。

专栏 8-5 中国银联股份有限公司

中国银联全称中国银联股份有限公司(英文名称:China UnionPay Co., Ltd.)是经中国人民银行批准、在合并全国银行卡信息交换总中心和 18 个城市银行卡中心的基础上,由中国工商银行、中国农业银行、中国银行、中国建设银行、交通银行等八十多家国内金融机构共同发起设立的股份制金融机构,2002 年 3 月 26 日成立,总部设在上海,注册资本 16.5 亿元人民币。公司采用先进的信息技术与现代公司经营机制,制定统一的业务规范和技术标准,提供各银行共享的银行卡基础设施,杜绝重复建设,开展技术和业务创新,提供先进的电子支付技术和相关的专业化服务,改善我国银行卡用卡环境,推动我国银行卡产业的快速发展,建立和运营全国银行卡跨行信息交换网络,实现银行卡全国范围内的联网通用,实现"一卡在手,走遍神州",乃至"走遍世界"的目标。

中国银联的成立,极大地改善了我国的支付清算系统,对于中国支付清算系统的现代化建设具有里程碑意义:

1. 发行银联标准卡,创建民族银行卡品牌,有利于维护国家金融信息安全,维护国内成员机构在我国银行卡产业发展过程中的话语权,掌握产业发展过程中制定标准、规范的自主权力,保障国内各成员机构的长远利益和持卡人利益。

2. 发行银联标准卡既可保证在国内的通用,同时将随着人民币银行卡网络的国际化而实现全球通用。相对其他品牌银行卡,还将由于直接使用人民币结算而减少货币兑换的麻烦,同时使持卡人减少刷卡交易额 1% 左右的货币兑换损失。

2010 年,全国银行卡跨行交易金额达到 11.23 万亿元。按交易金额比较,中国银联已经成为全球第三大银行卡品牌。市场规模持续扩大,尤其是境外受理网络进一步扩大,已经延伸到境外 104 个国家和地区,境外银联标准卡发行近 1 000 万张。中国银联相继与万事达运通、花旗银行、汇丰银行、PayPal 等国际大机构建立了合作关系。银联卡不仅在一定程度上满足了中国人出境旅游购物的需求,也越来越多地被境外本地持卡人所接受。2010 年年底,境内外已有260 多家成员机构正式发行银联标准卡,银联标准卡累计发卡量 17.89 亿张,其中借记卡 16.51亿张,信用卡 1.23 亿张。发行银联标准卡已成为广大成员机构的共识。

资料来源:中国银联网站。

本章小结

1. 中央银行的支付清算服务是中央银行的基本职责之一,其效率对一国经济安全及金融稳定具有重要意义。中央银行作为一国支付清算体系的参与者和管理者,通过一定的方式和途径,使金融机构之间的债权债务清偿和资金转移顺利完成,以保证经济活动和社会生活的正常进行。

2. 支付清算体系是中央银行向金融机构及社会经济活动提供资金清算服务的综合安排,包括清算机构、支付系统、支付结算制度及银行间清算制度与操作。其中,支付系统的平稳运行关系到货币政策实施效果,对稳定货币、稳定金融具有至关重要的影响。许多国家的实践表明,实时全额清算系统较之差额清算系统,可以更有效地规避支付系统风险。

3. 尽管各国中央银行提供支付清算服务的方式与范围有所不同,但业务运行原理基本一致。金融机构需要在中央银行开立清算账户,并通过行间支付系统实现资金清算。中央银行的支付清算服务主要包括:组织票据交换清算、办理异地跨行清算、为私营清算机构提供差额清算服务、提供证券和金融衍生工具交易清算服务,以及提供跨国支付服务等等。

4. 跨国支付既是一项银行业务,也是一种跨国经济行为,尤其是在世界经济一体化的发展进程中,跨国支付清算的重要作用愈加突出。由于中央银行负有代表国家发展对外金融关系、参与国际金融活动等重要职责,在跨国支付清算活动中扮演着重要角色。

5. 新中国成立以来,随着经济体制的变革、金融产业的发展以及中央银行制度的完善,支付清算体系经历了重大的发展和改革历程。目前,我国支付清算体系已步入适应现代银行体制、为社会主义市场经济和对外开放条件下的经济活动和消费行为提供现代化支付清算服务的发展建设阶段。

6. 中国国家现代化支付系统是一个大型的电子化应用系统,包括全国所有的金融支付业务的最终清算。我国在第一代现代化支付系统成功运行的基础上正在建设更为完善的第二代现代化支付系统。中国的支付服务组织包括中国人民银行、银行业金融机构、清算组织和证券结算机构。

关键概念索引

结算 清算 中央银行支付清算服务 清算机构 票据交换 支付系统 差额清算系统 全额清算系统 实时全额清算系统 同城清算 大额支付系统 小额支付系统 跨国支付清算 中国国家现代化支付系统

复习思考题

1. "结算"与"清算"的区别是什么?
2. 中央银行的支付清算体系包括哪些内容?
3. 为什么说实时全额清算系统有利于规避支付系统风险?

4. 中央银行对支付系统负有哪些责任？

5. 大额支付系统和小额支付系统有哪些差异？为什么说大额支付系统是一国支付清算体系中的主干线？

6. 为什么说提供支付清算服务是中央银行的重要职责之一？

7. 支付系统风险有哪些？危害何在？如何控制和防范支付系统风险？

8. 新中国成立后的支付清算体系经历了哪些发展变革？

9. 跨国支付清算具有哪些特征？

10. 简述中国现代化支付系统的总体构成和第二代现代化支付系统的特点。

第九章 中央银行经理国库、会计和统计业务

📖 **本章要点**

- 国库及国库业务
- 中央银行会计工作任务和会计报告
- 中央银行调查统计对象和内容

根据中央银行法的规定,中央银行承担了大量的经理国库、会计和调查统计业务。这些业务虽然不直接影响中央银行的资产负债的增减变化,但对中央银行职能作用的发挥有着重要的影响。

第一节 中央银行的经理国库业务

中央银行经理国库业务就是接受政府委托,代表国家管理财政的收入和支付。中央银行通过经理国库,确保国家预算资金的及时收付、准确核算及库款安全,对于国家财政灵活调度资金、实现财政收支平衡、沟通财政和金融之间的联系、促进财政政策和货币政策的协调配合具有重要意义。

一、国库制度及中央银行经理国库的意义

(一) 国库的含义

国库是国家金库的简称,是一个国家储藏财富的仓库。在现代经济中,政府代表国家向社会提供公共服务和举办公益事业,维持社会的正常运转。政府提供上述服务所需费用由社会承担。主要通过税收、公共养老保险金、政府企业收入、金融资产发行和投资收益,形成国家的预算收入;而公共养老保险金支付、政府投资、债券利息支付、转移支付等构成国家预算支出。因此,本质上,国库是负责办理国家财政预算收支的机关,担负着国家预算资金的收纳和库款的支拨、代理政府债券的发行与兑付、反映国家预算执行情况的重任。国家预算是国家的基本财政计划,

是国家筹集和分配财政资金的重要工具及调节、控制、管理社会经济的重要杠杆。国家的全部预算收入必须由国库收纳入库,一切预算支出须由国库拨付,故国库业务是国家预算执行工作的重要组成部分和预算执行的基础。

国库是随着人类社会的演进、国家的产生和社会生产力的发展而逐步形成的。国家为了行使社会管理职能,需要设置和授权职能机构进行体现国家权力的专门管理,从而产生了财政及国家金库的雏形。随着社会的进步、国家职能的完善、财政和金融体制的发展变革,原始形态的国库逐步演化为现代社会中办理国家财政预算收支及相关事项的国家金库。根据国际货币基金组织的定义,国库不单是指国家金库,更重要的是指财政代表政府控制预算执行,保管政府资产和负债的一系列管理职能。

(二)国库制度

国库制度是指对国家预算资金的保管、出纳及相关事项的组织管理与业务程序安排。一般而言,国家根据其财政预算管理体制和金融体制,确立和实施相应的国库制度。

从世界各国对国家财政预算收支的组织管理及业务实施情况来看,分为独立国库制和委托国库制两种基本的国库制度。

1. 独立国库制

这是指国家特设经管国家财政预算的职能机构,专门办理国家财政预算收支的保管、出纳工作,目前世界上有少数国家采用独立国库制。

2. 委托国库制

这是指国家不单独设立经管国家财政预算的专门机构,而是委托银行(主要是中央银行)经理国库业务,接受委托的银行根据国家的法规条例,负责国库的组织建制、业务操作及管理监督。目前多数国家尤其是实行中央银行制度的国家实行委托国库制,例如美国、英国和我国都是实行委托国库制。

(三)中央银行经理国库业务的意义

中央银行经理国库,有助于利用其政府银行的特殊身份及便利条件,同时对提高国库管理效率及宏观经济政策的制定与实施具有重要意义。

1. 有利于国家预算资金的灵活调度和提高分配效率

中央银行经理国库可充分利用银行与社会各部门、企业、个人之间密切的账户往来及金融服务关系,实现国家预算收入的及时入库和预算支出的按时拨付。财政部门可直接通过银行的联行往来系统,加速税款收缴和库款调拨,方便、灵活地调动、运用国家预算资金,提高财政预算资金的集中和分配效率,保障经济和社会发展的资金需求。

2. 有利于财政政策和货币政策的协调配合

由中央银行经理国库业务,有利于财政部门和金融部门的相互衔接、相互制约及相互监督,在政府资金和银行资金之间提供一个可行的协调机制,有利于财政政策和货币政策的协调。通过经理国库,中央银行可及时了解、掌握国家财政的现状与发展动态,更好地把握社会资金的流动趋向,为制定和实施货币政策提供重要依据。并且,通过办理和监督国家预算收支,中央银行可及时、全面地向政府提供库款缴拨和预算的执行情况,便于财政部门掌握来自金融方面的政策信息,有利于财政政策的制定及与货币政策的协调。

3．有利于增加中央银行的资金来源

国库收纳的预算收入库款,在财政部门尚未拨付使用之前,形成存放于中央银行的财政存款;财政盈余资金也可构成中央银行的长期资金来源。中央银行经理国库,不仅惠及国家财政及预算执行,也有助于扩大中央银行的信贷资金来源,对其控制货币供给量和信贷规模、加强金融宏观调控力度具有直接影响。

4．有利于降低管理成本

中央银行经理国库,可利用其具有专业特色的组织体系、机构的内部组合以及电子化操作和信息传输网络,更有效率地执行国家预算收支及相关事项,从而降低成本,节约人力及物质资源。

5．发挥监督作用,确保国库资金安全

中央银行通过规范各级国库、征收机关的业务操作程序,对国库的日常收付及预算资金转移进行逐笔监督,有效地保证国库资金安全、及时、准确地解缴入库。加之拥有先进的国库储藏、保管及安全设施,可有效地保护国库资金安全。

二、国库的职责与权限

(一) 中央银行经理国库业务的主要内容

(1) 经办政府的财政收支,按国家预算要求协助财政、税收部门收缴库款;根据财政支付命令向经费单位划拨资金,充当国家金库的出纳。

(2) 代理国债的发行与兑付。债券发售之前,协助确定债券收益率、预测市场需求;发售时,负责公布发行条件、接受投标和认购,在报价人之间分配和发送证券,收取款项;到期时,负责支付利息和兑付。

(3) 随时向政府及财政部门反映办理预算收支过程中的预算执行情况,负有对国家预算收支和国库资金转移的监督责任。

(4) 代理政府进行黄金和外汇买卖。

(二) 国库的职责

(1) 准确、及时地收纳国家各项预算收入。国库须依照国家财政管理体制、税务部门及国库制度规定的缴纳办法,准确、及时地办理税款的缴库及各级库款的划分和留解,以保证各级财政预算资金的运用。

(2) 为各级财政机关开立账户,审查并办理同级财政库款的支拨。按照国家财政制度规定及银行开户管理办法,各级财政应在同级国库开立账户;各级国库根据有权支配库款的财政机关填发的付款凭证,并对其进行严格审查后,办理同级财政库款的支拨。

(3)对各级财政库款和预算收入进行会计账务核算,正确反映财政收支执行情况。各级国库须按期向上级国库和同级财政、征收机关报送日报、旬报、月报及年度决算报表,并定期与上述部门进行对账,以确保双方数字准确一致。

(4)协助财政征收机关组织预算收入及时缴库。按照国家财政制度规定办理库款退付。对屡催不缴预算收入的单位,除根据征收机关填发的凭证核收滞纳金外,有义务协助财税机关扣收其应缴预算收入。预算收入属于国家所有,应由国家统一支配,任何单位、个人都不得任意冲退;对于有正当理由需要退还的预算收入,国库须按照国家财政制度规定办理库款的退付。

(5)组织、管理和指导下级国库和国库经收处的工作。

(6)办理国家交办的与国库有关的其他工作。

(三)国库的权限

(1)各级国库有权监督、检查国库经收处和其他征收机关所收款项是否按规定及时全部纳入国库,发现拖延或违法不缴的,应及时查究处理。

(2)各级财政机关要正确执行国家财政管理体制规定的预算收入划分办法和分成留解比例;对于擅自变更各级财政之间收入划分范围、分成留解比例,以及随意调整库款账户之间存款余额的情况,有权拒绝执行。

(3)各级财政、征收机关应按国家统一规定的退库范围、项目和审批程序办理退库,对不符合国家规定要求办理退库的情况有权拒绝执行。

(4)监督财政存款的开户和财政库款的支拨,对违反财政制度规定的任何开户和库款支拨,有权拒绝执行。

(5)国库对任何单位和个人强令办理违反国家规定的事项,有权拒绝执行,并及时向上级报告。

(6)国库的各种缴库、退库凭证的格式、尺寸、各联颜色及用途、填写内容等,须按照国库条例实施细则和银行会计基本制度规定办理,未经国库、财政及征收机关协商同意的凭证,以及不符合规定的凭证,不能使用。国库有权拒绝受理不合规定的凭证。

三、中国国库制度的历史沿革

(一)中国国库制度溯源

我国早在周朝即出现了国库的雏形。在几千年的社会发展进程中,我国的国库制度经历了由实物库制演进为委托国库制的变迁历程。

周朝时期的国库是以实物库制形态出现的。在秦始皇建立了封建集权制国家之后,随之统一了财政管理,从而奠定了中国封建集权统一财政管理制度的基础。

从秦汉至清末,尽管历代封建王朝管理国家财政专职机构的名称、权限范围、库藏物品等随着社会发展而有所变化,但始终实行实物库制。清朝末年,晚清政府为维持日益衰败的统治,对财政制度及相关机构建制进行整理,建立了公库制度。1904年清政府设立了户部银行,1908年改称为"大清银行",该银行被确定为国家银行,授权其经理国库事务及国家一切款项、代理政府公债及各种有价证券发行,从而使中国的国库制度出现了重大变革,即由国家银行经理国库制度取代沿袭了几千年的实物库制。1910年清朝资政院订立了统一国库管理的《统一国库章程》;1912年大清银行改组为"中国银行";1913年北京临时参议院通过《中国银行例则》30条,明确经理国库为其主要职责之一。其后至新中国成立的几十年间,除北洋政府时期曾由中国银行和交通银行共同经理国库以外,所余时间均由国民政府时期的中央银行经理国库业务。

（二）新中国国库制度的确立

中华人民共和国成立以后,中央人民政府为统一国家财政收支,以恢复经济、发展生产、稳定社会,决定设立中央金库。1950年中央人民政府政务院颁布了《中央金库条例》,决定由中央人民政府设立中央金库,各大行政区设中央区金库,各省(市)设中央分金库,各县(市)设中央支金库,各级金库均由中国人民银行代理,金库主任由同级中国人民银行行长担任,从而确定了中华人民共和国的国库制度为委托国库制。1984年中国人民银行开始专门行使中央银行职能。国家财政税收制度也由单一税制改为复合税制。为适应体制上的变革及国库管理的需要,1985年7月27日,国务院发布《中华人民共和国国家金库条例》,该《条例》对国库的性质、任务、职责、权限作出了明确规定,并确定由中国人民银行具体经理国库,负责办理国家预算收支,进一步明确了我国的国库委托制及中央银行对国家金库的代理职责。1995年颁布的《中国人民银行法》首次以立法形式明确了"经理国库"是中国人民银行的职责之一。

2001年,国务院明确了"建立以国库单一账户为基础、资金缴拨国库集中收付为主要形式"的国库集中收付制度改革目标,其核心和要害是国库单一账户。但受制于当时的客观条件限制,尤其是中国现代化支付系统尚未建成、政府财政信息管理系统还不完备、国库计算机系统功能尚不强大,国库集中收付制度改革试点方案中,采取了选择代理银行的过渡模式,即借助商业银行资金汇划、网点等优势,引入国库单一账户"体系"概念,由财政部门在人民银行开设国库单一账户,按收入和支出设置分类账,同时采取财政部门在商业银行开设预算外资金收入财政专户(现称非税收入财政专户)、财政部门为执收单位开设财政汇缴账户、财政部门开设零余额账户和财政部门为预算单位开设零余额账户等一系列收支过渡账户办理国库资金收支业务。十年来,改革试点在克服重重阻力后,成功地解决了财政资金大量滞留在预算单位和执收单位而导致的收支效率不高、甚至是腐败案件时有发生等问题,政府资金分散管理的状况得到较大改善。

（三）我国现行国库制度的特点

1. 强化国库的组织体系

1994 年国家财政全面实行分税制体制,各项税收除划分为中央税、地方税和共享税以外,还按照有关政策规定办理中央财政对地方财政的税收返还。根据分税制的要求,分别建立了中央金库和地方金库,调整改革了国库机构内部的分工组合,形成了一个业务管理和会计核算相对独立、具有专业特色的国库机构体系。

2. 强化国库的信息功能

一是加强了国库与各级财政与政府部门之间的信息沟通,各级分支库每月向当地财政报送《地方预算收支简表》,总库每季向财政部报送《国库资金分析季报》。二是完善了国库系统内部的信息传输机制,全国国库系统建立了广泛的信息网络。

3. 强化国库的监督职能

按照《国家金库条例》及其《国家金库条例实施细则》规定,国库监督主要是对进入到国库和国库经收处的财政资金的监督。一是收缴资金是否应收尽收,督促检查国库经收处和征收机关所收款项是否按规定及时全部缴入国库;二是划分留解是否正确无误,监督各级财政机关是否按规定正确执行国家财政管理体制规定的预算收入划分办法和分成留解比例;三是退库办理是否及时准确合规,监督各级财政、征收机关是否按国家统一规定的退库范围、项目和审批程序办理退库;四是财政库款的支拨是否有据,监督各级财政办理的支拨业务是否符合法律法规规定,是否有预算(或用款计划,或文件依据),支付指令是否正确无误等;五是财政存款的开户是否合规;六是国库资金收支在商业银行环节上是否及时准确,监督商业银行办理的国库经收业务、代理支库业务、代理乡镇国库业务、代理国库集中收付业务(改革后新增)是否及时准确合规等。

据统计,2006—2010 年,我国各级国库堵住违规业务 114 万笔,涉及金额 4 441亿元。通过国库监督,有力地维护了国库资金的安全完整和国家预算执行的严肃性,效果良好。

4. 加强国债的发行与兑付管理

自从新中国政府发行公债开始,就一直由中国人民银行负责组织和管理国家债券的印制与调拨、代理发行和还本付息等一系列工作。进入 20 世纪 90 年代以后,为了适应国民经济快速发展的新形势,我国的国债发行加快了改革步伐。其一,改变了国债品种、期限和利率单一的状况,逐步实现国债发行的多样化和灵活化。1994 年为推出凭证式国库券,中国人民银行组织各商业银行进行了大量充分的创造性工作。其二,为完善证券市场机制,满足不同投资者的需求,国债发行由行政分配变革为组织承购包销团,以招标方式发行。为此,中国人民银行会同财政部、中国证监会共同审定国债一级自营商,协调发行主体、发行中介和投资者之间的利益关系,监督成交合同的执行。其三,为了保证国债的及时、准确兑付,中国人民银行国库部门积极组织管理国债兑付,大大提高了兑付效率和工作质量,维护了国债信誉,保护了投资者利益,受到社会各界好评。

2010 年,中国人民银行共发行 5 期凭证式国债 1 900 亿元,发行 11 期储蓄国债(电子式)1 296 亿元,兑付储蓄类国债 2 600 亿元(表9-1)。

表9-1　2010 年我国储蓄国债发行情况

类别	期数	发行日期	实际发行总额 (亿元)	期限					
				一年期		三年期		五年期	
				金额 (亿元)	利率 (%)	金额 (亿元)	利率 (%)	金额 (亿元)	利率 (%)
凭证式国债	一期	03.01-03.21	500	250	2.60	250	3.73		
	二期	05.13-05.27	400	200	2.60	200	3.73		
	三期	07.12-07.26	400	200	2.60	200	3.73		
	四期	09.13-09.27	400	200	2.60	200	3.73		
	五期	12.06-12.20	200	40	2.85	100	4.25	60	4.60
储蓄国债(电子式)	一期	04.10-04.25	200	200	2.60				
	二期	04.10-04.25	200			200	3.73		
	三期	06.12-06.26	200	200	2.60				
	四期	06.12-06.26	100			100	3.73		
	五期	08.16-08.29	120	120	2.60				
	六期	08.16-08.29	80			80	3.73		
	七期	10.15-10.28	43.66	43.66	2.60				
	八期	10.15-10.28	52.61			52.61	3.73		
	九期	11.15-11.28	60	60	2.85				
	十期	11.15-11.28	150			150	4.25		
	十一期	11.15-11.28	90					90	4.60

数据来源:中国人民银行 2010 年年报。

5. 加强国库管理的现代化建设

随着我国金融科技开发与应用水平的逐步提高,国库的电子化网络建设随之起步。1985 年,中央总库即开始筹建计算机网络系统,至 1989 年,全国 85% 以上省级分库和中心分库实现了计算机联网,报解库款和报表编制传送均通过电子计算机网络处理。1998 年全国省级国库已全部实现电子网络化,省内分库与中心支库联网达到 90%;部分地区已实现了省、地、县三级联网,另一部分地区实现了财政、税务、国库计算机横向联网,加快了国库资金的报解速度,加强了财政、税务、国库之间的信息沟通与监督。

"十一五"期间,我国建成了财税库银横向联网系统、国库会计数据集中系统、国库管理信息系统三大系统,大大提升了国库的现代化水平。其中,财税库银横向联网系统是人民银行国库连接财政、税务、海关和商业银行的信息联网和业务无纸化处理系统,是国库实现对外横向信息交换与共享的平台;国库会计数据集中系统是为适应财税和金融体制改革需要,实现国库业务与岗位整合而设计开发的全新的国库会计核算数据全国集中系统,是国库内部纵向信息交换和会计核算的重要平台;国库管理信息系统是将各级国库办理业务产生的财政收支数据集中存储、加工整理和管理的平台。基于现代化的业务系统,我国国库业务处理已跻身世界先进国库的行列,总库经收的中央收入和拨付的中央支出资金当日都能流转至目标账户,基本实现零在途。特别是支出资金实现了实时拨付,在国家发生重大灾害时,其重要性更加彰显。

专栏 9-1 　　　　　　　　　　　　**国库单一账户制度**

国际通行的国库单一账户制度的基本含义是:将所有的政府财政性资金集中在一家银行的账户上,全部财政收入由纳税人直接缴入该账户,全部财政支出由该账户直接支付给商品或劳务供应商,这一账户被称作国库单一账户。由于中央银行能确保政府资金安全,有利于货币政策与财政政策协调配合,这一账户通常选择开立在中央银行。世界主要市场经济国家普遍实行国库单一账户制度,集中管理所有的政府资金收支。

在借鉴国际经验的基础上,我国于 2001 年开始国库单一账户制度改革的试点,这一制度开始称为"财政国库管理制度",后逐渐发展为"国库集中收付制度"。国库集中收付制度改革是对财政资金账户设置和收支缴拨方式的根本变革,是加强财政资金管理,提高资金使用效率,从源头上防止腐败的一项重大举措,是继 1994 年分税制改革后的财政领域中的又一项重大改革。

受制于当时的客观条件,我国采取了单一账户体系的过渡做法,即设置了三类财政资金账户:国库存款账户、财政存款账户和预算单位存款账户。国库集中收付制度,是以国库单一账户为基础,还是以国库单一账户体系为基础,这是两种不同的制度路径选择,二者因资金账户设置框架不同而产生不同的制度效果。主要区别:一是账户设置数量不同。国库单一账户,就是各级政府财政部门只需在中央银行开设一个账户来管理全部的资金收支。国库单一账户体系,则是各级政府除在中央银行开设国库单一账户外,还在商业银行开设众多的收入过渡账户和支出过渡账户,来实现资金的收缴和支付活动。账户数量众多,导致政府资金分散管理,信息不完整不透明,影响政府财力的统筹安排与科学调度。二是业务处理流程不同。国库单一账户制度,要求政府财政收入从纳税人(或缴款人)账户直达国库单一账户,政府财政支出从国库单一账户直达商品或劳务供应商账户。而在国库单一账户体系下,收入和支出均通过层层过渡性账户来处理,资金流转环节多,业务处理手续繁琐,资金运转效率和安全完整很难保证。三是国库运作成本不同。国库单一账户制度下的成本仅限于中央银行办理业务所需,而国库单一账户体系下的成本,除中央银行(不会减少)外,还需要向商业银行支付高额的代理费用和其他为防范资金风险而产生的各种监督成本。

资料来源:根据中国人民银行网站资料整理。

第二节　中央银行的会计业务

　　会计是人们从事经济管理的一种职能活动,其以货币计量为基本形式,运用一整套专门方法,对经济活动的全过程进行核算、反映和监督。中央银行会计是针对中央银行的职能特点及业务范围,按照会计的基本原则制定核算形式和核算方法,体现和反映中央银行履行职能,监督、管理、核算财务的会计业务。

一、中央银行会计的对象特点和组织形式

　　(一)中央银行会计的对象
　　中央银行的会计对象是中央银行行使职能、办理各项业务、进行金融宏观调控等活动所引起的资金变化与运动的过程和结果。
　　(二)中央银行会计的特点
　　中央银行是银行的银行和政府的银行,中央银行的会计业务体现中央银行履行职能和业务活动的情况,是中央银行反映经济情况、监督经济活动、预测经济前景、参与经济决策的重要工具。中央银行会计不同于金融企业会计和其他行业会计,呈现出自己的特点。
　　(1)中央银行会计是对中央银行行使职能和自身业务活动的会计核算、会计分析和会计监督。作为国家的金融权力机关,中央银行不仅负有制定和执行货币政策、施行金融监管等职能义务,还要为政府和商业银行等金融机构提供各种服务,由此而产生的资金变化和财务活动,需要有适应中央银行职能和业务特征的中央银行会计核算形式与核算方法。
　　(2)中央银行履行自身职能所引起的货币发行与回笼、存贷款的增减变化以及其他资金变动,均必须通过会计核算加以完成,包括:货币政策实施业务的核算、联行往来及联行资金清算核算、货币发行与现金出纳业务核算、金银业务核算、外汇业务核算、代理国家金库及代理发行和兑付国家债券业务核算、内部资金和损益核算等等。因此,中央银行会计从核算内容、核算方法到会计科目、会计报表乃至会计凭证的设置,均不同于一般金融企业会计。
　　(3)中央银行除承担自身会计核算业务以外,还担负着提供金融会计服务,协调银行业的会计事务的职责,因此,需要按照金融宏观调控和金融监管的需要,建立体现中央银行职能的会计体系。
　　(三)中央银行会计的组织形式
　　中国人民银行各级行根据会计核算和管理要求设置会计部门。有关业务部门根据业务需要设置办理会计核算业务的组织。实行会计集中核算。会计集中核算

的基本组织形式是:设置营业网点办理柜台业务;成立核算中心集中处理管辖会计核算事项;成立事后监督中心集中监督营业网点、核算中心和有关业务部门的会计核算结果。

二、中央银行会计工作的任务和职能

(一) 中央银行会计工作的任务

会计任务是指会计在经济管理中所具有的功能。中央银行的会计工作,是其行使中央银行职能的重要工具和手段,既具有核算作用,又有管理职能。根据《中国人民银行会计基本制度》(2006)的规定,中央银行会计工作的任务是:

(1) 组织会计核算,真实、完整、及时地记录和反映各项业务活动情况和财务收支状况。

(2) 实施会计管理和会计监督,维护财产和资金的安全。

(3) 开展会计分析,披露会计信息。

(4) 提供金融会计服务,协调银行业的会计事务。

(二) 中央银行会计的职能

中央银行会计的职能是指会计工作在中央银行行使职能中所发挥的功能和作用。中央银行会计的职能如下。

(1) 管理职能。负责建立中央银行会计核算体系,管理中央银行系统内的会计工作,协调银行业的会计事务。

(2) 反映职能。中央银行履行职能的各项业务,最终都要表现为货币资金收付,而一切货币资金收付又必须通过会计核算过程才可实现。中央银行会计部门通过对会计科目的设置和运用、对会计报表的制作与分析、为商业银行和政府财政部门开立账户、办理资金的划拨与清算等会计活动,综合反映经济和金融动态、金融机构存贷款规模、货币流通状况、国家财政收支及预算执行情况,为调整、制定货币和金融监管政策提供重要依据。

(3) 监督职能。通过会计核算、会计分析和会计检查的综合运用,监督中央银行系统内部的财务收支和预算执行情况,以及内部控制机制的运作,监督金融机构的经营和资金活动,保证中央银行资产安全。

(4) 分析职能。中央银行通过会计分析,掌握金融机构的运营状况,将为数众多的业务数据,转化为充分反映金融系统和全社会资金运动状况与变化趋势的会计信息资料,从而有助于中央银行掌握宏观经济和金融动态,有助于中央银行履行职能。

三、中央银行会计核算的基本规定

根据《中国人民银行会计基本制度》(2006)的规定,中国人民银行会计核算应遵循以下规定：

（1）中央银行的会计核算以持续、正常的经营活动为前提，按规定的会计处理方法进行，坚持客观性、相关性、一贯性、及时性、明晰性、重要性和谨慎性原则。

（2）会计核算划分会计期间，按期结转账目和编制会计报告。会计期间按公历起讫日期，分为年度、季度和月度。会计年度自公历 1 月 1 日起至 12 月 31 日止。12 月 31 日为年终决算日。

（3）会计核算以收付实现制为基础，当期的各项收入和支出按当期实际发生的收支金额确认。

（4）各项财产按取得时的实际成本入账，在存续期间不对财产价值进行调整；特殊事项另有规定的，从其规定。

（5）表内业务根据复式记账原理，采用借贷记账法。凡资产或支出增加、负债或所有者权益减少时记借方，凡负债、所有者权益或收入增加、资产减少时记贷方。表外业务根据单式记账原理，采用收付记账法，凡表外事项增加时记收入，减少时记付出。

（6）会计核算必须坚持以下原则：钱账分管，及时记账；凭证账表，须经复核；现金收入，先收款后记账；现金支出，先记账后付款；代收他行票据，收妥进账；有账有据，账据相符；账务处理，日清月结；内外账务，定期核对。核算质量达到账账、账款、账实、账表、账据、账簿、账卡和内外账八相符。

四、中央银行的年度决算

中央银行的年度决算是中央银行会计工作的重要内容，是中央银行会计部门运用会计核算数据与资料，通过年度会计报告，对全年各项业务和财务活动进行总结反映。通过年度决算，中央银行对资金、财务及账务进行全面、系统地清理、盘点和核对，并在此基础上，结算损益（利润），编制决算报表，为总结和评价年度工作状况、调整和制定金融货币决策提供真实、准确的会计信息。

（一）年度决算前的准备工作

（1）对各项临时性和过渡性账户，如暂收款项、暂付款项、待清理资产和待清理负债等应及时清理。

（2）对库存现金、发行基金、有价单证及重要空白凭证、固定资产等，应根据有关账簿进行全面清查盘点，盘盈或盘亏的财产经审批后及时处理。

（3）与开户单位书面核对存、贷款账户余额，及时办理各种年度资金的上划，核实各项财务收支，清理联行往来的未达账项，处理账务悬案，核对总账、分户账余额。

（4）根据 11 月份总账各科目自年初累计发生额，编制试算平衡表，与 11 个月的月计表合计数进行核对。如有不符，应立即查明更正。

（5）做好决算附表、附注等有关资料的数据统计核实工作。

（二）年终决算日的工作

（1）将当日全部账务处理完毕。

（2）办理损益结转，将各项财务收支账户余额分别转入"本年利润"科目，结出当年纯损或纯益。

（3）结转当月账务，编制 12 月份月计表。

年终决算日后，应办理年度账务结转，并编制年终决算报表，对全年业务状况、经营成果等进行分析，编写决算说明书连同决算报表报上级行汇总。新年度营业日开始后，各级行应按时将年度上划款项上划管辖行，逐级汇总后上划总行。

五、中央银行的会计报告

会计报告是反映业务活动、财务状况和经营成果的书面文件，包括会计报表及会计报表附注或说明。会计报告必须真实、完整、及时。

中央银行的会计报告分为年度、季度、月度会计报告。

中央银行的会计报表包括资产负债表、损益明细表、业务状况报告表和其他相关附表。

（1）资产负债表。它是反映某一特定日期财务状况的报表，根据当期业务状况报告表各科目的余额归并后编制。

（2）损益明细表。它是反映某一特定期间经营成果的报表，根据当期损益各科目分户账结转前的余额填列。

（3）业务状况报告表。它是反映一定时期业务动态及状况的报表，根据当期总账各科目上期末余额、本期累计发生额和期末余额填列。业务状况报告表分币种编制，外币业务按规定的汇率折算成美元填列。日计表是按日编制的业务状况报告表，月计表是按月编制的业务状况报告表。

（4）其他相关附表。是对某一时期特定会计事项补充说明的报表。

（5）会计报表附注或说明。是对会计报表的编制基础、编制依据、编制方法及主要项目所作出的解释和说明。主要内容包括：①报告期间发生的重要会计政策和会计处理原则的变更情况、变更的原因及其对会计报表数据的影响。②报告期间发生的重大会计调整事项的背景和依据，以及重大会计差错的内容、产生原因和更正结果。③会计报表主要项目的构成、变动情况、影响变动的因素等。④有助于理解和分析会计报表的其他事项。

中央银行会计报表的编制要求如下：一是数字必须真实、正确；二是内容必须完整；三是编报必须及时。

六、中央银行的会计分析

（一）会计分析的含义

会计分析是为提供决策信息，根据会计核算资料和数据，运用比较、计算、解释等特定分析方法，对资金活动和财务状况进行的反映、评价。

（二）会计分析应遵循的原则

（1）客观性原则。会计分析应以客观的会计核算资料和数据为依据，真实、完整反映资金活动情况。

（2）一致性原则。会计分析采用的数据应前后各期口径一致，口径不一致的应说明差异。

（3）有效性原则。会计分析应注重质量，为决策提供有价值的信息。

（4）及时性原则。会计分析应注重时效性，及时提供分析报告。

（三）会计分析的主要内容

中央银行会计分析的主要内容是：资产、负债及所有者权益的结构及其变化情况；基础货币的投放回笼及其流向和流量情况；储备资产营运情况；金融机构准备金头寸情况；公开市场业务开展情况；联行在途资金情况；现金投放与回笼情况；经理国库资金情况；固定资产的增减变化及构成情况；财务收支情况；表外重要事项；其他情况。

七、中央银行的会计监督

会计监督是依据国家会计法律法规和人民银行各项会计规章制度，运用审核、控制、复审、检查和反映等手段对人民银行资金活动的真实性、合法性、合规性进行的监察和督促。

会计监督的主要内容包括：一是审核会计凭证反映的经济活动的真实性、合法性；二是检查会计核算过程的合规性和会计核算结果的准确性；三是制止和纠正伪造、变造会计凭证、会计账簿和账外设账行为；四是坚持按审批程序办理有关会计事项；五是核实账簿记载与财产实物；六是制止和纠正提供虚假会计信息的行为。

第三节 中央银行的调查统计业务

调查统计是中央银行获取经济、金融信息的基本渠道，在中央银行的职能行使及业务活动中发挥着极其重要的信息支撑作用，是国民经济统计核算体系的重要组成部分。由于中央银行的权威性和其信息来源的可靠性、准确性，其所进行的经济、金融统计，是国家宏观经济管理的重要工具，是中央银行制定货币政策的重要依据和及时反馈货币政策效果的重要途径。中央银行的调查统计包括金融统计和经济调查统计,其中金融统计处于核心位置,是中央银行调查统计活动的最主要内容。

自1948年开始编制第一张统计报表到现在,中国人民银行的调查统计工作由仅为计划资金部门统计"两张表",发展到以货币和信贷收支统计为核心,以金融市场、资金流量统计以及各种制度性和重点调查为基础,以定性与定量相结合的经济、金融分析预测为重点的高效、规范的调查统计信息体系;由仅仅向银行机构收集信贷、现金收支信息,发展到不仅掌握国内所有中、外资银行业金融机构的资产负债全面状况和各种专项统计信息,还掌握金融市场、资金流量、物价指数、企业财务状况、居民资产结构及预期等多方面信息;由最初为综合信贷计划服务,发展到既为中央银行履行货币政策、维护金融稳定等职能提供系统的信息和智力支持,又为国际金融组织、国家各部委、金融机构等社会各界使用中国金融数据和金融信息提供全方位的服务;由提供简要的信贷、现金分析材料发展到以各种经济、金融信息数据库为基础,多种经济分析模型和系统为手段,综合运用多种分析方法,围绕着我国货币政策和金融稳定,对国内外经济、金融进行多角度、全方位的分析与预测;由附属于计划资金部门的金融统计岗位,发展成为具有统计调查、分析预测职能的专业调查统计机构。

一、金融统计的含义和对象

(一) 金融统计的含义

统计是对社会的具体的特殊对象进行调研、认知、分析的过程。金融统计是按照规定的统计制度、根据统计的一般原理、运用科学的统计方法,对金融活动现象的数量信息进行收集、整理、分析,从而为经济和金融决策提供依据及政策建议的过程。金融统计是对金融活动及相关现象的系统记录与整理,包括:①各级金融机构根据统计规则定期进行的金融统计;②各级金融机构就金融活动的某一领域进行的专项调查;③各级金融机构逐级上报的有关金融运行中的突出事件及动态反映等等。

通过金融统计,对错综复杂、纷乱零散的原始信息资料进行科学处理,可以揭示微观与宏观金融运行的规律、特征、存在的问题,以及整个社会资金流动总量及结构变动,从而为经济和金融决策、金融监管、金融机构的经营管理提供科学依据,为中央银行实现稳定货币、稳定金融的宏观金融管理目标提供信息保障。

(二) 金融统计对象

金融统计对象是以货币和资金运动为核心的金融活动,是货币流通和以银行信用为主的各种金融行为。包括金融机构、金融业务、金融市场三个方面。

1. 金融机构

金融机构是专门从事各种金融活动的组织,是金融活动的主体。在不同国家及不同金融体制下,金融机构体系的构成有所不同。

2. 金融业务

金融业务是由金融活动的主体——金融机构所从事的活动内容。在不同的金融体制、金融机构体系和金融市场条件下,金融业务范围与内容有所差异。

3. 金融市场

金融市场是进行资金融通的场所,可依据不同的划分标准进行分类。如可分为货币市场、资本市场;外汇、黄金、保险市场;期货市场;国内金融市场、国际金融市场等。

二、金融统计的基本原则

1. 客观性原则

统计数据资料必须真实、正确。金融统计人员在统计调查过程中必须尊重客观事实,不存偏见,不受外力影响和制约,如实准确地反映实际情况。第一,须按原始资料如实进行统计操作,不得以主观意念代替客观实际。第二,坚持实事求是的原则,既要反映业绩状况,也要如实反映问题与矛盾,以便统计资料的使用者全面、准确地掌握实际情况,为财政金融决策制定提供客观依据。第三,金融统计人员应坚持原则,依据法规履行工作职责,应敢于抵制、揭露违反法规及统计制度的行为。

2. 科学性原则

金融统计是对金融活动的反映与揭示,是制定政策、考核业绩、揭露矛盾的重要依据。金融统计活动必须坚持科学性原则。根据统计对象的活动特点,科学、合理地设置与明确统计报表、统计指标含义及计算方法。严格遵守统计业务操作程序,对各种金融信息按照既定的统计目的和统计方式进行技术处理,确保统计资料准确、及时、全面、系统地反映经济与金融现象。

3. 统一性原则

各级金融统计部门须按照统一的统计指标、统计方法、统计口径及统计时间实施统计程序,以保证金融统计数据资料的完整性与统一性。

4. 及时性原则

金融统计具有很强的时效性,过期、滞后的统计资料将失去信息价值。各级金融统计部门须在规定时间内编制及上报统计报表,以利于报表的使用者及时掌握各方面情况。

5. 保密性原则

金融统计数据涉及宏观经济的重要信息及商业性金融机构的商业机密,事关重大,故须遵循保密性原则。统计部门及统计工作人员须依照法规,遵守保密制度。

三、金融统计的基本程序

(一)统计设计

统计设计是根据金融统计对象的性质与研究目的,对统计过程的通盘考虑与全面安排。主要包括:确定统计目的和任务;设计统计指标及体系、调查表式、调查方法、统计资料整理程序、数据处理及分析软件;确定各阶段、各环节的工作进度;人力组织、经费与物质安排等等,核心是指标体系的正确设计。根据不同的统计对象、目的及阶段要求,统计设计可分为整体设计和专项设计、全阶段设计和单阶段设计等。

(二)统计调查

统计调查是根据金融统计对象、研究目的及统计设计的要求,有组织、有计划地收集各类金融活动数据资料的业务过程。金融活动的数据资料包括会计报表、原始业务凭证以及业务台账等资料。统计调查的资料收集可采取以下两种形式:①原始资料搜集,即直接调查与记录调查对象的状况;②对调查单位已加工资料的搜集。统计调查一般采用前者。统计调查的方式可分为统计报表和专门调查、全面调查和非全面调查、经常性调查和一次性调查等,其中专门调查又包括普查、重点调查和抽样调查等。

(三)统计整理

统计整理是根据金融统计调研的目的及需要,将统计调查所获得的大量原始资料进行科学地分类、汇总,对已经加工的综合资料进行再加工,制成为统计分析服务的条理化、系统化综合资料,即统计报表。

(四)统计分析

统计分析是对经统计整理而成的统计报表数据进行研究、分析的过程,是实现统计目的的重要环节。具体而言,金融统计分析应根据统计研究的需要,运用适当的统计分析方法,对统计报表所显示的数据进行实事求是的定性、定量分析,剖析各种指标间的相互联系,从而揭示出经济、金融运行的总体特征、规模、构成、相关性及动态趋势,作出实事求是的结论和推断,提出有助于决策、规划、管理的政策建议。

四、金融统计的主要内容

(一)货币供应量统计

中央银行为了履行制定和执行货币政策的职能,需要取得关于货币供应量的基本数据。根据国际货币基金组织制定的《货币和银行统计指南》,提出货币供应量的统计方法,并定期编印提供各成员国货币和经济发展重要统计数据的《国际金融统计》。根据《国际金融统计》,各成员国的货币供应量统计通常采用三级汇总形式,第一级是将金融资料合并成货币当局、存款货币银行和非货币金融机构(也称其他金融机构)三类,形成各自的资产负债表。第二级是将货币当局和存款货币银行的资产负债表合并成"货币概览"(又称货币统计表),提供关于货币和信贷的统计方法及数据资料,是为中央银行执行管理货币职能而建立的货币运行监测报表,描绘了货币供应总量及构成、货币与信贷以及货币与宏观经济的内在联系。编制货币概览的目的在于分析受货币当局影响最大、对其他国民经济总量最有影响的金融总量状况。第三级是将非货币金融机构资产负债表与货币概览合并成"金融概览",记录一国金融活动的整体状况,是全面衡量经济部门的所有清偿手段,提供描述整个金融体系与其他经济部门之间经济联系的信息资料,其范围大于货币概览,包括了货币概览中所没有的关于其他金融交易的统计资料。金融统计资料三级汇总的框架结构如图 9-1 所示[1]。

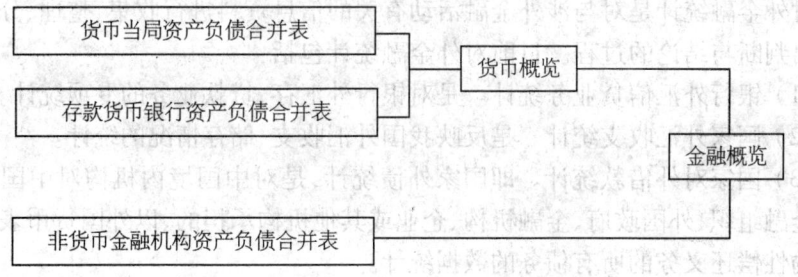

图 9-1 金融统计资料三级汇总的框架结构

在三级汇总框架结构中,货币当局是金融机构中最重要的货币部门,其职责是发行货币、控制信贷、管理本国国际储备、经理国库、维护支付清算系统的正常运行,维护国家货币、金融稳定。三级汇总的特点在于:一方面,统计信息和机构的覆盖面呈递增趋势,且愈益完整;但另一方面,统计信息的取得则由易而难,时效性逐步下降。中央银行的调控力度也呈递减趋势。目前,我国尚未进行第三级汇总,但编制了以货币概览和特定存款机构的资产负债表合并而成的银行概览,特定存款机构包括金融信托投资公司、租赁公司、国家开发银行、中国进出口银行。

(二)信贷收支统计

信贷收支统计是对金融机构以信用方式集中和调剂的资金进行数量反映与分析的专门统计,综合地反映了宏观经济运行中金融机构信贷资金的来源、性质、分布、投向,是中央银行和商业性金融机构了解金融信息的主要渠道,对分析货币政策、反映货币流通状况、进行金融宏观调控与监测具有重要价值。信贷收支统计报表以信贷资金收支余额表的表式编制,由资金来源和资金运用两部分组成。信贷

———————————
① 戴相龙、黄达主编:《中华金融辞库》,中国金融出版社 1998 年版,第 1291 页。

收支统计是我国金融机构的主要业务统计,我国的信贷收支统计报表包括全部金融机构信贷收支表、中央银行信贷收支表、国家银行信贷收支表、其他银行信贷收支表、农村信用社信贷收支表、金融信托投资机构信贷收支表、城市信用社信贷收支表、财务公司信贷收支表等。

(三) 现金收支统计

现金收支统计是商业银行对通过银行的一切现金收支数量进行的业务统计。由于现金收支是商业银行的重要业务活动,是国民经济中现金活动的中心,故现金收支统计是商业银行也是中央银行金融统计的一项重要内容。现金收支统计表式由中央银行统一制定,所有发生现金收支的银行,须对所有现金收支业务进行统计,并按业务范围和隶属关系逐级汇总上报至中国人民银行总行。

(四) 对外金融统计

对外金融统计是对与涉外金融活动有关的信息资料进行收集、整理、分析并依此作出判断与结论的过程。目前对外金融统计包括:

(1) 银行外汇信贷业务统计。是对银行外汇存、贷款业务的专项统计。

(2) 国家外汇收支统计。是反映我国外汇收支、储存情况的统计。

(3) 国家对外借款统计。即国家外债统计,是对中国境内机构对中国境外的国际金融组织、外国政府、金融机构、企业或其他机构承担的、以外国货币表示的具有契约性偿还义务的所有债务的数据统计。

(4) 国际收支统计。反映国家一定时期内全部对外交往所产生的外汇资金来源与运用全貌,其统计报表即国际收支平衡表。各国的国际收支平衡表通常按照国际货币基金组织对国际收支的解释含义编制,系统地记录了报告期内本国与其他国家(地区)之间发生所有权转移的全部经济往来,描述了国际收支差额状况及形成原因和国际储备资产增减变化。

(五) 金融市场统计

金融市场统计一般以金融市场类型划分统计范围.包括:

(1) 货币市场统计。重点对市场主体、金融工具种类、交易规模、资金流向、利率水平等信息资料进行收集、整理和分析。

(2) 资本市场统计。重点对股票、债券等有价证券的发行和交易规模及相关市场活动进行数据统计,用以分析长期投资的规模和结构变动、利息和收益率水平,以及资金的供求状况等。为加强对金融衍生产品的监测,近年来中国人民银行增加了对期货市场的统计以及权证统计。

(3) 外汇市场统计。是对外汇市场的交易主体、交易规模及交易价格(汇率)的相关信息进行统计处理。

(4) 黄金市场统计。是对与黄金市场主体、交易规模和交易价格等有关信息的统计。

（六）保险统计

保险统计是反映保险及相关经济活动的规模、程度、市场结构、承保水平、保费收入、理赔支出、盈利状况的统计。

（七）资金流量统计

资金流量统计是从收入和分配社会资金运动的角度描绘国民经济各类交易活动的一种统计核算方法。根据国际统一标准，国民经济机构部门通常划分为5类：非金融私人企业、金融机构、政府、私人非营利机构、居民。

资金流量统计核算范围包括：①国民收入初次分配流量的核算；②国民收入再分配流量的核算；③国民可支配收入和使用；④资本形成的核算；⑤金融交易的核算。通常将①至④部分核算统称为实物部分的资金流量核算，将第⑤部分的核算称为金融交易部分的资金流量核算。国际上资金流量的统计范围主要有三种：一是只核算金融交易，多由中央银行独立编制资金流量表并发布；二是核算范围除金融交易以外，还包括总储蓄和实物投资；三是除金融交易以外，也包括收入、分配、再分配、消费和投资的形式，用以观察整个过程中的各种经济关系，研究分配、生产以及各机构部门资金筹措使用情况。2010年开始中国人民银行试编季度资金流量表，提高资金流量核算时效性，加强融资格局监测分析。

（八）社会融资总量统计

2010年，中国人民银行着手编制社会融资总量统计指标，以适应宏观调控的需要。社会融资总量是全面反映金融与经济关系，以及金融对实体经济资金支持的总量指标。社会融资总量是指一定时期内（每月、每季或每年）实体经济从金融体系获得的全部资金总额。其中的金融体系为整体金融的概念，从机构看，包括银行、证券、保险等金融机构；从市场看，包括信贷市场、债券市场、股票市场、保险市场以及中间业务市场等。

表9-2列示了中国人民银行公布的主要金融统计数据报表种类。

表9-2　中国人民银行公布的主要金融统计数据报表种类

金融机构本外币信贷收支表	金融机构外汇信贷收支表
金融机构人民币信贷收支表	货币当局资产负债表
存款性公司概览	其他存款性公司资产负债表
货币供应量	汇率报表
货币概览	银行概览
黄金和外汇储备报表	全国股票交易统计表
交易所政府债券交易月度统计表	全国银行间同业拆借市场交易期限分类统计表
全国银行间市场债券回购交易期限分类统计表	企业商品价格指数
城镇储户收入与物价扩散指数表	社会融资总量

资料来源：中国人民银行网站。

五、中央银行的经济统计调查

中国人民银行履行货币政策和金融稳定的职责,需要对宏观经济部门各方面的信息进行收集、整理和分析,在此基础上研究经济总量与结构变动及发展趋势,为制定货币政策和实现金融稳定提供依据。

1986 年以来,中国人民银行先后建立了物价统计、工业景气调查、居民储蓄问卷调查、银行家问卷调查和进出口企业问卷调查等制度,建立了中央银行宏观经济数据模型和分析框架。

（一）工业景气调查统计制度

1987 年,中国人民银行在全国 22 个大中城市对 425 户国有大中型企业开展了企业生产经营状况的调查。1991 年,根据货币政策决策的需要,在全国 30 个省、自治区、直辖市抽取了 5 185 户国有大中型工业企业,建立了 5 000 户工业企业经营资金状况调查月报制度。1992 年又建立了 5 000 户工业企业季度问卷调查制度。调查对象以国有大中型工业生产企业为主,还包括一些具有相当经济规模,有代表性的集体工业生产企业及产供销一条龙的企业集团。1993 年以后增加了部分合资、外资及股份制工业生产企业。调查内容由工业企业 65 个主要财务指标和问卷两部分组成。这一调查为中央银行判断、分析和预测经济运行情况提供了有力支持。

（二）城乡居民储蓄问卷调查统计制度

为了及时了解居民家庭支出状况和心理预期变动,对储蓄存款的稳定性、阶层分布和变动趋势作出判断,中国人民银行于 1993 年建立了居民储蓄问卷调查制度,每半年在全国 20 个城市对 1 万名储户进行调查;1994 年改为季度调查,调查城市增加到 34 个,问卷扩大到 2 万份;1999 年对调查方法和问卷内容作了较大的修订,更名为城镇储户问卷调查。调查城市和储蓄所由依据城市经济发展状况和调查条件确定,改为按分层随机抽样的原则和方法来确定,调查城市增加到 58 个。调查内容主要包括储户的储蓄动机与消费意向、对收入和物价的判断与预期、金融资产与负债状况以及储户基本情况四个方面。该项调查及时了解城镇居民的储蓄、消费、投资行为及心理预期的变动,为中央银行货币政策决策和调控宏观经济提供依据。

专栏 9-2　　　　　　　　　　2012 年第 1 季度储户问卷调查报告

2012 年第 1 季度,由中国人民银行在全国 50 个城市进行的 2 万户城镇储户问卷调查。

一、物价感受指数

居民当期物价满意指数为 19.7%,较上季度和去年同期分别提高 3.2 和 2.4 个百分点。62.9%的居民认为物价"高,难以接受",较上季和去年同期分别回落 5.9 和 4 个百分点,34.9%

的居民认为"可以接受",较上季和去年同期分别提高 5.2 和 3.3 个百分点。

居民对未来物价上涨预期继续回落,未来物价预期指数为 62.1%,低于上季和去年同期 3.3 和 10.7 个百分点;其中,预测下季物价上涨的居民比例为 31.4%,较上季度下降 5.4 个百分点。

二、收入感受指数

居民当期收入感受指数为 51.9%,较上季回升 1 个百分点,表明居民收入情况有所改善。

居民未来收入信心指数 54.9%,较上季回落 0.4 个百分点,表明居民对未来增收信心略有下降。

三、就业感受指数

居民当期就业感受指数为 42.3%,较上季提高 2.5 个百分点,处于 2009 年以来的最高水平。居民未来就业预期指数 51.3%,较上季提高 0.7 个百分点,其中预期下季就业形势"好"或"基本不变"的居民占 70.7%,预期"就业差"的占 11.7%。

四、储蓄、投资、消费意愿

在当前物价、利率以及收入水平下,82.5% 的城镇居民倾向于储蓄(其中 46.9% 偏好"储蓄存款",35.6% 偏好"投资债券、股票、基金等"),17.5% 倾向于"更多消费"。

在各主要投资方式中,25.7% 的居民偏好"基金、理财产品",这个比例较去年 4 季度提高了 3.2 个百分点,是居民的投资首选;居民另一主要投资方式为"实业投资"(16.4% 的居民倾向该种投资,是 2009 年以来的最高值);"房地产投资"意愿继续回落,较去年末和同期分别降低了 1.4 和 10 个百分点,在主要投资方式中列第三位。

在各类消费中,居民购车意愿为 14.6%,是 1999 年调查以来的最高值;大额商品消费意愿与旅游意愿分别为 25.3% 和 25.2%,较上季分别提高了 0.5 和 2.6 个百分点。

五、对房价预期与购房意愿

居民对当前房价接受程度有所提高,房价上涨预期降至近三年来的低位。67.7% 的居民认为房价"过高,难以接受",较上季下降 5.2 个百分点。对下半年房价走势,48.7% 的居民预期"基本不变",19.7% 的居民预期"下降",17.7% 的居民预期"上升"。预期"上升"的比例较去年同期下降了 23.8 个百分点。

未来 3 个月内有购房意愿的居民占 14.1%,与上季基本持平,是 1999 年调查以来的同期最低值。在不同收入水平的居民中,高收入居民(家庭月收入 5 万元以上)投资房地产意愿最低,仅为 13.7%。特大城市(北京市、上海市)居民的房地产投资意愿甚至低于 2009 年初的最低水平,仅为 9.4%。

资料来源:中国人民银行网站。

(三)物价统计调查制度

为了观察和分析社会总供求平衡状况和物价的变化,中国人民银行从 20 世纪 80 年代开展了物价调查统计工作。1985 年 2 月,中国人民银行建立了集市贸易商品价格调查制度;1986 年中国人民银行建立了企业生产资料购进价格调查统计制度;1993 年中国人民银行建立了批发物价指数调查统计制度,集市贸易商品价格调查制度停止执行;1999 年国内批发物价指数编制工作成熟后,企业生产资料购进价格调查统计制度也完成了历史使命。2001 年 9 月,批发物价指数更名为企业商品交易价格指数,并按月向社会发布企业商品交易价格指数。中国人民银行企业商品价格调查工作现已覆盖 250 个城市和 4 600 家报价企业。商品样本覆盖面广,既包括投资品,也包括消费品,可与经济总量指标相对应;同时,由于其采价环节靠前,指标信息时效性强,滞后经济周期时间短,企业商品交易价格指数已经成为中央银行判断宏观经济趋势、度量通货膨胀水平的核心指标之一。

近年来,中国人民银行加大了房地产价格指数的研究力度,进一步增强央行价格监测在社会的影响力。

（四）银行家问卷调查统计制度

为了把握银行业的景气状况和评价货币政策效果,以便更好地为制定货币政策和宏观决策服务,2004 年,中国人民银行和国家统计局联合建立了银行家问卷调查制度,该项调查由人民银行具体组织和实施。通过对全国 2 850 余家中外资商业银行(含农村信用社)行长(主任)的问卷调查,了解其对宏观经济形势、货币政策实施状况、信贷需求及投放以及银行业景气状况等的判断和预测。此项调查为中央银行掌握银行业发展动态、信贷供求变化以及货币政策决策提供了有价值的信息,同时也为社会各界了解银行业景气状况和货币政策意图提供了新的渠道。

专栏 9-3　　　　**2012 年第 1 季度全国银行家问卷调查报告**

2012 年第 1 季度,由中国人民银行和国家统计局共同完成的全国银行家问卷调查显示:宏观经济热度指数继续下降,银行家宏观经济信心指数上升,银行业景气指数高位回落,贷款需求指数下降,货币政策感受指数明显上升。

一、银行家宏观经济信心指数

宏观经济热度指数为 40%,连续两个季度在 50% 临界值以下。其中,认为当前宏观经济"偏冷"的银行家占比为 29.5%,较上季度上升 5.9 个百分点;认为"正常"的银行家占比为 61.2%,比上季上升 4.3 个百分点。对下季度经济运行走势,22.6% 的银行家预计将"偏冷",68.7% 的银行家预计下季"正常"。银行家宏观经济信心指数为 65%,较上季上升 5.6 个百分点。

二、银行业景气指数

银行业景气指数为 83.2%,较上季下降 2.2 个百分点;银行盈利指数为 83.8%,较上季下降 6.6 个百分点;银行竞争力的扩散指数为 66.8%,与上季持平。

三、贷款需求指数

贷款总体需求指数为 79.6%,低于上季和上年同期 0.3 和 5.6 个百分点。其中,农业、水利、教育、固定资产贷款需求回升,分别为 67.1%、60.2% 、55% 和 61.4%,较上季上升 2.5、1.9、0.6 和 1.2 个百分点;制造业和非制造业贷款需求为 72.9% 和 66.1%,分别较上季下降 0.4 和 1 个百分点。分企业规模看,大型企业贷款需求指数为 62.4%,较上季上升 0.2 个百分点;中型企业贷款需求指数为 72.7%,较上季下降 0.6 个百分点;小型企业贷款需求指数与上季持平,为

81.8%。

四、货币政策感受指数

本季度银行家货币政策感受指数(选择货币政策"适度"的银行家占比)为59.3%,较上季提高16.6个百分点;对下季货币政策,62.2%的银行家预期将保持适度水平,较本季提高2.9个百分点;21.3%的银行家预期货币政策将"趋松",较本季提高17.7个百分点。

编制说明:

银行家问卷调查是由中国人民银行和国家统计局共同合作完成的一项制度性季度统计调查。中国人民银行调查统计司和国家统计局服务业调查中心双方共同负责调查问卷的编制、调查方案和指标体系的制定、计算方法的确定;中国人民银行调查统计司负责银行家调查的具体实施、数据分析以及调查报告的撰写等;调查结果由中国人民银行和国家统计局共同对外发布。

本项调查采用全面调查与抽样调查相结合的调查方式,对我国境内地市级以上的各类银行机构采取全面调查,对农村信用合作社采用分层PPS(与信用社规模成比例)抽样调查,全国共调查各类银行机构3 000家左右。调查对象为全国各类银行机构(含外资商业银行机构)的总部负责人及其一级分支机构、二级分支机构的行长或主管信贷业务的副行长。

调查结果反映了调查当季相对于上季的变化情况。报告对问卷中涉及的四个指标进行了量化描述,列示了对这些指标选项回答的占比情况和景气指数。其中,银行家宏观经济信心指数为判断本季经济形势"正常"的银行家占比与预期"正常"占比的算术平均数;货币政策感受指数为判断货币政策"适度"的银行家占比数;银行业景气指数和贷款需求景气指数均采用扩散指数法计算,即计算各选项占比,并分别赋予各选项不同的权重("好/增长"为1,"一般/不变"为0.5,"差/下降"为0),在此基础上求和计算出最终的景气指数。所有指数取值范围在0—100%之间,指数在50%以上,反映某一方面经济活动扩张;低于50%,通常反映其经济活动衰退。

资料来源:中国人民银行网站。

（五）进出口企业问卷调查制度

2005年7月21日,我国改革了人民币汇率形成机制。为了及时跟踪掌握外贸进出口形势的变化情况,监测人民币汇率形成机制改革的效应和影响,为改革的顺利推进提供有力的信息支持,2005年8月中国人民银行建立了进出口企业问卷调查制度。最初调查频度为月度,在18个省、直辖市开展,这些省、直辖市的进出口总额占全国的96%以上,调查样本企业1 100多家,涵盖10种企业性质、20个行业。2006年改为季度调查。2007年调查范围扩大到29个省、自治区、直辖市,调查企业扩大到1 500多家,调查问卷内容包括进出口额、价格、订单、就业、盈利状况、议价能力等方面。

（六）宏观经济数据模型和分析框架

结合我国实际,中国人民银行研究开发了时间序列分析、企业景气分析等分析软件,逐步建立了一系列科学实用的经济信息数据库和经济分析模型。一是建立了"宏观经济时间序列数据库",整合了全系统的宏观经济数据资源,为经济分析工作奠定数据基础。二是开发出中国的时间序列季节调整软件,PBC 版汉化 X-12-ARIMA软件增加了中国移动节假日——春节的处理功能,增强了图形现实功能,此举为中国首创,在经济分析的数据处理中得到了较好的运用和好评。三是开发了"经济先行指标与预警系统",动态分析宏观经济主要指标的发展趋势,满足宏观调控科学性、前瞻性及预见性的需要。

📖 本章小结

1. 经理国库业务、会计业务和调查统计业务在中央银行的业务活动中占有重要位置,是中央银行行使职能的具体体现。

2. 国库是负责办理国家财政预算收支的机关,担负着国家预算资金的收纳和库款的支拨、代理政府证券的发行与兑付、反映国家预算执行情况等重要任务。国库制度是对国家预算资金的保管、出纳及相关事项的组织管理及业务程序的安排,从世界各国的实践情况来看,主要有独立国库制和委托国库制两种形式,目前多数国家实行委托国库制。国库的职责与权限、中央银行国库业务一般都由法律规定。

3. 中央银行会计的对象是中央银行办理各项业务、进行金融宏观调控等活动所引起的资金变化的过程和结果。中央银行会计不同于金融企业会计和其他行业会计,是中央银行反映经济情况、监督经济活动、预测经济前景、参与经济决策的重要工具。

4. 中央银行会计的任务包括正确组织会计核算、加强服务与监管、加强财务管理以及加强会计检查分析和监督。中央银行会计的职能是指会计工作在中央银行职能行使中所发挥的功能和作用,包括反映职能、监督职能、管理职能和分析职能。

5. 中央银行的调查统计活动是其获取经济、金融信息的基本渠道,其中金融统计处于核心位置。金融统计是对金融活动现象的数量信息进行收集、整理、分析,为经济和金融决策提供依据及政策建议的过程。

6. 金融统计的对象即是以货币和资金运动为核心的金融活动,通常包括金融机构、金融业务、金融市场三个方面。金融统计业务必须遵循客观性、科学性、统一性、及时性和保密性原则,其业务程序包括统计设计、统计调查、统计整理和统计分析。金融统计的内容主要有货币供应量统计、信贷收支统计、现金收支统计、对外金融统计、金融市场统计、保险统计、资金流量统计和社会融资总量统计,反映了国家经济和金融体制的状况。

关键概念索引

国库　国库制度　独立国库制　委托国库制　国库职责　国库权限　中央银行会计　中央银行会计对象　中央银行年度决算　中央银行会计报表　金融统计　货币供应量统计　信贷收支统计　现金收支统计　国际金融统计　资金流量统计　货币概览　银行概览

复习思考题

1. 简述中央银行经理国库的重要意义。
2. 简述国库的职责与权限的内容。
3. 中央银行会计特点有哪些?
4. 中央银行会计的任务与职能包括哪些内容?
5. 中央银行会计报表的重要作用有哪些?
6. 中央银行会计分析和监督的主要内容有哪些?
7. 金融统计对象的具体内容是什么?
8. 简述金融统计工作须遵循哪些原则。
9. 简述金融统计的业务流程和主要内容。

第十章　中央银行的征信和反洗钱业务

本章要点

- 征信和征信体系
- 企业和个人信用信息基础数据库
- 洗钱与反洗钱
- 金融行动特别工作组
- 中国人民银行反洗钱职责

信用已渗透到社会经济生活的方方面面,征信制度的健全与否直接影响到金融交易中的各方当事人的利益。社会的发展使许多新的犯罪如毒品犯罪、黑社会性质的组织犯罪、恐怖活动犯罪、走私犯罪、贪污贿赂犯罪、破坏金融管理秩序犯罪等大量出现,这些犯罪所得及其收益都需要通过不同的途径来力求合法化。这严重破坏了社会经济秩序。由于中央银行担负着管理全国金融事务、维护金融稳定的职责,因此,许多国家将征信和反洗钱的重任赋予中央银行。我国新修订的《中国人民银行法》也增加了中央银行的征信和反洗钱职责。

第一节　中央银行的征信服务

一、征信与征信体系概述

（一）征信与征信体系的含义

"征信"一词的溯源,最早见之《左传》："君子之言,信而有征,故怨远于其身",大意是君子言而有信,信可验证,因此不会招人怨恨。就词义本身看,"征信"的"征"可理解为"征集","信"可理解为"信用"。

征信(Credit Checking)在本质上是信用信息服务,是指为了满足从事放贷等信用活动的机构在信用交易中对客户信用信息的需要,专业化的征信机构依法采集、保存、整理、提供企业和个人信用信息的活动。征信最主要的产品是信用报告。信用报告是征信机构提供的关于个人或企业信用记录的书面文件。一般分为信用信息登记机构提供的信用报告和信用调查机构提供的信用调查报告两种。信用报告的信息产生于企业或个人借贷等信用活动。

征信体系是指与征信活动有关的法律规章、组织机构、市场管理、文化建设、宣传教育等共同构成的一个体系。征信体系是现代金融体系运行的基石,是防范金融风险,保持金融稳定,促进金融发展和推动经济社会和谐发展的基础。

征信体系的主要功能是为信贷市场服务,但同时具有较强的外延性,还向商品交易市场和劳动力市场提供服务。在实践中,征信体系的主要参与者有征信机构、金融机构、企业、个人以及政府。

（二）征信的产生

1. 信用信息

信用信息是有关信用活动情况的客观记载。它有三个典型特点:一是与信用直接相关,二是具有客观性,三是具有文书上的可追溯性。

根据《辞海》的解释,信用有三种含义:其一为"信任使用";其二为"遵守诺言,实践成约,从而取得别人对他的信任";其三为"以偿还为条件的价值运动的特殊形式,多产生于货币借贷和商品交易的赊销或预付之中,其主要形式包括国家信用、银行信用、商业信用和消费信用。"

征信中信用信息所指的信用就是第三种含义的信用,即借贷和赊销,属于经济学和经济管理范畴,强调的是债权债务关系。而前两种含义的信用属于伦理道德范畴,强调的是诚实信任。

2. 信用记录

信用记录是指企业和个人在一定时期内按时间顺序所累积的信用信息。其特点:一是具有综合性,既有正面的信用记录,也有负面的信用记录;二是具有历史的延续性,既有一次性的记载,也有屡次连续性的记载;三是具有鲜明的个性,无论是企业的信用记录还是个人的信用记录,均具有排他性,不可简单直接相加或类比;四是信用记录与其所对应的记录主体具有相斥性,即信用记录的当事人只有通过第三方才能形成具有公信力的信用记录,信用交易的当事人自身不能出具自我主张的信用记录,也不能为对方出具信用记录。

信用记录是判断企业和个人在经济活动中的道德水准和偿债能力的主要客观依据,是投资者和放贷机构进行信用风险管理的重要决策依据。为企业和个人客观出具信用记录的第三方就是征信机构。

3. 信用风险

信用交易与普通的商品交易有明显区别。商品交易是钱货两清的交易,而信用交易存在贷出与归还两个行为,期间存在时间间隔,时间间隔产生信用,从而产生信用风险,即借方可能不愿意或不能按期偿还本金和利息的风险。

在社会经济发展的不同阶段,识别和控制信用风险的方式不同。传统经济条件下,经济活动的地理空间限制较大,人与人可以通过相互接触而产生信任,银行一般采用上门调查借款申请人的方式判断借款人的信用风险,审批贷款。但随着现代经济的发展,人们的活动空间不断扩大,信用交易的范围日益广泛,方式越来越复杂,以直接接触的方式了解对方的信用状况变得极为困难、甚至不可能了。不了解借款人的信用状况,放贷机构就难以定价、难以放款,信息不对称问题越来越成为制约信用交易的瓶颈。顺应信贷市场的发展需要,市场经济国家先后发展了制度化、专业化的独立于放贷机构的第三方机构,负责收集并提供关于借款人的信用信息,帮助放贷机构进行信贷决策。这种依赖第三方机构提供交易对手方信用信息的制度就是征信制度。

可见,征信是随着商品经济的发展而产生的,并由此逐步形成了征信体系。征信的目的在于提高信贷市场信息共享程度,降低贷款机构收集信息的成本,缓解信贷市场信息不对称问题,提高信贷市场效率,防范金融风险,促进经济增长和全社会诚信水平的提高。通过征信系统,企业和个人过去的信用记录被保存下来,守信记录逐步累积成为信用财富,失信则会给自己未来的生活造成很大不便。

(三) 征信体系的要素

1. 征信主体

企业和个人征信体系是社会信用体系的主体,是现代金融体系运行的基石,是防范金融风险、保持金融稳定、促进金融发展、推动经济社会和谐发展的基础。有无健全的征信体系是市场经济是否走向成熟的重要标志。

2. 征信法规

征信法规是规范征信活动主体权利义务关系的有关法律规范的总称。从各国经验看,征信法规的立法理念是保护数据主体的利益。个人征信立法的主要目的是通过立法对个人数据提供适当的保护;企业征信立法的主要目的是通过对企业征信公司的资质认证,确保调查和评价过程的客观、公开和公平。

对个人征信而言,法律规范的主要内容:一是合法采集数据;二是合法使用、提供数据;三是限制数据保存和使用时限;四是保证数据质量;五是征信公司必须采取必要手段,保证数据安全;六是违规处罚,即对征信机构的违法行为,必须给予适当处罚;七是掌握数据的机构必须执行公开透明的原则。

3. 征信机构

征信机构是指依法设立的独立于信用交易双方、专门从事征信业务即信用信息服务的第三方机构,它可以是一个独立的法人,也可以是某独立法人的专业部门,包括信用信息登记机构(有公共和私营,私营信用信息登记公司在国际上也被称为征信局)、信用调查公司、信用评分公司、信用评级公司和为信用风险管理提供其他专业服务的机构等。

4. 征信市场管理

征信监管的目的是保护数据主体(即企业和个人)的利益而实施征信法规,并以此促进信息共享,规范征信机构的行为,维护征信市场的正常秩序,促进征信市场健康稳定发展。各国征信监管的重点对象是征信机构。监管的主要内容一是市场准入,二是征信业务规范。

各国征信监管机构的设置有所不同,有专设机构的,也有由多个政府机构共同负责的,其中,各国中央银行在征信监管中都发挥着重要作用。除政府监管当局之外,征信市场管理的另一重要主体是征信行业自律组织,它们在征信业务规范、人员培训、信息交流等方面发挥着积极作用。

5. 征信宣传教育与市场培育

征信体系建设的另一重要方面是加强征信宣传教育,培育征信市场。加强征信宣传教育的目的是让大家了解征信,提高信用意识,培育现代信用文化,促进企业和个人重视自己的信用记录,提高全社会的信用意识。

(四) 征信体系建设的意义

人们常说:"要像珍惜自己的生命一样维护个人的信用记录",信用记录被称为人们的"第二身份证"。征信体系的主要功能是促进企业和个人积累信用记录,通过向社会有关机构和个人提供信用报告的方式,对整个社会和社会不同市场主体产生积极意义。①能够有效解决信息不对称问题。②能够有效防范金融风险,降低商业银行的不良贷款,从而保持金融稳定,推动金融发展;③有利于促进个人消费信贷业务的健康发展。④有利于企业和个人积累信誉财富;⑤促进整个社会诚信和道德水平的提高。

二、征信体系的模式选择

(一) 西方发达国家的征信模式

1. 市场化模式

这种模式以美国、英国为代表。征信企业或公司可依法自由经营信用调查和信用管理业务,政府促进信用管理相关立法的出台,强制有关部门及社会有关方面将征信数据以商业化或义务的形式贡献出来,向社会开放。

2. 中央信贷登记模式

这种模式以欧洲大陆一些国家如德国、法国、比利时等国为代表。这种体系是以中央银行建立的银行信贷登记为主体的征信管理体系。信贷登记系统的内容包括企业信贷信息和个人消费信贷信息。其特点是信用信息服务机构是中央银行的一个部门,银行依法向信用信息局提供相关信用信息。

3. 政府经营模式

这种模式是指由中央政府直接出资组建征信公司,并对其进行直接控制管理。中央政府利用行政权力,强制性地让局部主体把数据贡献出来,迅速组建覆盖全国的信用信息数据库。

(二) 我国征信模式的选择

从国外各种模式的比较来看,英国、美国的市场化征信模式是最全面、最发达和最完善的。我国应当以建立英、美式的市场化征信模式为目标,目前适宜采取以政府为主导、市场化运作的过渡模式。

从我国已有的经验来看,大致有以下三种可供参考的模式。

1. 上海模式

此模式即政府推动、市场运作、先易后难、循序渐进、合作共建。其发展思路是从同业征信入手,向联合征信过渡;从为银行服务开始,逐渐向社会其他行业和个人开放;以建立信用档案为基础,形成信用调查线索查询、个人信用评估、分析评分卡模式、个人资质证明的梯次化发展布局。

2. 深圳模式

此模式即由市政府组织推动,人民银行协作,政府有关部门作为会员单位参加,建立深圳市个人信用征集和个人资信评级体系。政府并不直接投资,而是委托中介公司筹建,按市场化机制运作,提供服务收取费用。服务对象是先内后外,分期推广。对公司运营的监督管理由各会员单位组成的深圳市个人信用征集及评级监督委员会负责。

3. 浙江模式

此模式即由政府牵头,人民银行和政府有关部门参加,组成社会信用建设领导小组,财政投资组建社会信用服务中介机构,具体构建企业和个人的信用信息的联合征集体系。信用信息中介机构通过市场化运作机制实现各成员单位之间的信用信息的互联、互通和互用。政府协调相关部门按信用信息征集的内容,定期将信用信息数据通过信用信息中介机构形成公共信息数据库,信用信息服务中介机构主要向成员单位提供信用信息服务。

总结各地的成功经验,政府的协调作用对于各方面信息的汇总是不可替代的。从全国征信体系来考虑,中央政府应担当主导角色,地方上先推广浙江模式,当全国各地普遍建立起地方信用数据库之后,再由中央政府为主导,成立全国性的公共信用信息服务中介机构,向全国的用户成员提供有偿收费服务。当征信行业市场逐渐成熟时,政府再慢慢淡出市场,成立数家大规模的征信公司,以致最后形成市场化的征信体系。

三、中国征信体系的建设

（一）中国征信体系建设历史沿革

（1）1932年6月，由当时的浙江实业银行、上海商业储蓄银行、中国银行、交通银行等5家银行共同发起筹建了"中国征信所"，这是我国第一家华资信用调查机构，其服务主要有两项：一是企业的历史和现状调查，二是经济和金融一般情况的调查。

（2）新中国成立后，我国实行传统的单一公有制的计划经济体制，企业的生产、交易主要依靠国家信用，银行的信贷统统按国家计划进行，征信需求消失了，征信业自然没有存在的必要。

（3）随着改革开放的推进和市场经济的发展，信用交易在我国也日渐发达。为适应现代信用交易发展的需要，我国的征信行业也从头再来，中国政府对征信体系建设高度重视，多次在重大会议中作出专门论述。

《中共中央关于完善社会主义市场经济体制若干问题的决定》（2003年10月14日中国共产党第十六届中央委员会第三次全体会议通过）明确提出建立健全社会信用体系。形成以道德为支撑、产权为基础、法律为保障的社会信用制度。增强全社会的信用意识，政府、企事业单位和个人都要把诚实守信作为基本行为准则。按照完善法规、特许经营、商业运作、专业服务的方向，加快建设企业和个人信用服务体系。建立信用监督和失信惩戒制度。逐步开放信用服务市场。

2004年2月10日，温家宝总理在全国银行、证券、保险工作会议上强调："今年，金融系统在信用服务体系建设方面要着力做好以下几项工作。一是加快全国统一的企业和个人信用信息基础数据库的建设，形成覆盖全国的基础信用信息服务的网络。二是抓紧修改《征信管理条例》和制定《信息披露条例》，规范社会征信机构业务经营和征信市场管理。三是积极发展专业化的社会征信机构。有步骤、有重点开放征信服务市场。四是加强征信市场监督管理，逐步建立失信惩戒制度。抓紧信用服务行业标准化的制定工作。"

2007年，《国务院办公厅关于社会信用体系建设的若干意见》指出，要以信贷征信体系建设为切入点，进一步健全证券业、保险业及外汇管理的信用管理系统，加强金融部门的协调和合作，逐步建立金融业统一征信平台，促进金融业信用信息整合和共享，稳步推进我国金融业信用体系建设。

（二）中国人民银行在征信体系建设中的作用

2003年，国务院赋予人民银行"管理信贷征信业，推动建立社会信用体系"的职责。2007年召开的全国金融工作会议进一步提出，以信贷征信体系建设为重点，全面推进社会信用体系建设。为进一步发挥人民银行在社会信用体系建设中的作用，2008年，国务院将人民银行的职能调整为"管理征信业，推动建立社会信用体系"。按国务院赋予职责,中国人民银行成立征信管理局,专门承办信贷征信管理工作,拟订信贷征信业发展规则、管理办法和有关风险评价准则,承办有关金融知识宣传普及工作;设立中国人民银行征信中心,是中国人民银行直属的事业法人单位,业务归口征信管理局指导负责,主要职责是依据国家的法律法规和人民银行的规章,负责全国统一的企业和个人信用信息基础数据库和动产融资登记系统的建设、运行和管理;负责组织推进金融业统一征信平台建设。

目前中国人民银行正在积极推动我国的征信体系建设,包括草拟征信法律法规、促进征信机构发展和规范运行、建设全国统一的企业和个人信用信息基础数据库等工作都已经取得一定成效。

(三) 中国征信体系建设现状

我国的征信机构大体上分为三类:一是国家有关部门推动建立的企业和个人征信体系,二是民间中资征信机构,三是已经进入我国的外资征信机构。

在企业征信方面,中国人民银行从 1998 年开始筹建银行信贷登记咨询系统,通过政府投资建立数据库,将全国银行贷款企业的信用信息纳入其中,于 2002 年实现全国联网运行,到 2004 年底,该系统收录全国借款企业 435 万户,人民币贷款余额 15.3 万亿元,占全国金融机构贷款余额的 83%,基本录入了金融机构全部企业贷款信息;系统月均查询量 150 万次。该系统在防范企业信用风险方面的作用十分突出,已成为提高金融监管水平的重要工具。

在个人征信方面,按照党中央、国务院的指示,中国人民银行组织各个商业银行建设的全国统一的个人信用信息基础数据库已经于 2004 年 12 月中旬在北京、重庆、深圳、西安、南宁、绵阳、湖州等七城市试运行,并于 2005 年底实现全国联网运行。

目前,由人民银行牵头建设的全国统一的企业和个人信用信息基础数据库(以下简称企业和个人征信系统)已经取得了初步成效,并投入运行。

(四) 企业和个人信用信息基础数据库简介

1. 企业征信系统

中国人民银行于 1997 年开始筹建银行信贷登记咨询系统,2002 年建成地市、省市和总行三级数据库体系,实现以地市级数据库为基础的省内数据共享。该系统主要从商业银行等金融机构采集企业的基本信息、在金融机构的借款、担保等信贷信息,以及企业主要的财务指标。在该系统多年运行基础上,2005 年人民银行启动银行信贷登记咨询系统的升级工作,将原有的三级分布式数据库升级为全国集中统一的企业信用信息基础数据库,在信息采集范围和服务功能上大大提高。企业信用信息基础数据库已经于 2006 年 7 月份实现全国联网查询。

截至 2011 年底,企业征信系统收录企业及其他组织共计 1 800 万户,全年累计查询次数为 6 930 万次。全国已累计补充完善中小企业信息 227 万户,其中有

21.6 万户中小企业获得银行贷款,贷款余额 4.2 万亿元。

2. 个人征信系统

个人信用信息基础数据库建设最早是从 1999 年 7 月人民银行批准上海资信有限公司试点开始的。2004 年底实现 15 家全国性商业银行和 8 家城市商业银行在全国 7 个城市的成功联网试运行。2005 年 8 月底完成与全国所有商业银行和部分有条件的农村信用社的联网运行。经过一年的试运行,2006 年 1 月个人信用信息基础数据库正式运行。截至 2011 年底,个人征信系统收录自然人数约 8 亿人,全年累计查询次数为 2.4 亿次。全国共为 1.4 亿农户建立了信用档案,评定了 9 300 万信用农户,8 100 万农户获得贷款,余额达 1.5 万亿元。

专栏 10-1　　　　　　　　　**个人信用信息基础数据库**

全国统一的个人信用信息基础数据库于 2006 年 1 月进入正式运行。这是我国企业和个人征信体系建设中的一项极为重要的基础建设。

个人信用信息基础数据库是各商业银行的信用数据信息共享平台。主要采集和保存个人在商业银行的借还款、信用卡、担保等信用信息,以及相关的身份识别信息,并向商业银行提供个人信用信息联网查询服务,满足商业银行防范和管理信用风险的需求,同时服务于货币政策和金融监管。建立个人信用信息基础数据库既要实现商业银行之间信息共享,方便群众借贷,防范信贷风险;又要保护个人隐私和信息安全,只能经当事人书面授权,在审核个人贷款、信用卡申请或审核是否接受个人作为担保人等个人信贷业务,以及对已发放的个人贷款及信用卡进行信用风险跟踪管理,才能查询个人信用信息基础数据库。

个人信用信息基础数据库始建于 2004 年初,并于同年 12 月中旬实现 15 家全国性商业银行和 8 家城市商业银行在全国 7 个城市的联网试运行,2005 年 8 月底完成与全国所有商业银行和部分有条件的农村信用社的联网运行,经过 1 年的试运行,于 2006 年 1 月正式运行。

现在,任何自然人无论在国内任何地方、也无论在哪一家商业银行留下的借款和还款记录,或开立结算账户时填报的基本信息,商业银行的基层信贷审查人员均可在经当事人书面授权后,进行查询,实现共享。许多商业银行已经将查询个人信用信息基础数据库作为贷前审查的固定程序。个人信用信息基础数据库已在全国商业银行各分支机构开启了 5.2 万个查询用户终端,目前每天个人信用报告查询量已达到 11 万笔左右,在提高审贷效率、方便广大群众借贷、防止不良贷款、防止个人过度负债以及根据信用风险确定利率水平方面发挥了积极作用。

目前,该数据库的数据来源主要是商业银行,采集的信息包括借款人和信用卡持卡人的个人基本信息和信用信息。其中个人基本信息包括个人身份证件名称及号码、学历、工作单位和居住地址等信息;个人信用信息包括个人借款、贷记卡、准贷记卡、担保等信息。随着数据库建设的逐步完善,该数据库还将采集公安部、社会保障部门和公积金管理部门的部分个人基本信息,包括学历、工作单位等,采集个人缴纳电话、水、电、燃气等公用事业费用,以及法院民事判决和个人欠税等公共信息,以便更全面地反映一个人的信用状况。

经个人书面授权,商业银行等金融机构在审核个人信贷申请、审核贷记卡和准贷记卡申请、审核是否接受个人作为担保人等个人信贷业务,以及对已发放的个人信贷进行贷后风险管理等业务时,可以查询个人信用报告,作为信贷决策的参考。

如果您个人已有借款行为,也想查询您自己的信用报告,您可以向中国人民银行征信服务中心或中国人民银行分支机构的征信管理部门提出查询申请。经过身份查验后,征信服务中心可以向您提供您的信用报告。

如果您发现信用报告中的记录有错误,可以向中国人民银行征信服务中心或您所在地的中国人民银行分(支)行征信管理部门提出书面异议申请,接受异议申请的单位会尽快进行异议处理并向您提供书面处理结果。按照国际惯例,异议处理的最长期限一般不超过30个工作日,但实际处理速度要快得多。

资料来源:根据有关资料整理。

3. 企业和个人征信系统网络结构

目前,企业和个人征信系统的主要使用者是金融机构,通过专线与商业银行等金融机构总部相连(即一口接入),并通过商业银行的内联网系统将终端延伸到商业银行分支机构信贷人员的业务柜台,实现了企业和个人信用信息定期由各金融机构流入企业和个人征信系统,汇总后金融机构实时共享的功能。其中,前者表现为金融机构向企业和个人征信系统报送数据,后者表现为金融机构根据有关规定向企业和个人征信系统实时查询企业和个人的信用报告。金融机构向企业和个人征信系统报送数据可以通过专线连接,也可以通过磁盘等介质。

企业和个人征信系统由中国人民银行直属单位——中国金融电子化公司开发完成,中国人民银行内设机构——征信中心负责系统的日常运行和管理;征信中心和商业银行建立数据报送、查询、使用、异议处理、安全管理等各种内部管理制度和操作规程;同时,企业和个人征信系统建立了完善的用户管理制度,对用户实行分级管理、权限控制、身份认证、活动跟踪、查询监督的政策;数据传输加压加密,对系统及数据进行安全备份与恢复,对系统安全进行评估,有效防止计算机病毒和黑客攻击等等,建立了有效的安全保障体系。

4. 企业和个人征信系统的信息采集

企业和个人征信系统的信息来源主要是商业银行等金融机构,收录的信息包括企业和个人的基本信息、在金融机构的借款、担保等信贷信息,以及企业主要财务指标。2005年以来人民银行加大了与相关政府部门信息共享协调工作的力度。企业和个人征信系统除了主要收录企业和个人的信贷信息外,还将收录企业和个人基本身份信息、民事案件强制执行信息、缴纳各类社会保障费用和住房公积金信息、已公告的欠税信息、缴纳电信等公共事业费用信息、个人学历信息以及会计师(律师)事务所、注册会计师(律师)等对公众利益有影响的特殊职业从业人员的基本职业信息。

企业和个人征信系统采集到上述信息后,按数据主体(即企业和个人)对数据进行匹配、整理和保存,即:将属于同一个企业和个人的所有信息整合在其名下,形成该企业或个人的信用档案,并在金融机构查询时生成信用报告。企业和个人征信系统对采集到的数据只是进行客观展示,不做任何修改。因此,企业和个人征信系统数据的准确性有赖于数据提供者数据的准确性。

5. 企业和个人征信系统信息的使用

企业和个人征信系统数据的直接使用者包括商业银行、数据主体本人以及司法部门。但其影响力已波及了税务、教育、电信等部门。

根据人民银行《个人信用信息基础数据库管理暂行办法》和《银行信贷登记咨询管理办法(试行)》的规定,商业银行等金融机构经企业授权和个人书面授权同意后,在审核信贷业务申请以及对已发放信贷进行贷后风险管理的情况下,查询企业和个人的信用报告。金融监督管理机构以及司法部门等其他政府机构,根据相关法律、法规的规定,也可按规定的程序查询企业和个人信用报告。

个人信用报告样本

(个人查询版)

报告编号:　　　　　查询请求时间:　　　　　报告时间:

查询信息

被查询者姓名	被查询者证件类型	被查询者证件号码	查询者	查询原因

一　个人身份信息

姓名	性别	证件类型	证件号码	出生日期	最高学历	最高学位
通讯地址	邮政编码	户籍地址	住宅电话	单位电话	手机号码	电子邮箱
婚姻状况	配偶姓名	配偶证件类型	配偶证件号码	配偶工作单位	配偶联系电话	信息获取时间
报送单位						

另外,在企业和个人征信系统的使用方面充分考虑了个人隐私和企业商业秘密的保护问题。企业和个人对自己的信用报告享有充分的知情权,可以申请查询自身的信用报告,并根据自身意愿使用信用报告;如果个人认为本人信用报告存在错误,可以提出并经核实后修改;同时,个人还可以了解到哪些机构由于什么原因查询过自己的信用报告,对非法查询信用报告的行为可以向征信中心反映并依法处理。

　　近年来,我国征信体系建设取得了显著成绩。但总体而言,目前征信体系建设水平仍与经济社会发展不相适应,究其原因,主要在于目前我国掌握信息的各部门基于安全和部门利益等方面的考虑,对自己拥有的信用信息采取垄断式保护,造成不同部门、行业和区域间的信息壁垒,信息全面采集也就无从谈起,因此第四次全国金融工作会议在对今后金融改革发展作出部署时提出,"建立金融业统一征信平台"。

　　2011年9月起,证监会即与央行信息共享,证券期货监管信息纳入央行牵头建设的征信平台,我国建立统一征信平台迈出第一步。2009年,《上海市推进国际金融中心建设条例》出台,上海在建立金融业统一征信平台方面走在全国前列。《条例》提出,上海将配合国家金融管理部门建设金融业统一的征信平台。同时扩大信用信息采集的覆盖面和数据量,健全完善信用信息记录制度和披露制度,改善信用信息查询服务,满足全社会多层次、多样化、专业化的信用服务需要。根据《条例(草案)》,上海将对工商、税务、公安、质监等行政管理部门和司法机关在履行职责中掌握的信用信息进行归集和处理,建立数据库。

第二节　中央银行的反洗钱业务

一、反洗钱的产生

(一)洗钱与反洗钱的含义

　　"洗钱"一词源于20世纪初,美国旧金山一家饭店老板发现肮脏的钱币常常会弄脏顾客漂亮的手套,于是就将在饭店流通的钱币放进洗涤剂中清洗,这就是最初的洗钱。作为犯罪手段,洗钱活动最早出现在20世纪20年代,当时美国芝加哥的一名黑手党成员开了一家洗衣店,在每晚计算当天的洗衣收入时,他把那些通过赌博、走私、勒索获得的非法收入混入洗衣收入中,再向税务部门纳税,扣去应缴的税款后,剩下的非法所得就成了他的合法收入。这就是犯罪意义上"洗钱"一词的由来。

　　现代各国法律对洗钱的解释不完全相同,金融机构反洗钱比较权威的机构——巴塞尔银行法规及监管实践委员会从金融交易角度对洗钱进行了描述:犯罪分子及其同伙利用金融系统将资金从一个账户向另一个账户作支付或转移,以掩盖款项的真实来源和受益所有权关系;或者利用金融系统提供的资金保管服务存放款项,即常言之"洗钱"。金融行动特别工作组(FATF)对洗钱是这样定义的:许多犯罪活动的目标是为了给犯罪者或犯罪集团赢得收益,洗钱是这些犯罪者掩饰他们非法所得的方法。一般意义上,洗钱(Money Laundering)是指将毒品犯罪、黑社会性质的组织犯罪、恐怖活动犯罪、走私犯罪或者其他犯罪的违法所得及其产生的收益,通过各种手段掩饰、隐瞒其来源和性质,使其在形式上合法化的行为。根据我国《刑法》有关规定,洗钱是明知是犯罪所得及其产生的收益,通过各种方法掩饰、隐瞒犯罪所得及其收益的来源和性质的行为。

（二）"洗钱"的常用方式

洗钱通常以隐藏资产来源为目的。典型的交易分三个过程:首先,入账,即通过存款、电汇或其他途径把不法钱财放入一个金融机构;其次,分账,也就是通过多层次复杂的转账交易,使犯罪活动得来的钱财脱离其来源;最后,融合,以一项显示合法的转账交易为掩护,隐瞒不法钱财。通过这些过程,罪犯就可把非法所得转移并融合到有合法来源的资金中。

现金流比较大的行业通常会成为犯罪分子洗钱的场所,银行是他们的首选,其次为货币兑换所、股票经纪所、黄金交易市场、赌场、车行、保险公司和贸易公司等。常见的洗钱方式如下:

（1）通过境内外账户过渡,使非法资金进入金融体系。

（2）通过地下钱庄,实现犯罪所得的跨境转移。

（3）利用现金交易和发达的经济环境,掩盖洗钱行为。

（4）利用别人的账户提现,切断洗钱线索。

（5）利用网上银行等各种金融服务,避免引起银行注意。

（6）设立空壳公司,作为非法资金的"中转站"。

（7）通过买卖股票、基金、保险或设立企业等各种投资活动,将非法资金合法化。

（8）通过购买彩票进行洗钱。

（9）通过购买房产进行洗钱。

（10）通过购买股东和虚假拍卖进行洗钱。

（三）洗钱的危害与反洗钱的意义

1. 洗钱的危害

洗钱犯罪可以和绝大多数的犯罪共生,是这些犯罪的下游犯罪。洗钱造成了极其严重的经济安全和社会后果。洗钱为贩毒者、恐怖主义分子、非法武器交易商、腐败的政府官员以及其他罪犯的运作和发展提供了动力。它不仅破坏市场经济活动的公平公正,妨碍有序竞争,损害金融机构声誉和正常经营,威胁金融体系的安全稳定,而且已经成为腐败滋生的温床,侵蚀着社会的基本制度。更令人担忧的是,洗钱和恐怖融资密切交织,危及全球安全,洗钱和恐怖融资已经对21世纪人类社会的可持续发展构成严重威胁和严峻挑战。洗钱已经变得越来越国际化,而与犯罪活动有关的金融问题也由于科技的日新月异以及金融服务业的全球化而变得日益复杂化。

据国际货币基金组织统计,全球每年非法洗钱的数额约占世界国内生产总值的2%—5%,介于6 000亿至1.8万亿美元之间,且每年以1 000亿美元的数额不断增加。特别是在当前经济全球化、资本流动国际化的情况下,洗钱活动对国际金融体系的安全、对国际政治经济秩序的危害极大。

2. 反洗钱的意义

"反洗钱"是指为了预防通过各种方式掩饰、隐瞒毒品犯罪、黑社会性质的组织犯罪、恐怖活动犯罪、走私犯罪、贪污贿赂犯罪、破坏金融管理秩序犯罪、金融诈骗犯罪等犯罪所得及其收益的来源和性质的洗钱活动,依照本法规定采取相关措施的行为[①]。

(1) 反洗钱有利于打击走私、贩毒、腐败、黑社会等经济、刑事犯罪,保障社会的稳定与安全。

(2) 反洗钱有利于维护国家的经济金融秩序,保障经济金融安全。

(3) 反洗钱是各国银行业进入国际金融市场,平等参与国际金融竞争与合作的需要。国外的金融监管机构普遍将建立反洗钱内控制度作为金融机构市场准入的必备条件。

二、国际社会反洗钱业务的发展

面对猖獗的洗钱活动,世界各国纷纷制定了各种法律法规。目前,国际社会在反洗钱和反恐融资方面的合作取得了一定进展。例如:联合国先后通过《禁毒公约》、《制止向恐怖主义提供资助的国际公约》、《打击跨国有组织犯罪公约》和《反腐败公约》等一系列法律文件;联合国安理会通过了1617号决议,该决议"强烈敦促所有会员国采用金融行动特别工作组(FATF)关于洗钱问题的40项建议和关于恐怖融资问题的9项特别建议中的国际全面标准"。金融行动特别工作组及其区域性组织相继建立;许多国家也陆续颁布实施反洗钱法和反恐怖主义法。

美国是世界上最早对洗钱进行法律控制的国家。现在美国已形成了以《银行保密法》为核心、辅以一系列反洗钱法令的完备的反洗钱法律框架,如《1986年控制洗钱法令》、《1992年阿农齐奥—怀利反洗钱法令》、《1994年禁止洗钱法令》等,并设有不同的部门共同负责反洗钱的国内法律行动。美国的反洗钱机制主要建立在交易报告制度的基础上,近年来逐步重视"了解你的用户"原则以帮助确定哪些是可疑交易。

英国也制订了一系列反洗钱法律,如《1986年贩运毒品罪法令》、《1989年反恐怖行为(临时规则)法令》、《1990年刑事司法国际合作令》、《1993年刑事司法

---

① 该定义引自《中华人民共和国反洗钱法》(2006年10月31日第十届全国人民代表大会常务委员会第二十四次会议通过)。

令》、《1994 年控制洗钱规则》。

1987 年,瑞士银行家协会制定了一些反洗钱的行为规则;1990 年,将洗钱明确规定为刑事犯罪;1991 年瑞士联邦委员会发布了《反对与防止洗钱指南》。

巴塞尔银行监管委员会 1998 年 12 月发表了《关于防止犯罪分子利用银行系统洗钱的声明》。1999 年,联合国公布了《与犯罪收益有关的洗钱、没收和国际合作示范法》,该示范法是由联合国禁毒与预防犯罪办公室于 1999 年制定的专门针对洗钱行为的法律规范,只适用于大陆法系的国家(2003 年联合国禁毒与犯罪办公室另行制定了一部适用于习惯法系国家的示范法,其名称为联合国《洗钱犯罪收益与恐怖融资示范法》)。该示范法以总论、洗钱预防、洗钱侦查、强制措施及国际合作五个篇章对反洗钱做了系统规范。

目前,世界各国和各地区基本上都成立了专门的反洗钱机构和组织,对打击世界经济犯罪、维护国际经济秩序起到了积极作用。

专栏 10-3　　　　　　　**反洗钱金融行动特别工作组**

国际上主要的反洗钱组织之一反洗钱金融行动特别工作组(Financial Action Task Forces on Money Laundering, FATF)于 1989 年成立,是一个独立的专门进行国际反洗钱的政府间组织。现有 31 个国家和地区成员和两个国际组织(欧洲委员会和海湾合作委员会)成员。其宗旨是制定和推动反洗钱政策。该工作组希望借助推行反洗钱政策,防止利用犯罪收益进一步犯罪,以及避免洗钱活动影响合法经济活动。为了打击个人滥用金融系统进行毒品洗钱,FATF 在 1990 年拟定了《40 条建议》。该建议为反洗钱工作奠定了基本框架,是为全球而设计的。内容涉及刑事司法制度和法律执行、金融制度及其规章,以及国际合作事宜。为了适应新形势下洗钱手段的发展,1996 年 FATF 对该建议进行了首次修订。2003 年 6 月,FATF 在对洗钱方法和技术的年度评估基础上,对《40 条建议》做了进一步修订。此次修订结合《打击恐怖融资 8 条特别建议》,对原有的《40 条建议》进行了重大修订,建立了一个更加广泛、统一和有力的反洗钱和反恐融资的国际框架。

资料来源:中国人民银行网站。

三、中国人民银行的反洗钱业务

（一）中国人民银行在反洗钱业务中的职责

2003 年 5 月,根据反洗钱工作的发展需要,国务院决定由中国人民银行承担国家反洗钱工作,明确中国人民银行是中国反洗钱工作的主管部门。2003 年 12 月,全国人大常委会修订《中国人民银行法》,授权中国人民银行承担"指导和部署金融业反洗钱工作,负责反洗钱资金监测"的法定职责。2006 年,根据《中华人民共和国反洗钱法》、《中华人民共和国中国人民银行法》等法律制定的《金融机构反洗钱规定》第 3 条规定:"中国人民银行是国务院反洗钱行政主管部门,依法对金融机构的反洗钱工作进行监督管理。中国银行业监督管理委员会、中国证券监督管理委员会、中国保险监督管理委员会在各自的职责范围内履行反洗钱监督管理职责。"

作为国务院反洗钱的行政主管部门,中国人民银行设立金融机构反洗钱工作领导小组,履行下列职责:①统一监管、协调金融机构反洗钱工作;②研究和制定金融机构的反洗钱战略、规划和政策,制定反洗钱工作制度,制定大额和可疑人民币资金交易报告制度;③建立支付交易监测系统,对支付交易进行监测;④研究金融机构反洗钱工作的重大疑难问题,提出解决方案与对策;⑤参与反洗钱国际合作,指导金融机构反洗钱工作的对外合作交流;⑥其他应由中国人民银行履行的反洗钱监管职责。另外,国家外汇管理局负责对大额、可疑外汇资金交易报告工作进行监督管理。国家外汇管理局制定大额、可疑外汇资金交易报告制度。

中国人民银行成立了专门的反洗钱局(保卫局),负责履行中国人民银行上述职责。

(二) 中国反洗钱业务进展

1. 建立了较为完善的反洗钱和反恐融资法律制度

在将洗钱及恐怖融资行为规定为刑事犯罪方面,中国现行《刑法》分别在第120条之一、191条规定了"资助恐怖活动罪"、"洗钱罪"。中国规定的"洗钱罪"具有一些特点:①在确立独立的"洗钱罪"罪名的基础上,将自然人和法人同时纳入洗钱犯罪主体范围;②根据属地管辖权、属人管辖权、保护管辖权和普遍管辖权,对洗钱犯罪实施全面的刑事管辖,其中包括清洗发生在境外的上游犯罪的违法所得;③虽然仅规定了四类上游犯罪,但具体包括走私、贩卖、运输、制造毒品罪,非法买卖制毒物品罪,非法种植毒品原植物罪,组织、领导、参加黑社会性质组织罪,走私武器、弹药罪,走私假币罪,走私文物罪,走私贵重金属罪,组织、领导、参加恐怖组织罪等27个具体罪名;④洗钱犯罪的刑罚手段包括最高可达10年的有期徒刑、拘役、没收财产和刑事罚金。

在预防、打击洗钱和恐怖融资行政措施方面,国际社会所倡导的客户尽职调查、可疑交易识别、交易记录保存、跨境资金流动控制等基本制度已经充分体现在中国现行法律体系中。例如:1988年10月,国务院颁布《现金管理暂行条例》,对流通领域现金使用实施严格管理。1993年1月,国务院颁布《国家货币出入境管理办法》,规定人民币出入境限额管理制度和申报制度,禁止擅自运输和邮件夹带人民币出入境。2000年4月,国务院颁布《个人存款账户实名制规定》,从根本上否定了匿名账户存在的合法性。2003年1月,中国人民银行颁布《金融机构反洗钱规定》、《人民币大额和可疑支付交易报告管理办法》和《金融机构大额和可疑外汇资金交易报告管理办法》,规定银行类金融机构必须建立健全反洗钱内控制度;及时报告大额和可疑交易,其中本外币可疑报告标准46项;保存客户资料和交易记录至少 5 年。2003 年 8 月,国家外汇局和海关总署颁布《携带外币现钞出入境管理暂行办法》,规定入境人员携带外币现钞超过限额,必须向海关书面申报;出境人员携带外币现钞超过限额,必须申领《携带外汇出境许可证》。

随着反洗钱工作的不断深入和国际合作的逐步扩大,制定专门的反洗钱法成为立法机关和政府主管部门的共识。2004 年 3 月 22 日,负责反洗钱法起草工作的全国人大常委会预算工作委员会召开了有最高人民法院、最高人民检察院、公安部、财政部和中国人民银行等 17 个部门参加的反洗钱法起草工作会议,中国反洗钱法起草工作正式启动。2005 年 8 月,全国人大常委会预算工作委员会完成了反洗钱法草案征求意见稿,在向国务院及其有关部门、司法机关、各省(自治区、直辖市)人大常委会、领衔提出议案的全国人大代表和专家学者广泛征求意见后,最终形成反洗钱法草案,2006 年 10 月 31 日,第十届全国人民代表大会常务委员会第二十四次会议通过了《中华人民共和国反洗钱法》,于 2007 年 1 月 1 日起实行。《反洗钱法》以立法的形式确立了我国反洗钱行政管理体制,规定了金融机构的反洗钱义务,成为反洗钱法制建设历程中具有标志意义的里程碑。为贯彻落实《反洗钱法》,中国人民银行陆续颁布或联合有关部门颁布了《金融机构反洗钱规定》、《金融机构大额交易和可疑交易报告管理办法》、《金融机构报告涉嫌恐怖融资的可疑交易管理办法》、《金融机构客户身份识别和客户身份资料及交易记录保存管理办法》共四个新的反洗钱规章,将反洗钱监管和义务主体范围由银行业金融机构扩大到证券期货业和保险业等非银行金融机构,统一了本外币反洗钱管理制度,调整了大额和可疑交易报送要求。

2. 在努力完善反洗钱工作组织架构的基础上,积极探索建立有效的反洗钱协作机制

在中央政府一级,涉及反洗钱工作的主要行政机关包括中国人民银行、公安部、海关总署、税务总局、银监会、证监会、保监会、外汇局等诸多部门和机构。中国人民银行、公安部、外汇局已经成立专门的反洗钱工作机构,海关总署、税务总局、银监会、证监会、保监会等则分别授权特定工作机构履行反洗钱职责。

在完善反洗钱工作组织架构方面,2003 年 9 月,中国人民银行专门成立反洗钱局,具体承办国家反洗钱行政管理工作,监督金融机构建立健全反洗钱内控制度,执行反洗钱相关法律规定。2004 年 4 月,中国人民银行组建中国反洗钱监测分析中心,专门负责本、外币反洗钱情报的接收和分析工作。

在探索建立有效的反洗钱协作机制方面,中国人民银行分别牵头建立了反洗钱工作部际联席会议制度和金融监管部门反洗钱工作协调机制。反洗钱工作部际联席会议制度由最高人民法院、最高人民检察院、国务院办公厅、公安部、外交部、财政部、司法部、银监会、证监会和保监会等 23 个部门参加,以统一协调国家反洗钱工作,加强政策协调、执法合作和情报交流,在国务院领导下,指导全国的反洗钱

工作,制定国家反洗钱的重要方针、政策,制定国家反洗钱国际合作的政策措施,协调各部门、动员全社会开展反洗钱工作。金融监管部门反洗钱工作协调机制由中国银监会、证监会、保监会和国家外汇局参加,以规划、统筹、协调金融业的反洗钱工作,统一协调银行、证券、保险、外汇等金融监管部门的反洗钱职责,减少重复监管,避免监管盲区。

2006年,反洗钱工作部际联席会议第三次工作会议对原《反洗钱工作部际联席会议制度》进行了修改。新制度调整和充实了部际联席会议成员单位,修改和明确了反洗钱工作各相关部门的职责。联席会议于2007年通过《中国改进反洗钱/反恐怖融资体系行动计划》,研究部署今后改进和完善我国反洗钱及反恐怖融资制度的工作。2008年,会议研究通过了《中国反洗钱战略》,分析了我国反洗钱发展现状、机遇与挑战,对未来一个时期我国反洗钱工作做出了战略安排,提出了与现阶段中国国情相适应的反洗钱工作指导思想、总体目标、实施原则和步骤。《战略》的发布和实施是我国反洗钱工作从过度依赖国际标准向以我国为主和注重国内实际转折的重要标志,对提高我国反洗钱工作整体有效性将产生深远的影响。

近年来,中国人民银行与公安部的反洗钱合作机制在"十一五"时期得到深化。2006年,公安部在人民银行建立了联络员办公室;2007年,人民银行与公安部身份证信息查询系统实现联网,可疑交易情报会商制度不断完善。

此外,中国人民银行与银监会、证监会、保监会等金融监管部门在反洗钱监管协调、信息沟通等方面的合作也不断深化。2006年完成了国家外汇管理局反洗钱职能、机构、人员和信息系统向中国人民银行的划转工作,实现了反洗钱本外币的统一管理。面对反洗钱工作的新形势、新任务,为更好地履行反洗钱职责,中国人民银行在分行、省会中心支行和5家计划单列城市中心支行设立了专门的反洗钱内设机构。金融机构的反洗钱组织架构也在不断完善,多数金融机构都设立了专门负责反洗钱工作的部门,设立专门的反洗钱合规岗和反洗钱报告员制度,并开展了普遍的反洗钱培训,提高了金融机构从业人员的反洗钱意识。

3. 高度重视金融机构在反洗钱工作中的重要作用,反洗钱执法监管和资金监测成果显著

2004—2007年,中国人民银行连续三年组织开展了全国范围内的商业银行反洗钱专项现场检查。2007年初,中国人民银行制定下发了《关于证券期货业和保险业金融机构严格执行反洗钱规定防范洗钱风险的通知》,对证券期货业和保险业金融机构进行了风险提示,并尝试开展对证券期货业和保险业的反洗钱现场检查,启动了对证券期货业和保险业的反洗钱监管工作。2008年开始研究并逐渐推行"风险为本"的监管方法。2006—2010年间,中国人民银行及其分支行共对近2万家金融机构进行了现场检查,依法对违反反洗钱规定的1 900多家机构给予了处罚,包括数十名金融机构高管在内的170名从业人员被处以罚款。通过检查督

促,金融机构合规经营和防范洗钱风险的能力明显提升。

在反洗钱中,中国人民银行加大非现场监管体系的建设力度,将非现场监管作为一种重要的监管手段。2007年起,中国人民银行着手建立了金融机构反洗钱非现场监管信息报告体系,指导人民银行分支行和金融机构做好数据采集和分析工作。在此基础上,人民银行分支行探索分析非现场监管数据,掌握洗钱风险变动情况。各分支行通过电话询问、书面质询、现场走访、约见谈话等措施,不断提高反洗钱监管有效性。截至2010年末,非现场监管区域性分析指标体系建设工作基本完成,形成了省级行政区域内统一的反洗钱非现场数据分析流程和金融机构反洗钱风险评价体系,金融机构反洗钱风险评估开始由定性评价为主向定性与定量相结合的新阶段转化,初步实现了全面系统、客观公正地反映和评价各金融机构反洗钱工作现状,及时发现风险性隐患,对金融机构提出风险警示。

建立金融机构大额和可疑交易报告制度,加大打击洗钱犯罪的力度。中国反洗钱监测分析中心建成了全面覆盖银行业、证券期货业、保险业的资金监测网络,基本实现金融机构大额交易和可疑交易数据的联网报送,反洗钱监测分析能力稳步提高,为全面贯彻落实反洗钱法律奠定了良好基础。2006—2010年,各级人民银行共对金融机构上报的重点可疑交易线索开展上万次调查,向侦查机关报案4 000余起。

（三）中国反洗钱业务的国际合作

中国政府一贯主张坚决打击一切形式的洗钱活动,支持国际社会制定统一的反洗钱标准,并愿意开展双边和多边反洗钱国际合作。中国先后签署了联合国《禁毒公约》、《打击跨国有组织犯罪公约》和《反腐败公约》等国际反洗钱的重要法律文件。"9·11"事件后,中国政府积极推动联合国第1368、1373号等反恐决议的通过,并分别签署了《制止向恐怖主义提供资助的国际公约》、《打击恐怖主义、分裂主义和极端主义上海公约》等国际反恐融资的重要法律文件。

在建立和融入反洗钱和反恐融资国际合作框架方面,中国政府的态度是积极的。2004年2月,中国正式提出加入金融行动特别工作组（FATF）的申请。2004年2月和10月,中国人民银行两次致函FATF主席,承诺中国将遵守FATF反洗钱和反恐融资建议。2005年1月,FATF的33个成员表决一致同意接纳中国为观察员。2006年11月,FATF派出专家考察团对我国反洗钱工作进展情况进行了现场评估。在我方各部门的共同努力下,2007年6月28日,FATF在巴黎召开的第十八届第三次全体会议上,各成员国同意接纳中国为该组织正式成员,中国的反洗钱工作进入一个新的发展时期。2004年10月,中国作为创始成员国,与俄罗斯、哈萨克斯坦、塔吉克斯坦、吉尔吉斯斯坦、白俄罗斯共同成立了欧亚反洗钱及反恐融资工作组（EAG）,成为反洗钱和反恐融资国际合作的重要组成部分。按照全面参与反洗钱国际合作的原则,人民银行还积极谋求恢复我国在亚太反洗钱组织（APG）的合法地位,根据国务院授权,经过艰苦谈判,我国于2009年7月份正式恢复在APG的活动。

　　在刑事司法领域加强与各国的合作方面,中国政府的工作是务实的。长期以来,中国在警务合作、情报交流、案件协查、追赃缉捕等多个层面与各国开展全方位合作,先后与40多个国家签署了70多个有关警务合作和打击犯罪方面的合作协议、谅解备忘录和纪要;与美国、加拿大、泰国等5个国家互派警务联系官员;与26个国家缔结了刑事司法协助条约;与俄罗斯、泰国、蒙古等18个国家缔结了双边引渡条约。1998年至今,中国警方协助国(境)外执法部门调查涉恐资金线索20余件,并多次协助美国、英国、加拿大等国执法部门来我国进行有关调查取证工作。2001年以来,中国还分别应联合国1267委员会和有关国家的请求,发布了50余批涉嫌洗钱及恐怖资金账户名单,要求有关机构采取特殊措施。在金融情报合作领域,截至2010年6月,我国已与韩国、马来西亚、俄罗斯、吉尔吉斯斯坦和香港等16个国家和地区的金融情报机构签署了反洗钱和反恐融资金融情报交流合作谅解备忘录或协议,开展了与国外金融情报机构的交流。

专栏10-4　　　　　　　　　　　**反洗钱案例**

案例一:苏格兰皇家银行同意支付5亿美元反洗钱违规罚款

　　2010年5月,美国哥伦比亚地区法官宣布,苏格兰皇家银行(前ABN AMRO银行)同意支付5亿美元的延期罚款。2005年,ABN AMRO银行由于违反《国际紧急经济权限法》、《禁止与敌国贸易法》和《银行保密法》,该行被外国资产管理办公室、美国联邦储备委员会、纽约州银行委员会以及金融犯罪执法网络(FinCEN)联合处以罚款。据调查显示:该行及其分支行没有建立起有效的反洗钱体系,缺乏对在职人员的反洗钱培训;在交易过程中,该行隐藏了部分客户信息,未切实开展客户尽职调查义务,致使大量非法资金在美国金融系统中流动;在近20年间,该金融机构利用法律漏洞与那些被美国列入制裁名单的国家或机构开展了资金交易,金额高达数亿美元。鉴于该金融机构在调查过程中与执法部门积极合作并采取了有效的补救措施,当时法官判决其可延期缴纳罚款。

案例二:伍某毒品洗钱案

　　2007年9月,中国人民银行广州分行配合广东省公安厅禁毒局成功破获了“6.16”特大制贩毒品案,警方抓获谢某、伍某等犯罪嫌疑人16名,查封、扣押和冻结毒品犯罪资产折合人民币1亿多元,摧毁跨国(境)毒品犯罪集团5个,查获制冰毒工厂6个,一并查破往年重特大毒品案件41宗。2009年11月10日,广州市天河区人民法院对“6.16”特大制贩毒品案中“职业洗钱人”伍某一审宣判,认定伍某犯洗钱罪,判处有期徒刑3年,并处罚金500万元。

　　经查,谢某于1999至2003年期间从事制贩毒活动,积累了巨额非法所得(超过1亿元人民币)。为了清洗毒资,谢某在广州注册(香港)溢忠有限公司,由伍某全权负责洗钱活动。2003年至2006年,伍某直接筹划,将谢某等人的制贩毒所得投资房地产、夜总会和公路等项目,通过拍卖竞投购得房产物业数十处,并转让或抵押投资获利,洗钱操作极为纯熟,具有明显的阶段性。

　　资料来源:根据中国人民银行和中国反洗钱监测分析中心网站有关资料整理。

本章小结

1. 征信在本质上是信用信息服务,指为了满足从事放贷等信用活动的机构在信用交易中对客户信用信息的需要,专业化的征信机构依法采集、保存、整理、提供企业和个人信用信息的活动。征信体系是指与征信活动有关的法律规章、组织机构、市场管理、文化建设、宣传教育等共同构成的一个体系。

2. 西方发达国家的征信模式一般有三种:市场化模式、中央信贷登记模式、政府经营模式。我国目前主要有深圳、上海、浙江模式可供参考。政府的协调作用对于各方面信息的汇总是不可替代的。

3. 我国的征信机构大体上分为三类:一是国家有关部门推动建立的企业和个人征信体系,二是民间中资征信机构,三是已经进入我国的外资征信机构。我国目前已经建立起了企业和个人信用信息基础数据库,分别于 2002 年和 2005 年底实行全国联网运行。

4. 洗钱是指将毒品犯罪、黑社会性质的组织犯罪、恐怖活动犯罪、走私犯罪或者其他犯罪的违法所得及其产生的收益,通过各种手段掩饰、隐瞒其来源和性质,使其在形式上合法化的行为。"反洗钱"则是通过一定的法律和手段预防和阻止洗钱行为的发生。

5. 国际上反洗钱金融行动特别工作组是一个独立的专门进行国际反洗钱的政府间组织。现有 31 个国家和地区成员和两个国际组织(欧洲委员会和海湾合作委员会)成员,其宗旨是制定和推动反洗钱政策。

6. 中国人民银行承担我国反洗钱工作,中国人民银行是中国反洗钱工作的主管部门,是金融机构反洗钱工作的监督管理机关。《中华人民共和国反洗钱法》已于 2007 年 1 月 1 日开始实施。

关键概念索引

征信　征信体系　信用信息　信用记录　征信模式　洗钱　反洗钱
金融行动特别工作组　中国反洗钱监测分析中心　大额与可疑资金交易

复习思考题

1. 征信体系的要素包括哪些?
2. 征信体系建设有何意义?
3. 征信体系的模式有哪几种?
4. 中国人民银行在征信体系建设中有何作用?

5. 简述我国企业和个人征信系统建设情况。

6. 洗钱有哪几种常用方式?

7. 简述洗钱的危害与反洗钱的意义。

8. 中国人民银行在反洗钱业务中有哪些职责?

9. 简述中国反洗钱监测分析中心的主要职责。

第十一章 宏观经济与货币政策

- 货币供求与社会总供求
- 宏观经济运行中的主要矛盾与调控政策
- 货币政策及其基本特征
- 货币政策对宏观经济运行的影响

　　一个国家的宏观经济运行总会出现各种各样的矛盾。这些矛盾主要表现为社会总供给与社会总需求之间的不平衡,而这种不平衡又与货币供给和货币需求之间的不平衡有直接的关系。由中央银行的特性所决定,中央银行在平衡货币供给与货币需求之间的矛盾中能够发挥其他任何机构都不可替代的作用。为了保证国家宏观经济运行的平稳,防止通货膨胀或通货紧缩,国家总会出面采取各种措施进行必要的调节和干预。在现代市场经济条件下,中央银行的货币政策是国家宏观经济间接调控的重要手段,在整个国民经济宏观调控体系中居于十分重要的地位。

第一节 货币供求与社会总供求

　　国内外经验证明,宏观经济运行的基本条件、国家宏观经济调控的基本目标就是要保证社会总供给与社会总需求之间的基本平衡。而要弄清楚社会总供求的平衡关系,首先必须弄清楚货币供求关系及其均衡与社会供求均衡之间的关系。

一、货币供求和社会总供求

　　社会总供求均衡是宏观调控的基本目标,也是货币政策的主要功能之一,而这一目标或功能的实现主要是通过影响货币供求来实现的。

　　(一)货币供给和货币需求

　　货币供给是一定时期内由中央银行和存款货币银行提供的各种货币形式的总

量。货币需求则是一定时期内社会公众能够而且愿意以货币形式持有其资产的需要总量。货币流通规律和社会经济的正常运行需要保持货币供给和货币需求之间的均衡,而货币均衡就是指货币供给量与货币需求量基本适应的状态。从实际货币运行看,这种基本适应状态总是短暂的,因此,货币供给和货币需求的均衡是一种不断地从失衡到均衡的动态调整过程。

(二) 社会总供给和社会总需求

社会总供给是指一个国家在一定时期内所能够提供的所有商品和服务的总量。在货币经济中,是一定时期内社会生产和流通各部门按照一定价格提供给市场销售的商品、劳务和在市场上可出售的金融资产的总和。它主要由一定时期的生产能力、净进口和金融市场发达程度等因素决定。社会总需求则是一个国家在一定时期内对各种商品、服务和金融产品的需要的总量。在货币经济中,社会总需求是专门指有现实购买力的需求,是一定时期内全社会在市场上按一定价格购买商品和劳务所支付的货币量以及人们为持有一定的其他金融资产所支付的货币量的总和。宏观经济运行需要保证社会总供给和社会总需求的均衡,否则就会出现各种社会经济问题。而社会总供给和社会总需求的均衡是指总供给与总需求基本适应的状态,它也是一种不断地从失衡到均衡的动态调整过程。在自然经济中,主要表现为实物均衡。在现代货币经济中,则是货币市场和商品市场的均衡。

二、货币供求均衡和社会供求均衡之间的关系

货币供求均衡和社会供求均衡之间具有十分紧密的联系。这种联系主要表现为以下几层逻辑关系。

(一) 货币供给促使社会总需求的形成

由于社会总需求是有支付能力的需求,货币供给决定支付能力,从而决定总需求,货币供给的增加或减少将直接引起社会总需求的增加或减少。但是,货币供给量并不等于社会总需求。货币供给量的变化与社会总需求的变化之间有一定的差异。一方面,两者在量上并不表现为一一对应的关系。货币供给量是一个存量概念,社会总需求是一个流量概念。另一方面,现实的需求不仅受支付能力的影响,而且受需求意愿的影响。需求意愿不仅受现实的收入水平影响,而且受预期收入水平及消费倾向等因素影响。再者,这两个量在时间上会产生"时滞"。根据美国经济学家米尔顿·弗里德曼对美国经济研究的结果,货币供给量变化与社会总需求变化之间的"时滞"大约为6—9个月,与实体经济变化之间的"时滞"大约为18个月。因此总需求与货币供给的变化在量上和时间上可能并不一致。

(二) 社会总需求影响社会总供给

社会总需求增加以后,可能通过两条途径影响总供给。第一条途径是,当社会上存在可利用但尚未被利用的潜在生产要素时,潜在生产要素通过货币的作用,转

化为现实生产要素,形成生产能力,直接促进生产发展。实际产出增加,使名义和实际总供给都增加。但也有例外。如果新增加的生产要素形成的生产率低于原来的生产率从而导致产品边际成本上升,引起物价上涨;或者是一部分潜在生产要素不能如期转化为现实生产能力而引起物价上涨。第二条途径是,当社会上可利用的生产要素都被利用、不存在潜在生产要素时,则货币供给量的增加并不引起实际产出的增加,仅仅引起一般物价上涨,表现为名义供给的增加。

（三）社会总供给决定真实货币需求

商品劳务和金融资产的供给客观上决定了要有相应的货币量来表现和实现其价值。如果货币量过少,不足以表现现有商品、劳务和金融资产的价值,将会引起其价格的下跌。反之,如果货币量过多,将会引起其价格上涨。

（四）货币需求决定货币供给

客观上有多少货币需求,现实中就应该提供多少货币供给。因此说货币需求决定了货币供给。如果货币供给与货币需求相适应时,即实现了货币均衡。反之,则为货币失衡。

由上可见,货币供给、货币需求、社会总供给、社会总需求之间是密切联系在一起的,四者中所谓的"决定"关系只是说明这些变量之间的关系谁占主导地位,而实际上这些变量之间的关系要复杂得多。在现实经济中,总供给与总需求的均衡是各种政策最终追求的目标,而货币供求是否均衡既是社会总供求是否均衡的一种反映,又对社会总供求的均衡起着举足轻重的作用。货币供求的失衡必然引起总供求的失衡。因此,宏观经济均衡的关键是货币均衡,这也充分说明了货币政策在宏观经济中的重要作用。

第二节　宏观经济运行及调控

一个国家的宏观经济在运行中总会出现各种各样的矛盾和问题,为保证社会经济的平稳、健康、稳定和协调发展,国家总会采取各种措施进行适当的调节和干预。社会总供给与社会总需求之间的基本平衡是一个国家宏观调控的基本着力点。在现代市场经济条件下,国家更多地是采用市场化的经济调节手段。而货币政策正是国家进行宏观调控的重要手段之一。

一、宏观经济运行及主要问题

宏观经济属于市场经济范畴的概念,只有当市场经济发展到一定程度时,才产生了宏观经济。具体说来,当市场经济的最基本活动即供给方和需求方的交易活动使供给成为社会总供给、需求成为社会总需求,并且社会总供求的相关关系成为国民经济决定力量的时候,宏观经济便形成了。

宏观经济表明一个国家的整体经济行为,是指整个国民经济及其发展变化的状态,包括社会总供给与社会总需求的变动、国民生产总值的状况、投资与消费状况、进出口状况及其决定因素等。宏观经济表明的是社会经济总量,与微观经济表明社会经济单个经济主体的行为有明显区别。

一定时期一个国家的宏观经济的运行状况,可以通过设置若干宏观经济发展指标反映出来。如:国民生产总值(GNP)或国内生产总值(GDP)、国民收入、经济增长率、失业率、总消费、总储蓄和总投资、物价水平、通货膨胀率和国际收支等。而这些发展指标往往决定于一些宏观经济运行变量,如社会总供给和社会总需求、货币供给量和货币需求量以及财政收支状况等。前已述及,宏观经济的平稳运行取决于社会总供求是否均衡,而社会总供求的均衡又取决于货币供求是否均衡。

在现代信用货币制度下,货币均衡及社会总供求均衡都只能是相对的、暂时的,而不平衡则是一种常态。在货币供求和社会总供求不能保持均衡的情况下,宏观经济必然要出问题。这是经过上百年的实践检验和无数理论研究成果所充分证明了的。从市场经济发展的历程看,任何一个国家,只要出现了货币供求的失衡,出现了社会总供求的失衡,就有可能出现以下四大问题:通货膨胀或通货紧缩、失业问题、经济增长或衰退问题以及国际收支失衡问题。这些问题实际上是经常同时或交替出现在各国经济发展之中的,从某种程度上可以说,一个国家的经济发展史,也就是不断解决这些问题的历史。因而出现了国家对宏观经济的管理,对宏观经济的调控。

专栏 11-1   **2011 年世界主要经济体经济形势**

2011 年,全球经济复苏放缓,主权债务危机升级蔓延,经济下行风险凸显。美国经济下半年出现积极信号。欧元区财政和金融风险交替上升,增长前景不容乐观。日本受严重地震海啸灾害冲击,经济出现衰退后略有反弹。新兴经济体增长势头普遍趋缓,部分国家面临较为严重的通货膨胀和短期资本大进大出的风险。

美国经济增长势头有所回升,通胀、就业形势略有改善。2011 年第四季度 GDP 增速上升。12 月份失业率为 8.5%,环比下降 0.2 个百分点,失业总人数为 1 310 万,为 2009 年以来的最低水平。通胀压力也有所减轻,12 月 CPI 同比上涨 3.0%,已连续 3 个月回落。贸易赤字水平自 7 月以来逐月回落,11 月份有所上升,为 477.5 亿美元。财政赤字问题仍然十分严重。2011 财年联邦财政赤字为 1.3 万亿美元,赤字占 GDP 比例为 8.7%,较 2010 年的 9.0% 略有下降,但仍为 1945 年后第三高的赤字比率。

欧元区经济复苏动力减弱,国别增速进一步分化。根据欧洲中央银行预测,欧元区 2012 年经济增长将降至 -0.4—1% 之间,有陷入新一轮衰退的可能。欧元区通胀连续 13 个月高于 2% 的目标,12 月 HICP 同比上涨 2.7%。从国别来看,德国第三季度 GDP 同比增长 2.6%,连续两个季度下滑,但仍明显快于欧元区其他国家。法国第三季度 GDP 同比增长 1.6%。而希腊、葡萄牙等重债国形势持续恶化,第三季度 GDP 同比分别萎缩 5.2% 和 1.7%。为解决债务危机,欧盟出台了一系列改革方案,但效果仍有待市场检验。12 月标准普尔和惠誉分别调降了多个欧元区国家的信用评级展望。

地震灾害冲击日本经济,贸易和债务情况恶化。受 3 月地震和海啸灾害影响,2011 年日本经济增长先降后升。消费价格指数持续处于低位,12 月份核心 CPI 同比负增长 0.2%。受日元升值、地震灾害和外部需求下降影响,2011 年日本出口形势恶化,全年贸易逆差为 2.5 万亿日元,时隔 31 年再次成为贸易赤字国。地震灾害导致财政支出大幅增加,政府债务负担进一步加重,第三季度末债务余额创 954 万亿日元的历史新高,债务余额与 GDP 之比为 199%。2012 财年预算预计支出 90 万亿日元,其中 44 万亿需通过负债融资。

受国内政策持续紧缩、经济周期性下行以及外部需求下降等多重因素影响,主要新兴经济体增长速度普遍放缓,面临稳增长、控通胀和防止短期跨境资本流动大幅波动的挑战。印度第三季度 GDP 同比增长 6.9%,连续六个季度增速下滑。巴西第三季度 GDP 环比增长为零,同比仅增长 2.1%,创下 2009 年第一季度以来的新低。此外,南非、土耳其、印尼、越南等新兴市场国家也面临增长显著放缓的局面。经济增长前景恶化影响了投资者对新兴市场国家资产的信心,加上欧元区银行出售在这些国家的资产以弥补自身资金缺口,部分新兴市场国家出现了资本外流、本币贬值的趋势,加大了宏观政策决策的难度。

资料来源:2011 年第四季度中国货币政策执行报告。

二、现代宏观经济调控目标

我们在第一章分析中央银行的产生问题时就指出,中央银行的出现与国家干预和调节经济、金融运行有直接关系。而真正的国家宏观调控理论产生于 20 世纪 30 年代的凯恩斯革命。其核心思想主要有:①非充分就业是一种常态,而充分就业只是例外。这种观点推翻了资本主义经济就是充分就业、均衡经济的传统说教。②造成经济危机和严重失业的原因是有效需求不足。③必须扩大政府职能,加紧国家对经济的干预。在政策上彻底摒弃通过市场的自动调节可以实现充分就业均衡的传统教条。④提出了膨胀性财政政策和廉价货币政策主张。这些理论和政策主张的核心是强调政府对经济的调节和干预,从而形成了比较完整的现代宏观经济调控理论。

宏观经济调控是国家作为经济调节的主体运用一定的调节形式和手段,把微观经济活动纳入符合宏观经济发展所要求的状态的过程。宏观经济调节总是根据一定的目标进行的,并为一定的目标服务。宏观经济调控目标,即宏观调控所要实现的国民经济运行的目的,对整个宏观经济的运行起着导向作用,是宏观调控的基本依据;各种宏观经济政策的实施和各种调节手段的运用都是围绕着这个目标进行的,所以,它是宏观经济运行的出发点和归结点。

宏观经济调控目标在不同的国家和同一个国家的不同时期可能有所不同,但从市场经济发展的经验看,共同点都是要尽可能地防止通货膨胀或通货紧缩,防止失业率的扩大,促进经济结构优化,实现经济稳定增长,保证社会经济的和谐协调发展。一般而言,调控重点在以下三个方面。

1. 保持社会总供给与总需求的基本平衡

社会总供给与总需求的基本平衡主要包括:①总量平衡。即在价值形式上和实物形式上,社会总供给与总需求之间的平衡。市场经济条件下,首先要重视总供给与总需求在价值总量上的平衡,同时又要重视具有宏观全局意义的实物总量平衡。②结构平衡。即在价值形式上和实物形式上,供给结构与需求结构之间的平衡。如,在一定时期内社会生产资料的供给与社会生产资料的需求之间的平衡,社会消费资料的供给与社会对消费资料的需求之间的平衡,社会总供给与总需求的基本平衡,就是指两者在总量和结构上的平衡。

2. 实现产业结构的合理化

产业结构就是指各种产业之间的比例及其相互关系。实现产业结构的合理化,就是要根据一个国家的国情,合理地利用各种生产资源,实现各种生产要素的合理配置,使各种产业之间协调发展,保证整个国民经济的有效运行和良性循环,以实现最优的宏观经济效应。

3. 社会经济的和谐协调发展

经济运行中的主要矛盾集中表现为生产和消费之间的矛盾,社会生产发展与人民日益增长的物质和文化需求之间的矛盾。而这些矛盾的产生原因是多方面的,要保证国民经济的持续、稳定、快速、健康发展,还需要密切关注社会经济发展中的其他问题,如生态环境的保护问题、社会保障完善程度、贫富差距问题等。

三、现代宏观经济调控方式

在市场经济条件下,国家宏观调控的基本模式是国家通过市场实现对经济运行的间接调控。这种调控方式的基本特征是:国家调节的直接对象是市场而不是企业,企业拥有根据市场需求进行生产经营决策的自主权,国家根据价值规律运用经济杠杆调节市场的各种经济参数,以影响和引导企业的经济行为,通过市场来贯彻国家的宏观经济政策意图。在这种宏观调控方式下,国家与企业之间的关系是通过市场来联结的,国家对经济的宏观调控也是通过市场来实现的。

这种以市场作为中介的宏观调控方式有以下几个特点:一是以间接的经济手段为主,而不是以直接的行政手段为主。二是以总量调节为重点,根据社会总供给与总需求等宏观经济变量的变化来采取相应的经济政策,而不是以单个市场主体的需要来决定政策的变化。三是通过市场调节使调控的范围更广、更灵活。四是宏观调控具有动态性,可以根据市场反馈的各种信息,采取相应的措施进行适度调节,及时纠正宏观经济运行中出现的偏差,以保证宏观调控目标的实现。

四、现代宏观经济调控的主要政策

在现代市场经济中,国家调控经济运行主要有四大政策:财政政策、货币政策、收入政策和产业政策。前三项政策主要是调节社会总需求,通过对社会总需求的调控影响社会的总供给及构成,从而实现总供求的均衡。这三大政策也是政府实行需求管理的主要手段,在某种程度上对供给也有一定影响。产业政策主要是调节社会总供给,通过对社会总供给的调节,协调社会总供求及构成的矛盾,这项政策也是政府实现供给管理的主要手段。

1. 财政政策

财政政策是国家为了实现宏观经济活动的目标而对财政调节手段的选择和运用。它主要包括财政收入政策和财政支出政策两个方面的内容。财政政策有五种基本的调节手段:国家预算、税收、国债、财政补贴和财政投资。

2. 货币政策

货币政策是国家通过中央银行,为实现宏观经济调控目标而制定的各种管理和调节货币供给量及结构的措施的总称。货币政策通过影响货币供给量和信贷规模、利率、汇率来调节宏观经济活动,以达到在稳定币值的基础上发展经济的目的。

3. 收入政策

收入政策通常定义为旨在影响或控制价格、货币工资和其他收入的增长率而采取的除货币和财政措施以外的政府行为,是政府为了影响和控制一般物价水平上升或下降的速度而采取的强制性或非强制性的限制或提高货币收入和价格以及防止贫富差距过大的政策。

4. 产业政策

调节的直接对象是供给,直接干预生产,调节的着力点是增加供给。主要包括产业组织政策和产业结构政策。

五、现代宏观经济调控的手段

市场经济注重供求的自我调节,但是市场失灵的客观存在破坏了市场的均衡,因而国家常常依靠各种手段对市场进行调节。在现代市场经济中,国家进行宏观调控的具体手段主要是经济手段、法律手段、计划手段和行政手段。

1. 经济手段

经济手段是国家通过调节各微观市场主体的经济利益关系,以引导其生产经营活动和消费行为,使之按照宏观经济发展目标的要求运行的手段。其主要特征是:①运用经济手段的主体是国家或政府,即国家根据经济发展的客观需要及宏观均衡的要求,运用各种手段调节经济活动和经济行为。②调节的直接客体是市场,间接客体是企业和居民个人,国家动用各种经济手段,直接调控市场的各种经济参数,从而诱导市场主体作出符合国家宏观经济发展目标的生产经营决策和消费决策。③调节的实质是经济利益关系,国家运用经济手段,通过对各种经济利益关系的调节,引导和激励市场主体的自我调整,使之符合宏观经济发展的要求。国家掌握和运用的经济手段主要有价格杠杆、税收杠杆、利率和汇率杠杆等。

2. 法律手段

法律手段是指依靠国家的法定权力,通过经济立法和经济司法调节经济秩序的一种手段。法律调节经济具有四个特征:①对市场经济主体具有普遍的约束力。②对市场经济主体具有严格的强制性。③对市场经济主体的调节具有相对稳定性。④对市场经济主体的活动范围具有明确的规定性。除了经济手段外,法律手段也是宏观经济调节的基本手段之一。包括经济手段在内的其他调控手段,都必须以法律为基本依托,在法律范围内行使和运用,这就是我们通常所说的市场经济就是法制经济的基本含义。

3. 计划手段

计划手段是指国家通过经济发展战略中、长期社会经济发展规划和年度计划等,对国民经济的发展起导向作用,调节社会供求的总量平衡和结构平衡。即使在市场经济条件下,也需要有计划,当然这种计划主要是突出宏观性、战略性和政策性,是以指导性为特征,与原来的高度集中的指令性计划有明显区别。重点是合理确定国民经济和社会发展的战略目标,搞好经济发展预测、总量平衡的调控和重大经济结构的布局规划,促进国民经济的持续、快速、稳定、健康发展。

4. 行政手段

行政手段是国家凭借政权的力量,通过颁布命令、规章、制度、条例、规定等形式,按照行政区域、行政系统、行政层次来直接指挥国民经济活动的手段。行政手段的调节具有直接强制性、纵向一体性、系统封闭性、决策见效迅速等特点。即使在市场经济条件下,在一些特定的时候采用行政手段也是非常必要的。因为经济手段和法律手段的调节功能也有某些局限性。如经济手段的调节往往具有滞后性和效果不确定性的缺陷,法律手段难以对变化的经济活动进行灵活调节等。因此,当运用经济手段和法律手段不能有效地调节经济活动的时候,特别是在经济形势十分严峻的时候,行政手段就是最适当的选择。当然,行政手段是一种直接的干预,其运用应该限制在必要的限度之内。

在宏观经济调控中综合运用上述四种手段,可以实现功能互补,更好地实现宏观调控目标。

第三节　货币政策的含义及特点

货币政策作为一种直接管理总需求、间接调控总供给的政策是一个国家十分重要的宏观经济调控手段,在整个国民经济宏观调控体系中居于十分重要的地位。在当今世界各国,无论政治制度、经济制度和经济结构有何种差异,无不例外地都采取了一定形式、不同内容的货币政策来管理本国的货币流通和控制信用规模,依靠货币政策进行宏观经济调控。货币政策的制定和贯彻执行的主体是一国的中央银行。实际上,中央银行的整个运行都是围绕着货币政策的制定、贯彻以及日常操作这样一个核心问题进行的。

一、货币政策的含义

货币政策的含义有广义和狭义两种。广义的货币政策是指中央银行、政府和其他有关部门所有有关货币方面的规定及其采取的影响货币数量的一切措施。它包括有关建立货币制度的规定、有关金融体系的规范和旨在提高效率的金融体制改革的措施,以及政府借款、国债管理、财政收支等可能影响货币数量的行为。

狭义的货币政策是指中央银行为了实现其特定的经济目标而采用的各种控制和调节货币供应量、信用量和利率,进而影响宏观经济的方针和措施的总称。一般而言,货币政策主要涉及两个问题,即货币政策目标的选定和货币政策工具的选择。但从货币政策运行的实质来看,货币政策目标和工具选定以后,还必然涉及货币政策如何发生作用,如何有效地控制正确的政策方向,以及货币政策能否有效地影响到实际经济生活中总需求与总供给的平衡问题。因此,从严格意义上讲,货币政策包含的内容相当广泛,至少包含以下五个方面的内容,即货币政策最终目标、货币政策工具、货币政策的传导机制、货币政策的中介指标和货币政策的有效性。这些内容构成一个国家货币政策的有机整体,在制定和实施货币政策时,中央银行必须对这一有机整体进行统筹考虑。

货币政策的制定和贯彻执行的主体是一国的中央银行。中央银行在国家法律授权范围内独立地或在中央政府领导下制定货币政策,并凭借其领导和管理全国金融机构的特殊地位和拥有的货币发行特权,运用其特殊的资产负债业务和各种政策手段组织货币政策的实施。中国人民银行是我国的中央银行,我国的货币政策由中国人民银行制定并报请国务院批准后实施。

二、货币政策的作用

在现实宏观调控实践中,货币政策是国家经常采用的重要宏观调控工具之一,这是因为货币政策在宏观经济运行中能够发挥如下作用。

1. 促进社会总需求与总供给的均衡,保持货币币值的稳定

社会总需求与总供给的均衡是宏观经济平稳运行的基础。而社会总需求与总供给的均衡又取决于货币供求是否均衡。货币供求是否均衡主要通过物价水平表现出来。社会总需求是指有支付能力的需求,它由一定时期的货币供给量决定。中央银行通过货币政策的制定和实施,可以调节货币供给量,影响社会总需求,从而促进社会总需求与总供给的平衡,保持物价水平的稳定,达到维护货币币值的稳定目的。

2. 为宏观经济的正常运转提供一个稳定和良好的货币金融环境

宏观经济的正常运转需要适度的货币供给与信用规模。在信用货币制度下,稳定和良好的货币金融环境依赖于中央银行正确的货币政策。货币政策的合理使用,可以调节货币供给量和信用规模,避免由于货币和信用供给的不当而引起经济的波动。

3. 熨平经济波动,促进经济稳定增长

由于各种因素的影响,一国经济增长不可能始终保持稳定。经济过热时期的资源浪费和经济衰退时期的资源闲置都会造成社会福利的损失。货币政策能够改变货币供给量从而影响总需求。通过采用"逆经济风向而行"的货币政策,能够对各种经济干扰因素发挥抵消作用,降低经济波动的程度,促进经济增长。如,当经济过热、出现通货膨胀时,可采取紧缩性货币政策减少货币供给量,抑制社会总需求的过度膨胀,缓和通货膨胀压力;反之,当经济衰退、出现通货紧缩时,可采取扩张性货币政策增加货币供给量,刺激投资和消费,促进经济的稳定增长。可见,货币政策可有效熨平经济波动,是促进经济稳定增长的重要宏观调控手段。当然也要注意,由于货币政策作用的时滞影响和货币政策使用时机、力度等掌握难度的影响,货币政策的不当使用也有可能加剧经济的剧烈波动。如2008年爆发的金融危机,就有许多人认为这与美国联邦储备委员会的货币政策执行不当有密切关系。

4. 促进充分就业,保持社会稳定

非充分就业既不利于劳动力资源的充分利用,也容易导致社会的不稳定。因此,促进充分就业、保持社会稳定是一个国家重要的宏观经济目标之一。就业水平的高低,受到经济规模、经济结构和经济发展速度的影响。一般性货币政策工具的运用可以影响货币供给量、社会总需求、经济规模和速度,从而对就业水平产生影响;选择性货币政策工具的运用,可以通过影响货币结构、经济结构,从而影响就业水平。

5. 促进国际收支的平衡,保持汇率相对稳定

一个国家汇率的相对稳定是保持国民经济稳定健康发展的必要条件。而汇率的稳定与一国的国际收支密切相关。货币政策可以通过协调本外币政策、控制本

币供给、适时适度调整利率和汇率等手段,来促进国际收支平衡,保持汇率相对稳定。

6. 维护金融体系的稳定,防范金融危机

中央银行可以通过各种货币政策工具,适时、适度地调控社会信用总量,保持金融体系的稳定和防范金融风险以及风险在金融体系内的传染,同时还可以稳定公众信心。所以,适当的货币政策有利于金融稳定。当然,不适当的货币政策也可能导致金融动荡。如在出现经济过热时,宽松的货币政策可能加剧经济膨胀;反之,当经济过冷时,过度紧缩的货币政策可能加剧其动荡。

三、货币政策体系和内容

(一) 货币政策体系

货币政策不是单一的一种政策措施,它是一个体系,货币政策体系包含多种要素,是多种要素构成的一个协调、统一的有机整体,共同促进货币政策体系的运转。如图 11-1 所示,从货币政策的作用过程来看,货币政策包括最终目标、货币政策工具、货币政策的传导机制、货币政策的中介指标和货币政策的有效性等。

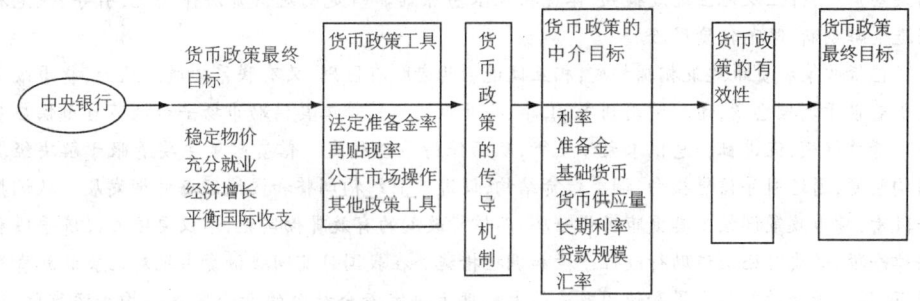

图 11-1　货币政策体系示意图

(二) 货币政策内容

从货币政策的作用范围来看,包括三部分内容。这也是我们在日常生活中所经常看到或听到的中央银行所采取的政策措施。

1. 信贷政策

信贷政策是中央银行为了实现货币政策目标,对信用进行管理而采取的方针和各种措施。信贷政策主要是调节信用总量和结构。在总量调节方面,主要是使社会信用总量能够适应社会经济发展的资金需要,不至于出现信用不足或信用泛滥的情况。在信用结构调节方面,主要是保证在总量既定的条件下,使社会信用的构成合理,最大限度地发挥资金的使用效率。

专栏 11-2　　　　　　　　　　　　**中国的信贷政策**

信贷政策是宏观经济政策的重要组成部分,是中国人民银行根据国家宏观调控和产业政策要求,对金融机构信贷总量和投向实施引导、调控和监督,促使信贷投向不断优化,实现信贷资金优化配置并促进经济结构调整的重要手段。制定和实施信贷政策是中国人民银行的重要职责。

中国社会主义市场经济处在初级阶段,间接融资居于主导地位,经济运行中的问题有总量问题,但突出的是经济结构性问题。中国区域经济发展不平衡,金融市场不够发达,利率没有市场化,单纯依靠财政政策调整经济结构受财力限制较大,信贷政策发挥作用是经济发展的内在要求,在相当长时期内将会存在。金融宏观调控必须努力发挥好信贷政策的作用,加强信贷政策与产业政策、就业政策和金融监管政策的有机协调配合,努力实现总量平衡和结构优化。

中国目前的信贷政策大致包含四方面内容:一是与货币信贷总量扩张有关,政策措施影响货币乘数和货币流动性。比如,规定汽车和住房消费信贷的首付款比例、证券质押贷款比例等等;二是配合国家产业政策,通过贷款贴息等多种手段,引导信贷资金向国家政策需要鼓励和扶持的地区及行业流动,以扶持这些地区和行业的经济发展;三是限制性的信贷政策。通过"窗口指导"或引导商业银行通过调整授信额度、调整信贷风险评级和风险溢价等方式,限制信贷资金向某些产业、行业及地区过度投放,体现扶优限劣原则。四是制定信贷法律法规,引导、规范和促进金融创新,防范信贷风险。

信贷政策和货币政策相辅相成,相互促进。两者既有区别,又有联系。通常认为,货币政策主要着眼于调控总量,通过运用利率、汇率、公开市场操作等工具借助市场平台调节货币供应量和信贷总规模,促进社会总供求大体平衡,从而保持币值稳定。信贷政策主要着眼于解决经济结构问题,通过引导信贷投向,调整信贷结构,促进产业结构调整和区域经济协调发展。从调控手段看,货币政策调控工具更市场化一些;而信贷政策的有效贯彻实施,不仅要依靠经济手段和法律手段,必要时还须借助行政性手段和调控措施。在我国目前间接融资占绝对比重的融资格局下,信贷资金的结构配置和使用效率很大程度上决定着全社会的资金配置结构和运行效率。信贷政策的实施效果,极大地影响着货币政策的有效性。信贷政策的有效实施对于疏通货币政策传导渠道、发展和完善信贷市场、提高货币政策效果发挥着积极的促进作用。

1998 年以前,中国人民银行对各金融机构的信贷总量和信贷结构实施贷款规模管理,信贷政策主要是通过人民银行向各金融机构分配贷款规模来实现的。信贷政策的贯彻实施依托于金融监管,带有明显的行政干预色彩。近年来,随着社会主义市场经济的不断发展,中国人民银行的信贷政策正在从过去主要依托行政干预逐步向市场化的调控方式转变。依法履行中央银行信贷政策职责,进一步完善金融宏观调控机制,与时俱进,不断改进信贷政策实施方式,提高信贷政策调控效果,还需要在实践中继续探索完善。

资料来源:中国人民银行网站。

2. 利率政策

利率政策是中央银行控制和调节市场利率的方针和各种措施,是中央银行间接控制信用规模的重要手段。利率政策的内容包含两个方面:一是中央银行通过基准利率的调节来影响市场利率的一般水平,从而使市场利率的高低能反映社会的资金供求状况;二是中央银行通过控制和调节整个社会的利率结构,使社会的资金在合理的资金价格体系指导下进行有效的分配,提高资金的使用效益。调节市场利率的措施有两种方式:一是在市场经济比较发达的经济体中,由于已经实现了利率市场化,国家不可能直接控制利率,因此,主要是通过中央银行的各种措施(如再贴现政策、公开市场业务、存款准备金制度等)来间接影响市场的利率水平和利率结构。另一种方式是在市场经济不太发达的经济体中,中央银行通过直接的行政手段对利率进行管制,其他金融机构只能执行中央银行确定的利率水平,或者在中央银行确定的基准利率水平基础上在一定范围内浮动。

3. 外汇政策

外汇政策是中央银行控制和调节外汇市场及汇率、实施外汇管制、控制国际资本流动和平衡国际收支的方针和各种措施。外汇政策主要包括以下内容:一是控制和调节外汇市场,以稳定汇率;二是实施外汇管理,以稳定外汇汇率,控制资本流进流出;三是保持合理的外汇储备,以维持国际清偿能力;四是控制外汇市场的交易,以维护外汇市场的稳定。

四、货币政策的类型

货币政策按其类型可分为三种:扩张性货币政策、紧缩性货币政策和均衡性货币政策。

(一) 扩张性货币政策

扩张性货币政策是一国货币当局或中央银行通过提高货币供应增长速度来刺激总需求的增长,影响总需求和总供给的对比变化,以达到经济增长或充分就业等目的。通常在下面三种情况下运用扩张性货币政策:一是在战争等特殊情况下,由于财政开支庞大,往往通过货币供应的增加来满足国家财政的特殊需要;二是作为一种反经济金融危机的措施,通过扩大货币供应,增加社会有效需求,以刺激生产、保障就业、缓解危机。比如在 2008 年爆发全球性金融危机以后,世界各国的中央银行和欧洲中央银行几乎都采用了扩张性货币政策,比较迅速地控制住了金融危机的蔓延和恶性发展。我国政府推出了 4 万亿刺激计划,确保了我国经济从危机中快速恢复;三是一些发展中国家在资金有限的情况下,有意识地主动扩大货币供应量,以刺激经济的快速增长。

扩张性货币政策在刺激经济增长方面的作用是有严格约束条件的,只有当社会尚未实现充分就业,并且存在有可利用的闲置资源时,才有可能刺激经济增长、增加就业,而物价水平又不至于上升。否则必然会导致物价上涨,引发通货膨胀。这是在采用扩张性货币政策时必须要充分考虑的。

（二）紧缩性货币政策

紧缩性货币政策是一国货币当局或中央银行通过降低货币供应的增长率来降低社会总需求水平，影响总需求与总供给的对比变化，以达到稳定物价、平衡国际收支的目的。这种政策一般在经济增长过热或出现严重通货膨胀的情况下采用。

紧缩性货币政策在抑制通货膨胀方面作用效果比较明显，通过提高利率、提高法定存款准备率或直接限制贷款规模等手段能够有效地减少货币供应量、控制过旺的需求，保持币值稳定。但是如果把握不当，也容易造成经济增长率下降的同时，失业率上升，甚至造成经济衰退。

（三）均衡性货币政策

均衡性货币政策是指货币当局或中央银行在长期内稳定适度地供应货币量。其前提是社会总需求与总供给基本平衡，货币供应量的增长与社会经济增长相适应，物价基本稳定。

五、货币政策的特征

为了全面理解和正确运用货币政策，提高货币政策运用的有效性，我们需要了解货币政策的一些基本特征。一般说来，货币政策具有如下五个特征：

1. 货币政策是宏观政策而非微观政策

货币政策的目标基本上与宏观经济政策目标相吻合，货币政策的变动主要是针对整个国民经济运行中的总量、水平、方向性问题，如经济增长与衰退、通货膨胀与紧货紧缩、国际收支顺差与逆差以及与此相联系的货币供应量、信用量、利率、汇率、金融市场等。尽管货币政策的任何变动都会间接影响到单个银行、企业和居民个人等微观主体的经济利益，但不直接涉及这些微观主体的金融行为。这就告诉我们，对于微观主体行为出现的问题不能依靠货币政策去解决。

2. 货币政策是一种调节社会总需求的政策而非调节总供给的政策

货币政策的影响力仅在货币供应量和信用规模方面，一定的货币量直接形成现实的社会需求而非现实的社会供给。所以货币政策的变动对宏观经济的影响是通过货币量的形成和信用规模的扩张与收缩来直接调整社会总需求而实现的，然后再通过社会总需求的变动间接地影响到社会总供给的变动，从而促进整个社会总需求与总供给的平衡。如果现实经济中矛盾的主要方面在供给一方，那么启用货币政策则很难奏效。

3. 货币政策是一种间接调控政策而非直接调控政策

货币政策目标主要是依靠运用再贴现政策、公开市场业务、存款准备金制度等措施通过金融市场的金融交易活动而实现的。这就是说，货币政策对整个经济活动的影响是间接的，而不是直接的。不是说货币政策工具的变化会直接导致宏观经济变量的变动，其间要借助金融市场、通过一定的传导过程，这会在一定程度上影响货币政策的效果,因此我们在使用货币政策时要考虑经济运行环境,应该要有一个比较发达的、高效率的金融市场为前提。此外,货币政策对社会总需求的调节,往往不是采取直接的行政措施,而主要是采用经济手段和法律控制措施,以调整经济当事人的经济利益从而促使其改变经济行为来实现的。当然,也不排除在特定的经济及金融环境下适当加入一定的直接控制措施。

4. 货币政策是一种长期的经济政策而非短期的经济政策

这主要是就货币政策的最终目标而言的。无论是稳定货币,还是充分就业、促进经济增长、平衡国际收支等目标,都是一种长期性的政策目标,因其具有政策导向性,不宜经常变动,否则微观主体会感到方向不明、无所适从。但对于特定条件下的各种具体的货币政策措施,为提高其政策效果的有效性,却总是短期性的、随机应变的,必须根据宏观经济状况的变化审时度势,在保证总体目标相对稳定的条件下,不断修正调控力度和调控方向。货币政策的这种长期性和短期性并不矛盾。

5. 货币政策是一种逆经济风向调节政策而非顺经济风向调节政策

货币政策的根本任务是要维持适度的货币供应,为经济社会的正常运行提供一个长期稳定、良好的货币金融环境,使货币的供给不成为重大经济波动的根源。所以货币政策作为一种经济调节措施,主要遵循逆经济风向调节原则。即货币政策的变动方向往往是与经济运行的发展趋势相反的。例如经济呈现过度繁荣,出现通货膨胀的苗头,货币政策就应及时压低货币供应量的增长率,提高利息率,抑制社会总需求的增长,以缓和通货膨胀压力,促使整个经济稳定正常发展。相反,如果出现经济萧条或衰退,货币政策就应努力想办法增加货币供应量,降低市场利率,刺激社会总需求的增长,以缓和经济萧条或衰退造成的困难,促进整个经济的繁荣发展。这就要求中央银行必须密切关注经济发展变化趋势,准确分析、判断经济运行状况,加强经济、金融调查、统计和研究工作。

六、货币政策的决策机构与程序

货币政策在一国宏观经济调控中发挥着非常重要的作用,如果货币政策决策不当,目标、工具选择配合失误、或决策程序混乱等,都直接影响到货币政策的有效性,有可能给整个社会经济带来紊乱或灾难。因此,货币政策的决策机构与程序是否科学合理,就显得尤为重要。

(一)决策权的配置

在中央银行具有高度独立性的国家,货币政策的决策权集中在中央银行的最高管理层。如美国的货币政策决策权集中在联邦储备理事会。在三大货币政策工具中,法定存款准备金率、再贴现率和再贴现窗口借款原则都由联邦储备理事会决定;公开市场操作则由联邦公开市场委员会决定。由于公开市场委员会12名成员中,有7名成员来自联邦储备委员会,所以美国货币政策的决策权实际上是控制在联邦储备理事会手中,即中央银行的最高管理机构中。

在中央银行独立性比较弱的国家,货币政策的决策权由中央政府和中央银行最高管理层分别承担。重大货币政策的变动与调整,由中央政府决策,货币政策实施中的一般决策权则由中央银行负责。如我国涉及货币供应量、利率、汇率等变动政策,就需要中国人民银行作出决定上报国务院批准后执行。

(二) 货币政策的决策机构

从历史与现实来看,货币政策的决策一般有两种决策者:一是个人,二是各种不同的委员会。从发展主流看,货币政策的决策更多的是通过委员会来决策的。"过去在货币政策决策过程中由委员会决策属于特殊情况——主要是联储和德国央行——但现在委员会决策已成为普遍现象。在《2000 年中央银行观察指引》中,J. P. 摩根写道:在过去几年中,最显著的变化是货币政策的决定权向中央银行货币政策委员会会议转移,这同美联储公开市场操作委员会十分相似。在这份出版物提到的 34 家中央银行中,有 29 家设有货币政策委员会(MPC),其明确职责是制定货币(或利率)政策。由于其余 5 家中央银行中的 3 家实行货币局制度,没有制定货币政策的权力,所以只有其余 2 家中央银行——挪威和新西兰——实行个人决策"①。

根据 2003 年修订的《中华人民共和国中国人民银行法》,"中国人民银行在国务院领导下,制定和执行货币政策","中国人民银行就年度货币供应量、利率、汇率和国务院规定的其他重要事项作出的决定,报国务院批准后执行。中国人民银行就前款规定以外的其他有关货币政策事项作出决定后,即予执行,并报国务院备案"。可见,国务院是我国货币政策的最终决策者。就中国人民银行的自身决策来说,在 1995 年之前,决策机构是中国人民银行理事会。《中国人民银行法》颁布以后,中国人民银行实行行长负责制,不再设置理事会,由中国人民银行行长行使最高决策权。为了体现集体决策,往往通过行长办公会会议形式对有关事项作出决定。同时,为有助于货币政策的正确制定,国务院根据《中国人民银行法》设立了中国人民银行货币政策委员会,并以此作为中国人民银行制定货币政策的咨询议事机构。

专栏 11-3　　　　　　　　　　由委员会决策的中央银行

在《2000 年中央银行观察指引》中,J. P. 摩根写道:在过去几年中,最显著的变化是货币政策的决定权向中央银行货币政策委员会会议转移。在 1998 年之前,英格兰银行的利率决策是由时任行长的乔治(Eddie George)制定。如今其决策由一个 9 人组成的货币政策委员会(MPC)制定。货币政策决策真正按多数票原则进行。在真正民主的委员会中,一人一票制也适用于行长。

---

① 参见《中央银行的现代化进程》,阿兰. S. 布兰德著、孙涛等译,中国金融出版社 2006 年版。

为什么这么多的中央银行都从个人决策转向了集体决策呢? 主要原因有两点:一是中央银行独立性的增强。如果中央银行只是执行政府命令的机构,就没有必要保留一个委员会班子来制定货币政策。二是货币政策委员会组成成员中经常有着不同的看法或偏好:某些人可能关注通货膨胀问题,而另一些人可能更关注失业问题。况且他们信奉不同的经济模型,会利用源于不同预测方法的不同预测结果,委员会成员也可能采用不同的方式加工同样的信息。所以在现实当中,一直存在"鹰派"和"鸽派"之分,他们分别偏好于低通货膨胀率或高就业率。也存在货币主义者、凯恩斯主义者和其他学派人员的差别,他们对经济运行的判断迥异。

委员会决策优于个人决策。第一,集体决策可以降低独裁的中央银行采取极端政策的可能性,比如,该中央银行家可能只关注实现低通货膨胀率或低失业率。第二,在不确定的世界中,更多的知识总应使分析更出色,从而利于更佳决策。第三,在面临复杂任务时,以不同方式处理信息和决策的一组人,可能比一个本领超群的个人表现更佳。可概述如下:

- 委员会制定的政策波动性可能性较小(更稳健一些);
- 委员会采取的极端政策比个人少;
- 委员会能集中所有成员的智慧,在一个不确定性很大的世界中,这一点非常有用;
- 委员会成员将有关不同的直观推断提交给会议讨论,这种做法有助于那些定义不清或高难问题的解决。

资料来源:阿兰.S.布兰德著、孙涛等译,《中央银行的现代化进程》,中国金融出版社2006年版。

(三) 货币政策的决策程序

各个国家货币政策的决策程序不尽相同,但通常包括以下几个基本环节。

(1) 对前期货币政策的制定和实施效果的总结和评价。正确的货币政策决策是建立在对前期货币政策效果的正确评价和对当前经济形势及其未来走势的正确分析预测之上的。评价的内容包括:前期货币政策目标的确定是否合理和是否达到;使用政策工具的种类、力度及其效果怎样;如果效果不理想,原因何在;可从哪些方面进行补救等。

(2) 对当前经济形势的分析和对未来走势的预测。对经济形势的分析和预测包括总供给与总需求的平衡状况分析、国际收支平衡状况分析、货币供求平衡分析和银行储备分析。

(3) 中长期政策目标和措施的确定。由于经济波动的持续性和周期性、货币政策效应的滞后性和延续性,最有效的货币政策必须是长、中、短期政策目标和措施有效组合的政策。长期政策目标通常是与经济波动周期相适应的一种跨年度的,具有指导方向和趋势的政策概要。中期政策目标和措施通常是年度性的,是制定短期政策目标和措施的直接依据,因而较为具体并具有较强的操作性。

(4) 短期政策目标和措施的确定。短期货币政策目标和措施是货币政策具体实施的直接依据,通常为季度性的,而且目标明确,措施具体,具有很强的可操作性。

专栏 11-4   **美国联邦公开市场委员会的决策程序**

　　美国联邦公开市场委员会是公开市场操作方面的决策机构。一般每年召开 8 次会议,对其货币政策进行讨论或决策。较长期政策的讨论和决策主要安排在 2 月和 7 月会议上,其余的 6 次会议主要讨论短期政策,为本次会议结束后至下次会议开始前公开市场操作室的操作提出指导原则,其决策程序如下。

　　1. 会议前的准备

　　每次会议召开以前,公开市场委员会将有关会议文件发送到与会人员手中。这些文件包括:(1)绿皮书,即经济分析报告;(2)蓝皮书,即货币分析报告;(3)白皮书,即地区经济分析报告。并对需要解决的问题进行一系列的研究和讨论。

　　2. 会议议程

　　美国联邦公开市场委员会会议议程可参见表 11-1。

表 11-1　美国联邦公开市场委员会会议议程

议程	议题	内容		
议程一	讨论并通过上次会议政策纪要			
议程二	外汇市场操作	1. 分析、评价自上次会议以来的外汇市场操作		第一部分:总结与回顾
		2. 讨论并通过上阶段的外汇操作		
议程三	公开市场操作	1. 发现、评价自上次会议以来的公开市场操作		
		2. 讨论并通过上阶段的公开市场操作报告		
议程四	经济形势	1. 理事会对经济形势的报告		第二部分:经济分析与预测
		2. 委员会讨论		
议程五	较长期政策目标(2 月和 7 月)	1. 理事会评述		第三部分:经济分析与较长期政策目标的制定
		2. 委员会讨论与表决	1. 讨论当年的操作目标 2. 建立下一年的操作目标(7 月)	
议程六	短期货币政策	理事会评述		第四部分:短期货币政策目标与操作指令的制定
		委员会讨论		
		制定政策指引		
	确定下次会议日期			

　　资料来源:陈学彬主编,《中央银行概论》,高等教育出版社 2000 年第二版。

七、货币政策的实施

(一)货币政策实施的时机选择

货币政策制定完成以后,就进入实施阶段。一般认为,超前性是成功实施货币政策的关键。比如,在通货膨胀出现之后采取的紧缩性措施无论对经济还是对公众的信心都会造成危害。货币政策的真正意义在于将可能出现的问题控制在萌芽状态。这不但要求中央银行对当前的经济与金融发展中的各种指标和数据进行分析和辨别,努力发现可能对经济造成危害的潜在因素,而且必须提前采取行动,抵消这些因素将要产生的影响,为经济提供一个稳定的运行环境。另外,货币政策的超前性,还在于货币政策本身的特点——时滞性。货币政策对经济产生作用的时滞一般有半年到一年甚至一年以上,如果不提前采取措施,货币政策的效果就不能准确到位,而且对经济有可能产生大起大落的危害效果。

(二)货币政策实施过程的监控

一般而言,宏观经济发展是比较平稳的,但是也不能排除出现动态变化的情况,而货币政策实施是由若干个时间点上的行为组成的过程,为了保证货币政策实施过程的畅通和观测货币政策是否偏离货币政策目标,就需要对货币政策的实施过程进行监控。中央银行可以通过观测、分析、判断宏观经济若干指标的变化,如国内生产总值、失业率、国际收支、物价水平、市场利率、货币供应量及其结构变化等,进而运用货币政策工具来控制操作目标,调节中间指标,最终实现政策目标。

(三)货币政策的调整

正常情况下,货币政策实施一段时间后,中央银行需要对政策实施效果进行总结和评价,酌情对已实施的货币政策进行适当调整。此外,由于宏观经济的波动,也需要中央银行适时调整政策方向和政策力度,以适应经济发展需要。尤其是在宏观经济遇到一些意想不到的突发性事件影响时,如自然灾害、金融危机等,就更需要调整货币政策。

货币政策的基本作用之一是熨平经济波动,促进经济稳定增长,因此货币政策的调整应尽可能采取谨慎、微调的方式和手段,尽量减少由于货币政策的变动对经济和市场可能带来的震荡和影响。

第四节　货币政策对宏观经济的影响

前面我们已经讲到货币政策在宏观经济运行中能够发挥重要作用,能够通过对货币供求的调节来影响社会总供求,进而对实体经济产生影响。为什么中央银行的货币政策能够影响全社会的货币供给和货币需求呢? 货币政策又是如何影响实体经济的呢？这就必须要回答货币政策是如何影响基础货币、进而影响货币供给的问题，也需要进一步在理论上说明货币供给量的内生性和外生性问题。

一、货币政策对基础货币的影响[①]

我们可以通过对中央银行资产负债表的分析，看出货币政策是如何影响基础货币的。中央银行资产负债表的基本结构及其关系是：

负债＝货币发行＋金融机构存款＋非金融机构存款＋政府存款＋发行债券
　　　＋国外负债＋其他负债＋资本金
资产＝国外资产＋对政府债权＋对金融机构债权＋对非金融机构债权＋其他资产

由于"负债＝资产"，我们可以通过移项，将现金和金融机构存款准备金存款移到等式的左边，其余项全部移到等式的右边，那么就有：

　货币发行＋金融机构存款＝国外资产＋对政府债权＋对金融机构债权
　　　　　　　　　　　　　＋对非金融机构债权＋其他资产－(政府存款
　　　　　　　　　　　　　＋发行债券＋国外负债＋其他负债＋资本金)

在此基础上我们可作如下分析。

1. 非金融企业或个人将手持现金存入银行

这时非金融企业或个人的资产负债表将发生变化，如表11-2。如果现金不计算为法定准备金，银行将把新增加的现金存入中央银行，形成超额准备金，银行的资产负债表也发生变化，如表11-3。对中央银行来说，非金融企业或个人将现金存入商业银行并不引起中央银行的资产负债表的变化。如果商业银行将其存入中央银行，则负债方的现金减少、存款增加，如表11-4。净结果是基础货币没有发生变化。

表11-2　非金融企业或个人

资　产	负　债
现金　－	
存款　＋	

表11-3　商业银行

资　产	负　债
现金	存款　＋
(超额准备)　＋	

---

① 参见童适平编著:《中央银行学教程》,复旦大学出版社2004年版。

表 11-4 中央银行

资　产	负　债
	货币发行　－(0)
	准备金存款　＋(0)

2. 非金融企业或个人纳税

如果非金融企业或个人使用银行存款纳税,其资产负债表将变为如表11-5,存款减少的同时,应缴纳的税金也相应减少。银行资产负债表中来自非金融企业或个人的存款减少,银行通过中央银行的结算系统将准备金中的相应金额转给政府,见表11-6。而中央银行的资产负债表中银行准备金存款减少的同时,政府存款增加了,净负债没有发生变化,基础货币也没有发生变化。见表11-7。

表 11-5 非金融企业或个人

资　产	负　债
存款　－	应纳税　－

表 11-6 商业银行

资　产	负　债
准备金　－	存款　－

表 11-7 中央银行

资　产	负　债
	准备金存款　－
	政府存款　＋

3. 中央银行买入外汇资产

如果中央银行买入外汇资产,资产负债表将发生改变,如表11-8。如果中央银行是从银行手中买入的,那么,银行的资产负债表就变为如表11-9。如果该外汇资产是中央银行从非金融企业或个人手中买入的,那么银行和非金融企业或个人的资产负债表就变为如表11-10和表11-11。中央银行买入外汇资产,不管是从银行还是非金融企业或个人手中买入,要么增加现金,要么增加准备金存款,都会导致基础货币的增加。中央银行通过买入外汇资产,进而增加基础货币供给是中央银行投放货币的主要渠道之一。这在我国目前的情况下表现得非常明显。

表 11-8 中央银行

资　产	负　债
外汇资产　＋	货币发行 （准备金存款）　＋

表 11-9　商业银行

资　产	负　债
外汇资产　-	
准备金　+	

表 11-10　商业银行

资　产	负　债
准备金　+	本币存款　+

表 11-11　非金融企业或个人

资　产	负　债
外汇资产　-	
本币存款　+	

4. 中央银行买入其他资产(如证券)

中央银行可以通过公开市场业务在金融市场上买卖证券,其行为将直接影响基础货币的增减。如果中央银行在金融市场上买入证券资产,其基本与买入外汇资产相同,中央银行的资产负债表也会发生变化,如表 11-12。如果中央银行是从银行手中买入证券,那么银行的资产负债表就变为如表 11-13。如果中央银行是从非金融企业或个人手中买入证券,那么非金融企业或个人的资产负债表就变为如表 11-14。需要注意的是,这有两种情况,如果非金融企业或个人卖出证券后以现金形式持有货币,则不会改变银行的准备金。如果非金融企业或个人卖出证券后,将所得款项又存入银行,将直接增加银行的准备金。不过,不管是存入银行还是以现金形式持有,基础货币都将等额增加。

表 11-12　中央银行

资　产	负　债
证券　+	货币发行
	(准备金存款)　+

表 11-13　商业银行

资　产	负　债
证券　-	
准备金　+	

表 11-14　非金融企业或个人

资　产	负　债
证券　-	
现金	
(存款)　+	

5. 中央银行增加向银行的贷款

中央银行作为银行的银行,可以通过再贴现和再贷款的方式对银行发放贷款。这种贷款行为对基础货币的影响与中央银行买入证券的基本原理完全相同。中央银行的贷款增加,银行的准备金就增加,基础货币也增加。

如果中央银行卖出外汇资产和手中持有的证券,或收回向银行的贷款,则会等额减少基础货币的投放,直接影响到社会的货币供给量。可见中央银行根据货币政策的需要开展一些业务活动,能够直接影响基础货币及社会货币供给,进而影响社会总供求,对实体经济产生影响。

二、货币政策对货币供给的影响

仅仅从资产负债表的变动还不足以说明货币政策对货币供给及实体经济的影响。理论界对货币政策能否影响货币供给是有争论的。其争论的焦点在于如何看待货币供给量的内生性和外生性问题,货币供给量究竟是内生变量还是外生变量。这里的"内"、"外"主要是从实体经济的角度来说的。

1. 货币供给量的内生性

所谓货币供给量是内生变量的观点认为,货币供给主要是由经济体系中的收入、储蓄、投资、消费等实际经济变量和微观经济主体的行为决定的,而非中央银行的货币政策决定的。所以,货币供给基本上是内生的,中央银行很难控制一定时期的货币供给量。

2. 货币供给量的外生性

所谓货币供给量是外生变量的观点认为,货币供给量不是由经济体系中的实际变量和微观经济主体的行为决定的,而是由中央银行的货币政策决定的。中央银行可通过各种货币政策措施的使用来调控货币供给量,因此,货币供给量具有很大程度上的外生性。

3. 货币供给量既不完全是外生的,也不完全是内生的,而是由经济体系内各种因素共同决定的。我们可以通过货币供给的决定公式来加以说明。

货币供给决定公式:

$$M_s = m \cdot B$$

其中,M_s 为货币供给量,m 为货币乘数,B 为基础货币。

基础货币是由通货 C 和存款准备金 R 这两部分构成的,即

$$B = C + R$$

货币供给量是由通货 C 和全部存款货币 D 这两部分构成的,即

$$M_s = C + D$$

那么,

$$m = \frac{M_s}{B} = \frac{C+D}{C+R} = \frac{\dfrac{C}{D}+1}{\dfrac{C}{D}+\dfrac{R}{D}}$$

式中:C/D = 通货/存款比率;R/D = 准备金/存款比率。总体来看,在决定货币供给的三个基本因素即通货/存款比率(C/D)、准备金/存款比率(R/D)和基础货币(B)中,通货/存款比率的大小主要取决于公众的行为,但是也受中央银行政策调整的影响。例如,市场利率较高时,C/D 就会降低,而中央银行的货币政策能够影响市场利率。准备金/存款比率的大小特别是超额准备的大小,主要取决于存款货币银行的行为,但中央银行对此有很大的影响力。例如中央银行可以直接调节法定存款准备金比率影响 R/D,也可以由利率的控制,通过成本效应影响 R/D。基础货币则主要取决于中央银行的行为,中央银行可以根据货币供给的意向,运用政策工具直接影响基础货币的数量,因为法定存款准备金率完全由中央银行控制,超额准备金和现金也受利率影响。因此,货币供给虽然不完全是外生的,但是中央银行对货币供给基本上是可控的。

如果将准备金细分为法定准备金和超额准备金,将存款细分为活期存款、定期存款和储蓄存款,那么,

$$R = (r+e)D$$

其中:r 为法定准备率,e 为超额准备率。由于全部存款(D)是由活期存款(F)、定期存款(T)和储蓄存款(S)构成,所以有:

$$D = F + T + S$$

因此:

$$m = \frac{M_s}{B} = \frac{C+F+T+S}{C+(r+e)(F+T+S)} = \frac{\dfrac{C}{D}+\dfrac{F}{D}+\dfrac{T}{D}+\dfrac{S}{D}}{\dfrac{C}{D}+(r+e)\left(\dfrac{F}{D}+\dfrac{T}{D}+\dfrac{S}{D}\right)}$$

$$= \frac{c+f+t+s}{c+(r+e)(f+t+s)}$$

这样,现金比率 $c(c = C/D)$、活期存款比率 $f(f = F/D)$、定期存款比率 $t(t = T/D)$、储蓄存款比率 $s(s = S/D)$、法定准备率 r、超额准备率 e 等六个因素,再加上基础货币(B),这七个因素共同决定了货币供给总量。其中,r 由中央银行决定,中央银行对 B 的控制力也很强;e 基本上由存款货币银行决定,但中央银行对其也有很大的影响力;c、f、t、s 这四个因素主要取决于公众的行为,但也受中央银

行各种政策特别是利率政策的影响。因此,货币供给量虽然不完全是外生的,但仍是中央银行基本可控的。可见,货币供给量既不完全是外生的,也不完全是内生的,而是由经济体系内各种因素共同决定的。其中中央银行发挥决定性作用。

三、货币政策对经济运行的影响

通过前面的分析我们可以得出的结论是:中央银行的货币政策对货币供给确实有影响,货币供给量是基本可控的。但是,货币供给量的变化是如何影响经济运行的呢? 即它的政策效应怎样呢? 货币政策对经济的影响可从其对价格总水平的影响、对经济增长的影响、对就业的影响等方面来分析。通常认为,货币供给的变动会对价格总水平(或通货膨胀)产生重要影响,对此理论界没有大的分歧。分歧在于货币政策对经济增长和就业等实际经济变量的影响。

货币政策对经济增长、就业和通货膨胀的影响,可以通过总需求-总供给(AD-AS)模型来进行分析。如图 11-2 所示。

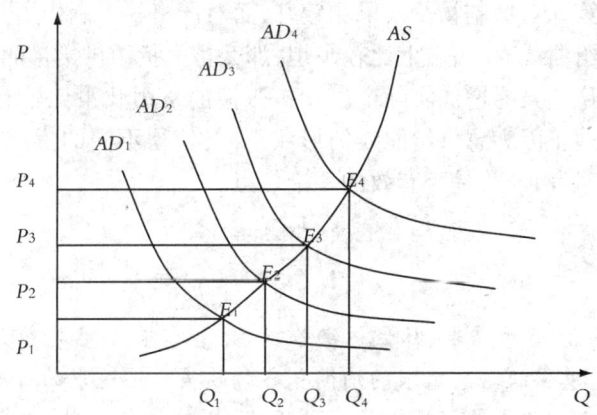

图 11-2　总需求-总供给模型

在上述模型中,纵轴代表物价,横轴代表产出,AD 和 AS 分别是总需求线和总供给线。货币政策对经济的影响,是通过货币供给的变动推动总需求曲线移动,使经济的均衡点从原有的均衡点向新的均衡点移动来实现的。假定生产成本不变,因此,总供给曲线 AS 不发生位移。在 E_1 点 AS 和 AD_1 相交,总供给与总需求达到均衡。假定影响总需求线 AD 位移的众多因素中,只有货币供给量发生变化,中央银行实行扩张性货币政策时,随着货币供给量的增加,总需求曲线从 AD_1 向右边移动到 AD_2。其与总供给曲线的交点也由 E_1 移向 E_2。供求均衡点上移,价格总水平由 P_1 上升到 P_2,产出水平由 Q_1 提高到 Q_2。可见,随着货币供给的增加,通货膨胀和经济增长都在上升,但经济增长水平高于通货膨胀水平。随着货币供给的进一步增加,通货膨胀和经济增长都进一步上升。但经济增长速度逐步放慢,而通货膨胀却逐步加剧。达到均衡点 E_4 以后,货币供给量继续增加,但并不能引起实际产出的增加。反之,当实行紧缩性货币政策时,货币供给减少,总需求曲线从 AD_4 向左边移动到 AD_3。其与总供给曲线的交点由 E_4 向左边移动到 E_3。价格总水平由 P_4 下降到 P_3,产出水平则由 Q_4 减少到 Q_3。可见,随着货币供给的减少,通货膨胀和经济增长都在下降,但开始时经济增长下降速度低于通货膨胀下降速度。随着货币供给的进一步减少,通货膨胀和经济增长都进一步降低,但经济衰退的速度逐步加快,而通货膨胀下降幅度却逐步减少。

综上可见,货币政策通过对总需求的影响,从而影响总供求均衡,影响经济增长和通货膨胀,因而,货币政策对经济运行确实是有影响的,也就是说货币政策是有效的。但是,由于总供给曲线形状的差异,总需求的变动对经济增长和通货膨胀的影响是不同的。

如果总供给曲线 AS 向右上比较陡峭,扩大货币供给量的货币政策对实际产出的影响不大,增加的货币供给量主要反映在物价上涨方面。相反,此时减少货币供给量的货币政策却对抑制物价效果比较好,而对产出的抑制作用并不明显。

如果总供给曲线 AS 向右上比较平坦,那么扩大货币供给量的货币政策既能实现物价的相对稳定又能增加实际产出。扩张性的货币政策比较有效,符合客观经济运行的需要。正因为总供给曲线的形状不同,使得不同的货币政策产生不同的效果,成为关于货币政策是否有效的争论焦点。

本章小结

1. 货币供给、货币需求、社会总供给、社会总需求之间是密切联系在一起的。在现实经济中,总供给与总需求的均衡是各种政策最终追求的目标,而货币供求是否均衡既是社会总供求是否均衡的一种反映,又对社会总供求的均衡起着举足轻重的作用。货币供求的失衡必然引起总供求的失衡。因此,宏观经济均衡的关键是货币均衡,这也充分说明了货币政策在宏观经济中的重要作用。

2. 在现代信用货币制度下,货币均衡及社会总供求均衡都只能是相对的、暂时的,而不平衡则是一种常态。从市场经济发展的历程看,只要出现了货币供求的失衡,出现了社会总供求的失衡,就有可能出现以下四大问题:通货膨胀或通货紧缩、失业问题、经济增长问题和国际收支失衡问题。

3. 宏观经济调控目标在不同的国家和同一个国家的不同时期可能有所不同,但从市场经济发展的经验看,共同点都是要尽可能地防止通货膨胀或通货紧缩,促进经济结构优化,实现经济稳定增长,保证社会经济的和谐协调发展。

4. 在市场经济条件下,国家宏观调控的基本模式是国家通过市场实现对经济运行的间接调控。调控经济运行主要有四大政策:财政政策、货币政策、产业政策和收入政策。具体手段主要是经济手段、法律手段、计划手段和行政手段。

5. 货币政策是指中央银行为了实现其特定的经济目标而采用的各种控制和调节货币供应量、信用量和利率,进而影响宏观经济的方针和措施的总称。其作用主要有:促进社会总需求与总供给的均衡,保持货币币值的稳定;为宏观经济的正常运转提供一个稳定和良好的货币金融环境;熨平经济波动,促进经济稳定增长;促进充分就业,保持社会稳定;促进国际收支的平衡,保持汇率相对稳定;维护金融体系的稳定,防范金融危机。

6. 货币政策不是单一的一种政策措施,它是一个体系。从货币政策的作用过程来看,货币政策包括最终目标、货币政策工具、货币政策的传导机制、货币政策的中介指标和货币政策的有效性等。从货币政策的作用范围来看,包括三部分内容:信贷政策、利率政策和外汇政策。货币政策按其类型可分为三种:扩张性货币政策、紧缩性货币政策和均衡性货币政策。三种不同类型的货币政策分别适应不同的经济、金融环境。货币政策具有如下五个特征:货币政策是宏观政策而非微观政策;是调节社会总需求的政策而非调节总供给的政策;是间接调控政策而非直接调控政策;是长期的经济政策而非短期的经济政策;是逆经济风向调节政策而非顺经济风向调节政策。

7. 货币政策的决策权配置、决策程序是否科学合理直接影响到货币政策的有效性。为了提高货币政策的有效性,还需要恰当地选择货币政策实施的时机并对实施过程进行必要监控和适当调整。

8. 中央银行根据货币政策的需要开展一些业务活动,能够直接影响基础货币及社会货币供给,进而影响社会总供求,对实体经济产生影响。货币供给量既不完全是外生的,也不完全是内生的,而是由经济体系内各种因素共同决定的。这可以通过总需求 – 总供给(AD-AS)模型来加以说明。

关键概念索引

货币供给 货币需求 社会总供给 社会总需求 货币供求均衡 社会总供求均衡 宏观经济 财政政策 货币政策 收入政策 产业政策 经济手段 信贷政策 利率政策 外汇政策 货币的内生性 货币的外生性 总需求 – 总供给模型

复习思考题

1. 如何理解货币供求与社会总需求之间的关系?
2. 结合我国现实,分析我国宏观经济中存在哪些主要问题。
3. 货币政策的基本内容和特征是什么?

4. 货币政策在宏观调控中可以发挥哪些作用?

5. 如何理解货币的内生性和货币的外生性?

6. 如何认识货币政策是一种逆经济风向调节政策?

7. 货币政策的决策过程中,为什么委员会决策已普遍替代了个人决策?

8. 你认为如何才能保证货币政策决策程序的科学性、合理性?

第十二章 货币政策目标

📖 本章要点

- 货币政策目标体系
- 货币政策最终目标
- 货币政策最终目标的选择
- 货币政策操作指标和中介指标
- 中国人民银行货币政策目标及选择

制定和实施货币政策是中央银行的基本职责之一。要制定和实施货币政策，首先必须要明确货币政策的方向和所要达到的目的，即所要实现的目标。货币政策目标不是一个单一的数量指标，而是由最终目标、中介指标和操作指标三者组成的一个有机整体。所以在本章我们将集中阐述三个问题：货币政策最终目标、操作指标和中介指标以及我国中央银行的货币政策目标选择问题。

第一节 货币政策最终目标

一、货币政策目标体系

货币政策目标是指货币政策制定者所期望达到的、在一段较长的时期内所要达到的最终实施结果，目标具有相对稳定性。货币政策作为国家管理宏观经济的重要政策之一，其最终目标与国家所要达到的宏观经济目标基本上是一致的。而一国的宏观经济目标是由一国宏观经济运行中存在的主要问题所决定的。在第十一章我们讲到，影响各国经济发展的基本问题集中在四个方面，即通货膨胀、失业、经济衰退和国际收支失衡。因此，多数国家中央银行的货币政策目标通常有四大目标，即稳定物价、充分就业、促进经济增长、平衡国际收支。由于金融稳定与否直接关系到宏观经济的稳定状况，所以有些国家把金融稳定也作为货币政策目标之一。当然,不同的国家其经济运行中的主要问题在不同的时期是不一样的,因而货币政策目标的侧重点在不同的国家或在同一国家的不同时期也就不一样。

中央银行的货币政策不能对这些目标产生直接作用,只能通过它所掌握的货币政策工具间接作用于这些目标,使之进入中央银行的目标区。但是,这种间接作用的时间比较长,如果中央银行等到这些最终目标发生变化以后再来判断货币政策的效果,据此对政策进行修正的话,可能已经为时太晚,无法挽回决策失误而带来的错误。因此,为了及时准确地监测和控制货币政策的力度和效果,中央银行需要在货币政策工具和最终目标之间选定一些变量作为监测指标,我们称这些变量为中介指标,比如货币供给量和利率,在一定条件下的信贷规模和汇率也可作为中介指标。这些指标既能被中央银行较为准确地控制,又能够较好地预告最终目标可能发生的变动。

但是货币政策工具也不能直接影响中介指标,中央银行还需要选定一些既能被货币政策工具直接作用,又与中介指标紧密联系的变量作为操作指标。比如准备金、基础货币等。这些变量对货币政策工具的变动反映较为灵敏,是政策工具操作直接引起变动的指标,也是在中央银行体系内首先变动的指标,有利于中央银行及时跟踪货币政策实施效果并及时修改。

因此,货币政策目标并非一个单一的指标,而是一个体系。这个体系是由最终目标、中介指标和操作指标三者组成的一个有机整体。如图 12-1 所示。从图中我们可以看出,货币政策工具经过操作指标、中介指标到最终目标是一个逐次传递的过程。对中央银行而言,这些目标的可控性从强到弱,从经济分析的角度看,则宏观性逐渐增强。中央银行通过对操作指标和中介指标的监控,可以及时、有效地跟踪货币政策效果。

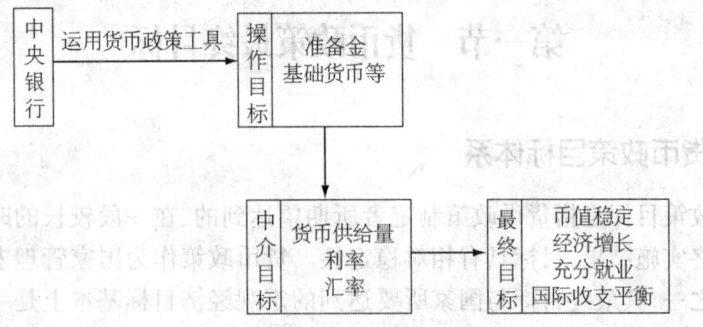

图 12-1　货币政策目标体系

二、货币政策最终目标的内容

货币政策最终目标(习惯上简称货币政策目标)在货币政策体系中居于首要

地位。各国不同时期的社会经济条件、经济政策及金融体制不同,货币政策目标的选择也各有不同。因此,货币政策目标的形成有一个历史发展过程,它是经济发展对中央银行所提出的客观要求。美国联邦储备银行曾经把经济增长、充分就业、稳定物价和国际收支平衡作为货币政策目标,日本银行曾经把稳定物价、平衡国际收支和维持对资本设备的适当需求作为货币政策目标,英格兰银行曾将充分就业、实际收入的合理增长、低通货膨胀率和国际收支平衡作为货币政策目标。由于 20 世纪 90 年代以来,相继发生了墨西哥金融危机、东南亚金融危机、俄罗斯金融危机、南美国家的金融危机,以及由美国次贷危机引发的全球金融危机,金融稳定的重要性日益凸现,许多国家又将金融稳定加入货币政策目标之中。从目前的情况看,一般认为,货币政策的最终目标包括稳定物价、经济增长、充分就业、国际收支平衡和金融稳定。

(一)稳定币值目标

1. 稳定币值的含义

在信用货币流通条件下,由于币值与物价之间呈倒数关系,所以,更多的时候,用物价水平来反映或衡量币值。稳定币值也就是稳定物价。所谓稳定物价,就是设法使一般物价水平在短期内不发生显著的或急剧的波动,实际上是使物价在短期内保持一种相对稳定状态。这里所指的物价是指一般物价水平,即物价总水平,而不是指某种商品的价格。

稳定币值或稳定物价是货币政策的首要目标。其核心是抑制通货膨胀、避免通货紧缩。物价不稳定,要么出现通货膨胀,要么出现通货紧缩。如果经济中发生了严重的通货膨胀,将给社会经济生活带来许多弊端:①容易造成和加剧社会分配不公现象,固定收入者的生活水平下降,会激化社会矛盾。②相对价格体系遭到破坏,价格信号失真,不利于资源的有效配置。③借贷风险增加,债权人的利益受到损失,而债务人从中受益,使正常的借贷关系和信用秩序遭到破坏。④严重的通货膨胀使货币贬值,可能导致货币体系的崩溃,甚至出现对国家政府的不信任。如果经济中发生了严重的通货紧缩,同样会带来许多弊端,通货紧缩将严重地影响企业和公众的投资和消费预期,制约其有效的投资需求和消费需求,造成企业销售下降,存货增加,利润减少,企业倒闭,失业率上升,银行不良债权大量增加,金融风险随之暴露,经济增长停滞甚至衰退,陷入经济危机。因此,抑制通货膨胀、避免通货紧缩是保持币值稳定的货币政策目标不可分割的两个方面。

需要指出的是,稳定币值或稳定物价并不意味着冻结物价。价格波动是商品经济的基本特征之一。如果让物价静止不变反倒是不正常的经济现象。因此,稳定物价是指把一般物价水平控制在一定范围内,即控制在不危害经济增长、社会大众心理又能承受的范围之内。从物价在经济发展中所发挥的作用来看,物价既不能过高(即防止出现通货膨胀),也不能持续过低(即防止出现通货萎缩),应保持在一个合理的水平上,中央银行在控制稳定物价目标时要注意把握物价变动的度。

2. 引起一般物价水平变动的原因

中央银行要稳定币值或稳定物价,首先应该清楚引起一般物价水平变动的原因。按照马克思的劳动价值理论,商品的价格决定于价值,在某一时点上的某种商品的价格同时还受到供求关系的影响。在信用货币流通情况下,物价还受到货币供给数量的影响。如果我们从一般经济现象上分析,可以发现引起一般物价水平上升的原因,主要有以下几个方面:①总需求过多引起的一般物价水平的上涨。它是由社会总需求的过度增长引起的,即太多的货币追逐太少的商品。②成本上升引起的一般物价水平的上涨,即由供给或成本的因素引起的物价上涨。或者说在需求没有过度的情况下,由于生产成本的增加而引起的物价上涨。③结构性因素引起的一般物价水平的上涨。

而引起一般物价水平下跌的主要原因:一是消费需求不足;二是投资需求不足;三是供给结构和需求结构形成差异,传统的低层次产品充斥市场,新型高质量产品供应又跟不上;四是体制约束,如信贷供给体制的缺陷;五是一些外部因素的影响,如全球性的通货紧缩的相互传染等。

3. 中央银行在稳定物价中的作用

从上述引起一般物价水平变动的原因中可看出,引起物价变动的原因既有需求方面的因素,也有供给方面的因素,还有经济、金融体制方面的因素等。成本因素和结构因素往往是交织在一起构成供给方面的因素而引起物价上升的。这些因素与中央银行的货币政策并没有多少直接的关系。货币政策作为一种需求管理政策,货币政策对宏观经济调控的着力点在于社会总需求。因此,真正与中央银行货币政策有关的只是总需求过多或过少而引起的物价不稳定。这就告诉我们:第一,稳定物价是全社会共同的任务,而非中央银行一家能够完成的。第二,中央银行在稳定物价中的作用是有限的,只能从对总需求的调整方面来影响物价的变动。第三,中央银行稳定物价的着力点在于防止出现由于总需求过多而造成的物价上涨,当然也不排除在某些特定时期要防止由于总需求不足而造成物价下跌。第四,中央银行的其他货币政策措施(如利率政策、汇率政策、信贷政策等)只能在一定的限度内影响物价水平。如通过降低利率来减轻企业利息负担、降低产品成本等。第五,一般而言,中央银行的货币政策对抑制通货膨胀比较有效,而防止通货紧缩的效果不明显。因此,对于中央银行来说,关键在于有效控制货币供应量,使之在一定程度与范围内波动,不至于因货币量过多助长总需求过度扩大而出现通货膨胀,同时也不至于因货币量过少而抑制经济发展出现通货紧缩现象。

4. 物价稳定与否的衡量标准与方法

什么样的物价水平算是稳定呢?从各国的情况看,衡量物价变化的指标通常有三个:一是 GNP(国民生产总值)平减指数,它是按当年价格计算的国民生产总值与按固定价格计算的国民生产总值的比率,反映国民生产总值的最终产品和劳务的价格变化情况;二是消费物价指数,它是衡量不同时期居民消费的商品和劳务的价格平均变动程度的指标,较能准确地反映消费物价水平的变化情况;三是批发物价指数,它以批发交易为对象,能准确地反映大宗批发交易的物价变动情况。在这三种指标中,国民生产总值平减指数的统计范围包括一切商品和劳务,也包括进出口商品,所以它能全面地反映社会总物价水平的变动趋势。因此,它最适合于衡量物价总水平的变动。但是数据的采集和获得花费时间比较长,一般一年一次,可能延误政策的制定和实施的时机。而消费物价指数和批发物价指数则属于物价总水平的结构性指标,适合于衡量某一方面的物价水平的变动。

除以上三种指数外,衡量物价稳定与否的指标还有零售价格指数、生活费用指数等。前者的主要作用是反映消费者购买商品的价格变动情况,其计算范围只包括商品而不包括劳务,故不能全面反映价格水平的变化。后者是我国采用的一种价格指数,以消费者日常生活消费的商品和服务项目为对象,常被作为衡量物价上涨程度的一个补充指标。

实际上,物价稳定与否是难以用具体的指标精确反映的,只能根据编制出的物价指数,以及感受到的物价压力,看出物价稳定与否的大致趋势。

(二) 充分就业目标

1. 充分就业的含义

所谓充分就业,通常是指凡是需要就业者均可有一个适当的工作,或者说,凡是有能力并自愿参加工作者,都能在合理的条件下随时找到适当的工作。

劳动力是最重要的生产资源之一。如果实现了充分就业,就意味着劳动力资源得到了充分利用进而实现社会资源的充分利用。非充分就业,表明经济中有一部分资源、特别是劳动力资源没有得到充分利用,失业者及其家庭的生活质量下降,个人自尊心丧失,可能导致犯罪率上升,造成社会不稳定。在失业率高的情况下经济中不仅有闲置的劳动力,而且有闲置的资源不被利用,从而造成产出的降低,经济发展停滞甚或倒退。因而许多国家往往把充分就业作为政府的一项重要政策目标,把失业率作为衡量资源利用程度的间接指标。

传统的西方经济学理论认为,在考察就业时,应扣除两种通常存在的失业。一是摩擦性失业,即由于短期内劳动力的供求失调,难以避免的摩擦而造成的失业。二是自愿失业,即工人不愿接受现行的工资水平而造成的失业。凯恩斯学派却认为,社会经济中除了自愿失业和摩擦失业之外,还存在着非自愿失业,即劳动者愿意接受现行的工资水平和现行的工作条件,仍然找不到工作,即社会对劳动力的需求不足而造成的失业。只有消除了非自愿失业,社会才实现了充分就业。实现了充分就业时的失业率称为自然失业率。

2. 引起失业的一般原因

(1)需求不足造成的失业。这是指由于社会劳动力的供给大于对劳动力的需求,造成劳动力市场失衡而形成的失业。这是社会存在失业的主要原因之一。这种需求不足造成的失业,主要包括两方面内容。第一,周期性的失业,即随着经济周期的波动而出现的经济衰退和经济萧条阶段,由于总需求下降而产生的失业;第二,增长不平衡性的失业,即由于劳动力的需求长期得不到充分满足,或跟不上劳动力的正常增长而造成的失业,以及由于劳动生产率的提高而造成的失业。

(2)结构性原因引起的失业。这是指由于劳动力市场上,劳动力供给的种类与劳动力需求的种类之间不相吻合而造成的失业。在这种情况下,往往是"失业与空缺"并存。

(3)摩擦性失业。这是指短期内劳动力市场供求失调而造成的失业。

(4)季节性原因引起的失业。这是指经济中某些部门的间歇性的需求不足而产生的失业,或是由于劳动力需求的季节性收缩和劳动力供给的季节性扩张而造成的失业。

3. 中央银行在实现充分就业中可能发挥的作用

中央银行作为国家宏观经济管理部门之一,有责任和义务关注就业问题。但是我们要看到,要实现充分就业并不是中央银行一家所能完全做到的,它是全社会各部门共同的职责。在引起失业的众多原因中,与中央银行货币政策直接相关的是总需求不足而造成的失业,也就是说,中央银行要实现充分就业的货币政策目标,只能在调控总需求方面才能对就业问题发挥影响力。中央银行所能做的就是要努力消除由于总需求不足而造成的失业,通过扩张性的货币政策扩大货币供给以促进社会总需求,从而拉动经济增长,促进经济发展,为劳动者创造更多的就业机会,促进资源的合理利用和经济的正常运转。

4. 充分就业的衡量标准

衡量经济发展中是否存在充分就业的标准,一般是以劳动力的就业程度为基准,用就业的相反指标——失业率来衡量劳动力的就业程度。所谓失业率,是指愿意接受现有工作条件而找不到工作的人数(即社会的失业人数)与愿意就业的全部劳动力人数之比,用公式表示为:

$$失业率 = \frac{失业人数}{劳动力总数} \times 100\%$$

失业率的大小,也就代表了社会的充分就业程度。

(三)经济增长目标

1. 经济增长的含义

经济增长是各国政府致力追求的宏观经济政策目标。关于经济增长的含义有不同的理解,主要有两种观点。一种观点认为,经济增长就是指国民生产总值的增加,即一国在一定时期内所生产的商品和劳务总量的增加,或者是指人均国民生产总值的增加。另一种观点则认为,经济增长就是指一国生产商品和劳务能力的增长。

就前一种观点而言,其优点在于比较容易找出衡量一国的国民经济增长程度的直接指标,并且通过国民生产总值这个指标,比较容易判断一国的国民经济增长程度,但是也存在着许多不足,因为国民生产总值是由实物和价格两部分组成的,价格的上涨也是增加国民生产总值的因素,因此经济增长率与国民生产总值增长率这两个概念是有差别的,只有剔除价格上涨因素所计算出的国民生产总值才能在一定程度上反映经济增长率的程度,此外国民生产总值指标没有反映社会的环境成本,如物质资源的消耗、环境的污染等,只反映过去和现在的情况,而不能反映潜在的、长期的经济增长因素。

就后一种观点而言,其优点在于:用一国的生产能力来代表经济增长的程度,而不用实际的产量,这可以舍弃掉总需求中的一些不断变化的因素,并注意到了一国经济提供商品和劳务的潜力。但这种观点只考虑潜在生产能力,而没有考虑到现时生产能力的闲置问题,而且生产能力指标本身比较模糊,难以计算出一个准确的数值,因而计算和判断经济增长具有一定难度。

此外,发展经济学认为,对经济增长不能仅仅从产出总量的角度考虑,更应该考虑增长的成本,例如资源耗费、环境污染、收入差距等,所以从社会和谐和可持续发展角度看,应该追求经济发展。

2. 经济增长的衡量标准

经济增长通常用国内生产总值(即我们通常所说的 GDP,它是指一国或地区在一定时期内所生产的最终商品和提供劳务的市场价值总和)作为衡量标准。

衡量经济增长也经常采用一些相对指标,如国民生产总值(GNP)增长率、国内生产总值(GDP)增长率、人均 GNP 增长率、人均 GDP 增长率等。此外,也可以用一国生产能力指标来衡量一国的经济增长状况。

需要指出的是,一国的经济增长与否,单凭某一个数字是说不清楚的,只有经过比较之后才能得出正确的判断。一般是以现在的增长情况与过去某一时间的增长情况相比较,因此比较基期的选择就显得十分重要。如果基期选择不当,就无法真正地显示其实际的增长情况。

3. 货币政策在促进经济增长中的作用

从本质上讲,一国政府或中央银行追求的经济增长是经济发展中的长期趋势,而不仅仅是短期的经济指标。而从影响长期经济增长的因素来看,主要是以下几个因素:人力资本的增加,资本的深化程度,资本的积累,科学技术的进步及其广泛应用(单位劳动生产率的提高),经营管理的现代化等,而这些因素与社会制度、经济制度、社会文化相关,受到全社会多种因素的影响,而不直接决定于货币政策的力量。因此,中央银行作为国民经济的货币管理部门,对经济增长的影响是有限的。

前已说明,货币政策侧重于需求管理。而需求管理侧重于短期调节,或者说需求管理在短期方面发挥作用较为明显。要实现经济的长期稳定增长,不仅取决于短期需求管理,而更重要的是取决于中长期供给管理,作为需求管理的货币政策主要是通过调节总需求来间接影响总供给的变化,防止货币供求失衡引起短期经济波动。因此,中央银行宏观调控的目的是调节总供求的平衡,熨平经济的周期波动,以促进经济稳定增长。中央银行可以运用货币政策来影响人们的投资需求和消费需求,在经济过热时紧缩货币供给,抑制过热的总需求;在经济衰退时,扩张货币供给,以降低利率,刺激总需求,促进经济增长。

在实际操作中,即使用货币政策来调节总需求进而影响总供给,也要考虑现实经济增长状况,如果说在短期中资本、人力和技术水平一定,经济中存在着失业和闲置的生产能力,那么此时通过增加货币供给量来刺激总需求,能够调动闲置生产资源,扩大就业、增加产出,使短期经济增长率提高。如果经济中没有多少潜在生产能力,或货币供给的结构出现偏差,那么货币供给量的增加极有可能不但不会增加产出,反而会引起需求过大,引起通货膨胀。这是利用货币政策调节经济增长时必须注意的问题。

（四）平衡国际收支目标

1. 平衡国际收支的含义

国际收支是指一国在一定时期内(通常指 1 年内)对其他国家和地区,由于政治、经济、文化往来而引起的全部收支。这种收入和支出不可能正好完全相等,要么收大于支(即顺差),要么支大于收(即逆差)。所谓国际收支平衡,就是指一国对其他国家和地区的全部货币收入和支出相抵大体平衡,略有顺差或略有逆差。

国际收支平衡与否,直接影响到一国的货币供给和需求的平衡,对货币流通和经济运行影响极大。因此,保持国际收支平衡是保证国民经济持续稳定增长和经济安全甚至政治稳定的重要条件,尤其是在经济全球化发展趋势下更是如此。因国际收支失衡而引起的经济波动甚至经济、金融危机在国际上并不鲜见。

2. 国际收支状况与国内货币供给量的关系

在一个开放型的社会经济中,国际收支状况与国内货币供给量有着密切的关系。如果一国的国际收支出现失衡,无论是顺差还是逆差,都会影响到国内货币供给量的宽松或紧张,都会给该国带来不利影响,都有必要对巨额的顺差或逆差进行调节。中央银行作为调节国内货币供给量的机构在这方面是可以发挥很大作用的。

（1）国际收支顺差与货币供给量。

一般说来,国际收支的顺差意味着该国的外汇收入超过外汇支出。外汇收入增加,且增加的外汇收入不能直接在本国市场上购买商品,而是由中央银行购进这些外汇形成储备资产。这样中央银行必然要投放本国的基础货币,形成本国银行的准备金,从而使得国内货币供给量的增加。这必然会改变原有国内市场的供求平衡关系。一方面,顺差的出现意味着商品的出口大于进口,如果出口依赖于财政的出口补贴,就会增加国内市场的货币供应量;另一方面,顺差也意味着相对减少了国内市场的商品量,增加了国内市场的货币供给量。如果这种顺差持续发展并形成巨额数字,其必然结果是一方面形成大量的外汇储备闲置,造成资源的浪费,另一方面,又因购买大量的外汇而增发本国货币,可能加剧国内通货膨胀,而且还可能加剧贸易摩擦。

（2）国际收支逆差与货币供给量。

一般说来,国际收支逆差意味着该国外汇支出大于外汇收入,必然会表现为中央银行外汇储备的减少,这就收缩了国内银行系统的准备金,从而减少国内市场货币供给量。逆差的出现说明国外商品的流入大于国内商品的流出,从而相对地造成国内市场商品增多,货币不足。如果在国内市场供给过剩的情况下,逆差必然会加剧国内市场商品供求矛盾,货币供给量更显不足。此外,逆差的存在也意味着可利用的国外资源增加,在国内资源未能得到很好利用乃至失业严重的情况下,必然造成国内资源的浪费,阻碍民族经济的发展。因此,在国内市场上货币供给相对不足、资源没有很好利用、存在着失业的情况下,逆差不仅不能缓和市场需求不足的矛盾,而且还会造成经济发展的停滞,加剧商品的过剩和资源的浪费。当然,在国内市场上货币偏多、物价上涨、商品供给不足的情况下,增加一些进口,出现一定数量的逆差,有利于吸收部分国内市场上偏多的货币,增加市场上商品的供给,缓解货币过多的矛盾,促进经济协调发展。

货币政策在调节国际收支方面具有重要作用。在资本项目可以自由兑换的情况下,提高利率可以吸引国际资本的流入,降低资本项目逆差或增加资本盈余;反之则相反。汇率的变动对国际收支平衡也有重要作用,本币贬值有利于促进出口,抑制进口,降低贸易逆差,但却不利于资本项目的平衡。反之,本币升值将吸引国际资本流入,有利于资本项目平衡,但却抑制出口,鼓励进口,不利于经常项目平衡。

无论出现顺差还是逆差,中央银行是否需要进行调节,以及采取什么措施调节,必须要结合经济、金融发展的实际情况,采用内外均衡政策进行合理调节,否则,中央银行的任何举动都会影响到市场平衡状况。

3. 国际收支平衡的衡量标准

由于国际收支平衡表是按照复式记账的借贷原则编制的,借贷双方永远都是相等的,无法判断平衡与否。因此,衡量国际收支平衡与否,一般都是根据国际经济交易的性质来判断。国际经济交易按其性质,一般划分为自主性交易和调节性交易两类。自主性交易又称为事前交易,是指由个人、单位或官方出于自主的经济动机或其他动机而进行的交易,比如商品和劳务的输出输入、无报酬的转让、收益的转移以及对外的直接投资等。调节性交易又称为事后交易,是指为调节自主性交易所产生的国际收支差额而进行的交易,比如分期付款、动用黄金外汇储备等。当一国的国际收支中自主性交易发生逆差时,都得从国外银行或国际金融机构获得短期资金或黄金外汇储备来弥补。

判断一国的国际收支平衡与否,实际上就是看自主性交易平衡与否,是否需要调节性交易来弥补。如果不需要调节性交易来弥补,则称为国际收支平衡;反之,如果需要调节性交易来弥补,则称为国际收支失衡。这就是国际收支平衡与不平衡的真实含义。

(五) 金融稳定

金融稳定包括货币稳定、利率稳定、金融市场稳定和外汇市场稳定等。保持金融稳定是避免发生货币危机、金融危机和经济危机的前提。货币危机既可能由国内恶性通货膨胀引起,也可能由货币的对外严重贬值引起。前者如 20 世纪 40 年代后期中国的法币、90 年代俄罗斯的卢布;后者如 1997 年发生的亚洲金融危机国家的货币。货币危机通常演变为金融危机。利率不稳定会引发经济中的不确定性,使人们对未来的计划变得更加困难。比如,利率的波动影响消费者购买住房的愿望,房产开发商也难以把握什么时候应该增加投资等。利率的波动还会使金融机构的经营产生很大的不确定性,比如,利率上升造成长期债券和抵押资产上的大量资本损失。这种损失可能会引起持有该类资产的金融机构倒闭而引起金融市场的不稳定。金融机构的倒闭会引起银行系统的支付危机而造成更多的金融机构倒闭,并威胁到整个金融体系的正常运行。金融危机处理不当通常引发经济危机。经济危机的出现,必然严重破坏经济的正常运行秩序,企业大量破产,失业率大幅度上升,经济严重衰退,甚至面临崩溃。因此,现在许多国家的中央银行都把金融稳定作为货币政策目标之一。

三、货币政策最终目标之间的关系

货币政策的上述五个目标要同时实现是非常困难的。因为这五个目标有时表现为一定的矛盾性,货币政策工具的实施,有时会使五个目标发生相反方向的变化,抵消政策效果从而使货币政策失效。因此,中央银行在实施货币政策时,需要注意目标间的矛盾性及其协调。

(一) 稳定币值与充分就业的矛盾

最先在理论上总结、分析稳定物价目标与充分就业目标之间矛盾的经济学家是澳大利亚的菲利浦斯。他认为,失业率与物价上涨率之间存在着一种此消彼长的关系。也就是说,一个国家要减少失业或实现充分就业,就必须增加货币供给量,降低税率,增加政府支出,以此刺激社会总需求的增加。然后总需求的增加,在一定程度上将引起一般物价水平的上涨。相反,如果要压低物价上涨率,就得缩减货币供应量,提高税率,削减政府支出以此抑制社会总需求的增加,而社会总需求的缩减,必然导致失业率的提高,这是菲利浦斯研究了 1861—1957 年近 100 年英国的失业与物价变动之间的关系得出的结论,也就是著名的菲利浦斯曲线(如图 12-2)。

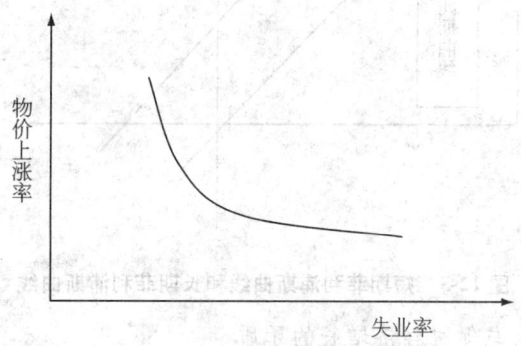

物价上涨率

失业率

图 12-2　菲利浦斯曲线

这条曲线表明,失业率与物价变动率之间存在着一种非此即彼的相互替换关系。也就是说,多一点失业,物价上涨率就低;相反,少一点失业,物价上涨率就高。因此,失业率与物价上涨率之间只可能有以下几种选择:一是失业率较高的物价稳定;二是通货膨胀率较高的充分就业;三是在物价上涨率和失业率之间进行组合,即所谓的相机抉择。

因此,作为中央银行的货币政策目标,既不可能选择失业率较高的物价稳定,也不可能选择通货膨胀率较高的充分就业,而只能在物价上涨率与失业率之间相机抉择,根据具体的社会经济条件做出正确的组合。

20 世纪 70 年代初,西方国家相继爆发了两位数的通货膨胀,20 世纪 70 年代末又遭受第二次石油价格冲击,资本主义经济进入滞胀时期,高失业率与高物价并存,人们对菲利浦斯曲线产生了严重怀疑。1968 年,美国经济学家弗里德曼在《货币政策的作用》一文中指出,除了在短时间内,货币政策不能做的一件事是在菲利浦斯曲线上盯住通货膨胀与失业的一种结合。他区分了短期菲利浦斯曲线与长期菲利浦斯曲线,认为对于一个既定的预期通货膨胀率来说,通货膨胀与失业之间的短期存在替换关系,但是长期的菲利浦斯曲线在自然失业率水平上是垂直的(见图 12-3),这就否定了在通货膨胀和失业之间存在持久的长期权衡选择。从长期看,政府实行的目的在于降低失业的扩张性财政政策,由于公众的适应性预期的存在,只能使通货膨胀率逐渐上升,而不能使失业率降低到自然失业率水平。

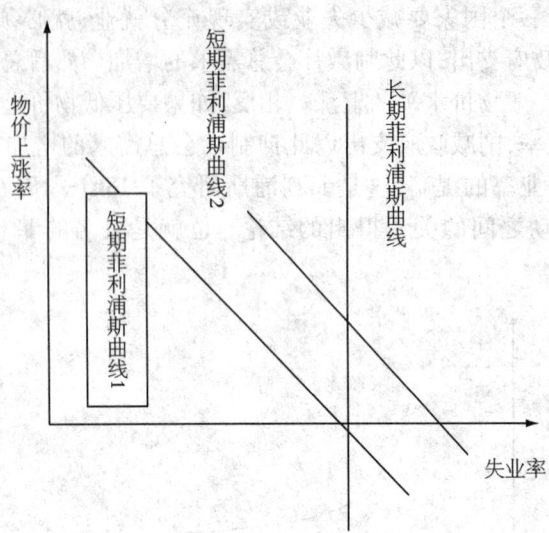

图 12-3　短期菲利浦斯曲线和长期菲利浦斯曲线

（二）稳定币值与促进经济增长的矛盾

一般而言,稳定币值需要抑制总需求的扩张,促进经济增长需要扩大总需求,所以稳定币值与促进经济增长的矛盾是显而易见的。但是由于各国经济发展状况不同,对物价的承受力和对经济增长的期望值是不一样的,因此对两者间是否存在矛盾有不同的看法。

第一种观点认为,只有物价稳定才能维持经济增长。因为物价不稳,说明总需求的变动不正常,易引起生产要素价格的波动,不利于经营核算,破坏生产经营秩序。而生产的发展主要是靠劳动力增加、资本形成增加、技术进步等因素,产量的增加,随之而来的才是货币总支出的增加。这实际上是供给决定论的古典学派思想在现代经济中的反映,而完全忽视了需求管理在促进经济增长中的作用。

第二种观点认为,轻微的物价上涨可以刺激经济增长。凯恩斯学派认为,在充分就业没有达到之前增加货币供应,增加社会总需求主要是促进生产发展、经济增长,同时物价上涨比较缓慢,轻微的物价上涨可以带来高度的就业,促进私人投资,促进整个经济的发展。

第三种观点认为,只有经济增长才能使物价稳定。因为经济的增长主要取决于劳动生产率的提高和新的生产要素的投入。在劳动生产率提高的前提下,生产的增长一方面意味着产品的增加,另一方面意味着单位产品成本的降低,所以,稳定物价目标与经济增长目标并不矛盾。

实际上,在现实经济生活中,经济的增长与物价上涨之间的矛盾很难调和。就一般情形看,物价是呈上升趋势的,甚至在有的国家经济衰退或停滞阶段,物价水平也呈上涨的趋势,要实现低通胀、高增长只能在特定的环境下才能短暂出现。对于中央银行来讲,要追求低通胀、高增长的理想目标,只能采取适度的货币政策,使货币供给量的供给既能实现物价稳定又能满足与之相适应的名义国民生产总值增长的需要。

(三) 稳定币值与平衡国际收支的矛盾

一个国家的中央银行要想同时实现稳定国内物价和平衡国际收支这两大目标,存在着矛盾。一般说来,当一国出现通货膨胀时,说明总需求超过了总供给,使得国内的物价水平高于外国的物价水平,从而使得国内出口商品的价格和进口紧俏商品的价格都高于外国商品的价格,这样必然会导致国内出口减少,进口增加,从而增加本国的贸易逆差,或者减少本国的贸易顺差,本国外汇储备减少,引起国际收支的变化。相反,当本国物价稳定时,如果其他国家出现了通货膨胀,则会使本国的物价水平相对地低于其他国家的物价水平,从而使得本国的出口商品价格相对地低于其他国家的商品价格,价格竞争力强,使得本国的出口增加,进口减少,增加本国贸易顺差,从而造成国际收支的顺差失衡,进而影响到国内物价水平。

(四) 经济增长与平衡国际收支的矛盾

为了实现经济增长,就需要实行一种比较宽松的货币政策以降低利率,增加货币供给量来刺激总需求的扩大。但是其政策实施的结果在促进投资和经济增长的同时,会使国内物价上涨,出口减少,进口增加,资金外流,导致外汇储备减少,国际收支逆差失衡。相反,则会引起国际收支顺差失衡。

在现实经济生活中,国际收支平衡与国内供需平衡往往是逆向运动的,这主要表现在以下两个方面:一是在国内需求大于国内供给的条件下,有利于充分就业与经济增长,而国际收支逆差却是实现国内供需平衡的手段。国际收支顺差则会加剧国内通货膨胀的压力,进一步扩大国内供需缺口。二是在国内需求小于国内供给的条件下,不利于充分就业与经济增长,而国际收支顺差却是实现国内供需平衡的手段。国际收支逆差则会进一步损害国内经济增长和提高失业率,扩大国内供需的缺口。

(五) 稳定币值与国际收支平衡和金融稳定的关系

币值稳定和汇率稳定有利于国际收支平衡。但是,为了贸易平衡而对外贬值则可能导致国内通货膨胀加剧。有时为了金融稳定而增发货币去拯救濒临破产的金融机构,可能会导致通货膨胀。

币值稳定有利于国际收支平衡,金融动荡将加剧国际收支失衡。片面地追求贸易平衡而人为地货币贬值可能导致国内通货膨胀的加剧;但国际收支的失衡,如贸易赤字或资本外流,将导致货币危机。

(六) 经济增长与充分就业

一般而言,经济增长与充分就业之间的关系比较一致,不存在矛盾冲突。失业与经济增长之间通常存在负相关关系,充分就业与经济增长之间通常存在正相关关系。但是根据奥肯法则,两者的关系可能出现变化。1962 年美国经济学家阿瑟·奥肯提出了一个引人注目的新发现,这一发现被称为"奥肯法则"。该法则说明失业率与国民生产总值呈反方向的比例变化。奥肯认为,失业意味着生产要素的非充分利用,失业率的上升会伴随着实际 GDP 的下降,失业率每高于自然失业率 1% ,实际 GDP 便低于潜在 GDP 3% 。假定潜在 GDP 每年增长率为 $X\%$,如果实际 GDP 每年增长率超过潜在增长率 3% ,则失业率下降一个百分点。但是由于影响经济增长的因素很多,而且经济增长模式也不同,可以采取劳动密集型、资本密集型、资源密集型或知识密集型等不同的发展模式,除劳动密集型外,其他几种增长模式都与充分就业有一定的矛盾。

四、货币政策最终目标的选择

从上述分析可见,货币政策目标间是存在一定的矛盾与冲突的,在某一特定的经济条件下,要同时实现五大目标是不可能的。因此,这就涉及到如何选择的问题。

(一) 货币政策最终目标的三种理论

1. 单目标论

这种理论认为,由于货币政策最终目标之间的矛盾性,货币政策只能以单一目标为最终目标。在选择什么样的目标作为货币政策的唯一目标时,又存在着两种完全对立的观点。一种观点认为稳定物价是货币政策的唯一目标。因为物价稳定是经济正常运行和持续发展的基本前提,币值不稳定将会造成价格体系的混乱,破坏正常的价格形成机制。另一种观点认为,经济增长是稳定物价的基础,是一国经济健康发展的标志,并且由于它与充分就业的目标是紧密联系的,因而经济增长应该是中央银行货币政策的首要目标。

2. 双目标论

双目标论认为,货币政策的目标不应该是单一的,而应该同时兼顾稳定物价和经济增长这双重目标。因为经济增长在为社会创造就业机会的同时,也为币值稳定提供了坚实的物质基础,而币值的稳定又有利于经济的长期稳定增长,有利于增加企业和消费者对经济景气的信心,促进市场价格机制充分发挥作用,是经济稳定增长的必要条件。两者是相互影响和相互制约的,只偏重某一个目标的结果不仅不可能在长期经济运行中实现该目标,对整个国民经济的稳定协调发展也是不利的。

3. 多目标论

多目标论认为,货币政策作为宏观经济间接调控的主要经济手段之一,对各个宏观经济目标都有十分重要的影响,不能只以其中一个或两个目标作为中央银行的货币政策目标,而应该在总体上兼顾各个目标,在不同的时期以不同的目标作为相对重点。

（二）货币政策最终目标的选择方式

以上三种理论各有其长,也各有局限。在特定时期或特定经济条件下,各国的货币政策目标选择是有所侧重的,目标选择的基本原则是:趋利避害,两利相权取其重,两弊相权取其轻。目标选择的方式主要有以下几种。

1. 相机选择

相机选择是凯恩斯主义经济学家所推崇的方法。即根据具体经济情况进行决定和选择。中央银行在调节经济时,可根据具体经济情况的变化,相机选择符合国家宏观经济政策要求、有利于解决面临重大问题的货币政策目标作为一定时期的主要货币政策目标,甚至不惜暂时牺牲其他目标,来保证其主要目标的贯彻和落实。一般的选择是,在经济衰退时期,将刺激经济增长、促进充分就业作为主要货币政策最终目标,而在经济繁荣时期,则把稳定物价和平衡国际收支作为主要的货币政策最终目标。

2. 临界点原理选择

即结合本国社会对某一问题所能承受的限度,找出临界点来选择和实施货币政策目标。如通货膨胀率与失业率之间是反函数关系,假如社会承受通货膨胀率的最大临界点为4%,承受失业率的最大临界点为4%,在这两个4%之间就是安全范围。如果通货膨胀率高于临界点,而失业率又低于其临界点,就可选择稳定物价为主要目标,而相应采取紧缩政策,以降低通货膨胀率。相反则选择充分就业为主要目标,采取扩张政策,降低失业率。

3. 单一规则

货币主义的代表人物弗里德曼反对凯恩斯主义的相机选择方法,而主张以既定的数量规则来防止货币政策的摇摆性。最优的货币政策是按单一规则控制货币供应量,其货币增长速度等于经济增长率加上通货膨胀率。为保证货币政策最终目标的实现,中央银行只要始终如一地保持这个稳定的货币增长率即可,而不管经济形势如何变化,政府不对经济进行任何干预。

4. 轮番突击选择

即根据不同时期的经济状况,轮番采取不同类型的货币政策,以实现其政策目标。这是当前各国普遍采用的方法之一。如当经济衰退时,就采取扩张性货币政策,以经济增长和充分就业为主要目标;当经济过热、出现通货膨胀时,就采取紧缩性货币政策,以稳定物价和平衡国际收支为主要目标。

第二次世界大战以后,西方几个主要国家在货币政策目标选择方面形成了两个思路:一是采取以物价稳定、防止通货膨胀为首要目标;二是根据经济波动情况,时而以经济增长和充分就业为首要目标,时而以稳定物价为首要目标。

（三）通货膨胀目标制的出现

进入 20 世纪 90 年代以后,西方发达国家的货币政策最终目标发生了新的变化,通货膨胀目标制逐渐流行起来。随着货币流通速度不稳定以及金融创新等制度因素的变化,货币总量与最终目标之间的联系大为削弱,中央银行对货币总量、尤其是对广义货币的完全控制事实上已经不可能,因此,这些国家决定放弃使用中间目标,改而直接瞄准最终目标,比如通货膨胀。

通货膨胀目标制不是一个简单的规则,而是一个货币政策框架。所谓通货膨胀目标制,是指中央银行独立制定和实施货币政策,将稳定物价作为货币政策的首要目标,在一定的时间范围内,由政府和中央银行公开宣布一个通货膨胀目标区域(比如 1%—3%),向公众宣布并承诺通过政策手段使物价水平保持在目标区域,以此加强公众对货币政策意图和目标的理解。在日常操作中,通常是设定一个正的通货膨胀预测值作为货币政策目标,并根据预测值的变化进行政策调控,以引导通货膨胀预期向目标区靠拢。当然,选择通货膨胀目标制并不是说就不考虑经济增长了,尤其是对一些发展中国家而言更需要考虑一定时期的经济增长状况。不过,如果经济增长率定得过高,就容易诱发通货膨胀,反而不利于经济增长;如果过分地强求物价的稳定,也不利于经济增长率的提高。因此,在制定具体的通货膨胀目标值时,应根据本国的国情,综合考虑两者的影响因素。

上个世纪末,美国经济持续增长,美联储一直以防止通货膨胀为首要目标。1989 年通过的新西兰《储备银行法》在第八条明确规定,储备银行的基本职能是制定和实施货币政策,以达到和保持物价总水平的稳定。1990 年至 1996 年稳定物价的具体目标是 0%—2% 之间,1997 年调整为 0%—3% 之间。澳大利亚从 20 世纪 90 年代初开始实行通货膨胀目标法,1995 年颁布的《储备银行法》确定的货币政策目标是:稳定通货、保持充分就业和实现人民的经济福利和富裕。澳大利亚的货币政策目标充分考虑了短期内实现就业和经济增长的需要。1998 年 8 月颁布实施的新《英格兰银行法》,进一步明确了英格兰银行的货币政策目标是控制通货膨胀。其实从 1997 年 5 月开始,英国政府就把通货膨胀的控制目标交给了中央银行,财政大臣公布的通货膨胀目标为 2.5% 。90 年代中后期开始,日本银行的货币政策发生了较大的变化。由于日本国内经济不振,大量银行呆坏账的存在,加之亚洲金融危机的冲击较大,日本银行货币政策面临的是如何对应通货紧缩这一新情况,而不是对应通货膨胀。因此从 90 年代末期以来,日本银行采取了进一步的扩张性货币政策,即"零利率"政策,逐步向下诱导隔夜拆借利率。1998 年 11 月,将隔夜拆借利率由原来的 0.5% 诱导至 0.3% ;到 1999 年 2 月末,隔夜拆借利率由 0.25% 降至 0.02% ,如果扣除 0.02% 的手续费,隔夜拆借利率实际上已降为零。4 月 9 日,日本银行明确宣布,"零利率"政策将一直执行到通货紧缩消失为止。

西方各国货币政策最终目标的比较见表 12-1。

表 12-1　第二次世界大战后西方各国货币政策最终目标的比较

国别	20 世纪 50—60 年代	20 世纪 70—80 年代	进入 20 世纪 90 年代以后
美国	以充分就业为主	稳定货币为主	反对通货膨胀为唯一目标
英国	以充分就业为主和国际收支平衡为主	稳定货币为主	反对通货膨胀为唯一目标
加拿大	充分就业、经济增长	稳定物价为主	反对通货膨胀为唯一目标
日本	对外收支平衡、物价稳定	物价稳定、对外收支平衡	稳定物价为主

资料来源：杜朝运,《中央银行学》,厦门大学出版社 2010 年版。

第二节　货币政策操作指标和中介指标

中央银行从操作货币政策工具到实现最终目标,其间有一个较为复杂的过程。为了便于监测和控制,货币政策的各种目标需要相应的经济指标和金融指标来体现。那么,哪些经济指标和金融指标易被中央银行调节而又能影响最终目标的变化呢？这就涉及怎样选择和选择何种经济变量作为货币政策的中介指标问题。

一、建立中间目标的意义

（一）货币政策中间目标的含义

货币政策中间目标,是指受货币政策工具作用,影响货币政策最终目标的传导性金融变量指标。根据其在货币政策执行中的作用看,可分为两类指标：中介指标和操作指标。它具有二重性质：其一,中间目标本身是货币政策作用力的杠杆,它改变着货币政策的运行机制;其二,不同的中间目标是为不同的货币政策最终目标服务的。

（二）中间目标的基本特征

1. 控制启动器

作为中间目标的金融变量应当是货币政策运用和影响的主体。即中央银行各种货币政策的实施,一方面能直接引起作为中间目标的金融变量的变动,另一方面也能通过这些金融变量把货币政策的实施状况反映出来。

2. 传导指示器

即中间目标能让全社会及金融体系了解中央银行货币政策的意向和强度。通过对金融变量的分析,了解到货币政策的意图,以便能够做出符合中央银行货币政策的决策。

3. 反馈显示器

即中央银行通过对中间目标变量的观察、分析,能了解到各种货币政策的实施状况、货币政策的方向正确与否、强度是否合适、时间是否恰当等。

（三）建立货币政策中间目标的意义

中央银行的货币政策目标同时也是一个国家的宏观经济目标。宏观经济目标的实现是国民经济各部门协调配合的结果。虽然中央银行通过实施货币政策可发挥关键作用，但是，中央银行也只是通过货币政策工具的操作，调节货币供给量的变化间接影响宏观经济目标，无法直接控制和实现宏观经济目标。由于货币政策的制定、实施到影响金融市场参与者的行为、改变货币供给量进一步影响经济实体、最后实现宏观经济目标是一个漫长的过程，其间市场机制发挥作用如何、经济环境变化等都存在许多不确定性，而且从货币政策工具的运用到政策效果的显现还有一个滞后效应。为了及时了解政策运用的效应，以便采取必要的纠正或补充措施来保证最终目标的实现，需要在政策工具与最终目标之间引入中间目标(操作指标和中介指标)，以反映经济与金融运行的变化，形成政策工具→操作指标→中介指标→最终目标的目标体系，借助这些中间目标，能够准确判断政策操作方向和力度是否适当，而不必等待物价和产出实质性变化之后才能判断政策效果。

二、选择中介指标和操作指标的主要标准

按照中间目标的性质和特征要求，要使中间目标有效地发挥其作用，能够准确反映货币政策效果，选择出来作为中间目标的金融变量应同时满足四个基本标准，即可测性、可控性、相关性和抗干扰性。

1. 可测性

所谓可测性，是指中央银行所选择的金融变量，必须具有明确的合理的内涵和外延，使中央银行能迅速而准确地收集到有关指标的数据资料，且便于进行定量分析和科学预测。具体说来，作为中介指标，要比最终目标能更快地反映货币政策的效果；作为操作指标，在货币政策发生偏差时要比中介指标更快地发出较为准确的信号。这样的中介指标和操作指标才是有效的。比如 GDP 数据要按季统计并在下一季度第一个月公布，而货币供给量数据是按月公布的，市场利率的数据更是随时可以得到。

2. 可控性

所谓可控性，是指中央银行通过各种货币政策工具的运用，能按其政策意图，对其所选择的金融变量进行有效地控制和调节，能较准确地控制金融变量的变动状况及其变动趋势。如果选择出来的中间目标不具有可控性，中央银行就不知道其货币政策的运用是否适当；而且即使发现货币政策运用有误，也不能把它拉回到正确的轨道上来。例如，物价水平就不能作为货币政策的中介指标，因为货币政策无法直接控制物价水平；并且物价水平的变动是由多种因素造成的，货币政策的影响只是其中的一个因素。因此，中央银行就不能根据物价水平的变动作出货币政

策工具的运用是对还是错的判断。

3. 相关性

所谓相关性,是指中央银行选择的中介指标和操作指标既要与其政策工具密切相关,又要与货币政策最终目标紧密相连,中央银行通过对中介指标和操作指标的控制和调节,能够促使货币政策最终目标的实现。例如,作为操作指标的准备金和基础货币的变动与货币供给量之间有比较明确的关系,而货币供给量和经济增长、币值稳定之间也有可预测的关系。这样,中央银行通过调整操作指标可以影响中介指标,通过调节中介指标可以影响最终目标,从而达到调节宏观经济的目的。

4. 抗干扰性

所谓抗干扰性,是指中央银行选择的中介指标和操作指标能够比较准确地反映货币政策的效果,正确判断和把握货币政策的适当与否和力度,并且较少受外来因素的干扰。

此外,在选择中间目标时还需要注意:①中间目标不是一成不变的,必须根据各国市场环境及时调整。②特定的货币政策中间目标的选择及其运用方式,在很大程度上取决于不同国家的社会经济、金融制度和背景。③即使大致相同的货币政策中间目标,也因不同国家的经济、金融环境不同而有所差别。

三、可供选择的操作指标

操作指标是指直接受货币政策工具作用,间接影响货币政策最终目标的金融变量。中央银行货币政策可供选择的操作指标主要有准备金、基础货币和短期利率。

1. 存款准备金

银行体系的存款准备金是中央银行创造的负债的一部分。它由商业银行的库存现金和在中央银行的准备金存款两部分组成,它包括法定准备金和超额准备金两部分。存款准备金作为货币政策操作指标,任何时候都可满足可测性要求,可直接从中央银行的账户上精确查到。就可控性而言,存款准备金也容易满足要求。因为:第一,存款准备金是中央银行负债的组成部分,能创造多少负债可由中央银行自行决定。第二,商业银行的存款准备金来源,也能被中央银行控制。在一定条件下,银行体系的存款规模总是与中央银行的负债规模直接相关,银行体系内有多少自有资金也是事先向中央银行申报注册的,中央银行向商业银行的贷款规模更是由中央银行直接控制。第三,即使有部分准备金不能由中央银行直接控制,但通过法定准备金率的调整,也能将这部分准备金控制住。存款准备金与货币政策目标的相关性也较高。在一定条件下,银行体系存款准备金增加,意味着信贷规模的缩减,货币供给量减少。相反,银行体系存款准备金减少,则意味着社会信贷规模的扩大,货币供给量增加。货币供给量的增减都会相应地影响到物价、经济发展和就业等经济变量的变化。

存款准备金作为操作指标有一定的局限性,主要是存款准备金总额中的超额准备部分中央银行难以准确控制,而恰好在法定准备金一定的条件下,商业银行自愿持有的超额准备金量才是决定信贷规模和货币供给量的基本要素。

2. 基础货币

基础货币或高能货币是由中央银行创造的,处于流通界公众持有的现金,以及商业银行持有的准备金总和。从基础货币作为操作指标的适应性条件来看,它能较好地满足可测性、可控性、相关性和抗干扰性的要求。首先,基础货币的可测性高。由于基础货币表现为中央银行的负债,它可以从中央银行统计表中及时、准确地获取。其次,基础货币的可控性较强。因为流通中的现金发行都统一集中在中央银行,且其发行渠道由中央银行贷款直接控制;商业银行存款准备金直接受中央银行政策工具控制。最后,基础货币的相关性大。一般说来,基础货币增加,商业银行准备金就会相应增加,通过商业银行资产、负债结构及总量的变动,通过存款的派生,社会的货币供给总量就会增加、社会总需求也会相应增加。反之,则反是。

3. 短期利率

短期利率通常指的是货币市场的利率,最典型的是同业拆借市场利率,它能够及时反映市场资金供求状况。它是影响社会的货币需求与货币供给、银行信贷总量的一个重要指标。就可测性而言,中央银行在任何时候都可以观察到货币市场上的利率水平及结构,这些资料收集较容易。就可控性而言,中央银行的再贴现率是由中央银行根据银根松紧而直接调节和控制的,进而可以间接调控市场利率。短期利率与政策目标之间也有较好的相关性,它作为经济的一个内生变量,总是随社会经济的发展状况而呈反方向运转的。不过短期利率作为中介指标也有一定的缺陷,其与最终目标的相关性依赖于货币市场与其他金融市场之间的相关性以及货币市场在整个金融市场中的地位,特别是它易受一些非政策的、非经济的因素影响,而把中央银行的货币政策引入歧途,影响最终政策目标的实现。

表 12-2 列示了西方主要国家货币政策主要操作目标。

表 12-2 西方各国货币政策主要操作目标比较

国别	20 世纪 70—80 年代	20 世纪 90 年代以后
美国	联邦基金利率、非借入储备、借入储备	短期利率
英国	一组短期利率(隔夜拆借利率、三个月国库券利率、三个月银行拆借利率)	
加拿大	注册银行储备	
日本	银行同业拆借市场利率	在 2001 年采用更多手段

资料来源:杜朝运:《中央银行学》,厦门大学出版社 2010 年版。

四、可供选择的中介指标

中介指标是指间接受货币政策工具作用,而直接影响货币政策最终目标的金融变量。主要有长期利率、货币供给量、汇率和通货膨胀。在一定条件下,银行信贷规模也可作为中介指标。

1. 利率

凯恩斯主义主张以利率作为中介指标,认为货币政策要通过对利率的影响才能作用于经济过程,利率是影响总需求的关键变量,而且中央银行能够采取有效措施调控利率。在 20 世纪 80 年代以前,西方主要国家都是以利率作为货币政策的中介目标。作为货币政策中介目标的利率,通常是中长期利率。

利率作为货币政策中介指标具有以下优点:①中央银行对利率变动的数据可以及时获取,随时观察到市场上利率的变动情况,可测性好。②中央银行对市场利率有相当大的控制力。比如,中央银行可以通过改变再贴现率,或者通过公开市场业务调节基础货币来影响市场利率。③影响面广,与货币政策最终目标的相关性强。因为利率能够反映货币与信用的供求状况,并能够表现出货币与信用供求状况的相对变化。利率上升表明货币需求大于供给,获得信用的难度增加;利率下降则意味着货币供给大于需求,比较容易获得信用。④利率的调整可以把中央银行的政策意图及时传递给市场主体。因为任何利率的调整都会影响到金融机构、企业和居民对金融资产的选择,从而改变其行为。因此,目前许多国家都将利率作为重要的中介指标。

但是,利率作为中介指标也有一些缺点:①中央银行用作指标变量的利率是指社会上各种借贷关系所使用的利率的加权平均数。而中央银行所收集到的只是各种公开市场上的利率,并不是所有有关利率的资料。因此可测性上存在一些问题。②中央银行能够控制的是名义利率,而对经济产生影响的是预期实际利率。预期实际利率等于名义利率减去预期通货膨胀率。由于预期通货膨胀率难以计量,所以很难得到实际利率的数据,自然也就难以对它进行有效控制。③利率对经济活动影响的大小,也取决于货币需求的弹性。货币需求的利率弹性既受经济体制的影响,又受金融市场发达程度的影响。同时,在经济运行的不同时期货币需求的利率弹性又存在差异。比如我国在没有完全实现利率市场化改革之前,利率作为中介指标的效果就不会明显。④中央银行的货币政策操作首先影响的是短期利率,对中长期利率的影响比较小,波及速度也比较慢。但是对经济增长影响比较大的是中长期利率。短期利率和长期利率之间的联动性状况也影响了货币政策的效果。

2. 货币供给量

以弗里德曼为代表的货币学派对凯恩斯学派以利率作为货币政策中介目标提出了批评,认为应该以货币供应量作为货币政策中介目标。货币供应量的变动并不直接影响利率,而是直接影响人们的名义收入支出水平,并由此影响投资、就业、产出和物价水平。

货币供给量作为中介指标有许多优点:①各层次货币供应量都有明确的内涵和外延,在金融机构资产负债表上可进行数量统计和分析,符合可测性要求。②就其可控性而言,中央银行通过控制基础货币能够有效控制货币供应量。M_0 是直接由中央银行创造并注入流通领域的,其可控性最强;M_1 和 M_2 虽然不由中央银行直接控制,但商业银行的这些货币性负债都是靠中央银行的货币性负债支撑的,只要中央银行控制住了基础货币的投入量,就能间接控制住 M_1 和 M_2 的供应量。③就其相关性来说,各层次货币供给量与政策工具、最终目标都具有密切关系。一般说来,M_0、M_1 和 M_2 代表了一定时期的社会总需求量,代表了整个社会的购买力,从而直接影响社会总需求和总供给的平衡状况。货币供给量不仅是物价水平发生变动的决定因素,也是经济波动的根源。只要中央银行将各层次的货币供给量控制在适度水平,也就控制住了一定时期的社会总需求,实现货币政策目标。目前许多国家都以货币供应量作为中央银行货币政策的主要远期目标。④货币供给量与货币政策的意图联系紧密,不易混淆政策性效果和非政策性效果。货币供给量的增加,表示货币政策是扩张性的;货币供给量减少,表示货币政策是紧缩的。因此货币供给量的变化也有一定程度的告示效应,有助于货币政策对实际经济活动的影响效应的发挥。

以货币供给量作为中介指标也有许多缺点:①在可测性方面存在一定的问题,很难做到准确和可靠。②货币供给量一般是按照货币资产的流动性大小来划分不同层次的,因而出现了不同层次的货币供给量概念。选择哪一个层次的货币供给量作为中介指标仍然是一个问题。③中央银行对货币供给量的控制不是绝对的。正如我们在前面讲到的,货币供给量既是一个外生变量,又是一个内生变量。中央银行虽然可以控制基础货币,但是货币乘数还受到中央银行所不能直接控制的其他因素的影响。此外,中央银行通过货币政策工具对货币供给量的控制存在一定的时滞,这也削弱了中央银行的货币控制力。

以货币供给量作为中介指标的关键是货币总量要与物价指数和经济增长密切相关。但是由于金融创新,在货币供给中增加了许多新的因素,使其之间的联系不再紧密,于是有的国家放弃了以货币供给量作为中介指标。

3. 汇率

将汇率作为中介指标的基本做法是使本币盯住一个经济实力较强、币值稳定国家的货币。尤其是实行联系汇率制的国家,货币的发行依赖于与之挂钩的主要货币,因此比较多地选择汇率作为中介指标。

以汇率作为中介指标具有以下一些优点:①能够相对固定国际贸易产品的价格水平,保持国内价格水平的稳定。②如果所钉住的目标国的物价稳定,可降低通货膨胀预期,减少经济的波动性。③在维持固定汇率的压力下,中央银行会相对审慎地制定货币政策,以实现汇率钉住的承诺。④汇率目标提供了一个关于货币政策的自动规则。

以汇率作为中介指标也有一定的局限性:①在开放的资本市场条件下,固定汇率使国家的货币政策丧失了独立性,实际上是牺牲了对内均衡来满足对外均衡。②目标国的经济波动将直接传导给钉住国,给经济稳定带来一定影响。③在开放经济条件下,本国货币更容易受到国际金融市场上投机基金的攻击,加剧了汇率的不稳定性。

4. 通货膨胀

通货膨胀作为中间指标的优点:①可以保持中央银行货币政策的独立性;②货币流通速度的变化对政策效果的影响不大;③中央银行可以利用各方面的信息作为决策依据,而不是根据单一的金融变量;④货币政策有很高的透明度,容易被公众所理解;⑤对中央银行的行为形成了有效的约束。

表 12-3 列示了西方主要国家货币政策中介目标。

表 12-3　第二次世界大战后西方各国货币政策中介目标的比较

国别	20 世纪 50—60 年代	20 世纪 70—80 年代	进入 20 世纪 90 年代以后
美国	以利率为主	先以 M_1、后以 M_2 为主	放弃以货币供应量为中间目标,采取通货膨胀目标制,主要以利率、汇率等为主
英国	以利率为主	英镑 M_3 并参考 DCE,后改以 M_0 为主	
加拿大	先以信用总额为主,后以信用条件为主	先以 M_1、后以一系列"信息变量"(主要是 M_2 和 M_2 +)为主	
日本	民间的贷款增加额	M_2 + CD	

资料来源:杜朝运:《中央银行学》,厦门大学出版社 2010 年版。

第三节　中国人民银行货币政策目标的选择

一、我国中央银行货币政策最终目标

我国中央银行应选择什么样的货币政策目标,长期以来有四种不同观点:一是单一目标论,即以稳定货币或稳定物价为货币政策目标。二是双重目标论,即以稳定币值、发展经济为货币政策目标。三是多重目标论,即同时选择稳定货币、经济发展并兼顾就业、国际收支平衡。四是"轻度通货膨胀说"。这些观点都有一定偏颇,没有充分考虑到中国经济的发展阶段和发展目标。

（一）我国货币政策目标选择的依据

选择我国的货币政策目标，必须考虑以下三个基本问题。

1. 货币政策目标的选择必须要有利于社会主义市场经济体制的建立与完善

这是因为：其一，中国经济体制改革的基本目标就是要建立社会主义市场经济体制，以市场为中心来配置社会资源，因此必然要求建立和完善与市场经济运行相配套的间接调控为主的宏观调控体系。其二，市场经济体制的确立及其运作，必然要对中央银行的宏观调控产生影响，也就是说，中央银行货币政策的制定、执行都要与社会主义市场经济体制的建立和发展要求相适应。其三，从中国经济改革与发展的现实来看，货币政策有效运作要与之相适应的微观基础相匹配，否则会影响到中央银行货币政策目标的实现。

2. 货币政策目标的选择要有利于我国经济的迅速发展及综合国力的逐步增强

发展中国家的主要目标是经济增长，它的一切政策措施都要直接或间接地围绕实现这一目标。因此，我国中央银行货币政策目标的选择要致力于实现经济的稳定增长及综合国力的逐步增强。

3. 货币政策目标的选择要有利于保证整个物价水平的基本稳定

物价稳定对于国民经济的健康发展、改善人民生活水平、保证各项经济改革的顺利实施和社会安定等都具有十分重要的意义。

（二）目前的最终目标适合中国国情

1995 年颁布的《中国人民银行法》明确指出，中国人民银行是我国的中央银行，其货币政策目标是"保持货币币值的稳定，并以此促进经济增长"。这一目标可谓主次分明，重点突出。既符合国际惯例，又适合中国经济与金融改革的要求；既不同于过去所争论的单一目标、双重目标论，又不同于多重目标论，它符合现阶段我国社会经济发展的特征及要求，是多年来我国货币政策目标的艰难探索与借鉴国外经验的结晶。这一目标既规定了"稳定货币"的第一属性，又明确了稳定货币的最终目的；既充分遵循了货币政策目标选择的一般规律，又符合和满足了现阶段国情与大力发展社会主义市场经济，促进国民经济持续、快速、健康发展的内在要求。其科学性主要表现在以下几个方面：①它不仅克服了"稳定货币"单一目标的片面性和局限性，而且明确了"稳定货币"的最终目的是发展经济。②它既纠正、预防了"发展经济、稳定货币"双重目标倚轻倚重的相互冲突和对抗，同时又界定与理顺了稳定货币与发展经济的主辅地位和内在联系。它较好地弥补了双重目标的不足和缺陷，既充分肯定了稳定货币是第一性的，又明确了稳定货币的目的是促进经济发展。这样在具体执行中对象和目的非常明确。③它既适应大力发展社会主义市场经济的内在要求，同时也兼顾了我国现阶段的困难，也是符合国际货币政策最终目标选择一般规律和发展惯例的，同时也将有利于中央银行集中精力实现货币政策最终目标。

二、我国中央银行货币政策中介指标的特点

作为我国货币政策中介指标的金融变量是随着经济环境的变化和中央银行宏观调控方式的转变而发展变化的。在我国经济体制从计划经济体制向社会主义市场经济体制的转变过程中,我国曾采用了不同的中介指标,主要有:现金、贷款规模、基础货币和货币供应量。

(一)选择我国货币政策中介指标应遵循的基本原则

(1)满足"四性"的要求。要使货币政策中介指标有效地反映货币政策的效果,便于中央银行经常性地调控操作,必须满足"四性"要求,即选择的金融变量必须满足可测性、可控性、相关性和抗干扰性要求。

(2)中介指标的选择必须结合我国特定的经济、金融环境。因为在不同的国家,由于经济、金融环境不同,金融市场的发育程度不同,经济管理体制和宏观调控方式和手段有差异,因此作为中介指标的金融变量就不一样。

(二)我国货币政策中介指标的选择

1. 贷款规模已不适宜作为中介指标

长期以来,我国选择贷款规模与现金发行作为货币政策中介指标。把贷款规模作为中介指标的理论依据是:货币都是通过贷款供应的。贷款 = 存款 + 现金,只要控制住贷款,就能控制住货币供应量。这一理论在 1979 年以前是适用的,其原因在于:一是我国居民个人的金融资产单一,只有存款一种形式且存款量很少;二是当时中国经济属于封闭型经济,国际收支变动对货币供给量的影响较小;三是财政预算管理上长期坚持"收支平衡、略有节余"的方针,财政部门的净储蓄抵消了贷款所供应货币的相当部分;四是信贷管理上长期实行"统存统贷"的体制,贷款成为银行信贷资产的唯一形式。因此,除了贷款以外,几乎没有其他渠道能够供应货币。所以,控制住了贷款规模,就等于控制住了货币。

但进入 1990 年代以来,随着市场机制的逐步引入,仅仅控制国家银行贷款和现金已不能再控制货币供应量了。因为我国的经济、金融环境已发生了巨大变化,一是居民储蓄迅猛增加,已占到银行信贷资金的 50% 以上;二是国家银行体制被多种金融机构所替代;三是直接融资发展迅猛,企业通过市场招股发债的越来越多;四是由于对外开放的进一步扩大,外汇资产的变动对国内货币供应量的影响越来越大;五是中央银行调控方式已转变,直接控制贷款规模也不利于调动商业银行的积极性,这与经济体制改革的要求相悖。所以贷款规模指标已不适宜再作为中介指标。

2. 现金作为中介指标有很多缺陷

在传统计划经济体制下,现金发行量一直是我们判断经济与金融形势的一个重要中介指标,其理论依据仍是"贷款 = 存款 + 现金"。随着改革的深入和发展,

现金指标的地位大为降低,并不能有效地反映社会货币供应状况及经济形势。从现实情况来看,现金作为中介指标其可控性低,与货币政策的相关程度也低,所以它不完全符合中介指标的有关要求。不过现阶段仍将现金作为重要的监测指标,现金在 M_1 中所占比例仍然高达 15% 以上。

3. 利率作为中介指标还缺乏一定的基础

西方许多国家都曾把利率作为中介指标,但就我国目前情况来说,利率市场化改革还不彻底,把利率作为中介指标还不完全具备条件。一般说来,利率作为中介指标必须具备几个基本条件,如利率水平完全由市场资金供求关系决定、利率变动富有弹性、微观经济基础具有较健全的利率机制等。目前我国的利率水平及利率结构基本上是由中央银行统一规定,即使允许各家银行在一定范围内浮动,但其浮动幅度仍然受到中央银行的控制。

4. 货币供应量是目前我国主要的中介指标

随着经济体制的转换和中央银行宏观调控方式的改变,我国中央银行加速了对货币供给量的统计分析与研究,从 1994 年第三季度开始按季向社会公布货币供应量,1995 年开始尝试把货币供应量纳入货币政策中介指标体系,1996 年正式把货币供应量作为中介指标。

需要注意的是,由于经济与金融环境的变化,以货币供应量作为中介指标也日益暴露出其弊病:一是货币供给量的准确性下降。因为具有货币性的资产迅速增加,货币供应的漏出效应增强。二是货币供给量的可控性降低。基础货币的内生性增强,中央银行难以完全控制,货币乘数难以由中央银行完全控制。三是货币供给量与物价和产出的相关性下降。

专栏 12-1 　　　　　　　　　　　　我国的货币供应量层次划分

我国从 1994 年第三季度开始按季向社会公布货币供应量统计监测指标。参照国际通用原则,根据我国实际情况,中国人民银行将我国货币供应量指标划分为以下四个层次,并根据经济发展状况和市场调控需要,不断调整补充各层次货币的内涵。目前只公布了 M_0、M_1 和 M_2 三个层次的货币供应量。

M_0:流通中的现金;

M_1:M_0 + 企业活期存款 + 机关团体部队存款 + 农村存款 + 个人持有的信用卡类存款;

M_2:M_1 + 城乡居民储蓄存款 + 企业存款中具有定期性质的存款 + 外币存款 + 信托类存款;

M_3:M_2 + 金融债券 + 商业票据 + 大额可转让存单等。

其中,M_1 是通常所说的狭义货币量,流动性较强;M_2 是广义货币量,M_2 与 M_1 的差额是准货币,流动性较弱;M_3 是考虑到金融创新的现状而设立的,暂未测算。

自 2011 年 10 月起,住房公积金中心存款和非存款类金融机构在存款类金融机构的存款已纳入货币供应量统计范畴。

专栏 12-2　　　　　　　社会融资总量有可能将成为我国货币政策调控的新指标

中国人民银行于 2011 年 3 月首次发布社会融资总量这个全新指标。社会融资总量有可能将成为货币政策调控的新指标。中国人民银行调查统计司长盛松成于 2011 年 2 月 17 日在《金融时报》发表了题为《社会融资总量的内涵及实践意义》的署名文章,对有关问题做了全面解释。

一、社会融资总量是全面反映社会融资规模的总量指标

近年来,我国金融总量快速扩张,金融结构多元发展,金融产品和融资工具不断创新,证券、保险类机构对实体经济资金支持加大,商业银行表外业务对贷款表现出明显替代效应。新增人民币贷款已不能完整反映金融与经济关系,也不能全面反映实体经济的融资总量。

据初步统计,2002 年新增人民币贷款以外融资 1 614 亿元,为同期新增人民币贷款的8.7%。2010 年新增人民币贷款以外融资 6.33 万亿元,为同期新增人民币贷款的 79.7%。人民币贷款以外融资快速增长主要有三方面原因:一是直接融资快速发展。2010 年企业债和非金融企业股票筹资分别达 1.2 万亿元和 5 787 亿元,分别是 2002 年的 36.8 倍和 9.5 倍。二是非银行金融机构作用明显增强。2010 年证券、保险类金融机构对实体经济的资金运用合计约 1.68万亿元,是 2002 年的 8 倍。2010 年小额贷款公司新增贷款 1 022 亿元,比上年增长 33.4%,相当于一家中小型股份制商业银行一年的新增贷款规模。三是金融机构表外业务大量增加。2010 年实体经济通过银行承兑汇票、委托贷款、信托贷款从金融体系融资分别达 2.33 万亿元、1.13 万亿元和 3 865 亿元,而在 2002 年这些金融工具的融资量还非常小。

社会融资总量是全面反映金融与经济关系,以及金融对实体经济资金支持的总量指标。社会融资总量是指一定时期内(每月、每季或每年)实体经济从金融体系获得的全部资金总额。这里的金融体系为整体金融的概念,从机构看,包括银行、证券、保险等金融机构;从市场看,包括信贷市场、债券市场、股票市场、保险市场以及中间业务市场等。社会融资总量的内涵主要体现在三个方面。一是金融机构通过资金运用对实体经济提供的全部资金支持,即金融机构资产的综合运用,主要包括人民币各项贷款、外币各项贷款、信托贷款、委托贷款、金融机构持有的企业债券、非金融企业股票、保险公司的赔偿和投资性房地产等。二是实体经济利用规范的金融工具、在正规金融市场、通过金融机构服务所获得的直接融资,主要包括银行承兑汇票、非金融企业股票筹资及企业债的净发行等。三是其他融资,主要包括小额贷款公司贷款、贷款公司贷款、产业基金投资等。

随着我国金融市场发展和金融创新深化,实体经济还会增加新的融资渠道,如私募股权基金、对冲基金等。未来条件成熟,可将其计入社会融资总量。

综上所述,社会融资总量＝人民币各项贷款＋外币各项贷款＋委托贷款＋信托贷款＋银行承兑汇票＋企业债券＋非金融企业股票＋保险公司赔偿＋保险公司投资性房地产＋其他。

统计数据显示,我国社会融资总量快速扩张,金融对经济的支持力度明显加大。从 2002 年到 2010 年,我国社会融资总量由 2 万亿元扩大到 14.27 万亿元,年均增长 27.8%,比同期人民币各项贷款年均增速高 9.4 个百分点。2010 年社会融资总量与 GDP 之比为 35.9%,比 2002 年提高 19.2 个百分点。金融体系对实体经济的支持力度明显加大。社会融资总量快速增长的同时,金融结构也多元化发展,金融对资源配置的积极作用不断提高。一是 2010 年企业债融资、

非金融企业股票融资和保险公司赔偿分别占同期社会融资总量的 8.4%、4.1% 和 1.3%,其中企业债融资比 2002 年上升 6.8 个百分点。二是商业银行表外业务融资功能显著增强。2010 年银行承兑汇票、委托贷款和信托贷款分别占同期社会融资总量 16.3%、7.9% 和 2.7%,分别比 2002 年高 19.8、7 和 2.7 个百分点。

二、社会融资总量指标是统计监测和宏观调控的需要

随着我国经济持续快速发展,金融业发生巨大变化,金融市场和产品不断创新,直接融资比例逐步加大,非银行金融机构作用明显增强,金融调控面临新的环境和要求,迫切需要确定更为合适的统计监测指标和宏观调控中间目标。

较长时期以来,我国货币政策重点监测、分析的指标和调控中间目标是 M_2 和新增人民币贷款。在某些年份,新增人民币贷款甚至比 M_2 受到更多关注。然而由于新增人民币贷款已不能准确反映实体经济的融资总量,因此只有将商业银行表外业务、非银行金融机构提供的资金和直接融资都纳入统计范畴,才能完整、全面监测和分析整体社会融资状况,也才能从根本上避免因过度关注贷款规模而形成的"按下葫芦浮起瓢"的现象,即商业银行通过表外业务绕开贷款规模。这些表外业务主要有银行承兑汇票、委托贷款、信托贷款等。以 2010 年为例,全年新增人民币贷款 7.95 万亿元,同比少增 1.65 万亿元,但是实体经济通过银行承兑汇票和委托贷款从金融体系新增融资达 3.47 万亿元,占社会融资总量的 24.2%,同比多增 2.33 万亿元。

实证分析表明,与新增人民币贷款相比,社会融资总量与主要经济指标相互关系更紧密。我们采用基于 2002—2010 年的月度和季度数据,对社会融资总量、新增人民币贷款与主要经济指标分别进行统计分析,结果表明:与新增人民币贷款相比,我国社会融资总量与 GDP、社会消费品零售总额、城镇固定资产投资、工业增加值、CPI 的关系更紧密,相关性显著优于新增人民币贷款。

同时,我们采用统计检验进行相互作用的分析,结果表明,社会融资总量与经济增长存在明显的相互作用、相互影响的关系。我们基于 2002—2010 年的年度数据,对社会融资总量与 GDP 建立长期均衡关系模型。测算结果表明,社会融资总量与 GDP 存在稳定的长期均衡关系。这说明,社会融资总量与经济增长的关系是有规律的,可以根据 GDP 和 CPI 等指标推算支持实体经济发展所需要的相应的社会融资总量。通过完善金融统计制度,加强中央银行与各金融监管部门和有关方面协调配合,可形成社会融资总量的有效调控体系。

三、社会融资总量统计科学准确及时

国际货币基金组织的货币与金融统计框架推荐成员国编制信用和债务总量指标,主要包括各类贷款、银行承兑汇票、债券、股票等金融资产,成员国可以根据自身实际情况进行编制。由于国情不同,我国社会融资总量指标名称和口径与其他国家有所差异。在充分考虑社会融资总量指标的可得性、可测性、可用性及其与宏观调控最终目标相关性的基础上,我国基于国际货币基金组织的货币与金融统计框架及资金流量核算原则,开始编制社会融资总量指标。

社会融资总量统计数据完整可得,采集及时准确。社会融资总量是增量概念,为期末、期初余额的差额,或当期发行或发生额扣除当期兑付或偿还额的差额,统计上表现为每月、每季或每年新增量。社会融资总量各项指标统计,均采用发行价或账面价值进行计值,以避免股票、债券及保险公司投资性房地产等金融资产的市场价格波动扭曲实体经济的真实筹资。社会融资总量中以外币标值的资产折算成人民币单位,折算的汇率为所有权转移日的汇率买卖中间价。在

数据汇总方面,金融机构之间的债权和所有权关系相互轧差,不存在重复计算问题。例如,金融机构之间相互持有的股权、金融机构之间相互持有的债券等等,都不计入社会融资总量,以真实反映金融体系对实体经济的资金支持。社会融资总量中的银行承兑汇票是指金融机构表内表外并表后的银行承兑汇票,即银行为企业签发的全部承兑汇票扣减已在银行表内贴现部分。并表的目的是为了保证不重复统计。

本章小结

1. 货币政策目标是指货币政策制定者所期望达到的、在一段较长的时期内所要达到的最终实施结果。货币政策目标并非一个单一的指标,而是一个体系。这个体系是由最终目标、中介指标和操作指标三者组成的一个有机整体。

2. 货币政策目标的形成有一个历史发展过程,它是经济发展对中央银行所提出的客观要求。一般认为,货币政策的最终目标包括稳定物价、经济增长、充分就业、国际收支平衡和金融稳定。这五个目标有时表现为一定的矛盾性。

3. 在特定时期或特定经济条件下,各国的货币政策目标选择是有所侧重的,目标选择的基本原则是:趋利避害,两利相权取其重,两弊相权取其轻。目标选择的方式主要有相机选择、临界点原理选择、轮番突击选择。进入20世纪90年代以后,出现了通货膨胀目标制。

4. 货币政策中间目标是指受货币政策工具作用,影响货币政策最终目标的传导性金融变量指标。根据其在货币政策执行中的作用看,可分为中介指标和操作指标。

5. 选择出来作为中间目标的金融变量应同时满足四个基本标准,即可测性、可控性、相关性和抗干扰性。可供选择的操作指标主要有准备金、基础货币和短期利率。可供选择的中介指标主要有长期利率、货币供给量、汇率和通货膨胀。在一定条件下,银行信贷规模也可作为中介指标。

6. 我国中央银行的货的币政策目标是"保持货币币值的稳定,并以此促进经济增长"。这一目标主次分明,重点突出,既符合国际惯例,又适合中国经济、金融改革的要求。

7. 我国曾采用了不同的中介指标,主要有现金、贷款规模、基础货币和货币供应量。货币供应量是我国目前主要的中介指标。值得关注的是社会融资总量有可能成为我国货币政策调控的新指标。

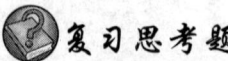 关键概念索引

货币政策目标　稳定物价　经济增长　充分就业　国际收支平衡　金融稳定
货币政策中间目标　中介指标　操作指标　可测性　可控性　相关性　抗干扰性
基础货币　货币供给量　社会融资总量

复习思考题

1. 如何理解货币政策目标是一个目标体系?
2. 货币政策的最终目标有哪些? 如何理解其一致性和矛盾性?
3. 中央银行在实现货币政策最终目标过程中的着力点在哪里? 为什么?
4. 应该如何选择货币政策的最终目标?
5. 货币政策的中间目标有哪些? 如何选择?
6. 如何理解我国货币政策目标的含义?
7. 在我国目前情况下,为什么不能以利率作为中介指标?
8. 金融创新对货币政策执行有什么影响?
9. 为什么中国人民银行要监测社会融资总量?

第十三章 货币政策工具与业务操作

📖 **本章要点**

- 一般性货币政策工具
- 选择性货币政策工具
- 中国人民银行货币政策工具
- 货币政策工具的选择

　　货币政策工具是中央银行为实现货币政策目标而使用的各种策略手段。能够成为中央银行货币政策工具的策略手段是中央银行可以直接控制的,其运用能够对基础货币、准备金、货币供给量、利率以及金融机构的信贷活动产生直接或间接的影响,有利于货币政策目标的实现。货币政策工具多种多样,各有其特点和适用条件,因此各国在选择和运用货币政策工具时,会充分考虑货币政策目标的要求、不同政策工具的特点、经济体制和经济运行的客观条件。货币政策工具可分为一般性政策工具、选择性政策工具和其他补充性政策工具三类。

第一节　一般性货币政策工具及操作

　　一般性货币政策工具是对货币供给总量或信用总量进行调节和控制的政策工具,其特点是这些工具的运用是针对总量进行调节而非对结构性问题进行调节,从而对整个宏观经济运行产生影响。一般性货币政策工具主要包括法定存款准备金政策、再贴现政策和公开市场业务,俗称"三大法宝"。

一、法定存款准备金政策与业务操作

(一)法定存款准备金政策的含义

　　所谓法定存款准备金政策,是指中央银行在法律所赋予的权力范围内,通过规定或调整商业银行等存款类金融机构缴存中央银行的存款准备金比率,控制商业

银行的信用创造能力,间接地控制货币供应量的措施。

将存款准备金集中于中央银行,最初始于英国。而以法律形式规定商业银行必须向中央银行缴存存款准备金, 则始于 1913 年的美国联邦储备法。银行持有存款准备金最初只是为了保障自身的安全,保持银行资产的流动性和清偿能力。中央银行规定法定存款准备金比率,也只是出于稳定金融的考虑。20 世纪 30 年代经济大危机后,人们开始认识到法定存款准备金比率是中央银行调节和控制货币供应量的一个重要工具。调控货币供应量比单纯稳定金融要重要得多。就目前来看,凡是实行中央银行制度的国家,基本上都实行了法定存款准备金制度。

(二) 存款准备金制度的基本内容

一般说来,存款准备金制度主要包括以下内容。

1. 规定法定存款准备金比率

凡是商业银行等存款类金融机构吸收的存款,必须按照法定比率向中央银行缴存一定的准备金,其余部分才能用于放款或投资。有的国家对不同的存款种类、银行规模、处于不同经营环境的银行规定不同的准备金比率,即实行差额准备金比率。定期存款的法定准备率比活期存款的要低。

2. 规定可充当法定存款准备金的内容

通常规定只有存入中央银行账户的存款才能充当法定准备金,而商业银行持有的其他资产不能充作法定准备金。但也有例外,如美国规定,准备金包括金融机构存于中央银行的现金和金融机构的业务库存现金。在英国,合格的准备资产除上述两项外,还包括国库券、商业票据和一年期以下的公债等。法国规定,一些具有高度流动性的资产(如政府债券)也可作为存款准备金的组成部分。国外一般都规定,未经中央银行同意,存款准备金不得随意动用,且不支付利息。

3. 规定存款准备金的计提基础

这涉及如下两个问题。

(1) 存款余额的确定

存款余额不同的确定方法,计提的准备金数量大不相同,这直接涉及中央银行信用控制能力的大小。确定存款余额的方法主要有两种:一是按照商业银行的日平均存款余额,扣除应付未付款项后的存款额作为计提准备金的基础;二是以月末或旬末的存款余额,扣除月末或旬末的应付未付款项后的存款额作为计提准备金的基础。前一种方法能使商业银行上缴的存款准备金适应每天存款负债的变化,提取的准备金具有及时性和保证性,有利于中央银行有效地控制货币供应量。第二种方式虽然计算简便,但不精确,不利于中央银行控制。其存在的漏洞主要是:一是商业银行期末的存款余额一般不会等于每日的平均余额;二是在上缴准备金的间隔期间,商业银行能在短期内创造存款,而准备金并没有相应增加;三是以期末余额计提准备金,商业银行就可以挪用其他资金(如向中央银行申请贷款、其他银行存款等)作为准备金上缴;四是商业银行可以采用其他手法逃避准备金的缴纳,如往账提前划账、来账推迟进账、往返汇款、把款项转入在途等。

(2)缴存存款准备金的基期

一般有两种做法:一是当期准备金账户制,即指一个结算期的法定准备金以当期的存款作为计提基础。二是前期准备金账户制,即指一个结算期的法定准备金以前一个或前两个结算期的存款余额作为计提基础。计提准备金的时间不同,货币供应量控制的精确度及效果也就不一样。

(三) 法定存款准备金政策的作用

1. 保证商业银行等存款类金融机构的资金流动性和现金兑付能力

流动性是商业银行经营过程中必须时刻关注的一个重要问题。如果商业银行缺乏资金流动性,表明商业银行的资产对临时性资金需求的应变能力比较差,往往会在资金需求突发性上升或者出现大量现金挤兑时发生金融恐慌。因此,商业银行等存款类金融机构为了保持资金的流动性,一般都会自觉地保留一定的现金准备,以备客户提取和寻找新的贷款机会。在没有实行存款准备金制度时,商业银行可能受较好的贷款条件的诱惑而将资金大量贷出,从而影响商业银行的流动性和清偿力。法定存款准备金制度建立以后,强制商业银行将准备金存入中央银行,这就为商业银行资产的流动性提供了一个缓冲和保险装置,这也是法定存款准备金制度产生的最初动机。

2. 集中一部分信贷资金

中央银行进行宏观金融调控,需要一定量的、可随时支配的资金。一般而言,中央银行不存在资金不足的情况,因其本身是货币发行银行。但是无节制地经常发行货币,容易引起货币市场的混乱。实行存款准备金制度,可以使中央银行在货币发行之外集中一部分信贷资金,用以履行其中央银行职能,办理银行同业间的清算,向金融机构提供信用贷款和再贴现贷款,以调剂不同地区和不同银行间短期资金的余缺。

3. 调节货币供给量

现在,存款准备金政策的作用已从过去主要是为了保持商业银行的流动性转变为主要是调控社会的货币供给量。因为,存款准备金制度对商业银行存款创造能力规定了一个量的上限。在商业银行准备金总量一定的情况下,当中央银行提高法定存款准备金率时,商业银行的法定准备金增加,超额准备减少,从而减低商业银行的存款创造能力。当法定存款准备金率大幅度上升使法定准备金的增加超过了商业银行超额准备金的数量,则将迫使商业银行迅速收回其已贷出去的款项和投资,货币紧缩的作用非常明显。所以,存款准备金政策成为中央银行调节货币供给总量、实施货币政策的一个强有力的工具。

（四）法定存款准备金政策的作用过程

法定存款准备金政策发挥作用的核心在于调整法定存款准备金率的高低。准备金比率的变动直接影响到中央银行所掌握的基础货币量和商业银行可用资金量（即超额储备部分）以及货币乘数的大小，最终影响到全社会货币供给量的增减变动。假定中央银行要实行宽松的货币政策，以刺激经济发展，那么中央银行可调低法定存款准备金率。这就意味着商业银行在吸收的存款中上缴中央银行的法定准备金减少（或中央银行集中的基础货币量减少）而可直接运用的超额准备金增加。假定其他条件不变，商业银行用足超额准备金，以增加贷款或投资，则会扩大货币乘数，引起存款倍数扩张，导致货币供应量的增加，进而导致市场利率降低，刺激投资、消费支出增加，促进经济发展。反之，效果则相反。所以中央银行变更法定准备金率，往往可以迅速、普遍地产生增减市场货币供给量的效果。

其作用过程可描述为：为刺激（抑制）经济增长，增加（或减少）货币供应量→中央银行调低（或调高）法定存款准备率→商业银行超额准备金增加（或减少）→商业银行贷款和投资规模扩大（或缩减）→货币乘数放大（或缩小）→市场货币供给量增加（或减少）→市场利率降低（或提高）→投资、消费支出增加（或减少）。

（五）法定存款准备金政策的优缺点

1. 法定存款准备金政策的优点

法定存款准备金政策作为一种货币政策工具，其优点是非常突出的，主要表现为：一是它对所有的存款类金融机构的影响是平等的；二是对货币供给量影响力大，速度快，效果明显。

2. 法定存款准备金政策的缺点

法定存款准备金政策在运用中也表现出相当大的局限性，主要表现为：一是作用力猛烈，对经济的震动大，不适宜作为日常性操作工具。即使中央银行把存款准备金率调整很小的幅度，都会引起货币供应量的巨大波动。二是存款准备金政策缺乏弹性，因其过于猛烈，故不宜随时调整，不能作为中央银行日常操作工具。三是法定存款准备金率的提高，可能使超额准备金比率低的银行立即陷入流动性危机，引起金融不稳定。四是存款准备金率是存款类金融机构日常业务统计和报表中的一个重要指标，调整过于频繁，可能会扰乱存款类金融机构正常的财务计划和管理。五是法定存款准备金政策对不同的银行所产生的影响不一样。因为超额准备金并不是均等地分布在各银行，各地区的经济发展程度也不同，银行规模大小有差别，因此，存款准备金率"一刀切"式的变动对各家银行的影响也就不一致，往往是对大银行有利而对小银行不利，甚至有可能导致小银行陷入严重的资金周转不灵的困境。

法定存款准备金政策虽然不是中央银行主要的日常性货币政策操作工具，但它在配合公开市场操作方面仍然具有重要的意义。法定存款准备金为中央银行提供了一个稳定的、可预测的储备需求量,大大便利了中央银行的公开市场操作和对短期利率的控制。

(六) 法定存款准备金政策的发展趋势

由于法定存款准备金政策对商业银行的超额准备金、货币乘数及社会货币供给量均有较强烈的影响,对整个经济和社会大众的心理预期等也都会产生显著的影响,因而法定存款准备金率有固定化倾向和降低的趋势。20 世纪 90 年代以来,许多国家的中央银行都降低或者取消了他们的法定存款准备金率。美联储分别于 1990 年 12 月和 1992 年 4 月将定期存款的法定存款准备金率调为 0%,并将可签发支票存款的准备金率从 12% 降至 10%。加拿大于 1992 年也把两年以上期限的法定存款准备金率调为 0%。瑞士、澳大利亚的中央银行也完全取消了法定存款准备金。许多国家的商业银行存入中央银行的法定存款准备金是没有利息的,这种无息的准备金存款相当于对商业银行的征税,增加了银行的经营成本,使得商业银行等存款类金融机构与那些不适用法定存款准备金的金融机构相比竞争力较弱,取消法定存款准备金可增加存款类金融机构的资金势力和竞争力。也有人建议中央银行应该对金融机构的存款准备金支付利息。

二、再贴现政策与业务操作

(一) 再贴现政策的含义

所谓再贴现,是指商业银行或其他金融机构将贴现所获得的未到期票据向中央银行转让以融通短期资金的一种行为。对中央银行来说,再贴现是买进商业银行持有的票据,流出现实货币,扩大货币供给量;对商业银行来说,则是出让票据,融进资金,解决一时资金短缺困难。整个再贴现过程,实际上就是商业银行和中央银行之间的票据买卖和资金让渡的过程。

所谓再贴现政策,就是中央银行通过制定或调整再贴现利率的办法,影响商业银行等存款类金融机构从中央银行获得再贴现贷款和超额准备,达到干预和影响市场利率、调节货币供求、实现货币政策目标的一种政策措施。

(二) 再贴现政策的内容

再贴现政策有两方面的内容:一是再贴现率的调整,二是规定何种票据具有向中央银行申请再贴现的资格。前者主要是影响商业银行的准备金及社会资金供求,后者则主要是影响商业银行及全社会的资金投向,促进资金的高效流动,具有一定的结构调整作用。

(三) 再贴现政策的作用

再贴现利率是一种官定利率。它不同于随市场资金供求状况变动的市场利率。再贴现利率是根据国家的信贷政策规定的,它在一定程度上反映或代表了中央银行的政策意向,对市场利率起着导向作用。

1. 再贴现政策的运用直接影响基础货币和货币供给量

再贴现率的变动能影响商业银行等存款类金融机构从中央银行获得资金的成本和超额准备金的数量多少,从而影响商业银行的融资决策和贷款规模,使其改变放款和投资活动。当再贴现率提高时,由于再贴现贷款成本增加,商业银行等存款类金融机构通过再贴现向中央银行贷款融资的意愿减弱,再贴现贷款减少,超额准备金相应减少。如果准备金不足,商业银行就只能收缩对客户的贷款和投资规模,从而也就减少了社会的货币供给量。随着市场货币供给量的减少,市场利率会上升,社会对货币的需求也减少。如果中央银行降低再贴现率,商业银行向中央银行借款或贴现的资金成本降低,融资比较容易,这就会增加向中央银行的融资,商业银行的准备金相应增加,从而可能扩大对客户的贷款和投资规模,导致市场货币供给增加,市场利率相应降低,刺激社会对货币需求的增加。

2. 再贴现政策的调整能产生告示效果(或告示效应)

再贴现率的任何调整通常表明中央银行的政策意向,从而影响到商业银行和社会公众的心理预期。如果再贴现率上升,意味着中央银行将实行较为紧缩的货币政策;反之,则表明中央银行将实行较为宽松的货币政策。这种告示作用可以引导公众的预期,改变他们的消费和投资决策。

3. 再贴现政策能够在一定程度上调整信贷结构和资金流向

中央银行通过再贴现政策不仅可以影响货币供给总量的增减,而且还可以在一定程度上调整信贷结构和资金流向,使之与产业政策相适应。这有两种方法:一是中央银行可以规定可用于再贴现的票据种类和决定何种票据具有再贴现的资格,从而影响商业银行的资金投向和社会资金运动方向,促进社会资金的高效流动。二是对再贴现的票据实行差别再贴现率,从而影响各种再贴现票据的再贴现成本和数量,使货币供给结构与中央银行的政策意图相符合,与国家的产业政策相一致。

4. 再贴现政策具有防止金融恐慌、维护金融稳定的重要作用

再贴现政策的运用能够充分体现中央银行的"最后贷款人"职能。中央银行通过办理再贴现业务,不仅能够影响基础货币和货币供给总量,而且还能够在一定程度上防止危机的恶化和蔓延,稳定金融,稳定社会大众的信心。一旦银行发生支付危机,再贴现是中央银行向银行系统提供准备金的一种特别有效的方法。中央银行作为最后贷款人,通过再贴现渠道,可以立刻将资金送到急需它们的银行手中。例如,美联储在20世纪30年代银行恐慌期间,没有及时援助处于危机中的银行机构,防止恐慌的发生和蔓延,以致许多经济学家认为这是造成大衰退走向崩溃的原因。美联储吸取了这次教训,在以后开始注意履行其作为"最后贷款人"的职能,在1974年拯救陷入困境的富兰克林国民银行、1984年挽救大陆伊利诺伊国民银行,以及在1987年防止黑色星期一股市风潮可能引起的金融恐慌方面,美联储利用再贴现工具发挥了重要的作用。

专栏 13-1　　　　　　　　美国联邦储备银行在金融危机中的最后贷款人角色

2012 年 3 月 28 日,美联储主席伯南克在乔治-华盛顿大学商学院进行题目为"美联储如何应对金融危机"的讲座。他指出,美联储与其他国家中央银行在金融危机期间与之后主要采用了两大工具:一是作为最后借款人,避免或控制金融危机。为实现金融稳定中央银行向金融机构或市场提供流动性(短期贷款)以平息金融动荡。二是通过货币政策提高经济稳定性。为实现宏观经济稳定,通常央行调整短期利率以影响支出、生产、就业和通货膨胀。这些工具阻止了1930 年代大萧条的重演,并为经济缓慢但持续复苏打下了基础。

一、政策的应对

来自 20 世纪 30 年代大萧条的教训是:在金融恐慌当中,中央银行必须自由地放贷以阻止挤兑,恢复市场的正常机能;高度宽松的货币政策有助于支持经济复苏和就业;考虑到之前的教训,美联储和美国政府采取有力行动消除金融动荡,为关键金融市场和机构提供支持,限制生产和就业萎缩的程度;世界其他国家的央行和政府采取了类似行动。七国集团于 2008 年 10 月 10 日决定协同努力来稳定金融体系。它们同意阻止重要金融机构崩溃,确保金融机构获得融资与资本,重树储户信心,努力让信贷市场恢复正常。这些措施宣布之后,银行为短期资金支付的利率大幅下降。2008 年 10 月 10 日后银行间拆借率大幅下降。2008 年 10 月 10 日当天拆借率约为 350 基点,11 月跌至约 200 基点之下,12 月至 100 基点左右,到 2009 年 1 月降至 50 基点之下。

二、美联储的行动:贴现窗口

金融危机爆发以后,美联储迅速果断采取行动,通过贴现窗口的机制向银行提供资金。随着危机发展,贴现窗口贷款的还款日期被延后,利率被调低。推出贴现窗口资金的常规性拍卖举措,以鼓励金融机构广泛参与。

美联储的行动:特别流动性与信贷额度。新措施使美联储能够向各大金融机构以及市场提供流动性。所有贷款需要足够的抵押品进行"担保"。

特别流动性和信贷额度的目的:改善金融系统的稳定性;增加美国家庭和企业的可用信贷,进而支持复苏。这是央行传统的最后贷款人职能。

美联储最终借贷者行动所覆盖的机构和市场主要有:(1)银行(通过贴现窗口)。(2)券商-交易商(经营证券和衍生品的金融公司)。(3)商业票据借贷者。(4)货币市场基金。(5)资产支持证券市场。

三、美联储恢复金融稳定的努力

1. 2008 年秋季的金融危机威胁到全球金融体系的稳定。

2. 作为最终贷款人,美联储通过提供流动性(短期抵押贷款)来帮助稳定关键的金融机构和市场。

3. 美联储与财政部、其他监管机构(比如美国联邦存款保险公司与美国证券交易委员会)一道紧密配合。

4. 与其他国家央行协调,推出并建立海外货币互换机制。美联储向其他国家央行提供美元并换取他国货币。货币互换机制使海外央行能满足国内金融机构对美元的融资需求。

5. 美联储为加强银行系统而持续努力。2009 年春,美联储领导了对美国 19 家最大银行的压力测试,帮助恢复投资者信心,并允许银行业筹集约 1 400 亿美元的私人资金。美联储进行的最近一轮压力测试显示,银行资本和银行业的抗冲击能力均进一步显著改善。

6. 评估特别最终借贷人项目。该项措施阻止了各类金融机构的挤兑,恢复了金融市场的机能,重新启动信贷流,支持了经济恢复增长。项目已于2010年3月基本上逐步停止。

四、危机期间的货币政策

1. 美联储采用最终贷款人政策来稳定金融系统。美联储转向货币政策来稳定经济并促进经济复苏。

2. 传统货币政策涉及目标短期利率(联邦资金利率)的管理。因为当联储降低短期利率时,长期利率倾向于下跌,而长期利率下降倾向于鼓励耐用消费品、住房及资本货物采购,削减联邦资金利率有助于刺激经济。

3. 货币政策由联邦公开市场委员会(FOMC)主导。每年FOMC在华盛顿集会八次。在危机期间,FOMC有时还会举行计划之外的视频会议。

4. 联邦基金利率。为促进经济复苏,美联储将联邦基金利率从2007年9月的5%到2008年12月下调至接近于零的水平,并将利率一直维持在这一极低水平至今。

5. 大规模资产采购。随着联邦基金利率接近零,传统货币政策已没有发挥作用的余地。但经济依旧疲软,一些人担忧通缩风险(工资和物价的下降)。为更直接地影响较长期利率,美联储启动了大规模采购国债和政府资助企业(GSE)抵押贷款相关证券的行动。由于国债和政府赞助企业(GSE)证券的供应量因美联储的购买而减少,投资者愿意接受更低的收益率。长期利率下降有助于刺激经济发展,就像传统货币政策一样。国债和政府赞助企业证券供应量的减少还促使投资者购买其他资产,比如企业债券,导致企业债券收益率也相应下降。这些证券购买是通过增加银行业在联储的准备金来提供资金支持的;它们并不会对流通中货币数量产生重大影响。联储有多种途径来放松大规模资产购买,包括将这些证券回售给市场。大规模资产采购将影响:(1)量化宽松政策降低了长期利率。30年房屋抵押贷款利率降至4%以下;企业信贷更易获得,股价上涨。(2)较低的长期利率促进经济复苏,尽管对房市的影响弱于预期。(3)美联储的信誉及稳定物价的长期承诺有助于稳定通货膨胀及通货膨胀预期,令通货膨胀及通货膨胀预期均维持在低水平。(4)与此同时,大规模资产购买计划还防范了通货紧缩风险(工资与物价下降)。(5)联储的资产购买并非政府支出,因为联储收购的这些资产最终将回售给市场。确实,迄今联储通过这些购买是赚到了钱的,2009至2011年总共向财政部上缴约2 000亿美元,这些资金帮助削减了联邦赤字,从而令纳税人受益。大规模采购项目于2009年3月和2010年11月宣布。这些行动导致美联储的资产负债表增加2万亿美元以上。

6. 货币政策沟通。(1)美联储清晰地与外界沟通能使货币政策变得更有效,这借助于帮助投资者更好地理解政策目标和更好地预测未来的政策行动来实现。(2)美联储的货币政策更为透明。例如美联储主席2011年开始举行记者会。(3)美联储在近期还向公众提供了更多有关其目标与政策取向的信息(比如,将物价稳定定义为中期通货膨胀率为2%)。(4)考虑到有关经济前景的现有信息,联储还开始就其未来预计将如何调整联邦资金利率向投资者和公众提供指导。(5)这一指导有助于公众更好地理解联储货币政策委员会(FOMC)的观点和政策。

资料来源:摘自2012年3月美联储主席伯南克在乔治-华盛顿大学商学院的讲座"美联储如何应对金融危机"。

（四）再贴现政策的优缺点

再贴现政策最大的优点是：中央银行可以利用它来履行最后贷款人的职责，避免金融恐慌，维护金融稳定。同时可以通过再贴现利率的调整和再贴现贷款的发放，调节货币供给量和信贷结构，在一定程度上体现中央银行的政策意图。但它同样存在相当大的局限性，主要表现在以下几个方面。

1. 从控制货币供给量来看，再贴现政策并不是一种理想的控制工具

首先，中央银行处于被动地位。商业银行是否愿意到中央银行申请再贴现，或再贴现多少、何时申请再贴现都取决于商业银行的意愿。中央银行不能强迫商业银行借款。其次，如果一国金融市场发达，融资渠道多且限制较少，那么商业银行有可能通过其他途径筹措资金，而不依赖于再贴现，则再贴现政策就犹如"空中楼阁"，中央银行就不能有效地控制货币供给量。第三，如果商业银行都依赖于再贴现，这就增加了对中央银行的压力，从而削弱控制货币供给量的能力。第四，再贴现率高低有限度。在经济繁荣或萧条时期，再贴现率无论高低，都无法限制或阻止商业银行向中央银行再贴现或贷款，这也使得中央银行难以有效地控制货币供给量。

2. 从对利率的影响看，只能影响利率水平而通常不能改变利率的结构

即使影响利率水平，也必须具备两个前提条件：一是中央银行能随时准备按其规定的再贴现率自由地提供贷款，以此来调整对商业银行的放款量；二是只有当市场利率高于再贴现率且利差足以弥补商业银行承担的风险和贷款管理费用时，商业银行才愿意通过再贴现融资。然而现实状况并非能完全满足上述条件。当中央银行把再贴现率定在一个特定水平上时，市场利率与再贴现率中间的利差将随市场利率的变化而发生较大的波动。这些波动可能导致再贴现贷款规模乃至货币供给量发生非政策意图的较大波动。

3. 就其弹性而言，再贴现政策缺乏弹性

因为再贴现率的经常调整会引起市场利率的频繁波动，会使商业银行和企业无所适从，如果不随时调整再贴现率，又不利于中央银行灵活调节市场货币供应量。

4. 告示效应有局限性

再贴现率的调整有时并不能准确反映中央银行货币政策意向，并可能引起公众误解。如果市场利率高于再贴现率时，再贴现贷款将增加，中央银行为了使贴现贷款总量不至于过多，不得不提高再贴现率以使其与市场利率变动保持一致。尽管此时中央银行并没有要紧缩货币的意图，但是再贴现率的调整传递给公众的信息是要紧缩货币。

（五）再贴现政策的作用机制

再贴现政策的作用,主要是调节贷款条件的松紧程度和影响资金借贷成本。再贴现率的变动与银行准备金以及市场货币供给量的变动成反比关系,与市场上长短期利率的变动成正比关系。具体来说,当中央银行通过大量调研数据分析判断后认为,目前社会资金偏松需要适当收紧时,中央银行可提高再贴现率,并使之高于市场利率,这样商业银行向中央银行借款或申请再贴现的融资成本就会上升,如果此时商业银行向客户贷款的利率不能相应上升或上升幅度小于再贴现率上升幅度时,就会抑制商业银行通过再贴现融资的欲望,从而减少向中央银行的借款或贴现,商业银行准备金数量的增加就受到了限制。如果准备金不足,商业银行就只能收缩对客户的贷款和投资规模,进而也就缩减了市场的货币供给量。随着市场货币量的缩减,银根紧俏,市场利率也就相应上升,社会对货币的需求也相应减少,整个社会的投资支出也减少,最终实现了货币政策目标。

其作用机制可描述为:如货币量偏多、经济过热→中央银行提高再贴现率→商业银行融资成本上升→商业银行借款意愿降低→商业银行准备金减少→贷款规模缩减→市场货币供给量减少→市场利率上升→客户融资成本增加→投资支出减少、经济增速放慢。

相反,如果中央银行需要增加货币投放,刺激经济增长,则可降低再贴现率,并使之低于市场利率,作用过程与上述相反。再贴现对社会资金投向的调节主要是通过对再贴现票据种类的鼓励或限制而实现的。

（五）再贴现政策的改革趋势

由于再贴现政策局限性的存在,一些经济学家建议把市场利率与再贴现率捆绑在一起,以消除市场利率与再贴现率之间的利差,这样既可以让中央银行继续运用再贴现工具,发挥"最后贷款人"的作用,又消除了导致贴现贷款数量变化的利差根源,使商业银行不再可能利用利率差别从贴现窗口谋利,还可以避免再贴现率变动可能引起公众误解的信号传递。弗里德曼甚至建议取消中央银行的贴现贷款,以建立更有效的货币供应机制。然而中央银行不同意这种观点。中央银行认为,当市场利率变化时,保持再贴现率不变的做法,有利于减少市场利率的波动。随着中央银行宏观调控市场化手段的广泛运用,再贴现手段已逐步减少其运用,再贷款数额逐步萎缩,作为调控货币供应量的政策作用明显降低。

三、公开市场政策与业务操作

（一）公开市场政策的含义

公开市场政策是指中央银行为实现货币政策目标,通过在公开市场上买进或卖出有价证券来改变商业银行等存款类金融机构的准备金数量,进而影响货币供给量和利率,调节货币供给量的一种政策措施。

这里的公开市场是指金融机构、非金融机构和个人都可参加的金融市场。信用形式和信用工具的迅速发展以及各种有价证券的发行和流通市场的发展,为中央银行开展公开市场业务提供了客观的物质基础。

(二) 中央银行从事公开市场活动的目的

(1) 控制货币供给量和信贷规模。这是中央银行从事公开市场活动的基本目的。

(2) 协助再贴现政策的运用。这主要体现在通过公开市场政策影响市场利率,以便为再贴现政策的运用创造一个较好的环境。

(3) 减轻由于政府财政收支造成的影响。政府的财政收支通常都有季节性,容易造成社会资金出现暂时性的不足或过剩,中央银行可在税收的旺季买进政府债券,以扩充市场的资金量,而在政府支出的旺季则卖出证券,以吸收社会资金,保证金融市场的稳定。

(4) 抵消因黄金流入和流出以及外汇收支的大幅波动对金融市场的影响。一般说来,黄金、外汇储备大量流出时,为缓解一时资金供求矛盾,中央银行通过买进证券可增加市场货币供给量;相反,在黄金、外汇大量流入时,中央银行则可卖出证券以缩减货币供给量,通过这种中和操作可保持市场货币量的稳定。

(5) 协助政府公债的发行与管理。

(三) 公开市场政策的主要内容

1. 确定买卖证券的品种和数量、制定操作计划

中央银行在公开市场上买卖的证券主要是政府公债和国库券,在有的国家中央银行也可买卖地方政府债券、政府担保的证券、金融债券、银行承兑汇票等。这些交易品种因其市场容量大、风险比较低、流动性高,比较适合中央银行及时、方便地进行高频率操作。至于在一定时期具体的证券买卖数量则根据当时市场的货币供求状况来决定。

2. 决定操作方式的长期性和临时性

公开市场操作有两种基本方式:长期性储备调节和临时性储备调节。长期性储备调节是指中央银行根据经济长期发展的需要,在公开市场上单向性地买进或卖出证券,目的是保证存款类金融机构的流动性,使其储备在一个较长时期内增加或减少。临时性储备调节则是为了消除比如季节性或突发性的原因引起的大量提现或存款增加,造成存款类金融机构流动性不足或过剩的波动,中央银行通过回购性的操作,使金融机构的储备在短期内得到临时性调节,但不会影响到金融机构储备的累计总量(见表 13-1)。

表 13-1　公开市场操作方式的比较

公开市场操作		对储备的影响	特　点
长期性储备调节	购入债券	长期性增加	1. 长期内的储备调节 2. 单向性的储备调节 3. 用于货币政策重大变化
	卖出债券	长期性减少	
临时性储备调节	购买—回购协议	临时性增加	1. 短期内的储备调节 2. 双向性的储备调节 3. 用于维持既定货币政策
	卖出—购回协议	临时性减少	

3. 选择操作机构

中央银行内部设置有专门的公开市场操作室,它根据公开市场委员会的操作指令行动。这里的操作机构是指与中央银行进行证券交易的交易对手,因为中央银行公开市场的操作往往是借助中介机构进行的。通过与这些中介机构的交易,可以迅速传递中央银行的政策意图和产生预期的政策效果。并不是任何从事证券交易的金融机构都可以成为中央银行公开市场业务的操作机构。中央银行往往是根据一定的标准从众多的证券交易机构中选择几十家作为固定的操作机构。一般而言,选择中介机构的标准是:资本与其掌握的资金相对比较充足,业务量达到一定的规模,一直是市场上比较活跃的报价方,有一定的市场影响力和管理能力等。

4. 确定交易方式

中央银行公开市场业务的交易方式主要有现券交易和回购交易两种。回购交易是指买方(卖方)在买入(或卖出)证券的同时,与卖(买)方约定在某个时间、按照某个价格、卖出(买入)相同数量的同品种证券的交易。回购交易又分为正回购和逆回购两种。卖出并约定将来买入的交易,称为正回购;买入并约定将来卖出的交易,称为逆回购。

5. 公开市场操作的过程

公开市场操作的过程是按一定程序进行的。美联储公开市场操作室每天的操作过程见表 13-2。

表 13-2　美联储公开市场操作过程

时间	活动清单
08:30	收集经济金融信息,观察市场反映
09:00	与公开市场交易商讨论市场发展情况
10:30	与财政部电话联系,取得政策的协调一致
10:45	制定一天的操作方案
11:15	与公开市场委员会代表举行例行电话会议
11:40	与交易商联系,宣布公开市场操作
17:00	操作情况交流与检查

专栏 13-2　　　　　　　　　美联储政策声明:维持高度宽松政策立场

2012 年 3 月 14 日,美联储在为期一天的政策制定会议闭幕以后,美国联邦公开市场委员会(以下简称"FOMC")发布了利率政策声明。声明全文如下:

自 FOMC1 月份政策制定会议以来所收到的信息确认表明,美国经济一直都在适度扩张。就业市场状况已经取得了进一步的改善,失业率在最近几个月时间里已显著下滑,但仍旧处于较高水平。家庭支出和企业固定投资一直都在继续增长,但住房部门仍旧保持在受抑制的状态。最近几个月以来,通胀率一直都处于受抑制的状态,但原油和汽油价格近来有所上涨。较长期通胀前景一直都保持稳定。

FOMC 正依据其法定使命来寻求培育最大程度上的就业和物价稳定性。FOMC 仍旧预计,未来几个季度中经济将以温和的步速取得增长,并因此预计失业率只会朝着 FOMC 判定为符合其双重使命的水平逐步下降。全球金融市场上的紧张状况已经有所缓和,但仍旧对经济前景造成了重大的下行风险。原油和汽油价格的上涨将暂时推动通胀率上升,但 FOMC 预计,在此以后通胀率将处于最符合 FOMC 双重使命的水平或是低于这一水平。

为了支持更加强劲的经济复苏进程和帮助确保长期内的通胀水平符合 FOMC 的双重使命,FOMC 今天决定继续维持高度宽松的货币政策立场。尤其是,FOMC 今天决定将联邦基金利率维持在 0 到 0.25% 的目标区间不变,并预计处于较低水平的资源利用率以及中期内通胀受抑制的前景等经济状况很可能将使 FOMC 有理由至少在 2014 年底以前把联邦基金利率维持在极低水平。

FOMC 还决定继续实施在去年 9 月份宣布的延长所持债券资产平均到期时间的计划。FOMC 将维持现有的政策,将来自于所持机构债和机构抵押贷款支持债券的本金付款再投资到机构抵押贷款支持债券中去,以及在国债标售交易中展期即将到期的国债。FOMC 将定期回顾所持债券资产的规模及其构成,并做好在合适的时间作出调整的准备,目的是促进以物价稳定为前提的更加强劲的经济复苏进程。

在此次政策制定会议上投票支持 FOMC 货币政策行动的委员有:主席本·伯南克(Ben S. Bernanke)、副主席威廉·达德利(William C. Dudley)、伊丽莎白·杜克(Elizabeth A. Duke)、丹尼斯·洛克哈特(Dennis P. Lockhar)、桑德拉·皮亚拉托(Sandra Pianalto)、萨拉·布鲁姆·拉斯金(Sarah Bloom Raskin)、丹尼尔·塔鲁洛(Daniel K. Tarullo)、约翰·威廉姆斯(John C. Williams)和珍妮特·耶伦(Janet L. Yellen)。杰弗里·拉克尔(Jeffrey M. Lacker)投票反对 FOMC 的货币政策行动,他认为经济状况不太可能使美联储有正当理由在 2014 年底以前将联邦基金利率维持在极低水平。

资料来源:http://www.sina.com.cn 2012 年 3 月 14 日。

(四) 公开市场政策的作用

1. 调控存款类金融机构的准备金和货币供给量

中央银行通过在公开市场上买卖有价证券直接增加或减少存款类金融机构的超额准备金,从而影响存款类金融机构的贷款规模和货币供给总量。

2. 影响利率水平和利率结构

中央银行通过在公开市场上买卖有价证券,可以从两个渠道影响利率水平:中央银行买进证券时,一方面,证券需求增加,引起证券价格上升,相应的利率将降低;另一方面,存款类金融机构的储备增加,货币供给增加,市场利率将降低。当中央银行卖出证券时,利率水平将会发生相反的变化。此外,中央银行在公开市场上买卖不同期限的有价证券,可以直接改变市场对不同期限证券的供求平衡状况,从而使利率结构发生变化。

3. 与再贴现政策配合,可以提高货币政策效果

由于再贴现率与货币供给量变化之间的关系并不确定,如由于存款类金融机构持有较多的超额准备而不依赖中央银行的再贴现贷款,中央银行改变再贴现率并不能使紧缩性货币政策奏效。这时,中央银行如果在改变再贴现率的同时,在公开市场上卖出证券,则存款类金融机构的储备必然减少,紧缩性货币政策目标就可以实现,从而增强政策的效果。

4. 降低货币流通量的波动幅度

假定其他条件不变,货币供给量决定货币流通量。但是,有时货币供给量的决定是被动的。第一,政府财政的收入和支出有季节性的差别,在税收高峰期买入债券,可增加市场资金;在财政支出高峰期卖出债券,可回笼资金,达到金融市场稳定的目的。第二,政府发行新债时,中央银行不能直接购买新债。但是仍然可以通过买入旧债,向市场供应资金和压低市场利率,保证新债的顺利发行和降低政府发债成本。第三,抵消因外汇储备流出和流入引起的金融市场波动。在外汇储备流出大于流入时,可买入债券,增加货币供给;反之,则卖出债券,回笼货币。

(五) 公开市场政策的作用过程

公开市场政策的核心在于通过买卖证券影响商业银行的准备金数量,进而调节市场利率和货币供给量,这可以说是中央银行调节货币供给量最主动、最直接、最快捷的途径。当金融市场上资金缺乏时,中央银行就可通过公开市场买进证券,无论是从何者手中购入(个人、企业、商业银行及其他市场中介机构),都会导致市场基础货币的等额增加。这些基础货币如果是流入社会大众手中,则会直接增加社会的货币供给量;如果是流入商业银行,则会引起商业银行超额准备金的增加,成为商业银行扩张信贷、创造存款货币的基础,并最终导致货币供给量的多倍增加。同时,这种购买的结果对利率还有一种更直接的影响,促使证券价格上升,市场利率下降,这种影响力使扩张性货币政策更有利于得以实施。相反,如果金融市场资金过多时,中央银行则可反向操作,卖出证券。无论这些证券是由商业银行购买,还是由其他部门购买,总会有相应数量的基础货币流回,缩减商业银行的超额准备金,引起信用规模的收缩和货币供应量的减少,市场利率上升,从而抑制通货膨胀。

其作用过程可描述为:市场资金短缺(或过多)→中央银行买进(或卖出)证券→基础货币增加(或减少)→商业银行准备金增加(或减少)→商业银行信贷扩张能力增强(或减弱)→贷款和投资增加(或减少)→市场货币供给量增加(或减少)→市场利率下降(或上升)→刺激投资支出增加(或减少)。

(六) 公开市场政策的优缺点

公开市场政策日益成为许多国家最重要的日常操作的货币政策工具,原因在于它有如下优点:

(1) 公开市场政策的主动权完全掌握在中央银行手中,其操作规模、大小和方向完全受中央银行自己控制,而不像再贴现那样,处于被动地位。

(2) 中央银行可以运用公开市场政策进行经常性、连续性的操作,可以按任何规模买卖证券,直到满足中央银行的要求为止。

(3) 中央银行可以通过公开市场政策,对货币供给量进行微调,而不会像存款准备金那样产生震动性影响。

(4) 公开市场政策具有较强的可逆性。金融市场情况一旦发生变化,或万一发现错误时,中央银行能迅速改变其操作方向,精确而灵活地调节市场货币供给量。而其他货币政策工具则不能迅速地逆转。

(5) 公开市场政策可以迅速执行,不会有行政性延误。当中央银行需要改变银行的准备金或基础货币时,只要向公开市场交易商发出购买或出售的指令,交易便可以很快执行。

公开市场政策虽有上述众多优点,但由于各种干扰因素的存在及其他原因,有时在执行中也存在一定的局限性:

(1) 公开市场业务因操作较为细微和经常发生,所以对大众预期的影响和对商业银行的强制影响均较弱,其告示效应较弱。

(2) 各种干扰因素的存在会部分抵消公开市场政策的影响力。如国内外资本的流动、国际收支变化、金融机构和社会公众对经济的预期和行为的调整、货币流通速度的变化等,都会对中央银行在公开市场上买卖证券有抵消作用。

(3) 中央银行在公开市场上买卖证券不一定能得到商业银行的配合。因为交易的成立要取决于双方的意愿,且商业银行不一定会因超额准备金的增减就一定相应地扩张或收缩信贷规模。

(4) 公开市场政策的运用需要有发达的金融市场为前提。如果金融市场发育程度不够或可用于交易的工具较少,都会影响公开市场操作的效果。

第二节　选择性货币政策工具及操作

中央银行除了利用上述总量调控工具调控全社会货币供给量之外,还利用一些选择性工具和其他政策工具来影响商业银行体系的资金用途以及不同信用方式的资金利率。

所谓选择性货币政策工具,是指中央银行针对某些特殊的经济领域或特殊用途而采用的信用调节工具,主要有消费信贷控制政策、证券市场信用控制政策和不动产信用控制政策。其他货币政策工具主要有直接信用控制政策和间接信用控制政策,它们或是以行政命令的手段直接控制,或是以道义劝告或窗口指导的方式对信用变动方向和重点实施间接指导。

一、直接信用控制政策

直接信用控制政策是指中央银行依据有关法令,利用行政手段,对商业银行及其他金融机构的业务活动进行各种直接干预。其中比较重要的工具有以下几种。

1. 信用分配

它是指中央银行根据金融市场状况和客观经济的需要,通过分别对各个商业银行的信用规模加以分配和控制,从而实现其对整个信用规模的控制。信用分配是一种计划控制手段。这种信用分配方式在资金需求旺季、资金短缺、单纯依靠市场机制不能达到控制效果时最适合采用。

2. 直接干预

它是指中央银行直接对商业银行的信贷业务施以合理的干预。如规定商业银行的业务范围、放款政策等。中央银行直接干预的方式有:直接限制放款的额度,直接干涉商业银行对活期存款的吸收;对业务经营不当的商业银行可以拒绝再贴现,或采取惩罚性利率;明确规定各家银行的放款或投资的范围等。

3. 流动性比率

它是指中央银行为了限制商业银行扩张信用,规定其流动资产在全部资产中的比重。流动比率越高,商业银行能够发放的贷款,特别是长期贷款的数量就越少,因而可以起到限制信用扩张的作用。此外,提高流动性比率还具有降低商业银行经营风险的作用。

4. 利率控制

它是指中央银行规定金融市场上某些金融产品的利率或最高限额、最低限额,是很常用的直接信用控制工具。最常见的是对商业银行的存贷款利率规定上限和下限或波动幅度,其目的是为了防止银行之间的过度竞争和为谋取高利进行风险投资和放款,从而保证银行的正常经营。如美国在1980年《存款机构解除管制与货币控制法》颁布之前,其Q条例和M条例规定活期存款不准付息、定期存款及储蓄存款不得超过最高利率限额等。利率管制虽然较为直接和迅速,但存在许多弊端,只能在特殊情况下采用。

5. 特种存款

它是指中央银行在银行体系中出现过剩超额准备时,要求其按一定比例缴存中央银行冻结起来的一种存款方式,以紧缩放款,从而减少货币供应量。特种存款一般不支付利息且发生在高通货膨胀时期。

二、间接信用控制政策

所谓间接信用控制政策,是指中央银行利用其特殊地位,不直接影响商业银行的超额准备和资金成本,而是用各种间接措施对商业银行的信用创造施以影响。其主要措施有:

1. 道义劝告

道义劝告是指中央银行利用自己在金融体系中的特殊地位和威望,通过对金融机构的劝告,以影响其放款的数量和方向,从而达到控制和调节信用的目的。道义劝告既能控制信用的总量,也能调整信用的构成。中央银行采用的方式一般是:对商业银行和其他金融机构发出通告、指示或与各金融机构的负责人进行面谈,交流信息,解释政策意图,使商业银行和其他金融机构自动采取相应措施来贯彻中央银行的政策。不过要注意,这种调控方式不具有强制性,中央银行只是将其货币政策意向与金融状况传达给金融机构,使其能自动地根据中央银行的意图调整信用行为。能否达到预期效果,取决于三个条件:一是中央银行有较高的威望和地位,二是该国的道德水准和遵纪守法的意识较强,三是中央银行拥有控制信用的足够的法律权力和手段。

2. 窗口指导

窗口指导是中央银行根据市场、物价变动趋势和金融市场动向,规定商业银行的贷款重点投向和贷款变动数量等。最早实行窗口指导的是日本中央银行,直接目的是为了使同业拆放市场利率保持稳定。窗口指导虽然没有法律强制力,其影响大小也取决于中央银行的声望和各银行的合作态度,但鉴于中央银行的强大力量,其作用有时也很大。

三、消费信贷控制政策

消费信贷控制政策是指中央银行对不动产以外的各种耐用消费品的销售融资予以控制的一种措施。其主要内容包括:第一,规定用分期付款购买消费品时第一次付款(即首付)的最低限额;第二,规定分期付款最长偿还期;第三,规定运用于分期付款的商品种类;第四,规定分期付款的不同商品的不同放款期限。中央银行对消费信贷加以控制的根本目的是调控社会总需求。

四、证券市场信用控制政策

证券市场信用控制政策是指中央银行对使用贷款进行证券交易的活动加以控制的一种措施,其核心在于规定贷款额占证券交易额的百分比率(即证券保证比率),以限制对证券市场的放款规模。中央银行对保证金比率的调整,不是为了直接干预证券价格,而是为了防止过度的证券信用,保证金融市场的稳定。同时可限制大量资金流入证券市场,调节信贷供给结构,使较多的资金能够用于生产和流通领域。

五、不动产信用控制政策

不动产信用控制政策是指中央银行对商业银行等金融机构向客户提供不动产抵押贷款的限制措施。其核心是规定不动产贷款的最高限额、偿还期限和第一次付款的比率。

专栏 13-3　　　　　　　　　　**调整商业银行住房信贷政策**

　　根据 2006 年 5 月 24 日国务院转发的建设部等九部委联合制定的《关于调整住房供应结构稳定住房价格的意见》,5 月 31 日,中国人民银行发布了《关于调整住房信贷政策有关事宜的通知》,规定从 2006 年 6 月 1 日起,商业银行(含农村合作银行、城乡信用社)发放的住房贷款(不包括住房公积金贷款)首付款比例不得低于 30%;对购买套型建筑面积 90 平方米以下的自住房贷款最低首付款比例仍执行 20% 的规定。此次住房信贷政策有区别地提高住房贷款最低首付款比例,有利于抑制不合理的购房需求,缓解房价上涨压力,同时调整住房供应结构,满足中低收入家庭的住房需求。

　　资料来源:摘自《中国货币政策执行报告》2006 年第 2 季度。

第三节　中国人民银行货币政策工具的选择及操作

中央银行使用什么样的货币政策工具来实现其特定的货币政策目标,并没有一成不变的固定模式,只能根据不同时期的经济及金融环境等客观条件而定。我国中央银行货币政策工具的选择,只有立足于中国的经济及金融条件等客观情况,而不能生搬硬套其他国家的做法。

我国中央银行货币政策工具的选择与我国经济体制和宏观调控方式密切相

关。在传统的计划经济体制时期,主要采用行政工具,比如现金计划、信贷收支计划、贷款规模管理等。随着社会主义市场经济体制的逐步建立和宏观调控方式的转变,我国中央银行开始逐步借鉴发达市场经济国家的一些比较成熟的货币政策工具。根据 2003 年 12 月通过的《中华人民共和国中国人民银行法》第二十三条规定,"中国人民银行为执行货币政策,可以运用下列货币政策工具:(一)要求银行业金融机构按照规定的比例交存存款准备金;(二)确定中央银行基准利率;(三)为在中国人民银行开立账户的银行业金融机构办理再贴现;(四)向商业银行提供贷款;(五)在公开市场上买卖国债、其他政府债券和金融债券及外汇;(六)国务院确定的其他货币政策工具。"

一、存款准备金政策

从 1984 年起,存款准备金制度开始成为中国人民银行调节货币供给量和信贷规模的政策工具之一。不同于西方国家,该制度的初始设计思路是为了使中国人民银行能集中控制相当部分信贷资金进而通过再贷款形式控制信用规模及调整信用结构,支持农副产品收购和国家重点建设。为此,不仅确定了较高的法定存款准备金率,而且后来又为商业银行规定了硬性的备付金率,从而提高了总准备金率。由于偏高的准备金率使得商业银行可支配资金不足,反过来增强了商业银行对中央银行强烈的借款需求,而中央银行往往不能不满足这种需求,结果使得存款准备金制度的作用往往被再贷款政策所抵消。

随着 1994 年政策性银行的建立和商业银行经营机制的改善,国家需要重点扶持的政策性资金已由政策性银行承担,这为中央银行真正发挥存款准备金政策工具的作用和降低准备金率创造了条件。1998 年 3 月,中央银行改革了存款准备金制度, 主要内容有:

(1)将原各金融机构的"准备金存款"账户和"备付金存款"两个账户合并为一个账户,统称为"准备金存款"账户。

(2)法定存款准备金率从 13% 下调到 8%。准备金存款账户超额部分的总量及分布由各金融机构自行确定。由于准备金率下调,商业银行一次性增加的可用资金主要用于认购特别国债,补充资本金。

(3)对各金融机构的法定存款准备金按法人统一考核。法定存款准备金的缴存分以下几种情况:全国性银行的法定存款准备金,由各总行统一存入中国人民银行总行;区域性银行和各城市商业银行的法定存款准备金由各总行统一存入其总行所在地的中国人民银行分行;城市信用社(含县联社)的法定存款准备金,由法人存入当地中国人民银行分、支行;农村信用社的法定存款准备金,按现行体制存入当地中国人民银行分、支行;信托投资公司、财务公司、金融租赁公司等其他非银行金融机构的法定存款准备金,由法人统一存入其总部所在地的中国人民银行总行(或分行);经批准办理人民币业务的外资银行、中外合资银行等外资金融机构,其人民币法定存款准备金,由其法人(或其一家分行)统一存入所在地中国人民银行分行。

(4)对各金融机构法定存款准备金按旬考核。当旬第五日至下旬第四日每日营业终了时,各行按统一法人存入的准备金存款余额,与上旬末该行全行一般存款余额之比不低于8%。

(5)金融机构缴存的准备金低于法定比率,中国人民银行对其不足部分按日处以6‰的罚息。

(6)金融机构法定存款准备金存款利率由缴来的准备金存款利率7.56%和备付金存款利率7.02%(加权平均为7.35%)统一下调到5.22%。

(7)调整金融机构一般存款范围。将金融机构代理中国人民银行财政性存款中的机关团体存款、财政预算外存款,划为金融机构的一般存款,也需按规定缴纳存款准备金。

1998年的改革,更有利于发挥存款准备金制度的作用。一是有利于充分发挥存款准备金的功能。这次改革将准备金存款账户和备付金存款账户合并,发挥存款准备金的支付、清算功能,改革了原来存款准备金不能用于支付清算的状况,健全和完善了存款准备金的功能,有利于充分发挥存款准备金这一货币政策工具的作用。二是理顺了中央银行与商业银行等金融机构之间的资金关系。改革之前,金融机构特别是国有商业银行一方面以较高比例向中央银行缴存准备金、保留备付金,另一方面又向中央银行大量借款。这种状况扭曲了中央银行与商业银行的资金关系。改革之后,金融机构无须保留高额准备金。三是有利于金融机构加强法人统一管理,有利于金融机构强化系统内资金调度和管理,促进金融机构按统一法人自主经营、自负盈亏、自担风险和自我发展。四是理顺了中央银行利率结构,增加了商业银行的流动性,为进一步完善金融间接调控创造了条件。

在国外逐步降低或取消法定存款准备金制度的情况下,我国中央银行在宏观调控中还经常使用这一工具。见表11-3。

表13-3　我国存款准备金率历次调整一览表(至2012年5月)

次数	时间	调整前	调整后	调整幅度 (单位:百分点)
45	2012年5月18日	(大型金融机构)20.50%	20.00%	-0.5
		(中小金融机构)17.00%	16.50%	-0.5
44	2012年2月24日	(大型金融机构)21.00%	20.50%	-0.5
		(中小金融机构)17.50%	17.00%	-0.5
43	2011年12月5日	(大型金融机构)21.50%	21.00%	-0.5
		(中小金融机构)18.00%	17.50%	-0.5

次数	时间	调整前	调整后	调整幅度 （单位：百分点）
42	2011 年 6 月 20 日	（大型金融机构）21.00%	21.50%	0.5
		（中小金融机构）17.50%	18.00%	0.5
41	2011 年 5 月 18 日	（大型金融机构）20.50%	21.00%	0.5
		（中小金融机构）17.00%	17.50%	0.5
40	2011 年 4 月 21 日	（大型金融机构）20.00%	20.50%	0.5
		（中小金融机构）16.50%	17.00%	0.5
39	2011 年 3 月 25 日	（大型金融机构）19.50%	20.00%	0.5
		（中小金融机构）16.00%	16.50%	0.5
38	2011 年 2 月 24 日	（大型金融机构）19.00%	19.50%	0.5
		（中小金融机构）15.50%	16.00%	0.5
37	2011 年 1 月 20 日	（大型金融机构）18.50%	19.00%	0.5
		（中小金融机构）15.00%	15.50%	0.5
36	2010 年 12 月 20 日	（大型金融机构）18.00%	18.50%	0.5
		（中小金融机构）14.50%	15.00%	0.5
35	2010 年 11 月 29 日	（大型金融机构）17.50%	18.00%	0.5
		（中小金融机构）14.00%	14.50%	0.5
34	2010 年 11 月 16 日	（大型金融机构）17.00%	17.50%	0.5
		（中小金融机构）13.50%	14.00%	0.5
33	2010 年 5 月 10 日	（大型金融机构）16.50%	17.00%	0.5
		（中小金融机构）13.50%	不调整	—
32	2010 年 2 月 25 日	（大型金融机构）16.00%	16.50%	0.5
		（中小金融机构）13.50%	不调整	—
31	2010 年 1 月 18 日	（大型金融机构）15.50%	16.00%	0.5
		（中小金融机构）13.50%	不调整	—
30	2008 年 12 月 25 日	（大型金融机构）16.00%	15.50%	− 0.5
		（中小金融机构）14.00%	13.50%	− 0.5
29	2008 年 12 月 05 日	（大型金融机构）17.00%	16.00%	− 1
		（中小金融机构）16.00%	14.00%	− 2
28	2008 年 10 月 15 日	（大型金融机构）17.50%	17.00%	− 0.5
		（中小金融机构）16.50%	16.00%	− 0.5
27	2008 年 09 月 25 日	（大型金融机构）17.50%	17.50%	—
		（中小金融机构）17.50%	16.50%	− 1
26	2008 年 06 月 07 日	16.50%	17.50%	1
25	2008 年 05 月 20 日	16%	16.50%	0.50
24	2008 年 04 月 25 日	15.50%	16%	0.50

次数	时间	调整前	调整后	调整幅度 (单位:百分点)
23	2008 年 03 月 18 日	15%	15.50%	0.50
22	2008 年 01 月 25 日	14.50%	15%	0.50
21	2007 年 12 月 25 日	13.50%	14.50%	1
20	2007 年 11 月 26 日	13%	13.50%	0.50
19	2007 年 10 月 25 日	12.50%	13%	0.50
18	2007 年 09 月 25 日	12%	12.50%	0.50
17	2007 年 08 月 15 日	11.50%	12%	0.50
16	2007 年 06 月 05 日	11%	11.50%	0.50
15	2007 年 05 月 15 日	10.50%	11%	0.50
14	2007 年 04 月 16 日	10%	10.50%	0.50
13	2007 年 02 月 25 日	9.50%	10%	0.50
12	2007 年 01 月 15 日	9%	9.50%	0.50
11	2006 年 11 月 15 日	8.50%	9%	0.50
10	2006 年 08 月 15 日	8%	8.50%	0.50
9	2006 年 07 月 5 日	7.50%	8%	0.50
8	2004 年 04 月 25 日	7%	7.50%	0.50
7	2003 年 09 月 21 日	6%	7%	1
6	1999 年 11 月 21 日	8%	6%	-2
5	1998 年 03 月 21 日	13%	8%	-5
4	1988 年 09 月	12%	13%	1
3	1987 年	10%	12%	2
2	1985 年	央行将法定存款准备金率统一调整为10%	—	—
1	1984 年	央行按存款种类规定法定存款准备金率,企业存款 20%,农村存款 25%,储蓄存款40%	—	—

2004 年 4 月 25 日起我国采用了差别存款准备金率制度。差别存款准备金率制度的主要内容是,金融机构适用的存款准备金率与其资本充足率、资产质量状况等指标挂钩。金融机构资本充足率越低、不良贷款比率越高,适用的存款准备金率就越高;反之,金融机构资本充足率越高、不良贷款比率越低,适用的存款准备金率就越低。对尚未进行股份制改革的国有独资商业银行和农村信用社、城市信用社暂缓执行差别存款准备金率制度。对金融机构实行差别存款准备金率制度,有利于抑制资本充足率较低且资产质量较差的金融机构盲目扩张贷款,防止金融宏观调控中出现"一刀切",有利于促进我国金融平稳运行和健康发展,也为完善货币

政策传导机制,提高货币政策的有效性奠定了基础。从 2008 年 9 月开始,我国又根据不同类型的金融机构(大型金融机构和中小金融机构)实行差别存款准备金率。

二、再贷款

再贷款是指中国人民银行对商业银行等金融机构发放的贷款。中央银行通过调整再贷款利率,能够影响商业银行从中央银行取得信贷资金的成本和可使用的资金规模,从而控制货币供给量和市场利率的变化。同时,再贷款利率的调整能够产生告示效应。

从中国人民银行运用再贷款进行宏观金融调控的实践来看,再贷款在我国不同的经济运行时期发挥了不同的作用。1984—1994 年经济高速增长时期,再贷款在客观上弥补了重点建设资金缺口、调整产业结构、调整地区或部门间资金余缺的作用。但由于这一时期再贷款的投向大都刚性较强,而被迫丧失了吞吐基础货币的灵活性。1994 年以后,由于外汇体制改革,导致基础货币供应渠道的变化,尤其是政策性金融和商业性金融的分离,为中央银行灵活运用再贷款吞吐基础货币提供了可能。中央银行用收缩再贷款政策对冲因外汇占款而投放的基础货币成功调控了货币供应量,而且再贷款利率作为基准利率的作用得以充分的发挥,再贷款利率已成为宏观调控的主要手段。这说明中央银行的调控方式已经达到由单纯的数量调节转向数量和质量调节并重的境界。但由于再贷款工具本身具有较浓厚的直接计划管理色彩,加之在实际操作中中央银行的压力较大,尤其是 1998 年初,中国人民银行取消了对商业银行贷款规模的指令性计划管理,因此,再贷款已不太适应中央银行间接调控的需要,在其他间接工具广泛运用之后,再贷款的作用范围和作用力度已经逐渐削弱。目前,再贷款已不常用,只是为了维护金融稳定、促进商业银行改革等特殊时期以及为了强化信贷结构调整,需要中央银行发挥最后贷款人作用时才使用。

自 1984 年中国人民银行专门行使中央银行职能以来,再贷款一直是我国中央银行的重要货币政策工具。近年来,适应金融宏观调控方式由直接调控转向间接调控,再贷款所占基础货币的比重逐步下降,结构和投向发生重要变化。新增再贷款主要用于促进信贷结构调整,引导扩大县域和"三农"信贷投放。

专栏 13-4　　　　　加大支农再贷款支持力度,引导扩大涉农信贷投放

近年来,中国人民银行充分运用支农再贷款,支持"三农"和实体经济发展。2011 年,国际收支失衡状况明显改善,外汇市场供求趋于平衡,银行体系流动性供给渠道有所变化。中国人民银行及时安排增加支农再贷款额度 500 亿元,既主动投放流动性,保持货币信贷总量合理增长,又支持农村金融机构扩大涉农信贷投放,优化信贷结构。

2012 年以来，按照强化正向激励的原则，中国人民银行对粮食主产省(区)和西部地区多次调增支农再贷款额度，迄今已安排增加 600 亿元，创历史同期新高，引导扩大涉农信贷投放。3月初，下发《关于管好用好支农再贷款支持扩大"三农"信贷投放的通知》，并安排增加支农再贷款 100 亿元，支持春耕备耕。3 月 31 日，对达到专项票据兑付后续监测考核标准，以及新增存款用于当地贷款比例达到考核标准的县域法人农村信用社和村镇银行，安排增加支农再贷款 300 亿元，激励农村信用社巩固前期改革成果，进一步深化改革。4 月 17 日，为引导农村信用社、村镇银行扩大涉农信贷投放，支持春耕备耕，安排增加支农再贷款 200 亿元，重点支持粮食主产省(区)和支农再贷款需求旺盛的省(区)。截至 2012 年 4 月末，全国支农再贷款限额为 2 143 亿元，余额为 1 239 亿元，同比增加 379 亿元；前 4 个月累计发放支农再贷款 705 亿元，同比增加263 亿元。

资料来源：摘自 2012 年第一季度中国货币政策执行报告。

三、再贴现

我国于 1980 年起开始在全国少数几个城市试办商业票据的承兑贴现业务，1985 年 4 月起在全国推开。作为宏观调控手段的再贴现业务则始于 1986 年。

我国再贴现政策的沿革大体经历了两个阶段。第一阶段是 1995 年以前。此间再贴现政策操作的重点是：通过再贴现推动商业汇票业务发展，利用票据的结算和信用双重功能帮助企业解决拖欠。把再贴现作为促进结构调整的一种手段，对某些行业、部门或商品实行再贴现倾斜政策。这一阶段我国的再贴现仅是作为信贷政策手段而存在，没有真正发挥货币政策工具的作用。

第二阶段以中国人民银行 1995 年末下发《进一步规范和发展再贴现业务的通知》为标志，开始把再贴现作为货币政策工具体系的组成部分，并注重通过再贴现传导货币政策信号，促进总量控制目标的实现。其后又颁布了《再贴现试行办法》、《商业汇票承兑、贴现与再贴现管理办法》、《关于加强商业汇票管理，促进商业汇票发展的通知》，1999 年 9 月又发布了《关于改进和完善再贴现业务管理的通知》。这些政策法规的陆续出台，有力地推进了再贴现和票据市场的发展。具体表现在：第一，初步建立了较为完整的再贴现操作体系。中国人民银行总行设立了再贴现窗口，对各商业银行总行办理再贴现；中国人民银行分行设立了再贴现授权窗口，并依据总行授权进行业务操作。第二，初步形成了一些区域性的商业票据市场。第三，强化了再贴现率的货币政策信号作用。从 1998 年 3 月起，改革了再贴现率确定方式，与再贷款利率脱钩，单独发布再贴现率，使其首次成为基准利率，强化了再贴现率的货币政策信号作用。此外，实行贴现率在再贴现率基础上加点生成方式，初步建立了通过再贴现率实施货币政策的传导机制。第四，进一步明确了再贴现的对象、范围、条件和再贴现票据种类。

四、公开市场操作

公开市场操作作为日常性调节货币供应量的手段已被各国广泛使用,但在我国运用时间不长。1994 年以前,由于尚不具备开展公开市场业务的条件,中国人民银行一直无法通过这一工具来吞吐基础货币,调节货币供应量。随着 1994 年外汇体制改革和汇率并轨的实施,中国人民银行开始进行外汇公开市场操作。

以国债为交易对象的真正的公开市场业务于 1996 年 4 月才正式启用。中国人民银行以财政部当年发行的短期国债为交易工具,进行 7 天、14 天和 21 天 3 个期限品种的正回购交易。当年共进行 26 次交易,成交总额为 21.8 亿元,对货币供给量的影响极为有限,或者说只具象征意义。

根据我国实际情况,参照国际惯例,在总结 1996 年实际操作经验的基础上,1997 年中国人民银行制定、颁布了《公开市场业务暨一级交易商管理暂行规定》,审批了 25 家公开市场业务一级交易商,确立了我国公开市场业务的一级交易商制度。(见专栏 13-5)

专栏 13-5　　　　　　　　　　　外汇一级交易商制度

中国人民银行于 2006 年 1 月 4 日在银行间即期外汇市场推出询价交易(OTC)方式,并引入做市商制度。新市场框架虽然继续保留撮合交易方式,但场外市场是外汇市场的主体,主要由做市商向市场提供流动性。

在外汇市场以撮合为主的市场模式下,市场成员通过匿名集中竞价方式交易,外汇交易中心承担市场成员的清算风险。当汇率剧烈波动时,央行可在撮合市场进行外汇公开市场操作;在外汇市场以 OTC 为主的市场模式下,市场成员主要在双边授信的基础上,通过双边询价、双边清算进行外汇交易,中央银行进行外汇公开市场操作不但需要考虑交易对手的价格传导能力、市场信息的收集和反馈能力,还需考虑其信用风险状况。发达国家中央银行(美联储和欧洲央行等)外汇公开市场操作的一般做法是选择信用状况好、承诺向央行及时报告信息的金融机构作为外汇交易对手,也称外汇一级交易商,以保证央行公开市场外汇操作的安全性和效率。借鉴发达国家央行外汇公开市场操作的成熟做法,适应中国外汇市场结构的变化,中国人民银行决定建立外汇一级交易商制度,并公布《外汇一级交易商准入指引》。

经中国人民银行指定的外汇一级交易商,在享有与央行交易权利的同时,需履行相应的义务,具体包括:在银行间外汇市场积极做市,保持市场价格平稳;按照诚实信用的原则与央行进行外汇交易,提供市场最优报价;与央行保持沟通,按要求及时报送有关信息等。中国人民银行根据外汇一级交易商履行义务的情况,定期进行评估,对评估结果不合格的外汇一级交易商,中国人民银行将暂停或取消其资格。

建立外汇一级交易商制度,有助于传导央行外汇公开市场操作的政策意图,通过影响市场预期,促使市场交易行为回归理性,从而以较低的操作成本迅速稳定外汇市场,实现较高的外汇公开市场操作效率,增强央行外汇公开市场操作的市场化程度。外汇一级交易商集中了外汇市场主要的供求信息,央行通过外汇一级交易商能比较全面地了解市场信息和预期的变化,有助于全面、及时地把握外汇市场动态,稳定市场。由于外汇一级交易商必须履行做市义务,向市场连续提供双边报价,维持市场流动性,平滑市场汇率波动和提高交易活跃程度,因此,建立外汇一级交易商制度还有助于提高外汇市场运行效率,促进外汇市场发展。

资料来源:摘自《中国货币政策执行报告》2006年第1季度。

从我国中央银行公开市场业务运用的情况看,表现为以下几个特点。一是操作目标明确。二是交易对象有所增加。三是交易工具不断扩展,原来只有短期国债,现在把国债、中央银行票据、政策性金融债和外汇也纳入交易工具之列,大大拓宽了公开市场业务交易工具范围。目前主要是外汇和中央银行票据。四是交易品种极大丰富。1996年启动公开市场业务时,只有正回购一个品种,期限品种也只有7天、14天和21天3个短期品种。1998年不仅增加了国债和市场化政策性金融债的现券买断交易品种,还进一步丰富了正回购期限品种,先后开设有14天、28天、91天、182天和364天5个品种。五是交易方式有所完善。1996年只采用了底价利率招标方式,1998年又增加了固定利率数量招标和底价价格招标两种方式。六是灵活调整回购招标利率。

虽然我国中央银行的公开市场业务已启用,并产生了一定的效果,但在实际运用中还受到诸多因素的制约。一是我国现行的货币政策框架和传导机制还不完善;二是利率市场化程度不高;三是金融市场不发达,交易主体和交易方式过于单一,交易工具简单,债券结构不合理,金融机构持有国债数量少。所以这一政策工具的运作空间和运作力度都有限,需要进一步创造条件,使其尽快成为主要的货币政策工具。

专栏 13-6   **灵活开展公开市场操作**

针对2012年以来银行体系流动性供求波动有所加大的实际情况,中国人民银行加强了对国内外经济金融形势和银行体系流动性供求的分析监测,配合准备金政策调整灵活开展公开市场操作,准确把握操作的方向、力度和节奏,适时适度地对银行体系流动性进行双向调节,促进银行体系流动性平稳运行。

优化公开市场操作工具组合,有效发挥公开市场的预调和微调功能。中国人民银行视各时点流动性总量余缺状况,不断优化公开市场操作组合。春节前,针对现金集中投放的情况,通过短期逆回购操作向银行体系提供流动性支持,有效熨平了季节性因素引发的银行体系流动性波动;春节后,与下调存款准备金率政策相配合,适时开展短期正回购操作,第一季度开展短期正回购操作3 980亿元,在保持流动性合理适度的同时,平滑公开市场到期分布。

保持公开市场操作利率大体稳定,合理引导市场预期。在外部经济环境复杂多变、市场预期有所波动的情况下,公开市场操作加强与其他货币政策工具的协调配合,保持操作利率大体平稳,有效引导市场预期。3月末,28天和91天期正回购的利率分别为2.80%和3.14%。

适时开展国库现金管理商业银行定期存款业务。第一季度共开展了二期国库现金管理商业银行定期存款业务,期限均为 6 个月,操作量分别为 300 亿元和 500 亿元。

资料来源:摘自《2012 年第一季度中国货币政策执行报告》。

五、利率政策

利率政策一直是中国人民银行的金融调节手段之一。我国的利率水平统一由中国人民银行制定,目前主要有三类利率:一是中国人民银行对商业银行的存贷款利率;二是商业银行对企业和个人的存贷款利率;三是金融市场利率。第一种利率在一定程度上决定了后两种利率。一般而言,当中国人民银行降低对商业银行的贷款利率和再贴现率时,会相应减少各商业银行的筹资成本,会刺激商业银行对中央银行的资金需求和企业、个人的贷款需求,从而达到增加货币供给量的目的。近年来我国中央银行非常注重对利率政策的运用,稳步推进利率市场化改革,不断调整利率水平以进行宏观调控。

除上述政策工具外,中国人民银行还采取优惠利率政策、专项贷款、利息补贴和特种存款等办法。

本章小结

1. 货币政策工具是中央银行为实现货币政策目标而使用的各种策略手段。货币政策工具可分为一般性政策工具、选择性政策工具和其他补充性政策工具三类。

2. 一般性货币政策工具是对货币供给总量或信用总量进行调节和控制的政策工具,其特点是这些工具的运用是针对总量进行调节而非对结构性问题进行调节,对整个宏观经济运行发生影响。一般性货币政策工具主要包括法定存款准备金政策、再贴现政策和公开市场业务,俗称“三大法宝”。

3. 存款准备金政策,是指中央银行在法律所赋予的权力范围内,通过规定或调整商业银行等存款类金融机构缴存中央银行的存款准备金比率,控制商业银行的信用创造能力,间接地控制货币供应量的措施。其作用主要表现在以下三个方面:一是保证商业银行等存款类金融机构的资金流动性和现金兑付能力,二是集中一部分信贷资金,三是调节货币供给量。

4. 再贴现政策是中央银行通过制定或调整再贴现利率的办法,影响商业银行等存款类金融机构从中央银行获得的再贴现贷款和超额准备,达到干预和影响市场利率、调节货币供求、实现货币政策目标的一种政策措施。再贴现政策有两方面的内容:一是再贴现率的调整,二是规定何种票据具有向中央银行申请再贴现的资格。

5. 公开市场政策是指中央银行为实现货币政策目标通过在公开市场上买进或卖出有价证券来改变商业银行等存款类金融机构的准备金数量,进而影响货币供给量和利率,调节货币供给量的一种政策措施。中央银行从事公开市场活动的目的主要有:控制货币供给量和信贷规模;协助再贴现政策的运用;减轻由于政府财政收支造成的影响;抵消因黄金流入和流出以及外汇收支的大幅波动对金融市场的影响;协助政府公债的发行与管理。

6. 选择性货币政策工具是指中央银行针对某些特殊的经济领域或特殊用途而采用的信用调节工具,主要有消费信贷控制政策、证券市场信用控制政策和不动产信用控制政策。其他货币政策工具主要有直接信用控制政策和间接信用控制政策,它们或是以行政命令的手段直接控制,或是以道义劝告或窗口指导的方式对信用变动方向和重点实施间接指导。

7. 中国人民银行为执行货币政策,目前采用的货币政策工具主要有:存款准备金政策;利率政策;再贴现;再贷款;公开市场业务等。

关键概念索引

货币政策工具　一般性政策工具　选择性政策工具　法定存款准备金政策　再贴现政策　公开市场业务　消费信贷控制　证券市场信用控制　不动产信用控制　直接信用控制　间接信用控制　道义劝告　窗口指导　利率政策　再贷款

复习思考题

1. 货币政策工具的选择应该考虑哪些因素?
2. 一般性货币政策工具与选择性货币政策工具的主要区别是什么?
3. 法定存款准备金政策是怎样调节金融机构的流动性的?
4. 描述"三大法宝"的作用机制。
5. 比较分析"三大法宝"的优缺点。
6. 中央银行从事公开市场活动的目的是什么?
7. 我国的利率市场化改革与金融宏观调控有什么关系?
8. 如何才能充分发挥窗口指导的作用?
9. 我国中央银行货币政策工具的发展趋势是什么?

第十四章　货币政策传导机制及效应

📖 **本章要点**

- 货币政策传导机制和传导过程
- 货币政策传导的一般理论
- 金融市场与货币政策传导
- 金融机构与货币政策传导
- 货币政策传导效应

中央银行货币政策的实施到最终产生预期的效果,期间需要经过一个非常复杂的过程。这个过程,习惯上称为货币政策传导过程。在这一过程中涉及两个方面的问题:一是与中央银行自身行为密切相关,即如何选择与控制货币政策中介指标,货币政策工具与中介指标的内在联系,以及中介指标与货币政策目标的关系等;二是货币政策传导过程所依托的经济与金融环境,主要是金融市场、社会经济主体对中央银行宏观调控的接受、感受、行为调整及其如何引起经济与金融变量的变动。本章主要分析第二个问题,即货币政策传导机制问题,货币数量的变化是如何影响经济变动的过程,以及影响货币政策传导效应的若干因素。理论界对货币政策如何进行有效传导一直存在争议,因而形成了不同的货币政策传导理论。

第一节　货币政策传导机制

一、货币政策传导机制的含义

货币政策传导机制是指中央银行确定货币政策目标之后,从选择各种货币政策工具进行政策操作,作用于经济体制内的各种经济变量,最终影响整个经济活动,实现最终目标的逐次传递过程。从表面上看,主要涉及中央银行货币政策工具的选择和实施,从本质上看则是货币数量变化如何影响经济的过程,以及在这一过程中各种市场主体的行为选择和协调。

二、货币政策传导过程

一般而言,货币政策的传导过程如图14-1所示。

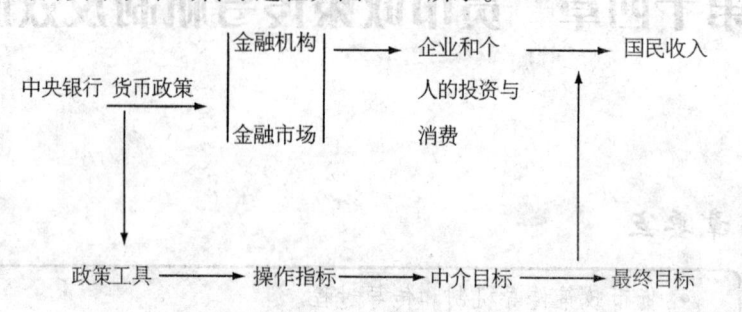

图14-1 货币政策传导过程

从图14-1中可看出,货币政策的传导过程也就是货币政策的制定和实施的过程。首先要选定最终目标,其次是选择政策工具和与政策工具、最终目标关系较为密切的操作指标和中介指标。然后根据不同的经济、金融状况,实施政策工具,从而引起各种经济指标的变化。

需要指出的是,在这一过程中,货币政策的贯彻实施能否产生预期效果并不完全决定于中央银行的主观愿望,而在很大程度上取决于经济、金融环境的好坏和社会各主体的行为调整是否与中央银行的意愿相吻合。从上图中我们可看到货币政策的传导需要依赖于如下一些环节的顺畅。

1. 从中央银行到金融市场

金融市场是中央银行货币政策传导所依赖的必不可少的基础。一国金融市场的发展状况决定了中央银行的宏观调控方式、调控工具及调控效果。如果金融市场欠发达,可交易的金融工具少,金融产品规模少,那么中央银行则只能较多地采取直接调控方式和手段,才能取得预期效果。反之,如果金融市场发达,可交易的金融产品量大且品种多,那么中央银行调控方式和调控手段的选择余地较大,可以更多地采用间接调控手段。

2. 从中央银行到各金融机构

金融机构是金融市场的主体,也是中央银行宏观调控的客体(对象),它是连结中央银行与其他经济主体的桥梁。实际上,中央银行对宏观经济的调控也就是通过运用各种货币政策工具,直接或间接地调节各金融机构的超额准备金,以便控制各金融机构的信用创造能力,进而调节货币供给量。因此金融机构的行为是否规范,是否对中央银行发出的信号作出灵敏反应,纳入调控对象的金融机构是否全面等,直接决定着中央银行的调控效果。

3. 从各金融机构行为和金融市场到企业和个人的投资与消费

中央银行的宏观调控并不直接面对企业和个人,而是通过对金融机构和金融市场的调控创造或改变企业和个人的融资条件、融资机会、融资成本和融资便利等。中央银行宏观调控对企业和个人的影响是间接的,对金融机构和金融市场的影响则是直接的。金融机构行为调整和金融市场融资环境的变化才对企业和个人的投资与消费产生直接影响。实际上,在金融市场上进行融资活动的金融机构、企业和个人都会根据中央银行政策意向调整自己的经济行为,从而影响到企业和个人的投资与消费。当然,在这一过程中,货币政策传导能否有效,关键在于企业和个人的投资与消费行为在多大程度上受金融市场的影响。从另一方面说,则取决于融资体制、企业和个人与金融机构的关系、对市场融资的依赖程度等。

4. 从个人和企业的投资与消费到国民收入的变动

在这一环节中,企业和个人的投资与消费变动,必然会引起整个国民收入的随之变动,但是这种变动能否与中央银行意愿相吻合,则取决于整个宏观经济环境是否有利于投资和消费。此外,投资体制、企业运行机制、消费倾向、消费习惯等都会对国民收入产生影响。

总的来看,货币政策传导过程涉及经济发展的方方面面,既有中央银行的内部因素,也有外部因素。有些过程中央银行可直接控制,有些过程则不可直接控制。这就需要中央银行选取一个贯穿于经济发展全过程的主线来传导货币政策,方能取得较好效果。

第二节　货币政策传导机制理论[①]

货币政策传导机制理论是在货币供求理论的基础上,探讨货币供给量的变化对就业、产量、收入和价格等实际经济因素产生影响的方式、途径和过程的学说。货币政策传导机制分析的是货币数量变化如何对经济产生影响的过程,以及在这一过程中各种市场主体的行为调整和相互协调问题。对这个问题的不同理解,产生了不同的货币政策传导机制理论。

一、凯恩斯学派的货币政策传导机制理论

（一）传统的凯恩斯学派的货币政策传导机制理论

凯恩斯在 1936 年出版的《就业、利息和货币通论》一书中,提出了他关于货币与经济关系的看法,后来他的追随者又在他的理论基础上进一步发展和修正,从而

---

① 这部分内容主要参考陈学彬主编《中央银行概论》,高等教育出版社 2004 年版。

形成了凯恩斯学派的货币理论。凯恩斯把他对货币需求的分析纳入到对总需求和总供给的分析框架中，形成了关于货币活动如何影响经济活动，即货币政策传导机制的分析。凯恩斯以其总需求理论和货币需求理论为基础，把货币与利率、利率与投资之间的相互作用联系在一起，形成了传统的凯恩斯学派的货币政策传导机制理论。其基本框架是：

$$M \rightarrow R \rightarrow I \rightarrow E \rightarrow Y$$

该模型的主要环节（或核心）是利率，其描述的货币政策传导机制是：货币供给量（M）的调整首先影响利率（R）的变动，利率又影响投资支出（I），投资支出引起总支出（E）的变化，最终对总产出（Y）产生影响。

如果中央银行采用扩张性的货币政策，将会导致货币供给量的扩大，那么它对总产出会产生如下影响：

$$M \uparrow \rightarrow R \downarrow \rightarrow I \uparrow \rightarrow E \uparrow \rightarrow Y \uparrow$$

货币供给量的增加，将会引起货币市场上的资金价格（即利率）的下降，利率的下降意味着企业投资的资金成本下降，这将刺激企业增加投资，社会的投资支出将会增长，企业开工增加，就业增加。这样，社会的总体消费能力将会增长，总支出将增加，社会总产出也将增加。如果货币供给量减少，则货币政策作用的传导过程正好与上述过程相反。

在凯恩斯的货币政策传导理论中，会因为下列情况导致货币政策失效：流动性陷阱的存在使利率水平不会随货币供给量的增加而无限制的下降。如果超过客观限度，无论货币供给量如何增加，都会产生相应的货币需求，一部分货币会闲置起来；在经济萧条时期，投资支出利率弹性低，即使利率降低，也无法唤起企业部门的投资热情，投资需求也难以增加。

上述分析被称为局部均衡分析，它只表明了货币市场变动对商品市场的影响，而没有显示它们之间循环往复的相互影响。

（二）希克斯的 IS-LM 模型

希克斯于 1937 年在局部均衡分析的基础上对宏观经济的均衡进行了综合分析，建立了 IS-LM 模型。这是一种一般均衡分析方法。该模型的假设前提有两个：第一，经济中只存在货币与债券两种资产，即在经济体系中，除货币以外的所有资产都可相互完全替代；第二，金融市场以利率出清。在此假设前提下，该模型描述了在价格水平不变的条件下，经济中利率和总产出的决定，反映了货币市场和商品市场相互作用并趋于均衡的过程，其分析如下：

（1）假定货币政策工具的运用使货币供给增加，在既定的产出水平下，利率会相应地下降，利率下降会刺激投资，并引起总支出增加，总需求又推动总产出增长。

（2）产出量的上升又使货币需求量上升，如果没有新的货币供给投入经济领域,货币供求的对比就会使下降了的利率回升。这是商品市场对货币市场的作用。

(3) 利率的回升又会使总需求减少,产量下降,产量的下降又导致货币需求下降,那么利率又会回落。这样的变化会循环往复。

(4) 这一过程最终会逼近一个均衡点,在这个点上,货币市场和商品市场同时达到均衡。在这个过程中,利率是不断波动的,利率可能较原来的均衡水平低,而产出量较原来的均衡水平高。

在现实经济生活中,货币政策的传导过程可能比上述分析复杂得多,新的问题不断出现,凯恩斯学派的传导机制理论也在不断添加新的内容,但其根本特点仍在于非常重视利率在货币传导机制中的主导作用。

二、货币主义学派的货币政策传导机制理论

在 20 世纪 50—60 年代,凯恩斯学派经济学处于上升地位时,以米尔顿·弗里德曼为代表的芝加哥大学的一些经济学家提出了一个新的观点:货币对总需求的变动是至关重要的。弗里德曼及其追随者们的货币理论后来被称为货币主义的货币理论。

货币主义的货币理论认为,货币需求取决于人们的持久性收入,可以理解为长期收入的平均预期值;资产选择是多样的,债券、股票和商品都可以作为货币的替代品,因而有重要意义的利率也不止一种;假定货币和商品互为替代,那么货币数量的变动可能对总支出产生直接的影响;货币的预期收益率不是一个常量。因此货币主义的主要论点是:持久性收入是决定货币需求的主要因素,由于持久性收入的稳定性,货币需求函数也是稳定的。此外,货币需求对利率变动是不敏感的,这就意味着货币流通速度是可以准确预测的。货币供给是决定名义收入的主要因素,故货币供给对总支出作用重大。由此,货币主义提出的货币政策传导机制是:货币数量的变动引起总支出水平的变化,总支出水平的变化进而影响总产出的变化。如果中央银行采取一个扩张性的货币政策,使得货币供给量(M↑)增加会引起总支出水平(E↑)的增加,总支出增加会带动总产出(Y↑)的增加。其传导过程为:

$$M\uparrow \to E\uparrow \to Y\uparrow$$

由于货币主义没有揭示出货币供给量影响总支出变化的渠道,而是仅仅指出货币供给量的变化会引起总支出变动,所以,人们又把货币主义的政策传导机制称为"黑箱理论"。

$$M\uparrow \to \blacksquare \to E\uparrow \to Y\uparrow$$

三、货币政策传导渠道

经济学界一般都认为,中央银行可以通过货币政策的操作来影响货币供给,进而影响总支出。但是,在货币政策的传导过程中究竟是通过什么具体的渠道、借助什么具体的核心变量来影响货币供给和总支出的,货币政策在决定经济活动和价格行为上的作用等方面,还没有出现一个被人们广泛接受的观点。从目前看,货币供给影响总支出的具体渠道主要有三类:第一类是通过投资支出渠道起作用,第二类是通过消费支出渠道起作用,第三类是通过国际贸易渠道起作用。如图 14-2 所示。

(一) 投资支出渠道

传统的凯恩斯学派非常强调投资在经济周期波动中的作用,因而有关货币政策传导机制的早期研究主要集中在投资支出上。关于货币政策如何影响投资支出主要有以下四种理论:

1. 利率对投资的效应

这实际上是凯恩斯学派的传统货币政策传导机制。其主要思想是:货币供给(M)的增加会导致利率下降,利率下降又促使投资(I)增加,投资增加会引起产出(Y)的增长。其传导机制是:

$$M\uparrow \rightarrow R\downarrow \rightarrow I\uparrow \rightarrow Y\uparrow$$

但是,这种以利率为变量的传导机制可能在以下两种情况下出现被堵塞:一是当出现流动性陷阱时,人们预期利率只会上升,不会下降,货币供给的增加会被人们无限制的货币需求所吸收,而不会导致投资的增加。二是在投资的利率弹性非常低时,利率的下降就不会对投资增加有明显的刺激作用,较小的投资增加对总产出的影响也不明显。正是由于这两种情况的存在,凯恩斯认为财政政策比货币政策更有效。

2. 托宾的 q 理论

托宾研究了金融市场的各种变化对消费和投资决策的影响,从而发展了一种关于货币政策变化通过影响股票价格而影响投资支出的理论,即 q 理论。托宾把 q 定义为:

$$q = 企业资本的市场价值/企业资本的重置成本$$

托宾认为,q 和投资之间是一种正相关关系。企业资本的市场价值数据可以从上市企业的股票价格获知,资本重置成本的价格指数可以在国民收入和国民生产核算账户中查到。因此,托宾的 q 是一个衡量投资状况的有效指标。例如,20世纪30年代经济大萧条时期,股票价格暴跌(1933年股票价值仅为1929年的1/10),q 降至很低的水平,投资支出也降至极低的水平。1983年美国出现了投资

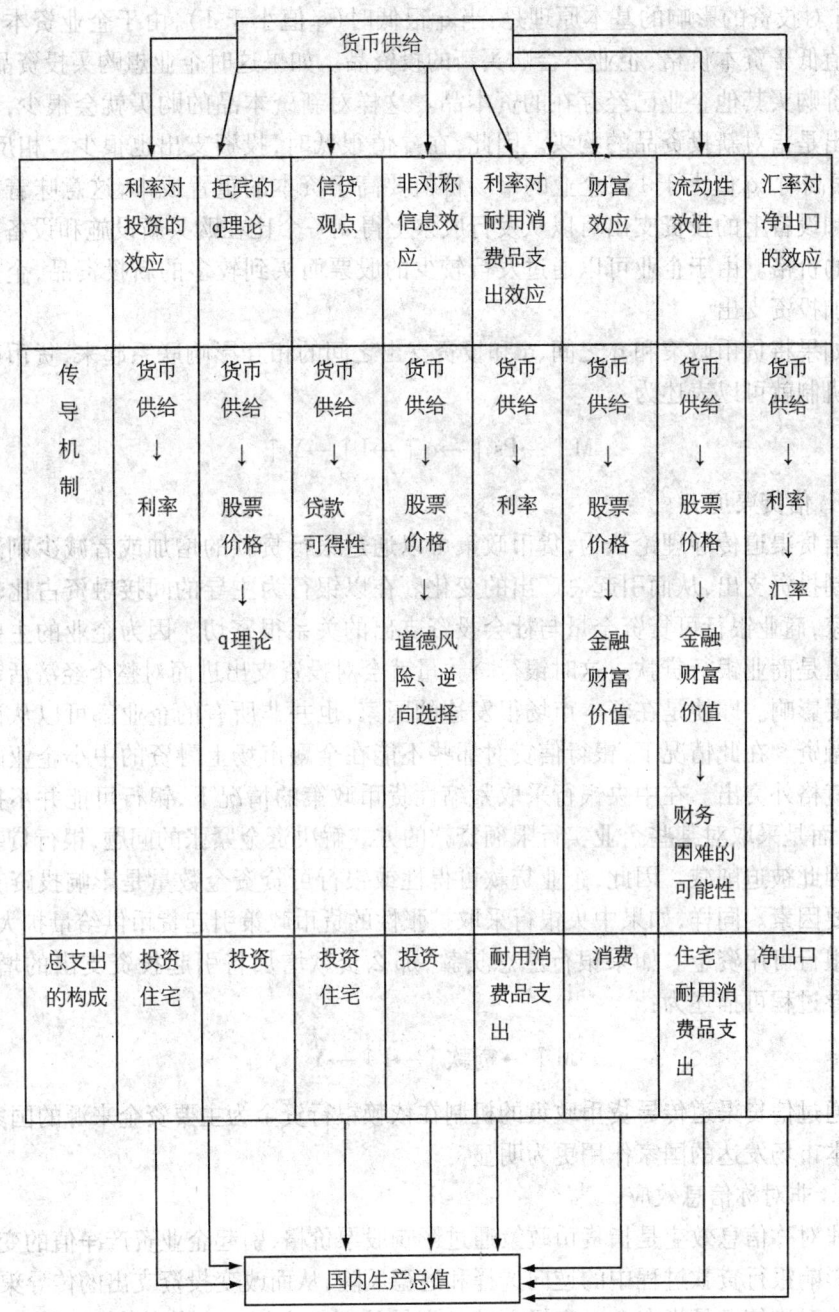

图 14-2　货币政策传导机制

高潮,虽然当时的实际利率和资本租用价格并不有利于投资,但托宾的 q 值相当高,这证明了托宾的 q 和投资之间的正相关关系。

q 对投资的影响的基本原理是：当 q 很低时（q 值小于 1），由于企业资本的市场价值低于资本价格，企业不会购买新的投资品。如果这时企业想购买投资品，可以低价购买其他企业已经存在的资本品。这样对新资本品的购买就会很少，而投资支出是指对新投资品的购买。因此，在 q 值很低时，投资支出也很少。相反，当 q 值很高时（q 值大于 1），企业的市场价值要高于资本的重置成本，这意味着在新厂房和设备上的投资支出可以从发行股票上得到一个比在购买新设施和设备要高一些的价格。由于企业可以通过发行较少的股票而买到较多的新投资品，企业就会增加投资支出。

如果将货币政策和 q 之间、q 和投资支出之间的相互影响联系起来，货币政策传导机制就可以表述为：

$$M\uparrow \rightarrow Ps\uparrow \rightarrow q\uparrow \rightarrow I\uparrow \rightarrow Y\uparrow$$

3. 信贷渠道

信贷渠道传导理论认为，货币政策可以通过银行贷款的增加或者减少刺激或者抑制投资支出，从而引起总产出的变化。在以银行为主导的间接融资占比较大的国家，商业银行可贷资金量与社会投资支出的关系很密切。因为企业的主要融资渠道是商业银行贷款。这时银行贷款量就会对投资支出进而对整个经济活动产生重要影响。即使是在资本市场很发达的国家，也并非所有的企业都可以从证券市场融资。在此情况下，银行信贷对那些不能在金融市场上融资的中小企业的重要性就格外突出。在中央银行采取紧缩性货币政策的情况下，银行可能并不提高利率，而是采取对某些企业实行限额贷款的方式解决资金紧张的问题，银行贷款的供给因此被迫削减。因此，企业贷款可得性或银行可贷资金数量是影响投资支出的重要因素。同样，如果中央银行采取扩张性的货币政策引起货币供给量扩大，会增加银行可用资金。如果银行愿意贷款，那么贷款增加将引起投资支出的增加。其传导过程可描述为：

$$M\uparrow \rightarrow 贷款\uparrow \rightarrow I\uparrow \rightarrow Y\uparrow$$

通过信贷渠道传导货币政策的机制在依赖银行资金为主要资金来源的国家比在资本市场发达的国家作用更为明显。

4. 非对称信息效应

非对称信息效应是指货币政策通过影响股票价格，引起企业资产净值的变化，进而影响银行贷款过程中的逆向选择和道德风险，从而改变投资支出的传导渠道。

非对称信息是指在金融市场上进行交易的双方之间存在着信息不对称，交易的一方对另一方的情况不太了解，在这种情况下可能会出现决策失误。信息不对称会产生逆向选择和道德风险问题。逆向选择反映了在交易之前因为信息不对称而造成的风险问题，道德风险则是在交易之后因为信息不对称而造成的风险问题。

由于信息不对称,那些最有可能造成信贷风险的借款者往往就是那些寻找贷款最积极的人。出于这种逆向选择的考虑,银行会认为贷款可能会成为不良贷款的风险增大,于是决定不发放贷款,即使市场上存在风险较小的贷款项目。道德风险是指在贷款发放之后,由于信息不对称,贷款者可能将贷款用于协议之外的项目,从而产生贷款不能归还的风险。为了避免这种风险,银行可能决定不发放贷款。

为了避免或降低银行面临的逆向选择和道德风险出现的机率,银行可以建立老客户档案和签订抵押贷款的债务合约,以此来防止贷款风险。但老客户贷款在银行的贷款中所占的比例很小,因此,签订抵押贷款协议成为较为可靠的发放贷款的方式。银行在发放贷款之前必须考虑借款人的资产净值,这两者之间是正向关系。一个企业的资产净值(它等于企业的资产与负债的差额)发挥着类似抵押品的作用。如果一个企业的资产净值比较大,即使在贷款偿付上出现违约,银行仍然可以取得企业资产净值的所有权,将其出售以补偿贷款损失。而且,企业资产净值越大,违约的可能性就越小,因为企业拥有可以偿还贷款的缓冲资产。因此,企业资产净值的增加将减轻银行出于逆向选择而不愿贷款的问题。此外,企业资产净值较高意味着所有者在企业投入了较多的股本,这使其从事高风险投资项目的意愿降低,也减轻了道德风险问题。因此,向这类企业提供贷款比较安全。当货币供给增加,股票价格上升,使企业的资产净值增加时,引起贷款的增长,投资支出的增加。非对称信息效应引起的投资支出的变化过程可描述为:

$$M\uparrow \rightarrow Ps\uparrow \rightarrow 企业资产净值\uparrow \rightarrow 逆向选择和道德风险\downarrow \rightarrow 贷款\uparrow \rightarrow I\uparrow \rightarrow Y\uparrow$$

(二) 消费支出渠道

关于货币政策与消费支出之间的关系,早期的研究主要集中在利率对耐用消费品支出可能发生的影响上。后来,一些学者考察了消费者的资产负债如何影响消费者的支出决定的问题,提出了货币政策的财富效应,专门研究了货币政策与耐用消费品支出之间的关系。研究者们还发现,由于耐用消费品的流动性很差,股票的流动性比较强,因此股票市场对耐用消费品支出也有影响,从而提出了货币政策的流动性效应。

1. 利率的耐用消费品支出效应

利率的耐用消费品支出效应是指货币政策通过引起利率的变动来影响消费者对耐用消费品支出的决策,进而影响总需求的效应。耐用消费品支出主要指消费者对住房、汽车及家用电器等耐用品的支出。由于消费者用于耐用消费品的支出通常是依靠借款来筹措的,因此利率降低会使在这方面的支出的筹资成本降低,从而鼓励消费者增加耐用消费品的支出。扩张性货币政策引起的利率降低,将刺激消费者增加对耐用消费品的支出。其传导过程可描述为:

$$M\uparrow \rightarrow 利率\downarrow \rightarrow 消费贷款增加\uparrow \rightarrow 耐用消费品支出\uparrow \rightarrow Y\uparrow$$

2. 财富效应

货币政策的财富效应是指货币政策通过货币供给的增加或者减少来影响股票价格,使公众持有的以股票市值计算的个人财富变动,从而影响其消费支出的效应。莫迪利亚尼最早利用其消费生命周期理论对货币政策引起的这种消费支出增加进行了研究。他认为消费者是按照时间均匀地安排他们的消费的。这里的消费是指用在非耐用消费品和服务上的开支,它取决于消费者毕生的财富,而不是取决于消费者的当期收入。消费者毕生财富的一个重要组成部分是金融资产,而股票又往往是金融资产的主要组成部分。因此,当扩张性的货币政策使得货币供给量增加,使得普通股的价格上升,金融资产的市场价值上升时,消费者的毕生财富也增加,进而消费增加。财富效应的货币政策传导过程可描述为:

$$M\uparrow \rightarrow 股票价格\uparrow \rightarrow 金融资产\uparrow \rightarrow 毕生财富\uparrow \rightarrow 消费\uparrow \rightarrow Y\uparrow$$

莫迪利亚尼通过研究发现,这是一个强有力的货币政策传导机制。在20世纪90年代后期,美国股市持续走高,美国公众持有的金融资产的市场价值上升,这对同期消费支出增加和经济稳定增长具有重要作用。需要说明的是,财富效应中影响消费者支出的是其"毕生财富",所以,只有股市持续较长时间的上涨才会增加消费者整体的"毕生财富",这时才具有财富效应。股市短时间的暴涨暴跌则不具有财富效应。

3. 流动性效应

流动性效应是指货币政策通过影响股票价格,使消费者持有的金融资产价值及其资产的流动性发生变化,从而影响其耐用消费品支出变化的政策效应。

人们在进行耐用消费品消费时,通常会根据自己的资产负债状况得出一个关于资产流动性的判断,如果流动性高,人们会增加对耐用消费品的支出;反之,如果流动性低,则会减少对耐用消费品的支出。当预计会遇到财务困难时,无论是个人还是企业,都愿意持有流动性强的金融资产,而不是流动性不足的实物资产。金融资产,例如银行存款、股票、债券等,可以很快在市场上出售,而且在变现时价值损失的可能性也比较小,流动性高。但要想很快出售耐用消费品等实物资产,则可能会出现两种结果:一是找不到合适的买主,二是可能收不回该耐用消费品的完全价值。因此,当发生财务困难的可能性增大时,人们就会减少对耐用消费品的支出;反之,则增加对耐用消费品的支出。

一般来说,当消费者持有的金融资产数量远比其债务要多时,他们对未来发生财务困难可能性的估计会很低,因而会较为愿意购买耐用消费品。当股票价格上升时,金融资产价值也会上升,人们对发生财务困难可能性的估计会降低,就会愿意增加对耐用消费品的支出。流动性效应的传导机制可以描述为:

$$M\uparrow \rightarrow Ps\uparrow \rightarrow 金融资产价值\uparrow \rightarrow 财务困难的可能性\downarrow \rightarrow 耐用消费品支出\uparrow \rightarrow Y\uparrow$$

专栏 14-1　　　　　　　　　　**流动性效应的实例**

　　1929—1933 年间,美国消费者的资产负债状况恶化到了极点,1929 年股票市场崩溃,价格持续下降到 1933 年。在此期间消费者财富的价值减少了 3 710 亿美元(按 1987 年的美元计算),消费水平急剧下降。由于物价水平下降,消费者的真实债务水平也上升,结果与债务额相比,金融资产的价值急剧下降,使得财务困难发生的可能性增大,于是消费者用于购买耐用消费品的支出大幅度减少,1929—1933 年消费者的耐用消费品支出减少了 50%。

　　资料来源:陈学彬主编,《中央银行概论》,高等教育出版社 2004 年。

　　(三)国际贸易渠道

　　随着经济国际化和浮动汇率的出现,汇率对净出口的影响已经成为一个重要的货币政策传导机制。货币政策传导的国际贸易渠道是指货币政策的变动通过影响货币供给量进而影响到国内利率,利率的变化引起汇率的变动,进而对净出口产生影响的过程。在这一过程中需要注意以下三个环节。

　　(1)货币供给对汇率的影响。长期的货币供给增加会使国内的真实利率水平下降,并使国内物价水平上升,这两个因素都会使汇率(以直接标价法计)上升,本国货币贬值。

　　(2)汇率变动对净出口的作用。商品价格始终都是影响商品交易的重要因素,无论在国内贸易中还是国际贸易中都发挥着重要作用。国际贸易中各国货币之间的比价,即汇率体现了不同国家的同一商品之间的相对价格。汇率的下降意味着本国货币的升值,汇率的上升意味着本国货币的贬值。一国货币升值,该国的出口将下降,进口将增加,从而净出口将减少;如果一国货币贬值,则该国的出口增加,进口减少,从而净出口将增加。

　　(3)净出口的增加意味着出口需求的增加,出口需求的增加会增加总需求,从而总产出会增加。

　　国际贸易渠道的货币政策传导过程可描述为:

$$M\uparrow \rightarrow 利率\downarrow \rightarrow 物价水平\uparrow \rightarrow 汇率\downarrow \rightarrow 净出口\uparrow \rightarrow Y\uparrow$$

第三节　货币政策效应

一、货币政策效应及其衡量

(一)货币政策效应的含义

货币政策效应是指中央银行制定和执行货币政策之后,社会经济运行所作出的现实反应。从中央银行制定货币政策到具体执行货币政策、货币政策的受众对象调整市场行为到行为结果的出现即社会整体经济运行状况的改变,期间需要经过许多环节,受到多种因素的影响,能否出现中央银行预期的效果,既受到中央银行内部因素的制约,也受到中央银行外部因素的影响。概括起来有以下一些因素:一是货币政策的时滞,二是市场主体的预期,三是货币流通速度,四是其他因素(如体制、市场、信息等)对货币政策效应的影响。所以,货币政策效应是多种因素共同作用的结果。

(二)货币政策效应的衡量

货币政策的实施效果如何,必须通过一系列具体的能够量化的指标来体现和检验。一般而言,衡量货币政策效应有两类指标,一是外部效应指标,主要是用于检验目标变量对中间变量的反应;二是内部效应指标,主要用于检验中间变量对政策工具操作的反应。

1. 外部效应指标

(1)反映总体社会经济状况的指标。货币政策的最终目标是稳定物价、促进经济增长、解决就业和国际收支平衡问题。因此,可以利用一组国民经济发展比例和效益指标来考察货币政策的执行情况。具体使用的指标主要有:第一,国内生产总值(GDP)指数和国民生产总值(GNP)指数,反映一国在一定时期内的经济增长状况。在考察货币对实际经济过程总体作用方面,各国比较普遍采用的是 M_1 和 M_2 两个层次的货币占国内生产总值的比重指标,这两个指标是判断货币政策调控宏观经济的有效性的重要依据。其中,M_2 作为货币形态的金融资产总量,其占名义 GDP 的比例体现了一国金融深化的程度,M_1 占名义 GDP 的比例反映了货币供给量对实际经济过程的作用程度。第二,失业率,在一定程度上可以反映经济增长的潜力。第三,国际收支状况,可以反映一定时期内的对外经济关系和对外经济依存度。

(2)反映通货膨胀程度的指标。如国民生产总值平减指数、商品零售价格指数、消费物价指数和批发物价指数等。

2. 内部效应指标

(1)反映货币供给数量及结构变化的指标。主要有:第一,货币供给量增长率,反映在一定时期内货币供给量增减变动的相对数指标。第二,货币供给量结构指标,主要是指 M_0 占 M_1 的比重和 M_1 占 M_2 的比重。M_0 和 M_1 体现着现实的社会购买力,M_2 还包括了一部分储蓄性质的潜在的或未来的社会购买力。很明显,如果一定时期的有效需求过度,说明现实社会购买力过剩,与 M_1 的过高增长有密切关系。

(2)反映货币币值的指标。货币供给的数量变化,总是会体现在货币的币值上。如果货币供给过度,必然引起物价上涨,单位货币所能购买的商品或劳务就将减少。因此,货币的币值能够通过商品的物价水平变动情况反映出来,而反映货币币值变动的指标主要是货币购买力指数。

二、货币政策时滞与货币政策效应

影响货币政策效应的第一个因素是货币政策时滞。所谓货币政策时滞是指从货币管理当局需要制定货币政策,到这一政策最终发挥作用所需要的时间过程。因为从政策的制定,到政策实施,再到市场主体做出反应,社会经济各种指标发生变化,其中每一个环节都需要占用一定的时间。从货币政策传导的过程可以看出,中央银行首先需要对经济活动的变化做出分析判断,调整货币政策方向,选择货币政策工具,然后,货币政策工具的实施对货币政策操作指标发生作用,操作指标的变化波及到货币政策中介指标的变化,进而对货币政策最终目标产生影响,这一个过程需要一段较长的时间,通常把这段时间称为货币政策时滞。

一般而言,货币政策时滞可分为内部时滞和外部时滞两类。

(一)内部时滞

货币政策的内部时滞是在货币政策的决策主体内部发生的,它是指作为货币政策决策和操作主体的中央银行从制定政策到采取实际行动所需要的时间。内部时滞又可细分为认识时滞和决策时滞。

1. 认识时滞

认识时滞是指从现实经济运行客观上有实施货币政策调整的需要开始,到中央银行认识到确实需要实施货币政策所耗费的时间。比如,现实经济中出现了通货膨胀,客观上需要实行紧缩银根的货币政策,但是中央银行要认识到有实行这种政策变动的必要,需要一定的观察、分析和判断的时间。这段时滞存在的原因有两个:一是中央银行搜集各种信息资料需要耗费一定的时间;二是对各种复杂的社会经济现象进行综合性分析,做出客观的、符合实际的判断需要耗费一定的时间。

2. 决策时滞

决策时滞是指中央银行制定货币政策的时滞,即从认识到确实需要实施货币政策,到真正确定要实施的货币政策所需要的时间。中央银行一旦认识到经济活动中需要采用某种货币政策措施解决矛盾,就要着手拟订政策实施方案,并按规定程序报批,然后才能公布及贯彻实施。决策时滞存在的原因是因为中央银行要根据经济形势研究对策、拟订方案,并对所提出的方案进行可行性论证,最后审定批准,整个过程的每一个步骤都需要耗费一定的时间。这部分时间的长短,取决于中央银行对作为决策依据的各种信息资料的占有程度和对经济、金融形势的分析、判断能力,体现了中央银行决策水平的高低和对金融调控能力的强弱。

(二)外部时滞

外部时滞是指从中央银行实际执行货币政策到这一政策在经济中产生相应效

应之间的时间。这也是作为货币政策调控对象的市场主体对中央银行实施货币政策的反应过程。外部时滞又可细分为操作时滞和市场时滞。

1. 操作时滞

操作时滞是指从调整货币政策工具到其对中介指标发生作用所需耗费的时间。中央银行一旦实施相应的货币政策工具,就需要通过操作变量的反应,然后再传导到中介变量。操作时滞存在的原因是因为在实施货币政策过程中,无论使用什么货币政策工具,都要通过变动操作变量来影响中介变量而产生效果。货币政策能否产生作用,产生什么样的作用,主要取决于商业银行及其他金融机构对货币政策的态度、对政策工具的反应能力以及金融市场对中央银行政策的敏感度。如果商业银行的超额准备金率较高,中央银行通过提高存款准备金来减少商业银行的流动性的目的就难以达到,因而通过这条渠道收缩信贷规模可能见效较慢,或者没有效果。

2. 市场时滞

市场时滞是指从中介变量发生反应到其对目标变量产生作用所需要的时间。比如中央银行选择利率进行调节,那么,利率的变动需要经过投资的利率弹性产生效应,如果通过货币供给量进行调节,需要经过消费的收入弹性产生效应。不仅企业对利率的变动、消费者对货币收入的变动做出反应有一个滞后过程,而且投资或者消费的实现也有一个滞后的过程。各种政策工具对中介变量的作用力度大小不等,社会经济过程对中央银行宏观金融调控措施的反应也是具有弹性的。因此,中介变量的变动是否最终能够对目标变量发生作用,还取决于调控对象的反应程度。

外部时滞的时间长短,主要取决于货币政策的操作力度和金融部门、企业部门、个人对政策工具的弹性大小。外部时滞较为客观,不像内部时滞那样可由中央银行掌握,而是一个由社会经济结构与产业结构、金融部门、企业部门和个人的行为等多种因素综合决定的复杂变量。因此,中央银行对这段时滞很难进行实质性控制。

三、市场主体预期与货币政策效应

(一) 预期与理性预期理论

经济中的每个人或者机构都有对未来的预期,预期会影响他们的行为,并对经济生活产生重要的影响。所以,许多经济学家开始对预期的研究,试图解释各种经济主体的预期是如何形成的以及预期如何影响其行为。

最早的预期模型是外推预期,认为任何变量的预期值不仅与它最近的历史值有关,而且与它最近的趋势有关。显然,历史数据的趋势对于形成未来预期是重要的,但外推预期没有考虑过去的预期,特别是过去的预期错误。基于这个认识,经济学家们发展了适应性预期模型,即经济代理人在形成他们的预期时,不仅依据实际的历史数据值,而且还考虑他们先前的预期被证明错误的程度。其不足之处在于它仅仅是后顾型的,不管当前的事实在预期形成的过程中有多么重要,它都忽视掉了。比如人们对通货膨胀的预期,几乎肯定要受到现在和过去的货币政策的影响,同时也受到他们对未来货币政策估计的影响。不仅如此,人们遇到新的信息时,常常会很快改变自己的预期。正是由于适应性预期存在上述问题,约翰·穆西发展了另一种预期理论——理性预期理论。他认为,预期将与运用了一切可用的信息所做的最佳预期没有什么差异,即预期的预测误差平均为零。

（二）理性预期对货币政策效应的影响

基于理性预期理论,形成了两种新模型:新古典宏观经济模型和新凯恩斯主义模型。

1. 新古典宏观经济模型

这种理论认为,相对于价格水平的预期变动而言,所有的工资物价都是灵活可变的,即预期物价水平的上升会立即引起工资和物价相同幅度的上升。因为当工人预期物价水平上升时,他们会试图阻止真实工资下降。这就导致了一个结论:预期中的政策对总产出和失业没有影响,只有预料之外的政策才会对他们产生影响。这一结论已被命名为“政策无效命题”。

新古典模型对政策制定者有两点启示:一是预料中的和预料之外的政策行为作用是有区别的;二是政策制定者如果不知道公众对他们的决策的预期,那也就无法知道他们的决策的后果是怎样的。至关重要的是决策者能否弄清楚公众的预期。

新古典宏观经济模型提出的政策主张是:为了遏止通货膨胀,使货币增长率与物价稳定相协调,货币当局最好制定和公开宣布恒久不变的货币供给量增长率,并果断地付诸实施。这样,社会公众就能够在行为上迅速做出相应的调整,而不会因为政府的频繁干预产生持续的膨胀性预期的各种活动。只有坚持长期不变的稳定性货币政策,才能恢复公众对政府的信任。这与货币主义的政策主张不谋而合。

2. 新凯恩斯主义模型

新凯恩斯主义模型的支持者不同意工资和价格的完全弹性观点,认为经济中存在着某些因素,妨碍着工资和价格的完全弹性。比如长期劳资合同、厂商不愿经常变更工资等,因而他们假定工资和物价是粘性的。由此得出的结论是:与预料中的政策相比,预料外的政策对总产出有较大的影响。但与新古典宏观经济模型不同,政策无效性命题不能成立:预料中的政策对总产出也是有影响的。

四、货币流通速度与货币政策效应

货币流通速度的变动本身是受多种因素综合作用的结果,由于它是决定货币需求量的重要因素,从而对货币政策的效应也有很大的影响。

准确估计货币流通速度变动的方向和幅度对货币政策制定者来说是非常困难的,尤其是在金融创新不断涌现、各种支付工具层出不穷的环境下更是如此。货币流通速度的变化,如果没有被货币政策制定者所预料到和加以充分考虑到,或估算这个变动幅度时出现小小的失误,就有可能使货币政策效果受到严重影响。如果货币流通速度增加,而货币当局没有预见到,继续按货币流通速度不变的假设供给货币,那么就会形成过量的货币供给,造成经济过热,甚至引发通货膨胀。

五、其他因素对货币政策效应的影响

(一)体制因素对货币政策效应的影响

货币政策作为一种宏观经济的间接调控手段,其作用机制是以利益诱导和利益调节为基本特征的。其政策效应的有效传导是以具有独立市场主体地位的金融机构、企业和个人行为的配合为基础的,而后者又是由相应的社会经济体制所决定的。不同的经济体制对经济主体的行为有不同的影响。

1. 体制因素对企业行为的影响

企业的行为机制包括动力机制、决策机制和约束机制,它们的综合作用决定了企业的生产经营行为,也就决定了企业对外部环境变化的适应能力。不同体制下企业的行为机制是不同的,这决定了企业对外部环境的响应程度和方式。即企业行为机制决定了企业对货币政策的反应程度,而企业作为货币政策传导过程中的重要一环,其反应程度决定了货币政策是否能够通过企业顺利地传导,从而发挥货币政策的效应。市场主体型企业拥有充分的经营自主权,实行自主经营、自负盈亏,具有追求自身利益最大化而积极调整其经营决策和经营行为以适应市场变化的强大内在动力,能够对企业外部环境的变化作出积极反应。而计划体制下的行政依附型企业没有独立自主的经营决策权,预算的软约束使其对外部环境的变化比较迟钝,因而不能按照货币政策相应调整经营行为,货币政策效应就会大打折扣。

专栏 14-2　　　　　　　体制因素影响下的企业行为对货币政策传导的影响

改革以前,我国企业构成基本上是单一型的,主要是庞大的国有企业和少数城镇集体企业。在计划经济体制下,国有企业的投资支出不是根据市场情况变动而调整,而是由国家统一管理和统一分配,企业投资支出对利率变动不敏感。银行作为一种特殊的国有企业,没有贷款自主权,而是按照人民银行制定的贷款规模发放贷款,实际上只是起着国库出纳员的作用。银行不对贷款质量负责。对银行而言,不存在因为逆向选择和道德风险而改变贷款规模的问题。在这种体制下,货币政策是通过计划指标的制定、分解、下达和执行来传递的,货币政策传递的每一个环节的变动都是由行政命令来控制的,不是利益诱导下经济主体的自发行为。

企业改革经历了近20年的历程,在国有企业扩权让利及股份制改造中,出现了由于所有权和经营权分离产生的经营者和所有者的效用函数不一致的问题。国家赋予国有企业许多政策性任务,使得企业不能完全按照市场竞争的方式生存和发展而形成与国家之间的软预算约束。此外,公有制内部的劳动用工制度、工资制度和福利制度使企业办社会的包袱难以卸下来,无法按照市场竞争原则降低成本。国有企业要维持职工生活,就需要国家给予贷款支持。目前国有企业既无法形成有效的委托-代理制度,预算软约束的问题也长期得不到解决。在这种情况下,占国民经济绝大部分比例的国有企业的投资支出不能成为完全市场化的行为,货币政策的扩张或紧缩对国有企业的投资支出就起不到相应的作用。在货币政策扩张时,银行贷款规模也增加,国有企业作为银行服务的首要对象,可以方便地得到资金进行规模扩张;在货币政策紧缩时,国有企业还是能够从银行得到资金,不同的只是整体贷款规模缩小了。总之,提高利率对抑制国有企业的投资冲动作用不大。

资料来源:陈学彬主编,《中央银行概论》,高等教育出版社 2004 年。

2. 体制因素对金融部门的影响

不同体制下的银行行为对基础货币投放和货币创造能力的影响是不一样的。以利益诱导为特征的货币政策的顺利传递需要以利益最大化为目标、有经营自主权和自我约束能力的银行的存在为前提。

市场经济条件下,金融机构是追求利润最大化的,因而对外部环境的变化有积极反应的内在动力;它又是自负盈亏的市场主体,有自主决策能力,有根据货币政策变化调整其经营行为的能力;它同时还受到自负盈亏的预算约束,这制约了银行发放大量高风险贷款或从事风险投资活动的行为。在计划经济体制下,国有银行利润要上缴,缺乏追求利润最大化的动力,也缺乏对外部环境变化的敏感性;国有银行没有自主决策权,不能根据外部环境的变化及时调整其经营行为;由于不需要自负盈亏,国有银行缺乏预算约束的制约,盲目贷款,造成大量呆账,成为金融风险的隐患。显然,这样的银行无法配合中央银行意图实现货币政策的顺利传导。

3. 体制因素对居民行为的影响

居民作为经济行为主体之一,有三种基本经济行为:一是作为劳动供给者取得收入,二是作为消费者支出货币进行消费,三是作为消费者进行储蓄和投资。居民经济行为的目标是自身效用的最大化,包括消费效用最大化和储蓄投资利润最大化。这种利益最大化是居民行为的动力机制和约束机制。在市场经济条件下,由于国家对利率、汇率和税率等经济杠杆的调整会直接或间接地影响居民利益,而居民有较充分的自主决策权,必然会对货币政策的调整相应地调整自己的收入、消费、储蓄和投资行为,以期获得更大的收入和投资效应,这样就可以实现间接调控政策的预期目标。在计划经济体制下,居民的自主决策权受到一定程度的抑制,作为劳动者,居民基本无权选择职业和工资;作为消费者,无权自主选择必需品的消费品种和数量;作为储蓄者,因为其消费需求不能满足,也没有其他的金融资产可供选择,只能被迫进行储蓄。在这种情况下,以利益诱导为特征的货币政策就收效甚微。即使在市场经济条件下,货币政策的变化能否引起居民行为的调整,进而实现货币政策的预期效果,还取决于其他市场要素的发展状况。比如,在消费信贷不发达的国家,消费信贷种类少,贷款利率也比较高,普通消费者一般都难以承受。

(二)市场因素对货币政策效应的影响

市场的发育程度、市场体系的完备程度、合格的市场主体和市场运作规范与否等因素,都会对货币政策传导产生影响。货币政策顺利传导的条件是充分发育的市场,尤其是充分发育的金融市场,以及完备的市场体系、合格的市场主体和规范的市场操作。不具备这些条件,货币政策就难以正常传导并产生预期效果。

1. 充分发育的市场

充分发育的市场是货币政策有效传导的基础,货币政策必须通过市场机制才能起作用。充分发育的市场应是完整统一的市场,没有地区、部门的分割和封锁,区域市场、全国市场和国际市场相互连通,价值规律、供求规律和竞争法则有效发挥作用。

货币政策传导所依赖的市场主要是金融市场。在现代市场经济条件下,金融市场的发达程度与中央银行货币政策执行效应高度相关。可以说金融市场的发展为金融间接调控体系的建立提供了必要条件,打通了中央银行与商业银行及其他经济主体间的资金联系渠道,是货币政策工具有效利用的杠杆支点。任何一种间接货币政策工具都无法在金融市场缺位的条件下充分发挥作用。具体来说,金融市场在货币政策传导中的地位和作用主要表现在以下几个方面。①金融市场为货币政策传导提供了必要条件。②金融市场为货币政策工具的应用提供了必要场所。任何一种货币政策工具的应用都离不开金融市场的存在。③金融市场是利率政策的传导中介。利率政策是中央银行进行宏观调控的重要手段之一,也是货币政策传导过程中的一个重要操作指标。由于中央银行利率是一种基准利率,因而对金融市场上的各种金融资产价格可产生重大影响。市场主体行为的改变与否也是根据市场各种利率的波动来做出决策的。④金融市场发达程度直接影响到货币政策传导效应的大小。首先,我们从金融市场交易工具的规模和品种来看,如果市场可交易工具总量很小或品种单一,则会制约货币政策工具的选择和发挥。其二,市场参与主体的多少也影响到货币政策传导效果。第三,市场交易方式也会影响到货币政策传导效果。第四,金融市场的完整和协调性也影响货币政策传导效果。

2. 完备的市场体系

完备的市场体系是指市场体系的结构完整,它不仅包括各种类型的金融市场,也包括各种类型的商品和生产要素市场。就金融市场而言,应该存在银行同业拆借市场、票据市场、股票市场、债券市场、外汇市场、黄金市场及其他各种衍生金融产品市场。市场种类的缺乏不利于各种金融资源的顺畅流动,必然会阻碍货币政策的有效传导。

　　3. 合格的市场主体

　　金融机构是金融市场中的主体,是联结中央银行与微观经济运行的桥梁和纽带,在一国金融体系中居于独特的地位,中央银行的货币政策基本上都是由金融机构来传导的。因此,金融机构健全与否,金融机构功能的强弱及其行为调整能否与中央银行政策意图保持一致,直接影响到货币政策传导效果。

　　金融机构可分为两类:银行类金融机构和非银行金融机构。

　　(1) 银行在货币政策传导中的作用。

　　银行是全社会的信用中心和货币资金流转中心,在一国金融体系中居于十分重要的地位。也正因为如此,银行也成为中央银行货币政策传导的枢纽。可以说,没有银行的存在,货币政策就不可能传递到社会经济运行之中去,宏观金融调控也就失去了必要的基础和条件而成为空中楼阁。具体来说,银行在货币政策传导中可发挥如下作用。第一,银行是货币政策的初始接受者和信息传导者。第二,银行是社会货币供给量的主要"生产工厂"和"销售商",社会货币供给量的多少在很大程度上取决于银行的资产业务。第三,银行是货币政策传导过程中的重要参与主体。没有银行的参与和积极配合,也就没有货币政策传导。第四,银行为货币政策传导提供了必要的工具,增强了政策传导的灵活性。第五,银行是中央银行利率政策的传导执行者。第六,银行机构体系的完善为货币政策作用的充分发挥提供了必要条件。

　　(2) 非银行金融机构在货币政策传导中的作用。

　　传统观点认为,非银行金融机构在货币政策传导中作用不大,甚或没有作用。其理由主要在于,一是因为中央银行的业务对象主要是商业银行;二是只有商业银行才具有信用创造功能,只有商业银行的业务才能影响社会货币供应量的增减;三是在分业经营、分业管理体制下,对一些非银行金融机构的管理有专门的管理机构如证监会、保监会等,而中央银行对这些机构不具有直接管理也不可能通过其来传导货币政策。

　　实际上,非银行金融机构也是货币政策传导的纽带和必不可少的场所,同样起着非常重要的作用。非银行金融机构也是专门从事货币资金融通业务的,不论是短期融资还是长期融资都会引起全社会货币资金的供求变化,况且短期资金和长期资金的划分并没有绝对的界限,长短期资金随时随地都在不停地转化。资金的运动是随其价格即利率而引起的,所以非银行金融机构的融资业务不仅要引起货币资金在全社会不同地区、不同行业、不同企业的转移,而且在资金转移中影响新的利率的生成,这些因素的变化都会影响到货币政策的传导过程及其效应。具体来看,非银行金融机构在货币政策传导中可以在以下几方面发挥作用。第一,非银行金融机构的存在拓宽了货币政策作用领域,更有利于货币政策传导至各经济部门。第二,非银行金融机构也是金融市场的重要参与主体,是中央银行公开市场操作的重要客体。第三,非银行金融机构的金融交易对货币政策传导能产生积极影响。金融产品的增加扩大了货币供给层次,也扩大了对货币的需求,使中央银行货币政策与金融交易的联系更为紧密。第四,非银行金融机构金融交易中的价格也是货币政策传导过程中的一个重要变量。中央银行利率政策的调整,不仅可以影响商业银行的存贷款利率,也会影响到非银行金融机构金融交易中的价格波动,通过这种价格波动影响社会主体的经济利益,从而改变融资行为,使其与中央银行政策意图相吻合。如中央银行降低利率以刺激需求,这一政策信号的发出,必然会引起金融市场各产品价格的连锁反应:股票交易价格可能上涨,保险费率会随之上调,信托存贷款利率也会相应下调,这些价格的变化都会迫使投资者重新调整投资行为,可能会将银行储蓄转为股票、债券投资,减少购买保险产品等。其最终结果可能是投资增加或消费增加,从而将中央银行的利率政策不折不扣地传导到经济运行中并产生积极效应,一种金融产品价格的变动,会引起一系列金融产品价格的相应变动(相关内容可参阅专栏12-4)。

4. 规范的市场操作

市场交易的规范化为货币政策传导提供了良好的市场环境。一个公平竞争的市场是和规范操作联系在一起的,是市场价格机制有效发挥作用的前提。商品市场或要素市场的竞争不规范会引起价格混乱。金融市场竞争的不规范,会扰乱金融市场秩序,引起金融资产价值的虚拟增长,引发金融泡沫,形成金融风险。金融市场的规范操作使其反映出的市场状况能为中央银行的正确决策提供有效的信息基础,同时也能使货币政策按照预期的目标进行传导,这将提高货币政策传导的有效性。

(三) 信息因素对货币政策传导的影响

迅速、及时、准确而完备的信息是各市场主体准确决策的基础。信息因素对货币政策传导的影响主要表现在以下三个方面。

1. 中央银行和公众之间的信息非对称

在现实中,作为货币政策作用对象的社会公众与作为货币政策制定、执行主体的中央银行对信息的掌握是不完全的和非对称的。一般而言,中央银行对信息的掌握要比公众有优势。非对称信息状态给公众选择带来了较多的不确定性,从而影响到政策的可信度和有效性。中央银行如果事先公布政策取向和一些相关的货币供给变动信息,增加公众对信息的掌握程度,则可以引导公众选择,这将有助于货币政策目标的实现。公众获得的信息越少,对未来形势的预期越是不确定,越是会导致他们行为的短期性和保守性,这都会导致扭曲的投资行为和消费行为,使货币政策的有效性降低。

2. 银行和借款人之间的信息非对称

一般而言,借款人总是比贷款人更了解自身情况。由于信息不对称,可能引起银行在发放贷款时的逆向选择和道德风险上升,可能会使银行贷款量下降,从而影响投资支出。如果银行能够有效跟踪贷款的使用情况,企业也不故意隐瞒信息,那么银行出于道德风险的考虑而减少放贷的情况也会减少。因此获得信息越多、越准确,货币政策的传导就会越顺畅。

3. 信息披露准确度对货币政策有效传导的影响

企业向银行提供真实信息便于银行进行正确的贷款选择和贷款跟踪,有利于企业和银行之间建立起相互信任的关系。在间接融资比重较大的国家,银行的贷款量对总产出影响较大,因而提供真实信息将使信贷观点的货币政策能够有效传导。上市公司的虚假年报和会计师事务所、审计师事务所出具虚假证明等信息欺诈行为,会影响人们的投资愿望,也使股票市值波动较大,这既不利于企业的投资决策,也不利于家庭单位的消费决策。

(四) 经济周期因素对货币政策传导的影响

经济周期的波动会影响企业的经营状况和投资预期,也会影响居民收入和消费支出,还会影响银行存贷款规模,在经济周期的不同阶段,货币政策的传导效应是不同的。

在经济萧条时期,由于受到人们不良预期的干扰,扩张性的货币政策传导效应较差。在经济复苏时期,市场预期开始好转,实行扩张性货币政策能够取得比较好的效果。在经济繁荣时期,人们投资愿望强烈,较高的利率也无法抑制企业的投资需求,因而,力度较小的紧缩性货币政策效果不明显。在经济衰退时期,紧缩性货币政策效果明显。由于货币政策一般是"逆经济风向调节",所以,为提高货币政策有效性,要求中央银行货币政策的调整应该"打提前量",准确判断经济走势,提前作出政策调整。

(五) 金融创新对货币政策传导的影响

金融创新是指在金融领域内各种金融要素进行新的组合。具体来讲是金融机构为了生存、发展和迎合客户的需要而创造新的金融产品、新的交易方式、新的金融市场和新的金融机构等。

金融创新对货币政策的影响巨大。一般认为,货币政策的中介指标符合可控性、可测性、相关性和抗干扰性几个标准。但是金融创新的发展使得可以充当中介指标的金融变量在一定程度上偏离了中介指标的基本要求。金融创新降低了中介指标的可测性、可控性,削弱了相关性,直接对货币政策传导机制产生影响,主要表现在以下几个方面。

1. 金融创新使货币政策的传导机制发生变化

在以往的传导机制理论和实践中(尤其在我国),商业银行是至关重要的导体,但金融创新使非银行金融机构异军突起,特别是随着中央银行以公开市场业务为主进行货币政策操作,非银行金融机构在传导过程中的中介角色日益突出。

2. 金融创新增大了货币政策传导时滞的不确定性

金融创新的不断涌现和迅速扩散,改变了金融机构和社会公众的行为,使货币需求和资产结构处于复杂多变的状态,从而加重了传导时滞的不确定性,使货币政策的传导在时间上难以把握,传导过程的易变性很高。这给货币政策效应的判定带来较大困难。

3. 金融创新使货币乘数加大并更加复杂多变

货币乘数受存款比率、定期存款比率、法定存款准备金率和超额存款准备金率等因素的影响。金融创新通过提高通货以外的金融资产报酬率而增大了持币的机会成本,使公众减少通货持有量,从而影响到通货存款比率,间接影响货币乘数。金融创新还大大提高了货币资金转账结算的速度和便利程度,减少了成本费用,改变社会支付习惯等,使公众愿意保有活期存款而相应减少现金持有量等等,这都会改变原来的货币乘数。

本章小结

1. 货币政策传导机制是指中央银行确定货币政策目标之后,从选择各种货币政策工具进行政策操作,作用于经济体制内的各种经济变量,最终影响整个经济活动,实现最终目标的逐次传递过程。货币政策的传导需要依赖于如下一些环节的顺畅。从中央银行到金融市场、从中央银行到各金融机构、从各金融机构行为和金融市场到企业和个人的投资与消费、从个人和企业的投资与消费到国民收入的变动。

2. 货币政策传导机制理论是在货币供求理论的基础上,探讨货币供给量的变化对就业、产量、收入和价格等实际经济因素产生影响的方式、途径和过程的学说。主要有传统的凯恩斯学派的货币政策传导机制理论、希克斯的 IS-LM 模型、货币主义学派的货币政策传导机制理论。

3. 货币政策传导的具体渠道主要有三类:第一类是通过投资支出渠道起作用;第二类是通过消费支出渠道起作用;第三类是通过国际贸易渠道起作用。

4. 货币政策效应是指中央银行制定和执行货币政策之后,社会经济运行所作出的现实反应。衡量货币政策效应有两类指标,一是外部效应指标,主要是用于检验目标变量对中间变量的反应;二是内部效应指标,主要用于检验中间变量对政策工具操作的反应。

5. 影响货币政策效应的因素很多,主要有货币政策时滞(分为内部时滞和外部时滞)、市场主体预期、货币流通速度、体制因素、市场因素、信息因素、经济周期和金融创新等。

关键概念索引

货币政策传导机制　货币政策传导过程　q 理论　信贷渠道　非对称信息效应
财富效应　流动性效应　货币政策效应　货币政策时滞　内部时滞　外部时滞
逆向选择　道德风险

复习思考题

1. 货币政策传导一般需要经过哪些环节？
2. 比较分析传统的凯恩斯学派和货币主义学派的货币政策传导机制理论有什么异同？
3. 货币政策传导的具体渠道有哪些？其作用机理是什么？
4. 如何检验货币政策效应的高低？
5. 有哪些因素会影响到货币政策效应？
6. 货币政策时滞对提高货币政策效应有什么影响？
7. 金融市场和金融机构在货币政策传导中有什么作用？为什么？
8. 结合我国实际，谈谈如何提高我国的货币政策效应。

第十五章　中央银行与金融监管

本章要点

- 金融监管的定义与起因
- 金融监管的目标与原则
- 金融监管的内容与方法
- 金融监管体制的类型与中国的金融监管体制
- 中央银行对金融市场的监管
- 金融监管与金融稳定
- 国际金融监管改革新发展
- 巴塞尔协议

金融业是经营货币的特殊产业,在整个国民经济中处于十分重要的地位。作为中央银行的一项重要职能,对金融业的监督与管理,既是实现金融宏观调控的基本保证,也是金融业健康、高效、持续发展的保障。

第一节　金融监管概述

一、金融监管的定义与起因

（一）金融监管的定义

所谓金融监管,就是金融管理当局运用一定的监管手段、采取一定的监管方式,对金融机构及经营活动、金融市场及交易行为等进行监督与管理。

事实上,金融监管是金融监督与金融管理的总称,包括监督与管理两个内容,是两者的复合称谓。

（二）金融监管的起因

考察金融监管的起因,实际上就是分析金融监管的必要性,可以从三个方面加以理解。

1. 金融业的特殊性

在现代市场经济中,金融业具有不同于其他经济部门的特殊性,即金融业的公共性与全局性。首先,作为"公共性"产业的金融业,经营的是货币这一特殊的商品,资金来源于社会公众的储蓄,又面向社会公众进行资金的运用。其次,金融机构的经营状况、交易行为、经营业绩关系到千家万户和国民经济的方方面面,如果金融机构出现问题,尤其是出现系统性金融风险时,将对整个经济与社会关系产生巨大的影响。通过金融监管,可以帮助金融机构将金融风险控制在一定范围之内,保证整个金融体系的安全运行,保持社会公众对金融业的信心。

2. 金融市场的失灵

由于存在着金融市场失灵的可能,如果某个金融机构出现危机,金融机构之间非常复杂的债权债务关系,将会使一家金融机构出现的危机牵连到其他金融机构,即使政府出面干预也未必能够挽救这个金融机构,一旦大规模金融危机爆发,即使国际力量联合起来,也未必能够制止危机的蔓延。通过对金融机构的监管,中央银行在改变信息分布的非对称性、切断集体行为的非理性发展等方面可以发挥重要作用。

3. 金融风险的社会性

金融业的公众性与全局性,使得金融风险具有很强的传染性与社会性。金融风险的社会性是金融危机产生的根源,金融危机一旦爆发,将有可能演变为经济危机、政治危机甚至国家危机。实践证明,在防范金融风险问题上,一个国家如果不予以高度重视或处置不当,不仅有可能威胁到本国整个经济的安全,甚至威胁到国家的安全。而金融机构的依法经营、金融当局的依法监管,是确保金融体系安全和稳定的前提。

二、金融监管的目标与原则

(一) 金融监管的目标

金融监管目标是对金融业实施监管所要达到的目的,它是制定和实施具体的金融监管制度和措施的依据。金融监管的目标包括一般目标和具体目标。

1. 一般目标

金融监管的一般目标,是进行金融监管所要达到的基本目标。金融监管所要达到的一般目标主要有三项:一是维持金融安全稳定和良好的金融秩序,二是防止金融业的垄断和保持金融效率,三是保护金融消费者的利益。

2. 具体目标

金融监管的具体目标,是监管当局对金融机构和金融市场进行规范约束所要达到的各项具体的目的。世界上大多数国家都将金融监管的具体目标明确地反映在有关的金融法中。

（三）金融监管的原则

金融监管原则，就是对金融监管关系的各个方面和全过程都具有普遍意义的基本准则和指导思想。世界各国金融监管的基本原则大致相同，主要有五个原则。

1. 监管主体独立性原则

金融监管主体的独立性，是金融监管机构有效地实施金融监管的基本前提。金融监管是专业性、技术性很强的复杂工作，涉及社会各个方面的利益，如果不是独立性很强的专门机构，其监管过程和目标极易受到利益集团的干扰，难以公正、公平、有效地承担和进行金融监管。

2. 依法监管原则

金融监管的依法监管原则，一般包括两层含义：一是以国家法律的形式专门规定金融监管机构的法律地位、法律职责和监管条例；二是金融监管机构依据有关法律、法规、条例，运用法律手段实施金融监管，不能以行政替代法律，保证金融监管的权威性和统一性。

3. 监管与自律结合原则

自律，指的是金融机构的"内控"机制；他律，指的是外部对金融机构进行风险控制和管理能力的监督机制，包括金融管理当局的监管和社会监督两部分。为了保证金融监管的及时和有效，在金融监管当局进行有效监管的同时，还要强化金融机构的内部风险控制机制，从而实现"外控"与"内控"的有机配合。

4. 风险性监管原则

风险性监管，是西方发达国家自 1970 年代以来普遍运用的用以管理银行风险的科学而系统的管理方法。通过对风险的识别、衡量与控制，可以以最少的成本将风险导致的各种不利后果减少到最低限度，所以，各国的金融监管均把"以尽量小的机会成本保证处于足够安全的状态"作为一个重要的原则。

5. 母国与东道国共同监管原则

随着跨国银行巨型化的发展，各国政府的监管机构相对越来越小，"小政府、大银行"成为国际金融发展的一种趋势，对跨国银行监管，需要母国与东道国金融监管机构以及国际组织的联手合作。

三、金融监管的历史进程

金融监管的变迁与经济、金融业发生的某些变化、新趋势是深刻相关联的，综观世界各国金融监管的发展，大致经历了三个历史阶段。

（一）初始阶段

现代意义上的金融监管，始于 19 世纪中央银行制度的建立。1694 年成立的英格兰银行依据 1844 年英国议会通过的具有里程碑意义的《比尔条例》，从组织模式与货币发行上确定了行使中央银行职能的基础,在 19 世纪多次出现的经济、金融危机中担当了"最后贷款者",从而具有了一定程度的金融监管机构的特征与职能。

在 1930 年代之前,中央银行的监管从最初对货币发行与流通的监管,发展到对银行业的资本额、现金储备、资产种类等的监管,但这一阶段中央银行的金融监管仅仅局限在某些方面,监管的内容并不完全,也没有明确的监管目标和健全的监管措施,中央银行的金融监管处于初级阶段。

(二) 完善阶段

1930 年代世界性危机之后,各国中央银行的金融监管发生了巨大变化,金融监管的领域由国内扩展到国外,形成了以限制性为特征的、具有灵活的监管方式与有效手段的、对金融业实行强有力监管的各自不同的监管体系。

1929—1933 年爆发在整个资本主义世界体系的经济大危机,粉碎了传统经济学"看不见的手"的神话,以凯恩斯学派为代表的国家干预主义登上了官方经济学宝座,各国政府对经济的干预不断增强,中央银行也开始对金融业实施全面而严格的金融管制,金融监管发生了巨大的变化。从 1930 年代开始,各国政府将稳定金融业作为发展经济、稳定社会的必要条件,将维护金融业的安全与稳定、保护公众利益、维持金融业的公平竞争和规范运作作为金融监管的三大目标。

(三) 强化阶段

1970 年代之后,国际金融的协调与区域之间的合作得到不断加强,国际金融监管也出现了新的发展趋势,主要表现在以下几方面。

(1) 金融监管理念与方法的转变。西方各国的金融监管当局在放宽了对金融机构的资金来源渠道、业务范围、经营地域、利率水平等方面的管制的同时,加强了对金融业的总体和宏观方面的监管,以风险性监管代替常规性监管,重视金融业的内部控制,强调市场机制的作用。

(2) 分业监管模式向混业监管模式的转变。1990 年代以来,随着金融自由化浪潮的持续不断发展,突破传统的金融管制成为不可逆转的趋势。同时,金融创新又使金融机构和金融业务的界限日益模糊,金融机构混业经营的趋势不断增强,政府的管制与法律的限制也不断被突破,一些国家通过法律形式对金融监管框架进行了改革,金融监管开始由分业模式向混业模式转变。

(3) 强化市场约束机制与信息披露制度。各国金融监管当局越来越强调市场约束对保证金融体系安全的重要作用,要求金融机构对相关的信息充分披露,并提出了全面信息披露的理念。

(4) 国际金融监管协调与合作的加强。国际货币基金组织、金融稳定理事会、巴塞尔银行监管委员会、全球金融体系委员会、二十国集团等国际组织,都对加强国际金融监管的协调与合作做出了贡献,充分合作基础上的全球统一的金融监管将是大势所趋。

四、金融监管的一般理论

金融监管是一种具有特定内涵和特征的金融当局的行为管制，是一般管制理论在金融领域的延伸。

（一）社会利益论

社会利益论是从维护社会公众利益的角度来解释金融监管的。

社会利益论认为，现代经济社会并不存在纯粹的市场经济，自由竞争的市场机制存在着缺陷，有可能发生三种情况：自然垄断、抑制竞争、妨碍效率的提高；正的和负的外部效应，导致社会福利的损失；信息不对称带来交易不公平的问题，不仅不能实现资源的最优配置，还会造成资源的浪费和社会福利的损失。为了维护分散于千家万户、各行各业的社会公众利益，由国家法律授权的机构代表社会公众利益，不同程度上介入经济过程，通过进行必要的干预来实施管制，纠正或消除市场缺陷，引导或强制市场主体的经济活动尽可能地与社会公众的利益保持一致，从而改善"一般福利"和增进资源配置的效率。

（二）社会选择论

社会选择论是从公共选择的角度来解释金融监管的。

社会选择论认为，政府对金融业的管制是属于"公共选择"的一个组成部分。自由的市场机制在特定的经济场合存在着挫败和失灵的可能性，要保证经济体系的高效运行和社会资源的有效配置，必然要求在某些方面进行某种程度的外部管制，且外部管制只能由代表社会利益的政府来供给和安排，对什么进行管制、如何管制等问题是由"公共选择"来确定的，政府的管制更多的是被动地反映来自其下的经济主体的利益。

（三）金融风险论

金融风险论是从金融业的高风险特性的角度来解释金融监管的。

金融风险论认为，金融业是一个高风险的特殊行业，存在着有可能对整个经济与社会产生很大影响的诸多风险，为了整个金融体系的安全与稳定，保证国民经济的健康发展，必须控制金融机构的经营风险，避免国内外金融风险、金融危机的"多米诺骨牌效应"的发生，因此，非常需要国家对金融业进行监督与管理。

（四）保护债权人论

保护债权人论是从保护债权人的利益的角度来解释金融监管的。

保护债权人论认为，金融业是任何人都不能参与自由竞争的垄断行业，由于金融机构出于安全、竞争的需要以及为客户保密的需要，不能完全公开所有的信息，或者故意隐瞒事实真相、掩盖真实信息甚至提供虚假的信息，使存款人、证券持有人、投保人等金融机构的债权人无法获得充足而准确的信息，难以对金融机构的风险和经营状况做出正确的判断,使金融机构有可能将金融风险或经营中的损失转嫁给债权人,致使债权人的利益受到损害。为了使债权人免受利益、效率和一般福利的损失,需要政府通过一定的金融监管机构加强对金融机构的监管和行为的约束,保护债权人的利益。

第二节　金融监管的内容与方法

一、金融监管的内容

金融监管当局对金融业进行监管,主要包括对金融机构市场准入、市场运作和市场退出的监督和管理。

(一) 市场准入监管

世界各国对金融机构的监管都是从市场准入开始的,市场准入是金融监管的起点。具体来说,金融监管当局对要求设立的新金融机构,主要从两个方面进行审查。

1. 必要性

对任何一个国家或地区的经济发展来说,适量的金融机构能够促进各部门经济效率的提高,带来经济的稳定发展,但如果金融机构过多,必然加剧金融业的竞争,恶性竞争的发生有可能引发经济危机,破坏金融环境,阻碍经济的发展。因此,新的金融机构必须符合一定的条件:一是国民经济发展的需要,二是体现金融业发展的方向,三是体现合理分布、公平竞争的要求。

2. 生存能力

金融机构的破产、关闭,可能引发巨大的金融动荡甚至整个金融体系的崩溃,因此,对于新的金融机构的建立,必须要对其在竞争中的生存能力进行审查,审查的内容主要有:

(1) 金融机构的章程。章程主要包括机构名称、营业地址、经营宗旨、注册资本金、业务范围、机构组织形式、经营管理形式、机构终止和清算等。

(2) 资本金要求。资本金是否充足是金融机构抵御经营风险能力的重要标志,设立各类金融机构,必须符合规定的最低资本金要求。

(3) 对法定代表人及主要负责人任职资格的规定。

(4) 组织机构和管理制度。申请建立的金融机构必须有健全的组织机构和内部控制管理制度,有长远的发展规划和经营策略。

(5) 营业场所。设立金融机构必须有符合要求的固定营业场所,有与之配套的安全保卫措施、防盗和消防设施以及与业务有关的其他设施。

（6）经营许可证。金融机构的设立必须经过金融监管当局的批准，获得经营许可证才能正式营业，否则视为非法经营。

（二）市场运作监管

对金融机构市场运作监管的具体内容，各国并不完全相同，但一般都将监督管理的重点放在金融机构业务经营的合规性、资本充足性、资产质量、流动性、盈利能力、管理水平和内控机制等几个方面。

1. 资本充足性监管

对于金融机构的资本金，除了要有符合规定的注册资本最低限额之外，一般还要求金融机构的自有资本与资产总额、存款总额、负债总额以及风险投资之间保持适当的比例，通过对金融机构实际资本比率、风险资本比率等资本比率的监管，可以达到以资本规模制约资产规模（特别是风险资产规模），从而降低金融机构经营风险的目的。

2. 流动性监管

虽然各国金融监管当局对流动性监管的方法不尽相同，在流动性指标的设计上存在差异，在监管的内容上和监管的对象上也存在不同，但是各国金融监管当局对金融机构的流动性非常重视，是金融监管的重要内容之一。

3. 业务范围监管

对金融机构业务范围的限制程度，不仅与一国的经济、金融的发展程度有关，而且与其金融监管水平、传统习惯等有关。对于金融机构业务范围的限制，各国并不完全相同，存在着一定的差异。在一些国家，商业银行的业务与投资银行的业务是分开的，商业银行不能认购股票；而有些国家限制银行对工商业的直接投资。有的国家禁止将银行业务与非银行业务混在一起，却允许通过银行控股公司、附属机构等方式，参与某些经营风险较大的非银行活动；有的国家允许银行经营非银行业务，但投资规模却有所限制。

4. 经营活动监管

各国金融监管当局都对金融机构的经营活动进行监管，通过对资产负债比例的管理、资本流动性管理等，限制银行贷款投向过度地集中，限制银行对单个借款者提供过多的贷款。

5. 外汇风险管理

由于世界各国的金融领域开放程度不同，金融机构的国际金融业务发展状况和面临的外汇风险也就不同。有的国家对银行的外汇及外汇业务实行严格的监管，有的国家则实行比较宽松的管理。

6. 准备金管理

金融监管当局在对银行的资本充足性进行监管时，必须考虑银行准备金的计提问题，确保银行准备金是在充分考虑谨慎经营和真实评价业务质量基础上的提取,避免准备金提取不实所掩盖的潜在风险。准备金管理已成为增强金融体系稳定性的一个重要因素。

7. 存款保险管理

在有些国家的金融体制中,建立了存款保险制度。当本国金融机构由于经营不善或受外部环境变化等各种因素影响而出现信用危机时,存款保险机构将向金融机构提供财务支援,或者由存款保险机构直接向存款者支付部分或全部存款,以保护存款者的利益,维护正常的金融秩序。存款保险制度的建立,对促进一国金融业的稳健发展具有一定的积极作用。

8. 其他方面的监管

金融监管当局还通过各种方式对金融机构的其他方面进行必要的监管。例如,为了防止金融机构之间恶性竞争的发生,保证金融体系的稳定与效率,金融监管当局在遵循市场规律的基础上,对利率进行统一的监管就存在必要性。中央银行对利率的监管,主要是依法确定基准利率和区间内灵活掌握利率的水平,与计划体制下的利率管制有着本质性的区别。

(三) 市场退出监管

市场退出监管是对严重违规操作或濒临破产的金融机构所实施的接管、收购、清算等处理。各国对金融机构市场退出的监管都是通过法律予以明确、细致的进行技术性的规定的,主要包括兼并、接管、注资挽救和清盘关闭等。

1. 购并

购并即兼并与收购方式,是各国推崇的一种方式。收购就是一家健康的金融机构采取现金或股票的方式,购买陷入困境的金融机构的全部或大多数股权而将其收归已有的形式;兼并就是一家健康的金融机构与陷入困境的金融机构以将双方的全部资产与负债合并在一起的方式,使两家或两家以上的金融机构合并成为一家的形式。通过兼并与收购的方式,将陷入困境的金融机构与健康的金融机构进行联合,能够以较低的成本使金融机构走出困境,保护金融机构的信誉,实现金融秩序的稳定。

2. 接管

当金融机构已经或者有可能发生信用危机,严重威胁存款人的利益时,金融监管当局或存款保险机构通过采取整顿和改组的措施,对金融机构的经营管理、组织结构进行必要的调整,使被接管的金融机构在接管期限内,改善财务状况,渡过危机。

3. 注资挽救

对于出现流动性困难但尚未陷入清算、破产境地的金融机构,可以通过提供救助资金,帮助其渡过难关,恢复正常的经营活动。注资挽救可以通过不同主体、以注资方式来进行,既可以通过中央银行的救助、政府的"输血"、存款保险机构的支持的注资方式挽救金融机构,也可以采取金融机构同业援助、股东负责的方式救助金融机构。

4. 清盘关闭

清盘关闭即破产。对于无偿债能力的金融机构由中央银行或金融监管当局进行接管、清算,实行管制性管理,禁止挤兑,金融机构的股东将失去其股本,债权人将失去部分或全部债权。

5. 解散

解散是已经建立的金融机构,由于公司章程规定的营业期限届满和股东会议决议解散等章程规定或法律规定的事由发生,使金融机构丧失了经营能力,经过中央银行或金融监管当局的批准、注销登记后,金融机构组织消灭的法律行为。

二、金融监管的手段

金融监管当局运用的监管手段,主要有法律手段、行政手段、经济手段以及先进的技术手段等。其中,法律手段是金融监管的基础,而经济手段则是最主要的监管手段。

（一）法律手段

依法监管是金融监管当局有效实施监管的基础和保证。世界各国金融监管当局都通过立法形式,运用具有强制力和约束性的法律手段,对金融机构进行监管和检查,对违反规定的金融机构依法进行处罚,促使金融机构合法、审慎经营。

（二）行政手段

行政手段,就是金融监管当局以制定的政策、方针为依据,对金融机构出现的违规行为、经营不良现象等给予必要的行政措施约束和处理。一般来说,行政管理手段主要分为两种,即直接监管手段和间接监管手段。直接监管手段是金融监管当局通过行政审批、直接控制等手段约束金融机构的行为;间接监管手段是金融监管当局通过制定相关监管规则和市场监督,督促金融机构加强自律而实现金融监管的意图。

（三）技术手段

近年来,信息技术在金融领域得到了广泛的应用,其中,电子化监管就是现代信息技术在金融监管领域的应用。电子化监管,就是将监管的内容量化为系统的、分层次的指标体系,运用计算机对报送资料和稽核情况进行分析对比、归纳整理,并依此监督金融机构的经营状况及其风险程度。例如,在美国,应用计算机监控系统对银行的统计资料进行分析,及时发现"有问题区域",预测金融机构的发展趋势。

（四）经济手段

金融监管采用最多的是经济手段,在各种经济手段中,运用最多的又是融资手段和存款保险。

1. 融资手段

融资手段,就是中央银行作为金融机构的最后贷款人,在金融机构发生清偿困难时,通过提供贷款、担保以及兼并等方式,对金融机构进行财务上的援助和实施抢救。

2. 存款保险

存款保险,是一种强制性的保护存款者利益的事后补救措施,将金融机构经营中的金融风险由银行、存款者和政府共同承担。存款保险机构的主要职能是保护存款者的利益,同时也被赋予了金融管理、金融援助和破产处理等职能。

三、金融监管的方法

（一）直接监管

直接监管主要包括两种方法:现场检查与非现场检查。

1. 现场检查

现场检查,就是由金融监管当局的稽核人员通过亲临现场对金融机构的会计凭证、账簿、报表、现金、物资财产和文字资料进行检查、分析、鉴别,对金融机构的资本充足状况、资产质量、管理质量、收入和利润状况、清偿能力、法规的遵守程度等方面进行监督、检查。通过现场检查,监管人员直接对有关人和事进行查防,掌握第一手真实资料,能够对具体的监管对象进行比较深入细致的了解,及时发现某些隐蔽性问题,特别是一些欺诈行为,在金融创新和金融发展中的新问题的发现也主要依靠现场的检查。金融监管机构可以与金融机构董事、高级管理人员进行监督管理谈话,要求金融机构董事、高级管理人员就金融机构的业务活动和风险管理的重大事项作出说明。因此,现场检查的监管方法往往成为一些国家金融监管的主要方法而得到高度重视。

2. 非现场检查

非现场检查,就是由金融监管当局对被监管人提交的各种统计资料、报表、文件记录等,按照一定的程序与标准进行整理、稽核分析,对金融机构经营现状及发展趋势做出判断的检查监督形式。非现场检查作为日常监督的基础被广泛地使用。

从整体流程上来看,非现场检查分为三个阶段:

（1）金融机构数据（信息）的采集输入,即监管机构接受金融机构的各种资料和报表至进入资料数据库的过程;

（2）数据查询分析,即运用计算机对数据库的数据进行整理、计算、分析和加工等;

（3）生成报表、预警,即对稽核的结果进行分析、评价,采取相应的措施;对于面临较大风险的金融机构发出预警信号,帮助其及时纠正违规行为。

(二) 间接监管

间接监管,即监管当局并不直接进行现场检查或非现场检查,而是委托金融机构的内部审计机构进行内部的监管,或者委托会计师事务所、审计师事务所或资信评估机构等外部的第三方机构实施间接的监管。

1. 金融机构的内部审计

金融机构的内部审计,是由金融机构内部专设的审计机构和人员,依据国家的金融法律法规和相关政策,对本行和辖属行的各项管理工作实施情况进行监督检查,主要是对业务活动、财务收支、内控管理等真实性、完整性、合法性、安全性与效益性进行监督检查,评价经济责任,并且参与金融机构业务政策和程序的检查与修改。金融机构的内部审计是金融机构内部控制的重要组成部分,具有很强的连续性,也是金融监管体系的一个重要组成部分。

2. 第三方机构的外部审计

第三方机构的外部审计,是由会计师事务所、审计师事务所等专职机构和人员,依据国家的法律法规对被审计的金融机构的业务活动、财务收支、营运状况等的真实性、合法性、效益性进行审查,为金融监管当局提供真实、准确的财务报表,使金融监管当局对金融机构的监督检查建立在真实的基础之上。

3. 资信评估机构的评级

金融监管的一个重要组成部分就是对金融机构进行评级,即监管当局通过对金融机构的资本充足性、资产质量、管理能力、盈利能力、流动性等因素的综合考察,将金融机构划分为几个等级,从而采取相应的措施和政策。委托社会上的资信评估机构对金融机构进行资信评级,能够使监管当局将监管重点集中于有问题的低级别的金融机构,从而提高监管的频率和效率。

第三节　金融监管体制

一、金融监管体制的内涵

金融监管体制,是指为实现特定的社会经济目标而对金融活动施加影响的一整套机制和组织结构。

金融监管体制的基本要素是:①体制参与者。即对谁进行监管和由谁来实施监管,核心是金融监管机构的设置、职权的依法定位。②如何监管。即为实现监管目标而采用的各种方式方法和手段。

二、金融监管体制的类型

(一)划分方法

金融监管体制类型存在两种划分方法:

第一种是按监管机构的设立,划分为"单一监管体制"和"多元监管体制"。在单一监管体制下,由中央银行(或单独设立的监管机构)独家行使金融监管职责;在多元监管体制下,由中央银行及其他监管机构共同承担监管职责。

第二种是按监管机构的监管范围,划分为"统一监管体制"和"分业监管体制"。采用集中监管体制还是分业监管体制,通常与其金融业的经营是采取分业经营还是混业经营有关。

(二)统一监管体制和分业监管体制

1. 统一监管体制

统一监管体制,就是把金融业作为一个整体统一进行监管,由一个监管机构(一般是该国的中央银行)全面承担监管职责。因此,集中监管体制又被称为"一元化监管体制"。

2. 分业监管体制

分业监管体制,是根据金融业内不同的机构主体及其业务范围的划分而分别进行监管的体制,一般是由多个监管机构共同承担监管职责。因此,分业监管体制又被称为"多元化监管体制"。

美国是典型的实行"多元化监管体制"的国家。从其监管的业务范围来看,各监管机构虽然有所交叉,但都有自己的侧重点,基本上属于分业监管体制。美国金融监管机构的多元化,一方面表现为联邦一级的监管机构是多元的,另一方面表现为50个州都有自己的监管机构,实行联邦和州两级多元监管。1999年11月4日,美国国会通过了《金融服务现代法案》(Financial Services Act of 1999)。该法案废除了自1933年以来一直沿袭的《格拉斯-斯蒂格尔法》(Glass-Steagall Act of 1933),彻底结束了银行、证券、保险的分业经营与分业监管的局面,允许以金融控股公司的方式实现银行机构、证券公司和保险公司之间的相互渗透,如存贷款、保险承销、证券承销和经纪以及投资银行等,揭开了美国金融业走向混业管理制度的新纪元。表15-1归纳的是部分国家和地区近年来金融业经营和监管体制的变化情况。

表 15-1　部分国家和地区金融业经营和监管体制变化情况

	金融业经营体制		监管方式	
	过去	现在	改革前	改革后
美国	分业	混业(1999年废除《格拉斯-斯蒂格尔法》,通过了《金融服务现代化法》,标志着进入混业经营时代)	分业监管	伞形监管 + 功能性监管
英国	分业	混业(1986年)	分业监管	统一监管
日本	分业	混业(1996年11月)	分业监管	统一监管
德国	混业	混业	分业监管	向统一监管转变
法国	分业	逐步混业	分业监管	分业牵头监管
韩国	分业	逐步混业	分业监管	统一监管
香港	混业	混业	分业监管	开始研究混业监管

三、中国的金融监管体制

（一）分业监管体制的形成

中国的金融监管体制的形成与发展,与中国金融体制特别是中央银行制度的变革紧密相关。

在中央银行体制正式建立以前,中国人民银行是政府的一个职能部门,其行为严格按照"政府定调子,计委端盘子,银行出票子"的程序来进行。1980年代中期,中国组建了四大专业银行,确立了中央银行体制。中央银行开始肩负起监管整个金融业的职责。但是,中央银行的金融监管困难重重,力不从心。多年来,金融秩序混乱,金融领域的不安全因素越积越多。

针对这种情况,中国从1994年起开始了一场影响深刻、意义深远的金融体制改革。改革的重点是加强中央银行的独立性、专业银行的商业化、金融秩序的规范化。在1995年通过的《中国人民银行法》中,明确了中国人民银行对金融机构及其业务实施监督管理的具体内容。

1998年5月,中国证券监督委员会(简称"证监会")成立,负责全国证券市场的统一集中监管。同年,中国保险监督委员会(简称"保监会")成立,负责全国商业保险机构的监管。2003年3月,中国银行业监督管理委员会(简称"银监会")成立,负责对银行业的监管。

至此,中国金融分业经营、分业监管的体制正式形成,即以中央银行为核心,银监会、证监会、保监会各司其职的分业监管体制。这种分业监管体制如表15-2所示。

表 15-2　中国的分业监管体制

		监管机构	职能
证券业	1992 年	国务院证券委员会、中国证券监督管理委员会	对全国证券、期货业进行集中统一监管
	1998 年	中国证券监督管理委员会	
银行业	1995 年	中国人民银行	对银行业进行监管
	2003 年	中国银行业监督管理委员会	
保险业	1998 年	中国保险监督管理委员会	对保险业进行监管

（二）分业监管体制下的中国人民银行

根据《中华人民共和国中国人民银行法》和国务院办公厅 2008 年 7 月 10 日颁布的《中国人民银行主要职责内设机构和人员编制规定》，中国人民银行是中华人民共和国的中央银行，是在国务院领导下制定和实施货币政策、对金融业实施监督管理的宏观调控部门。分业监管体制确立后，中国人民银行不再履行对银行业金融机构的市场准入及业务经营等具体的监管职责，而将维护金融稳定作为重要职责。其具体的监管职责见专栏 15-1。

专栏 15-1　　　　　　　　　　中国人民银行的金融监督管理

第三十一条　中国人民银行依法监测金融市场的运行情况，对金融市场实施宏观调控，促进其协调发展。

第三十二条　中国人民银行有权对金融机构以及其他单位和个人的下列行为进行检查监督：

（一）执行有关存款准备金管理规定的行为；

（二）与中国人民银行特种贷款有关的行为；

（三）执行有关人民币管理规定的行为；

（四）执行有关银行间同业拆借市场、银行间债券市场管理规定的行为；

（五）执行有关外汇管理规定的行为；

（六）执行有关黄金管理规定的行为；

（七）代理中国人民银行经理国库的行为；

（八）执行有关清算管理规定的行为；

（九）执行有关反洗钱规定的行为。

前款所称中国人民银行特种贷款，是指国务院决定的由中国人民银行向金融机构发放的用于特定目的的贷款。

第三十三条　中国人民银行根据执行货币政策和维护金融稳定的需要，可以建议国务院银行业监督管理机构对银行业金融机构进行检查监督。国务院银行业监督管理机构应当自收到建议之日起三十日内予以回复。

第三十四条　当银行业金融机构出现支付困难，可能引发金融风险时，为了维护金融稳定，中国人民银行经国务院批准，有权对银行业金融机构进行检查监督。

第三十五条　中国人民银行根据履行职责的需要,有权要求银行业金融机构报送必要的资产负债表、利润表以及其他财务会计、统计报表和资料。中国人民银行应当和国务院银行业监督管理机构、国务院其他金融监督管理机构建立监督管理信息共享机制。

第三十六条　中国人民银行负责统一编制全国金融统计数据、报表,并按照国家有关规定予以公布。

第三十七条　中国人民银行应当建立、健全本系统的稽核、检查制度,加强内部的监督管理。

资料来源:摘自《中华人民共和国中国人民银行法》(修正)。

第四节　中央银行对金融市场的监管

金融市场是指资金供应者和资金需求者双方通过信用工具进行交易而融通资金的市场。金融市场不仅能够筹措、调剂资金,而且具有提高资金使用效率、引导储蓄向投资转化、分散经济风险以及提供经济信息、调节经济等多项功能。理论和实践证明,缺乏监管的金融市场效率低下,各种功能难以发挥。因此,对金融市场的监管是中央银行的重要职责。

就标的资产的期限而言,金融市场主要包括货币市场和资本市场。通常,资本市场主要指证券市场。在我国,证券市场主要由证监会依照《中华人民共和国证券法(2006年修订版)》进行统一集中监管。因此,本节主要介绍中央银行对货币市场的监管。

货币市场又称短期资金市场,是指期限在一年以内、以短期金融工具为媒介进行资金融通和借贷的市场,包括同业拆借市场、回购市场、票据市场、大额可转让定期存单市场等。货币市场是典型的以机构投资者为主体的市场。其活动的主要目的是保持资金的流动性:一方面满足资金需求者的短期资金需要,另一方面为资金充裕者的闲置资金提供盈利机会。

一、中国人民银行对同业拆借市场的监管

在我国,同业拆借是经中国人民银行批准进入全国银行间同业拆借市场的金融机构之间,通过全国统一的同业拆借网络进行的无担保资金融通行为。2007年7月3日,中国人民银行颁布《同业拆借管理办法》,作为规范我国同业拆借市场运作的法律基础。中国人民银行依法对同业拆借交易实施非现场监管和现场检查,并对同业拆借市场的行业自律组织进行指导和监督。

（一）对市场准入的监管

进入同业拆借市场的机构需要经过中国人民银行的批准。机构准入的条件

是：在中华人民共和国境内依法设立；有健全的同业拆借交易组织机构、风险管理制度和内部控制制度；有专门从事同业拆借交易的人员；主要监管指标符合中国人民银行和有关监管部门的规定；最近两年未因违法、违规行为受到中国人民银行和有关监管部门处罚；最近两年未出现资不抵债情况；中国人民银行规定的其他条件。

另外，外商独资银行、中外合资银行、外国银行分行经国务院银行业监督管理机构批准获得经营人民币业务资格；企业集团财务公司、信托公司、金融资产管理公司、金融租赁公司、汽车金融公司、保险资产管理公司在申请进入同业拆借市场前最近两个年度连续盈利；证券公司应在申请进入同业拆借市场前最近两个年度连续盈利，同期未出现净资本低于 2 亿元的情况；保险公司应在申请进入同业拆借市场前最近四个季度连续的偿付能力充足率在 120% 以上。

（二）对交易和清算的监管

（1）同业拆借交易必须在全国统一的同业拆借网络中进行。同业拆借交易以询价方式进行，自主谈判、逐笔成交。同业拆借利率由交易双方自行商定。

（2）金融机构进行同业拆借交易，应逐笔订立交易合同。交易合同的内容应当具体明确，详细约定同业拆借双方的权利和义务。

（3）同业拆借的资金清算涉及不同银行的，应直接或委托开户银行通过中国人民银行大额实时支付系统办理。同业拆借的资金清算可以在同一银行完成的，应以转账方式进行。任何同业拆借清算均不得使用现金支付。

（三）对风险控制的监管

中国人民银行对同业拆借风险控制的管理主要体现在同业拆借的资金限额与期限上。中国人民银行规定，同业拆借的期限在符合规定的前提下，由交易双方自行商定，同业拆借到期后不得展期。中国人民银行对金融机构同业拆借实行限额管理，但是可以根据市场发展和管理的需要调整金融机构的同业拆借资金限额。

（四）对信息披露的监管

中国人民银行负责制定同业拆借市场中各类金融机构的信息披露规范并监督实施。进入同业拆借市场的金融机构承担向同业拆借市场披露信息的义务。

二、中国人民银行对银行间债券市场债券买断式回购业务的监管

债券买断式回购业务（以下简称买断式回购）是指债券持有人（正回购方）将债券卖给债券购买方（逆回购方）的同时，交易双方约定在未来某一日期，正回购方再以约定价格从逆回购方买回相等数量同种债券的交易行为。为促进债券市场发展，规范债券买断式回购业务，防范市场风险，维护市场参与者合法权益，中国人民银行制定了《全国银行间债券市场债券买断式回购业务管理规定》，自 2004 年 5 月 20 日起施行。

该《规定》明确指出：市场参与者进行每笔买断式回购均应订立书面形式的合同；买断式回购期间，交易双方不得换券、现金交割和提前赎回；进行买断式回购，交割时应有足额的债券和资金；买断式回购以净价交易，全价结算。买断式回购的期限由交易双方确定，但最长不得超过 91 天。交易双方不得以任何方式延长回购期限。在买卖额度上，中国人民银行要求：进行买断式回购，任何一家市场参与者单只券种的待返售债券余额应小于该只债券流通量的 20%，任何一家市场参与者待返售债券总余额应小于其在中央国债登记结算有限责任公司（以下简称中央结算公司）托管的自营债券总量的 200%。关于信息披露，中国人民银行授权由同业中心和中央结算公司及时向市场披露上一交易日单只券种买断式回购待返售债券总余额占该券种流通量的比例等有关买断式回购信息。

三、中国人民银行对票据市场的监管

（一）对票据监管的一般原则

（1）承兑、贴现、转贴现、再贴现的商业汇票，应以真实、合法的商品交易为基础。

（2）承兑、贴现、转贴现、再贴现等票据活动，应当遵循平等、自愿、公平和诚实信用的原则。再贴现应当有利于实现货币政策目标。

（3）承兑、贴现、转贴现的期限，最长不超过 6 个月。再贴现的期限，最长不超过 4 个月。

（4）再贴现利率由中国人民银行制定、发布与调整。贴现利率采取在再贴现利率基础上加百分点的方式生成，加点幅度由中国人民银行确定。

（二）对票据承兑的规定

（1）向银行申请承兑的商业汇票出票人，必须具备下列条件：①为企业法人和其他经济组织，并依法从事经营活动；②资信状况良好，具有支付汇票金额的资金来源；③在承兑银行开立存款账户。

（2）承兑商业汇票的银行，必须具备下列条件：①具有承兑商业汇票的资格；②与出票人建立委托付款关系；③有支付汇票金额的资金来源。商业银行、政策性银行及经其授权或转授权的银行分支机构可承兑商业汇票。非银行金融机构、不具有贷款权限或未经其上级行承兑授权、转授权的银行分支机构，不得承兑商业汇票。

（3）各商业银行、政策性银行应对其分支机构核定可承兑总量或比例，实行承兑授权管理，并依法承担承兑风险。中国人民银行一级分行对辖内城市合作银行、农村合作银行承兑商业汇票实行总量控制。中国人民银行各分支行应督促辖内银行或银行分支机构完善商业汇票承兑业务管理和风险防范制度，监控辖内承兑总量与风险度。

（四）关于票据贴现的规定

（1）向金融机构申请票据贴现的商业汇票持票人，必须具备下列条件：①为企业法人和其他经济组织，并依法从事经营活动；②与出票人或其前手之间具有真实的商品交易关系；③在申请贴现的金融机构开立存款账户。持票人申请贴现时，须提交贴现申请书，经其背书的未到期商业汇票，持票人与出票人或其前手之间的增值税发票和商品交易合同复印件。

（2）办理票据贴现业务的机构，是经中国人民银行批准经营贷款业务的金融机构（以下简称贴现人）。贴现人选择贴现票据应当遵循效益性、安全性和流动性的原则，贴现资金投向应符合国家产业政策和信贷政策。贴现人应将贴现、转贴现纳入其信贷总量，并在存贷比例内考核。

（五）关于票据再贴现的规定

1. 再贴现的操作体系

（1）中国人民银行总行设立再贴现窗口，受理、审查、审批各银行总行的再贴现申请，并经办有关的再贴现业务（以下简称再贴现窗口）。

（2）中国人民银行各一级分行和计划单列城市分行设立授权再贴现窗口，受理、审查并在总行下达的再贴现限额之内审批辖内银行及其分支机构的再贴现申请，经办有关的再贴现业务（以下简称授权窗口）。

（3）授权窗口认为必要时可对辖内一部分二级分行实行再贴现转授权（以下简称转授权窗口），转授权窗口的权限由授权窗口规定。

（4）中国人民银行县级支行和未被转授权的二级分行，可受理、审查辖内银行及其分支机构的再贴现申请，并提出审批建议，在报经授权窗口或转授权窗口审批后，经办有关的再贴现业务。

2. 优造重点支持的行业、企业和产品目录

中国人民银行根据金融宏观调控和结构调整的需要，不定期公布再贴现优先支持的行业、企业和产品目录。中国人民银行对各授权窗口的再贴现实行总量控制，并根据金融宏观调控的需要适时调增或调减各授权窗口的再贴现限额。各授权窗口对再贴现限额实行集中管理和统一调度，不得逐级分配再贴现限额。

3. 中国人民银行对各授权窗口的再贴现操作效果实行量化考核

（1）总量比例：按发生额计算，再贴现与贴现、商业汇票三者之比不高于1：2：4。

（2）期限比例：累计三个月以内（含三个月）的再贴现不低于再贴现总量的70%。

（3）投向比例：对国家重点产业、行业和产品的再贴现不低于再贴现总量的70%；对国有独资商业银行的再贴现不低于再贴现总量的80%。

第五节　金融监管与金融稳定

一、金融稳定的含义与框架

(一)金融稳定的含义

金融稳定是指金融体系处于能够有效发挥其关键功能的状态。在这种状态下,宏观经济健康运行,货币和财政政策稳健有效,金融生态环境不断改善,金融机构、金融市场和金融基础设施能够发挥资源配置、风险管理、支付结算等关键功能,而且在受到内外部因素冲击时,金融体系整体上仍然能够平稳运行。

各国政府、中央银行和理论界对"金融稳定"的表述是有差异的,对此,IMF (Houben、Kakes 和 Schinasi,2004)进行了归纳,见表15-3。

表 15-3　金融稳定的差别化定义

加拿大银行	反证归纳:金融不稳定是指金融市场的缺陷对经济运行的损害或威胁;导致金融不稳定的因素包括政府、银行违约、大银行电脑故障等。
国际清算银行	反证归纳:金融不稳定是指金融机构无力偿债导致的金融资产价格波动,包括四个要素:真实经济成本,潜在损害,同时伤及机构与市场、银行和非银行,传染性导致的支付体系崩溃。
德意志银行	金融稳定是一种金融体系的高效率运行状态,包括在事件冲击、压力和结构变动下金融体系能够保持资源配置和分散风险的能力。
欧洲中央银行	金融稳定是指金融体系各要素的平稳运行。
美国联邦储备银行	反证归纳:金融不稳定的三要素:(1)金融资产价格极度偏离经济基本面;(2)信贷和资本市场扭曲;(3)总支出偏离经济产能。
英国金融服务局	广义定义,包括:(1)货币稳定;(2)就业接近潜在就业率;(3)经济对金融机构保持信心;(4)不存在威胁(1)或(2)的实际与金融资产价格变动。
哥伦比亚大学	反证归纳:金融不稳定是指金融体系出现阻碍信息流传递的冲击时,金融体系不能有效对产出性投资机会融通资金的情形。
Norges Bank	金融稳定是指不发生危机的金融体系,意味着金融机构能有效应对冲击。

防范金融风险、维护金融稳定,不仅是重大的经济问题,而且是重大的社会问题和政治问题。据世界银行统计,自 1970 年代末到 21 世纪初,全球有 93 个国家先后爆发了 112 次系统性银行危机。危机不但使一国多年的经济发展成果毁于一旦,而且扩大了贫富差距,加剧了政治与社会矛盾。1997 年爆发的亚洲金融危机、2007 年爆发的美国次贷危机、目前尚未结束的欧债危机,以及它们对世界经济产生的强烈冲击,把金融稳定的重要性推到了前所未有的高度。

（二）金融稳定的框架

维护金融稳定是一项系统性工程，需要建立一个框架体系来保障稳定工作的顺利进行。一般来说，金融稳定的框架可以分为以下三个层面。

第一个层面，是对金融风险进行监测，密切跟踪宏观经济、金融市场、金融机构、金融基础设施和金融生态环境及其变动情况。

第二个层面，是按照有关评估标准和方法，评估和分析宏观经济、金融市场、金融机构、金融基础设施和金融生态环境对金融稳定的影响。

第三个层面，是根据评估和判断的结果，采取应对措施。在金融运行处于稳定状态时，充分关注潜在风险，采取预防措施；在金融运行逼近不稳定的临界状态时，会同或支持有关方面采取救助措施，对有系统性影响、财务状况基本健康、运营正常、出现流动性困境的金融机构提供必要的支持，并推动重组和改革，转换机制，促使这些机构健康运行；在金融运行处于不稳定状态时，积极采取危机处置措施，对严重资不抵债、无法持续经营的金融机构，支持有关监管机构及时按市场化方式进行处置。同时，针对薄弱环节，及时推动经济体制、金融机构、金融市场、金融基础设施和金融生态环境方面的改革，通过重点突出、协调配套的改革促进金融业稳健运行。

二、金融监管与金融稳定的维护

一国金融稳定的维护，需要有效的金融监管。为了实现金融稳定，在发展中国家的金融监管中，首先要处理好改革、发展和稳定的关系。在判断金融稳定形势、处置金融风险时，需要综合考虑金融风险对金融、经济、政治和社会公众的影响。

（1）高度关注金融体系的系统性风险。金融体系的整体稳定及其关键功能的正常发挥，对于金融稳定至关重要，因此，必须注重防止金融风险跨行业、跨市场、跨地区传染，核心是防范系统性风险。

（2）处理好维护金融稳定和防范道德风险的关系。金融稳定并不追求金融机构的"零倒闭"，而是要建立一个能使经营不善的金融机构被淘汰出局的机制，加强市场约束，防范道德风险。

（3）处理好维护金融稳定和提高金融效率的关系。既要通过审慎监管降低金融体系的风险，又要避免出现因监管过度使市场主体承担过高成本、抑制金融创新、阻碍金融效率提高的状况。

（4）动态地看待金融稳定。在金融体系相对稳定的时候，也要重视潜在风险，建立健全金融风险预警机制和金融安全网，及时处理风险苗头。

（5）全面考察影响金融稳定的各个层面。不仅强调金融机构和金融市场的稳定，而且关注宏观经济、金融基础设施和金融生态环境对金融稳定的影响。

（6）采用定性和定量相结合、理论和实践经验相结合的分析方法，综合评判金融稳定情况,既要注意金融稳健指标体系的建设,又要防止用单一、简单的量化标准来衡量金融稳定。

三、中国人民银行维护金融稳定的举措

中国人民银行结合国际经验和教训,根据其和相关部门在维护金融稳定方面的实践,采取适合中国国情的金融稳定政策、工具和制度安排,并与其他部门合作,维护金融稳定。

(一)成立金融稳定局履行金融稳定的职能

《中国人民银行法》赋予了中国人民银行防范和化解金融风险、维护金融稳定的职能,明确了中国人民银行为维护金融稳定可以采取各种法律手段。为了适应职能调整的需要,中国人民银行在总行和分支行设立了专门的金融稳定职能部门——金融稳定局,其主要职责是①:综合分析和评估系统性金融风险,提出防范和化解系统性金融风险的政策建议;评估重大金融并购活动对国家金融安全的影响并提出政策建议;承担会同有关方面研究拟订金融控股公司的监管规则和交叉性金融业务的标准、规范的工作;负责金融控股公司和交叉性金融工具的监测;承办涉及运用中央银行最终支付手段的金融企业重组方案的论证和审查工作;管理中国人民银行与金融风险处置或金融重组有关的资产;承担对因化解金融风险而使用中央银行资金机构的行为的检查监督工作,参与有关机构市场退出的清算或机构重组工作。

(二)逐步完善中国特色的金融安全网

1. 政治保障是维护金融稳定的基础

在我国,政治保障是金融安全网最强有力的支柱,党中央、国务院对金融稳定的高度重视和正确领导、各级地方政府的密切关注和积极应对、各相关部门的通力协作和具体落实是最具中国特色的维护金融稳定的天然屏障和优势。

2. 灵活运用各种工具完善金融监管

综合运用利率、汇率、流动性支持、资本账户管理、支付体系支持等工具和制度,为金融机构和市场的稳健运行创造良好环境,维护金融体系的整体稳定。其中,利率工具是指在金融不稳定期间,中央银行通过降低或提高利率来稳定银行存款或防止资本大规模进出。汇率工具是指中央银行通过稳健和前瞻性的汇率政策,为金融稳定提供良好的汇率环境。流动性支持是指中央银行对可能引发系统性风险的金融机构所提供的资金支持。资本账户管理是指中央银行监测跨境资金流动或为应付金融恐慌而采取的管理措施。支付体系支持是指通过完善支付结算体系,确保资金在市场主体间正常周转。在金融风险的苗头出现时,舆论引导或道

---

① 中国人民银行网站:http://www.pbc.gov.cn/publish/jinrongwendingju/478/index.html

义劝告是非常重要的工具。有关部门可以采用公开或非公开的方式与投资者、金融机构及相关方面及时沟通,传达政策意图,督促金融机构稳健经营,防止金融恐慌,维持市场信心。

3. 最后贷款人职能的履行和存款保险制度建设

在金融风险处置中,中国人民银行依法履行最后贷款人职责,在向暂时出现流动性困难的金融机构提供紧急救助的同时,经国务院批准,对实施停业整顿、关闭撤销、破产清算的高风险金融机构也提供风险处置资金,在一定意义上承担了隐性存款保险的责任,对保护存款人利益、维护社会稳定发挥了重要作用。

4. 投资者教育

近年来,中国人民银行会同其他金融主管部门和地方政府采取多种方式,普及金融知识,提示金融风险,提高社会公众的金融素质。投资者教育通过一系列的教育培训、信息服务等方式,加强投资者对金融知识、金融产业和金融机构的了解,引导投资者树立正确的投资理念和风险意识,增强自我保护能力,并通过投资者对金融产品和金融机构的筛选,强化对金融机构的市场约束。开展和加强投资者教育,树立"买者自负"的投资理念,不仅是维护金融稳定的前提,也是促进金融业健康发展的必备条件。

(三) 加强金融基础设施和制度建设,改善金融生态环境

1. 加快支付体系建设

中国的支付体系主要由支付服务组织、支付工具、支付系统和支付结算管理四部分组成。《中国人民银行法》确立了中国人民银行作为支付体系的组织者、管理者、监督者的法律地位,赋予中国人民银行维护支付、清算系统稳定运行的职责。中国人民银行通过健全法规制度、完善政策环境、鼓励支付业务创新、规范市场秩序、增强风险防范能力等引导和推动支付结算体系发展,促进有序竞争,降低风险,维护金融稳定。

2. 不断完善社会信用环境

信用环境的不断完善,对于维护正常的社会经济秩序、防范和化解金融风险具有十分重要的作用。信用评级和征信体系建设是中国信用环境建设的重要内容。信用评级通过对经济主体、金融工具和其他社会组织的信用记录、经营管理、财务状况等要素进行独立、客观、公正的评价和判断,为投资者独立决策提供依据,对于加强市场约束、维护金融安全具有重要作用。中国人民银行组织商业银行建立的企业和个人信用信息基础数据库已分别于 2006 年 1 月和 7 月全国联网正式运行,该数据库网遍布全国,实现了全国所有金融机构之间的信用信息实时共享,其平稳运行为商业银行提高审贷效率、提升信贷业务管理水平提供了有效工具。征信体系目前已经成为经济、金融体系的重要基础设施,在防范信用风险、扩大信贷范围、改善社会信用环境、维护经济、金融稳定等方面的作用日益显著。同时征信法规制

度建设和征信市场监管不断加强,中国人民银行通过征信知识普及读本和广播短剧等形式加强征信宣传教育,也促使了社会信用意识的大幅提升。

3. 重视对洗钱活动的打击

中国政府一贯重视对洗钱活动的打击。1997 年修改的《刑法》将洗钱行为规定为刑事犯罪。2003 年的《中国人民银行法》赋予中国人民银行"指导、部署金融业反洗钱工作,负责反洗钱的资金监测"职责,对金融机构反洗钱工作的监管和资金监测成为中国人民银行维护金融稳定的有力手段。2006 年 10 月,《反洗钱法》颁布,我国的反洗钱法律体系进一步完善。2007 年起中国成为金融行动特别工作组(FATF)正式成员,在金融监管、情报合作、司法互助等多个领域全面加强反洗钱国际合作,更有效地防范和打击洗钱行为,维护中国国家利益及金融稳定。

(四)进行全面的金融稳定评估

中国人民银行于 2003 年 7 月牵头组成跨部门小组,开始对中国进行金融稳定自评估,并从 2005 年起按年度编写和发布《中国金融稳定报告》,该报告与《中国人民银行年报》、《中国货币政策执行报告》共同成为中国人民银行对外发布的三大重要报告。中国是 2009 年成立的金融稳定理事会成员国。

(五)加强金融监管协调

监管协调机制是指中国人民银行、财政部和金融监管机构之间、中央和地方之间、国内和国外之间建立有效的金融风险监测和处置的协调机制。我国目前已形成分业监管体系,中央银行、三家金融监管当局和财政审计等政府部门分别担负着维护金融稳定的职责。在这种格局下,监管当局有很大的独立性,但是金融监管和稳定中许多问题需要监管机构之间和监管机构与中央银行之间及时进行有效的沟通和协调,否则将直接影响监管效率和金融稳定。

协调方式主要有以下几种:第一,中国人民银行和三家金融监管机构之间建立联席会议制度,定期就金融政策、金融运行中的重大问题进行磋商。第二,建立中央银行与监管机构之间的信息共享机制,以加强分业监管格局下的信息交流与沟通,实现信息共享,使中央银行货币政策决策更具科学性,监管更具针对性,同时有助于中央银行与各监管机构全面掌握金融情况,防止监管真空的存在。第三,加强中国人民银行、监管机构与政府部门之间的合作。

(六)强化中央银行救助职能,建立危机快速反应机制

中国人民银行掌握多种政策工具,当金融机构陷入流动性困境并威胁金融稳定时,可适时调整政策工具的使用频率、期限、交易对象、交易条件等,以满足危机时期迅速增加的流动性需求。必要时扩大其可救助金融机构的范围,并赋予相应的监管权。建立满足商业性金融机构融资需求的有效机制,消除其"接受救助会导致名誉受损"的顾虑。当金融机构难以通过市场化方式获得融资时,允许中国人民银行视情况向其提供额外资本或阶段性持有股权,以避免金融机构大规模倒

闭对整个金融体系造成冲击。

第六节　国际金融监管改革的新发展①

2008 年由美国次贷危机引发的全球金融危机及欧洲主权债务危机,使国际金融监管改革不断推进,国际社会和主要国家越来越认识到,不能只关注单个金融机构或单个行业的稳健合规,还必须从系统整体的角度加强金融风险防范。国际社会和有关国家金融监管改革的核心内容体现在进一步完善系统性风险防范制度、建立健全宏观审慎管理制度框架上。

一、宏观审慎管理制度框架的形成背景和内涵

宏观审慎管理制度框架形成于 2008 年国际金融危机加剧之后。对于危机形成的原因,国际社会普遍认为,一是由于金融体系的顺周期性。危机前,市场价格走高、乐观情绪和信贷迅猛增长相互推动形成了资产泡沫,而在危机发生后,资产价格下跌、恐慌情绪和信用紧缩相互作用,导致资产价格持续暴跌并进一步加剧危机,这些都体现了典型的顺周期性。此外,监管标准和做法、会计准则、信用评级等环节也存在顺周期性。二是由于系统重要性金融机构(SIFIs)带来的风险。由于 SIFIs 规模大、交易对手多、组织机构复杂、与其他机构和投资者的关联性强且不可替代性较高,因此此类机构一旦陷入困境,不仅自身面临巨大的救助成本,也会影响交易对手和市场信心,加剧市场恐慌,造成金融体系的整体不稳定。同时,SIFIs 还存在"大而不能倒"所造成的道德风险,其破产成本高,需要考虑风险传递和成本如何分担的问题,还涉及多个国家的股东和债权人能否得到平等对待的问题。因此,国际社会普遍认为,应该对 SIFIs 采取更高的审慎性标准,在对其进行风险处置时也应更为坚决。

基于上述考虑,2009 年年初,国际清算银行(BIS)提出用宏观审慎的概念来概括导致危机爆发的顺周期性、大而不能倒、监管不足、标准不高等问题。这一概念逐渐被二十国集团(G20)及其他国际组织所采用。G20 匹兹堡峰会最终形成的会议文件开始正式引用宏观审慎管理和宏观审慎政策等提法,G20 首尔峰会则进一步形成了宏观审慎管理的基础性框架,主要包括监管和宏观政策方面的内容,并要求 G20 各成员国落实执行。此后,金融稳定理事会(FSB)、巴塞尔银行监管委员会(BCBS)等国际组织和全球金融体系委员会(CGFS)、三十人集团(G30)

---

① 本节内容主要参见由中国人民银行金融稳定分析小组编写的《中国金融稳定报告 2011》,中国金融出版社,2011 年 5 月。

都提出了加强宏观审慎管理的各种具体政策措施。

宏观审慎管理制度框架是一个动态发展的框架,目标是防范系统性金融风险、维护金融稳定,主要特征是建立更强有力的、体现逆周期性的政策体系。

宏观审慎管理制度框架主要涉及对银行的资本、流动性、杠杆率、拨备等审慎性要求,对 SIFIs 的额外要求以及会计标准、信用评级、衍生产品交易集中清算、影子银行监管等方面内容。

二、国际社会加强宏观审慎管理的进展

（一）建立逆周期资本缓冲

2010 年 12 月,BCBS 发布《逆周期资本缓冲操作指引》,提出建立逆周期资本缓冲机制,将其作为银行业监管改革的一项重要内容,以降低整个银行体系的顺周期性。

1. 强调资本对信贷增长的约束作用

逆周期资本缓冲机制能够在信贷过度增长且可能引发系统性风险时,促使银行储备更多资本,即建立更具前瞻性的逆周期资本缓冲,以抑制信贷的过度扩张;在经济下行、信贷周期出现逆转时,可以释放银行的逆周期资本缓冲,以吸收损失,保护银行体系免受剧烈冲击。因此,逆周期资本缓冲机制可以起到金融周期扩张和收缩阶段的稳定器的作用。

2. 以信贷/GDP 对自身长期趋势的偏离度作为指导变量

测算逆周期资本缓冲的核心是如何判断信贷出现过度增长。BCBS 以成员国历史数据为基础,对宏观经济、银行业经营状况以及融资成本等多个方面的变量进行了测算分析。

测算结果表明,与宏观经济相关的信贷/GDP 指标和银行危机事件的相关度最高。因此,BCBS 明确将信贷/GDP 对自身长期趋势的偏离度作为计提逆周期资本缓冲的指导变量[①]。当一国信贷/GDP 接近或低于其长期趋势时,表明信贷风险较低,逆周期资本缓冲可设定为零;当信贷/GDP 高于其长期趋势时,表明信贷过度增长,系统性风险累积,应计提逆周期资本缓冲。

但是 BCBS 强调,信贷/GDP 并非唯一参考变量,因为信贷变化具有滞后性,信贷/GDP 指标可能无法及时发出信号,且这一指标并不能充分体现各国经济、金融发展所处的不同阶段。基于上述考虑,BCBS 赋予各国当局自主裁量权,在本国信贷状况和系统性风险评估基础上,自主选取测算逆周期资本缓冲的指导变量,但要注意防范所选变量发出误导信号。同时,BCBS 指出各国可根据市场情况动态调

---

① BCBS 指出,如果将公共部门信贷纳入信贷总量,则信贷/GDP 指标与危机历史事件的相关度降低,因此提出将私人部门信贷/GDP 对自身长期趋势的偏离度作为指导变量,本章简化为信贷/GDP 指标。

节缓冲规模,可在危机爆发时快速释放缓冲,或在信贷周期出现逆转且金融体系未出现明显波动时,允许银行自主使用多余资本。此外,BCBS 建议各国当局定期更新对信贷变化和风险状况的评估,及时披露关于逆周期资本缓冲的相关决策。

3. 确定实施标准和过渡期安排

BCBS 规定在普通股最低资本充足率和资本留存缓冲之外①,设置逆周期资本缓冲,具体标准为普通股充足率增加 0—2.5 个百分点。由于逆周期资本缓冲实质上增加了银行的资本约束,考虑到各国银行需要时间调整信贷策略,BCBS 设置了过渡期安排,即从 2016 年 1 月 1 日起进入过渡期。第一年逆周期资本缓冲的要求为 0.625% ,以后每年增加 0.625% ,到 2019 年 1 月 1 日最终达到 2.5% 。同时,鼓励信贷增长过快的国家适当考虑加快建立逆周期资本缓冲,可根据情况设置更短的过渡期。此外,BCBS 特别考虑了国际活跃银行的逆周期资本缓冲安排,规定国际活跃银行应以其在不同国家的信用风险暴露为权重,加权计算所应提取的逆周期资本缓冲。

(二)强化对系统重要性金融机构的监管

2010 年 10 月,金融稳定理事会发布《降低系统重要性金融机构的道德风险》报告,从强化监管、提高损失吸收能力、完善处置机制以及保持各国政策一致性等方面提出 SIFIs 的政策框架。FSB 和 BCBS 正在对 SIFIs 具体评估方法及提高损失吸收能力、提高监管有效性以及危机处置工作等问题进行研究,相关政策措施将于 2011 年陆续出台。

1. 系统重要性金融机构的评估方法

根据 2009 年 10 月 IMF、FSB、BIS 提出的指引,识别 SIFIs 主要考虑规模、关联性和可替代性等三方面的指标。其中,规模反映一个机构在整个金融体系中的地位;关联性反映一个机构经营状况和风险对其他机构、交易对手和行业的影响;可替代性反映客户和其他机构对该机构的依赖程度。同时,针对全球系统重要性金融机构(G-SIFIs)在国际金融活动中处于领先地位、对国际金融体系的稳定性产生关键影响的特点,识别 G-SIFIs 还要考虑能够反映其全球活跃程度的指标,如跨境资产和负债等,这些指标达到一定比例的,将纳入 G-SIFIs 范围。此外,考虑到大多数 SIFIs 在全球开展业务,或通过资产负债表等途径与全球金融体系关联密切,还需在评估方法中引入复杂性指标,以反映其组织结构和业务复杂程度。

2. 强化系统重要性金融机构的吸收损失能力

FSB 认为 SIFIs 应在巴塞尔Ⅲ确立的最低资本要求之上,保有额外资本。但对

---

① 根据 BCBS 规定,银行的普通股最低资本充足率为 4.5% ,资本留存缓冲为普通股充足率增加 2.5 个百分点,因此,普通股资本加上留存资本缓冲后应达到风险加权资产的 7% 。在此基础上,再设定逆周期资本缓冲,为普通股充足率增加 0—2.5 个百分点。

额外资本的具体构成和比例,国际社会尚未达成共识。有的意见认为,额外资本要求应是一级资本中的普通股,也有意见认为可通过应急资本工具、债务工具、其他具有"自救"(bail-in)性质的债务等方式满足额外资本要求。在额外资本要求之外,有关国际组织还在研究其他政策措施,包括对 SIFIs 实施更严格的大额风险暴露限制和额外流动性要求等,以限制金融机构从事高风险金融业务,避免其规模过于庞大。

3. 提高监管力度和有效性

FSB 建议各国从以下五方面改善监管体系:一是明确监管权力与独立性,以识别早期风险并进行干预;二是各国监管机构应具有对 SIFIs 基于风险实施差别化监管的权力;三是强化针对金融体系复杂性和关联性的监管措施,提高监管标准,实现宏观和微观风险监测一体化;四是各国应建立不同监管机构之间的信息收集和共享机制,促进监管协调;五是针对所有大型跨境金融机构,各国监管机构应共同建立联合监管机制,并与大型跨境金融机构定期进行磋商,全面评估其经营行为及面临的风险。FSB 还要求 BCBS、国际证监会组织(IOSCO)和国际保险监管官协会(IAIS)在更新相关核心原则时充分考虑上述建议,并且要求各国监管当局改进监管方法和提高监管技术。

4. 完善风险处置安排

FSB 提出,所有 SIFIs 应建立处置计划,一旦出现风险,要对其进行有序处置。根据 FSB 的上述要求,有关国际组织正在对 SIFIs 有效处置的核心工具、处置计划的关键要素、评估可处置性的标准、自救工具以及针对单个机构的危机处置跨境合作协议等问题进行深入研究。各国应明确指定负责处置的机构并赋予相应的权力,建立相应制度安排,避免动用纳税人资金。

专栏 15-2　　　　　　　　宏观审慎管理中有关中央银行作用的观点

国际金融危机爆发后,加强宏观审慎管理、发挥中央银行在宏观审慎管理中的核心作用成为国际社会共识。

国际货币基金组织(IMF)在《宏观审慎政策:亚洲视角的国际研讨会会议总结》中指出,宏观审慎政策应纳入宏观经济政策框架,货币政策制定者应在宏观审慎管理中发挥核心作用。作为宏观审慎管理的唯一或主导机构,中央银行应有权针对系统性风险提出并实施监管措施。IMF 总裁卡恩认为,常规的宏观经济政策与宏观审慎工具之间具有内在联系,需要通盘考虑,这意味着中央银行今后的作用将发生变化。欧洲中央银行(ECB)行长特里谢指出,中央银行具有维护金融稳定的天然职能,其政策导向是中长期的,在宏观审慎管理中应发挥重要作用。

经济学家布兰查德认为,宏观审慎职责集中于中央银行,有利于中央银行分析、调整货币政策对杠杆率和风险偏好等的潜在影响。货币政策与审慎管理政策的有效结合能够提供许多应对危机的逆周期性工具。国际清算银行(BIS)行长卡如阿那指出,货币政策与金融稳定的紧密关系,决定了中央银行必须在宏观审慎管理框架中发挥重要作用,因为中央银行是唯一能在短时间内为金融体系注入大量流动性的机构,中央银行是"最后贷款人",支付清算系统是现代金融系统的核心,中央银行拥有大量资源分析宏观经济和金融形势。ECB理事思马杰认为,中央银行难以以利率这一单一政策工具来实现物价稳定和资产价格稳定两个目标,因此中央银行需要其他工具来应对资产价格变化,而这些工具属于宏观审慎管理的范畴。经济学家库德哈特指出,中央银行的本质在于通过调整自身的资产负债表创造流动性,而流动性管理又是金融稳定的关键。如果全权负责流动性管理的中央银行没有宏观审慎管理权,局面将会非常复杂。英国财政大臣奥斯本指出,只有中央银行才具有对宏观经济的深入理解、权威和知识来作出宏观审慎决策。中央银行作为最后贷款人,需要全面了解其要支持的金融机构的各方面情况。

美联储主席伯南克指出,金融危机最深刻的教训是金融机构"大而不能倒"的问题必须解决。美联储原本可以于危机前在银行资本标准方面做更多事情,但美联储缺乏对金融机构进行全面监管的权力。美联储最适合监管大型、复杂金融机构。白宫经济顾问沃尔克认为,货币政策和金融稳定这两个方面不可分割,应赋予美联储对系统重要性银行的监管权。

美联储需要获得关于银行运作的、有价值的第一手资料,以统揽市场和经济全局。日本银行行长白川方明指出,中央银行维护金融体系稳定是不可或缺的,也必将在宏观审慎管理中扮演重要角色。危机前,日本央行就开始进行宏观审慎管理,对在其开立存款账户的金融机构开展现场检查,掌握更多关于金融机构业务表现和资产质量的信息,以便分析评估金融体系的整体风险。

资料来源:《中国金融稳定报告2011》,中国金融出版社,2011年5月。

三、部分国家和地区金融监管改革

金融监管体制不适应金融业发展变化是2008年国际金融危机发生和蔓延的一个重要原因。2010年,美欧等国家和地区相继出台金融改革方案,对金融监管体制进行重大调整,集中体现为以防范和化解系统性风险为目标,促进货币政策、金融稳定和金融监管的协调统一,反映了国际金融监管发展的主流趋势。改革后,金融监管环境趋于严格,金融机构经营行为更加审慎,将对全球金融稳定产生积极作用。

（一）美国金融监管改革的主要内容

2010年7月,美国颁布《多德—弗兰克华尔街改革和消费者保护法案》(以下简称《多德—弗兰克法案》),以强化防范和化解系统性风险为主线,着重从以下几个方面完善金融监督和管理体系。

1. 设立金融稳定监督委员会,识别和防范系统性风险

新设立的金融稳定监督委员会(FSOC)由10名有投票权成员和5名无投票权成员构成,承担以下职责:识别系统重要性机构、工具和市场,以及源于金融体系内外的、威胁金融稳定的风险,对风险提出应对措施;经委员会2/3以上成员同意,确定哪些非银行金融机构属于系统重要性机构,并指定美联储监管;建议美联储对系统重要性机构提高监管标准;在必要时批准美联储分拆严重威胁金融稳定的金融机构。

2. 扩大监管范围,填补监管漏洞

一是美联储作为系统重要性机构的监管主体,不仅监管资产超过 500 亿美元的银行,还监管所有具有系统重要性的证券、保险、金融控股公司,如果对冲基金和私募基金被认为规模过大或风险过大,将被置于美联储的监管之下。美联储有权对金融控股公司及其任何一个子公司(包括非存款类子公司)进行直接检查,有权直接从金融控股公司获取信息。对于在金融活动之外还从事非金融活动的公司,美联储可要求其成立中间持股公司,以更好地管理金融业务。强化美联储对系统重要性支付、清算、结算活动及系统重要性金融市场公用设施的监管,在必要时提供贴现窗口支持和优惠贷款。保留美联储对小银行的监管权。

二是将场外衍生品、对冲基金、私募股权基金和信用评级机构纳入监管范围。场外衍生品接受商品期货委员会(CFTC)和证券交易委员会(SEC)监管。为提升透明度,降低交易对手风险,推动衍生品交易进行集中清算。要求对冲基金和私募基金投资顾问到 SEC 注册,并向 SEC 报告交易情况和资产组合等方面的信息。资产规模超过 1.5 亿美元的公司必须接受 SEC 的监管和定期检查。保留 SEC 对信用评级公司的监管权,降低评级公司与被评级机构和承销商之间的利益关联度,评级质量长期低劣的机构将被吊销执照。

三是在财政部下设联邦保险办公室,履行向 FSOC 提交需要施加严格监管的系统重要性保险公司名单等职责。

2. 提高金融监管标准,降低金融机构"大而不能倒风险"

一是针对系统重要性机构,美联储负责制定更加严格的监管标准和要求。包括:资本、杠杆率、流动性、风险管理,清算方案等要求。若系统重要性机构严重威胁美国金融稳定,FSOC 和美联储可要求该机构采取保持一个特定的股权负债比率或出售部分资产等措施。二是实施"沃尔克规则"①。限制商业银行运用自有资金进行自营交易业务,将商业银行投资对冲基金和私募股权基金的规模限制在基金所有者权益和银行一级资本的 3% 以内,单个金融机构不得通过收购兼并使其负债规模超过金融体系负债总额的 10%。三是控制资产证券化风险。对资产证券化实现风险共担,要求销售抵押贷款支持证券等产品的机构留存至少 5% 的信用风险。

3. 完善公司治理和高管薪酬激励机制,加强金融机构自我约束

强化股东和董事会监督,授予上市公司股东对公司高管薪酬和"金色降落伞

---

① "沃尔克规则"是由奥巴马政府的经济复苏顾问委员会主席保罗·沃尔克(PaulVolcker)在 2010 年 1 月提出,主要内容是以禁止银行业自营交易为主,将自营交易与商业银行业务分离,即禁止银行利用参加联邦存款保险的存款进行自营交易、投资对冲基金或者私募基金。奥巴马批准了沃尔克提出的这个建议,并把这项政策称为"沃尔克规则"(Volcker Rule)。

离职制度"①无强制性约束力投票的权力,要求上市公司薪酬委员会必须由独立董事构成并有权聘请薪酬顾问。完善薪酬激励机制,建立高管薪酬"钩回"(claw-back)制度,要求金融机构高管退回违反会计准则和基于不实报表发放的薪酬。限制交叉任职,将存款类机构管理层之间的交叉任职限制扩展到受美联储监管的非银行金融机构。

4. 建立全覆盖的有序风险处置和清算安排,突出联邦存款保险公司的作用

一是扩充联邦存款保险公司(FDIC)的监管权。FDIC 对州一级资产规模小于500 亿美元的银行、储贷机构及其控股公司进行监管;对系统重要性非银行金融机构及大型银行具有后备(backup)检查权,可实施特别检查,对存款类机构控股公司可采取强制性执行措施;将存款保险基金的最低目标储备率(DRR)由 1.15% 提高到 1.35%,存款保险限额永久性提高到 25 万美元,并将其效用追溯至 2008 年 1月 1 日,保费改为以总资产为基础征收。二是赋予 FDIC 有序清算职责,对濒临倒闭的金融机构是否具有系统重要性,一般由 FDIC 和美联储认定。但如果该金融机构属于证券业或保险业,则由美联储分别会同 SEC 或联邦保险办公室共同认定,并征求 FDIC 的意见。由财政部、美联储和 FDIC 三方决定对系统重要性机构启动有序清算程序。FDIC 根据授权对陷入困境的系统重要性机构进行接管和清算,视情况设立一至数家过桥机构对其业务、资产和负债进行承接。股东和无担保债权人将承担相应损失,而不使用纳税人资金为其提供救助。大型复杂金融机构必须定期拟定破产时快速有序处置的清盘计划,并提交美联储和 FDIC 批准。

5. 成立金融消费者保护机构,加强金融消费者保护

在美联储内部设立相对独立的金融消费者保护局(CFPB),统一行使原分散在7 家金融监管机构的消费者权益保护职责,具体包括:负责制定反不公平、欺诈和不法行为的规则;对向消费者提供信用卡、按揭贷款等金融产品和服务的银行或者非银行金融机构实施行为监管,并有权对存款类机构、投资顾问、大型金融服务提供者等实施检查。增加相应的编制和预算,预算资源由美联储提供。加强消费者金融教育,规范销售和放贷行为。提高投资门槛,确保对冲基金和私募基金只销售给对此类基金的投资风险具有识别和承受能力的投资者。设立住房抵押贷款全国性最低标准,要求银行审核借款人收入水平、信用历史和就业状况,确保借款人有能力偿还借款。

(二) 英国金融监管改革的主要内容

2010 年 7 月,英国正式公布了金融监管改革方案《金融监管的新方法:判断、

---

① 金色降落伞也称黄金降落伞,是指按照聘用合同中公司控制权变动条款对高层管理人员进行补偿的规定,金色降落伞规定在目标公司被收购的情况下,公司高层管理人员无论是主动还是被迫离开公司,都可以得到一笔巨额安置补偿费用。

关注和稳定》(征求意见稿),对英格兰银行、财政部和金融服务局构成的三方金融监管体制进行了根本性改革,确立了英格兰银行全面负责宏观审慎管理和微观审慎监管的地位。

1. 英格兰银行负责宏观审慎管理

在英格兰银行理事会下设立金融政策委员会(FPC),赋予强有力的宏观审慎管理手段,专门负责金融稳定。FPC 有 11 名成员,由英格兰银行行长担任主席,成员包括 5 名英格兰银行高级官员、新成立的消费者保护和市场管理局(CPMA)局长,以及由财政大臣提名的 4 名外部成员和 1 名财政部非投票代表。FPC 对英格兰银行理事会、财政部以及英国议会负责。

2. 撤销金融服务局

将其监管职能转由新设立的、英格兰银行下属的审慎监管署(PRA)承担。PRA 将转换监管方法,从基于规则的方法转变为以风险判断为核心的方法。PRA 将金融机构具体监管信息反馈给 FPC,由后者进行相关宏观审慎分析。PRA 根据 FPC 宏观审慎管理的要求,对金融机构采取具体监管行动。宏观审慎管理与微观审慎管理职能集中于英格兰银行,旨在彻底消除职责不清和监管漏洞问题。

3. 成立消费者保护和市场管理局

CPMA 专司金融消费者保护和金融机构商业行为监管,统一行使原属于金融服务局、金融督察局、消费者金融教育组织和金融服务补偿计划的消费者保护职能。监管对象包括所有从事零售和批发业务的金融机构,以及交易所等金融市场基础设施。监管目标是保护金融消费者和维护市场完整性。

(三) 法国金融监管改革的主要内容

2010 年 1 月,法国颁布法案,对金融监管体制进行重大改革,建立以中央银行为核心,包括审慎监管局、金融市场监管局在内的管理框架,以保证更全面地防范金融集团风险,实现处理宏观审慎事项的协调合作。

1. 合并银行监管部门和保险监管部门,将银行业和保险业监管职能赋予新设立的审慎监管局

审慎监管局(ACP)作为负责维护金融稳定和保护消费者权益的机构,对银行业和保险业进行监管。银行业包括信贷机构、投资公司、支付机构和外币兑换公司;保险业包括保险公司、再保险公司、共同保险公司和公积金机构。ACP 负责对银行业和保险业颁发执照并进行现场和非现场检查,检查银行业机构保持流动性的合规性,检查保险机构对被保险人的理赔情况,检查所有被监管机构对破产要求的遵守程度。ACP 处理银行业机构平稳运行的检查和支付体系安全问题应当向中央银行征求意见和建议。ACP 还可以扩大检查范围,成立制裁委员会,处理违法经营机构,向公众披露相关信息以及代表法国出席与金融监管相关的国际会议。

2. 进一步明确审慎监管局、金融市场监管局与中央银行三方之间的密切联系和合作

一是确保 ACP 与中央银行的紧密联系。法案明确规定由法国中央银行副行长担任 ACP 委员会主席，并由中央银行对 ACP 提供资源、员工、信息、金融和经济分析等各方面的支持。同时规定，ACP 没有独立的法人资格，由中央银行代表其签署所有法律文件并为其履行相关职能提供帮助。二是加强金融市场监管局（AMF）与 ACP 的合作。设立 AMF，对金融市场的完整性、投资者保护和上市公司进行监管。AMF 与 ACP 共同成立联合小组负责监管金融市场产品，确保监管措施的实施，联合建立信息平台，并共同对设立投资服务提供商进行审查。AMF 主席是 ACP 委员会的成员，同样，ACP 主席也是 AMF 委员会的成员。三是强化 AMF、ACP 与中央银行的协调运行。AMF、ACP 同中央银行达成协议，共同利用中央银行的分支机构和全国服务网络对消费者保护进行检查。AMF 可以委托或同中央银行、ACP 一起对法国大型银行进行联合监管，开展现场和非现场检查。AMF、ACP 与中央银行的主席都是法国金融监管与系统性风险委员会的成员，共同分享金融市场的专业技能和知识，预测与识别系统性风险。

（四）欧盟金融监管改革的主要内容

2010 年 9 月，欧洲议会通过了新的金融监管法案。根据这一法案，从 2011 年 1 月起，欧洲系统性风险委员会、欧洲银行业监管局、欧洲证券和市场监管局、欧洲保险和职业养老金监管局四家欧盟监管机构宣告成立并正式运转，从宏观和微观层面加强对金融体系的监管。

1. 成立欧洲系统性风险委员会，负责宏观审慎管理

欧洲系统性风险委员会（ESRB）负责对欧盟金融体系进行宏观审慎管理，包括完善预警机制、识别系统性风险并对其进行分级、向相关机构提出警告或建议等。ESRB 由董事会、执行委员会和秘书处组成。董事会成员由各成员国央行行长、欧洲央行正副行长、一名欧盟委员会成员、各欧盟监管机构主席等组成。其他成员包括成员国监管机构代表、经济和金融委员会主席等。ESRB 进行系统性风险研究的宏观数据和信息主要来自欧洲中央银行，并通过秘书处获得欧洲银行业监管局、欧洲证券和市场监管局、欧洲保险和职业养老金监管局、各成员国央行和监管机构的信息。

2. 分别成立行业监管局，负责微观审慎监管

新成立欧洲银行业监管局（EBA）、欧洲证券和市场监管局（ESMA）、欧洲保险和职业养老金监管局（EIOPA），在欧盟范围内制定统一的监管规则并保证其有效实施，在危机情况下进行监管协调，研究对金融创新的监管。上述监管局可直接要求各成员国监管机构和金融机构等提供所需要的信息，并与 ESRB 建立定期和非定期的信息沟通机制。此外，设立欧盟监管机构联合会继承金融集团联合会的所

有工作,协调 EBA、ESMA 和 EIOPA 的工作,解决跨业经营和金融集团问题。

四、巴塞尔银行监管委员会监管改革

(一)巴塞尔银行监管委员会的成立背景和工作内容

1. 成立背景

1970 年代早期,美国、英国、德国及阿根廷等国,频繁出现了一些大的国际性银行倒闭事件,如 1974 年德国赫斯塔特银行、美国富兰克林国民银行的倒闭,直接推动了巴塞尔委员会的诞生。特别是德国赫斯塔特银行的倒闭,在国际银行界引起了巨大震荡。

此时,各国中央银行开始认识到,在当时的情况下,除非各国银行监管机构加强国际合作,否则,银行的国际业务就很难开展下去。为了实现这一目标,经英格兰银行倡议,在国际清算银行的主持下,经济合作与发展组织(OECD)10 国集团的中央银行行长们于 1974 年底建立了"银行法规与监管事务委员会",后更名为"巴塞尔银行监管委员会"(Basel Committee on Banking Supervision),通称"巴塞尔委员会"。

2. 工作内容

巴塞尔委员会的成立,为成员国在银行监管上的国际合作提供了一个十分重要的"论坛"。巴塞尔委员会成立时,根据十国集团行长们的要求,其首要任务原本是探讨改进"早期预警"(early-warning)系统的方法。但后来,委员会又着手研究银行监管国际合作的形式,以弥补监管方面存在的漏洞,提高各国监管水平,改善全球监管质量。

(1)弥补监管漏洞。巴塞尔委员会的一项重要工作任务,就是堵塞银行业国际监管中的漏洞。为此,委员会遵循了两条基本原则:一是任何境外银行机构均必须要接受监管,二是监管必须是充分的、有效的。为了达到堵塞监管漏洞这个目标,巴塞尔委员会成立后的第一个重大行动,就是于 1975 年 12 月就监管银行国外机构的问题向十国集团行长们所做的报告——《银行国外机构的监管原则》。

(2)确定统一的国际银行资本充足率监管标准。1987 年 12 月,委员会就统一资本计量与资本标准的国际协议发布征求意见稿,并于 1988 年 10 月正式颁布,正式名称为《统一资本计量与资本标准的国际协议》,简称《巴塞尔资本协议》。

(3)强化风险管理。巴塞尔委员会发布了大量文件,试图解决银行业界面临的种种风险的监管问题。这些文件主要集中在信用风险管理、金融衍生产品和表外业务风险管理、银行信息披露等方面。

(4)加强监管组织的沟通与合作。为了使更多的国家参与巴塞尔的工作,巴塞尔委员会一直鼓励其成员与其他银行监管机构之间进行广泛的沟通与合作。同时,委员会自身也与许多区域性的监管机构保持着密切的联系。

至此,巴塞尔委员会的工作已远远超出其成员国的范围,促进建立全球范围内稳健的监管标准体系,已成为其最重要的工作目标。

(二)巴塞尔协议的演变

自 1974 年成立以来,BCBS 致力于加强和改善银行风险管理,发布了一系列银行监管原则和指引,统称为巴塞尔协议。这些原则和指引既是一定时期内对国际银行业风险管理经验教训的总结,又代表着银行业监管的发展趋势,BCBS 也由此成为国际银行业监管标准和准则的主要制定机构。

1. 巴塞尔 I 确立了全球统一的银行业资本监管框架

20 世纪 80 年代,拉丁美洲爆发债务危机,发达国家银行业损失惨重,一些国家银行业的低资本全球扩张影响了公平竞争环境。在此背景下,BCBS 于 1988 年发布《统一资本计量和资本标准的国际协议》,俗称巴塞尔 I,目的是以明确的资本要求约束银行业务规模和风险水平,保障银行稳健经营。巴塞尔 I 以银行资本充足率为中心,明确资本定义,将资本分为三个等级。一级资本主要包括普通股、公开储备、留存收益和高质量优先股;二级资本包括贷款损失一般准备、混合资本债①、长期次级债;三级资本包括原始期限不低于两年的短期次级债等。按交易对手风险状况,对银行表内外资产设置了不同的风险权重,计算出银行风险加权资产。据此,还设置资本充足率(资本/风险加权资产)的最低监管标准,即一级资本充足率不低于 4%,总资本充足率不低于 8%。这标志着以资本为核心的国际银行业监管框架正式确立。目前已有 100 多个国家以不同形式实施此框架。

2. 巴塞尔 II 构建了以"三大支柱"为基础的监管框架

巴塞尔 I 强调资本的重要性但风险覆盖不全面且风险资产分类过于宽泛,监管资本的风险敏感度不高,在金融市场创新的大环境下难以约束国际银行的监管套利。为此,BCBS 对巴塞尔 I 进行修订,于 2004 年发布了《统一资本计量和资本标准的国际协议:修订框架》,通常称之为新资本协议,俗称巴塞尔 II。

巴塞尔 II 以风险管理和风险量化为核心,构建了以最低资本要求、监督检查、市场约束三大支柱为基础的新资本监管框架。第一支柱最低资本要求在计算信用风险加权资产时,引入内部评级法,改变了由监管部门确定风险权重的方法。在信用风险基础上增加了市场风险和操作风险的概念,并将资产证券化、交易账户风险等纳入资本监管框架,扩大了资本的风险覆盖范围;第二支柱监督检查指监管当局应检查、评估银行内部管理程序;第三支柱市场约束指银行应及时披露资本充足状况、风险评估和管理过程等信息。巴塞尔 II 赋予了资本充足率更加丰富的风险管理内涵,总体有效性得到国际监管组织和各国监管当局的广泛认可,许多国家和地区正在推行巴塞尔 II。

---

① BCBS 关于混合资本债务的要求包括发行并实缴、无担保、不可主动赎回等。

3. 对表外业务和资产证券化业务的规范

此次国际金融危机爆发后,巴塞尔Ⅱ框架下对表外业务和证券化产品的资本要求不足问题充分暴露,为此 BCBS 于 2009 年着手对新资本协议框架进行修订。此轮修订大幅提高了资产证券化,特别是资产再证券化风险暴露的风险权重,强调全面风险管理的监管要求,严格对信用风险集中度、表外资产、声誉风险等方面的规范,并细化了资产证券化、交易账户业务和表外风险的信息披露要求,提出了对在险价值进行压力测试等方面内容。此外,BCBS 还发布了《压力测试实践和监管的稳健原则》,搭建了涵盖压力测试情景、方法及应用的监管框架,强调压力测试与全面风险管理体系结合的重要性。

4. 巴塞尔Ⅲ进一步强化资本和流动性监管要求

自危机爆发以来,改革现行的金融监管制度、增强金融体系稳健性成为国际社会的共识。在二十国集团(G20)推动的各项金融监管改革措施中,BCBS 负责修改和制定国际银行业监管标准和准则,并于 2010 年 12 月 16 日正式发布《增强银行业抗风险能力的全球监管框架》和《流动性风险计量、标准与监测的国际框架》,即"巴塞尔Ⅲ"。巴塞尔Ⅲ以资本和流动性监管改革为核心,旨在构建更加完善的银行业监管体系。

(三) 巴塞尔Ⅲ的主要内容

巴塞尔Ⅲ的改革内容较为严格且具有较强的操作性。除了更严格的微观审慎监管要求外,针对系统性金融风险管理不足的缺陷,还提出了加强宏观审慎管理的要求。巴塞尔Ⅲ的出台将大幅提高银行业的资本质量,改善银行业的流动性管理,提升整个银行业的抗风险能力,为全球宏观经济增长提供长期发展动力。

1. 严格资本要求

针对主要发达经济体银行资本质量普遍不高、损失吸收能力不足等问题,巴塞尔Ⅲ进一步严格资本的定义,强调普通股和留存收益在资本中的主导地位,规范普通股资本、一级资本和二级资本的计入标准,并取消原用于抵偿市场风险的三级资本。同时明确了少数股东权益、商誉及其他无形资产、递延税资产、对未并表金融机构的重大投资等 8 个普通股一级资本的扣减项,以提高资本的损失吸收能力。

为扩大资本覆盖风险的范围、捕捉潜在表外业务的风险,巴塞尔Ⅲ大幅提高对交易对手信用风险的资本要求,指出银行应对信用估值调整引致的盯市损失计提资本。此外,BCBS 还配合国际支付结算体系委员会(CPSS)等组织起草中央交易对手的评价标准,并参照此标准区别设置银行对中央交易对手信用风险暴露的资本要求,提高了双边场外交易风险暴露的资本要求,以鼓励场外衍生品交易向中央交易对手集中。

同时,巴塞尔Ⅲ进一步提高了监管资本的最低要求,普通股一级资本充足率(普通股一级资本/风险加权资产)由原来的 2% 提高至 4.5% ,一级资本充足率由

4%提高至6%,总资本充足率维持8%不变。在此基础上又提出了2.5%的资本留存缓冲要求,使得实际的总资本充足率要求达到10.5%。

2. 建立国际统一的流动性监管框架

此次国际金融危机中,一些银行尽管资本充足,但在金融市场快速逆转时因流动性迅速枯竭而陷入危机。为强化流动性风险管理,巴塞尔Ⅲ建立了全球统一的流动性风险监测工具和两个定量监管指标,即流动性覆盖比率(LCR)和净稳定融资比率(NSFR),并加强流动性跨境监管合作和信息共享,以更好地识别流动性风险,增强银行体系应对全球流动性压力的能力。

流动性覆盖比率(高质量流动资产/未来30日的现金净流出量)反映了压力状态下银行短期流动性水平。其分子是变现能力较强的高质量流动性资产,包括现金、高质量债券等无变现障碍、优质的流动性资产储备;分母是银行负债方的净现金流出量和资产方的净现金流入量的差额。该指标值要求不小于100%,以确保银行持有充足的高质量流动性应对短期流动性风险。

净稳定融资比率(可用稳定资金来源/业务所需的稳定资金需要)反映了银行长期流动性水平。其分子是银行负债和权益类业务所能提供的长期资金,分母是银行资产类业务所需要的长期资金。该指标要求大于100%,以确保银行持有更稳定的资金来源,满足资产的流动性需要和表外承诺的或有流动性需要,增强资产负债期限结构配比的稳定性,提高银行长期抗风险能力。

除上述两个监管指标外,巴塞尔Ⅲ提供了多个流动性监测工具,其中合同期限错配用以显示银行在特定时间内需补充的流动性总量;融资集中度用于识别比较重要的交易对手和金融工具,以鼓励融资来源多元化;可用的无变现障碍资产指银行可在二级市场进行抵押融资或被央行接受作为贷款担保品、无变现障碍的资产。

3. 加强市场约束和公司治理

为缓解银行对外部信用评级的过度依赖,巴塞尔Ⅲ进一步强化了对银行使用外部信用评级机构的监管要求,将《国际证监会组织(IOSCO)信用评级机构行为准则》的相关规定纳入巴塞尔协议的资本框架中,缓解与风险缓释相关的"陡壁效应"[①],限制银行随意更换外部信用评级机构或只采纳对自身有利的评级结果,在外部评级机构对证券化业务评估时要强化评估流程的信息披露。

BCBS发布的《加强银行业公司治理原则》对完善银行业公司治理提出原则性建议,包括:强调董事会对银行经营的全面责任和对银行高管的监督责任,董事会成员应具备独立、客观的判断能力和专业水平;母公司董事会对集团及单个子公司均要持续监控、管理;银行应具备权威、独立的风险控制部门;监管部门应对银行总体治理情况进行评估,并能采取有效措施解决银行公司治理中的重大缺陷。此外,

---

① "陡壁效应"是指担保机构信用评级恶化时,资本要求会骤然增加,产生顺周期效应。

BCBS 强调银行应建立一套与其长期目标一致的薪酬制度,推动银行建立薪酬激励与风险约束的平衡机制,努力减少不恰当的薪酬机制带来的不合理的风险承担行为,提高公司治理中薪酬决策的独立性和专业性,强化董事会对薪酬制度设计和运行的监控职责。

4. 缓解银行体系顺周期性

银行体系存在的顺周期性在国际金融危机中起到了推波助澜的作用,为此,巴塞尔Ⅲ在资本要求、杠杆率监管和损失拨备制度等方面采取措施,抑制银行体系的顺周期性。

巴塞尔Ⅲ提出了国际统一的资本留存缓冲标准,在最低资本要求的基础上,普通股充足率要求增加 2.5 个百分点。当缓冲接近最低资本要求时,将限制银行的收益分配,促使银行通过内部积累提高资本实力。该标准鼓励银行进行超额资本留存,以备压力时期吸收非预期损失,提升经济衰退时期银行体系的稳健性。

为防范经济扩张时期信贷激增可能导致的系统性风险,巴塞尔Ⅲ提出了逆周期资本缓冲方案,通过发挥资本对信贷增长的约束作用,平抑信贷周期。基本思路是在信贷激增可能产生重大风险时,要求银行根据信贷/国内生产总值超出其长期趋势值的程度测算提取资本缓冲,为普通股充足率增加 0—2.5 个百分点;在经济下行、信贷周期逆转时释放资本缓冲,确保银行有充足资本维持信贷资金的正常周转。

金融危机中,银行业被迫去杠杆化,放大了资产价值下滑的压力,进一步恶化了损失。为此,巴塞尔Ⅲ设立了 3% 的杠杆率监管标准(监管资本/银行总风险暴露),并作为资本充足率的补充,纳入第一支柱框架。该标准为银行体系杠杆化设定了底线,有助于限制银行表内外风险过度暴露,并缓解不稳定的去杠杆化对金融体系和实体经济带来的负面影响。

同时,BCBS 正在研究改进监管指引,引导银行建立更具前瞻性的损失拨备制度,根据预期损失而非既有损失计提拨备。BCBS 还协助国际会计准则委员会(IASB)修订会计标准,讨论建立基于预期的会计计算方法,降低现行国际会计标准的顺周期性。

5. 防范系统性风险和关联性风险

系统重要性银行在经济中扮演重要角色,由于存在较强的系统关联性,大型银行的经营困境会在整个金融体系和实体经济中传递负面冲击,影响整体经济稳定。同时"大而不能倒"的问题存在道德风险,因此需要加强监管防范风险。巴塞尔Ⅲ明确提出系统重要性银行除满足最低资本要求外,应具有更强的损失吸收能力,BCBS 正在研究制定针对系统重要性银行的额外资本要求的规定。此外,BCBS 还探索了一系列降低系统重要性银行风险和外部性的措施,包括额外流动性要求、限制大额风险暴露等。

　　在巴塞尔Ⅲ框架下,BCBS还在研究应急资本工具,旨在增强系统重要性银行的额外吸收损失能力。一是当一国当局判定银行难以持续经营或公共部门准备注资时,银行普通股之外的资本应具有冲销或转化为普通股的能力;二是确立银行持续经营条件下的应急资本机制,即对银行普通股之外的资本工具作出事先规定,在一定触发条件下(如资本充足率降低至一定水平),能够全部或部分转化为普通股,增强银行资本实力;三是提出自救(bail-in)债券的概念,当银行陷入经营困境时,此类债券按照事先约定条款削减债务或直接转化为普通股,以减少银行债务负担或增强资本实力,帮助银行恢复正常经营。

　　6. 建立跨境银行处置机制

　　吸取金融危机中银行处置的经验教训,BCBS发布《跨境银行处置工作组最终报告及建议》,进一步强化跨境银行处置机制,有效应对与此相关的系统性风险。具体包括:第一,强化国家对跨境银行的处置权和实施力度。有关当局应拥有对所有陷入困境的银行进行处置的适当手段和工具,以有序处置危机,维护金融稳定。第二,强调单个银行应制定应对危机的计划。系统重要性跨境银行和各国监管部门应制定应急预案,以应对严重的金融危机或金融不稳定状况。该方案应确保监管当局在危机时期获得足够信息,并有助于监管当局对不同处置方案进行评估。第三,强化风险化解机制,通过净价结算安排、抵押安排、有监管的中央交易对手制度等风险缓释机制降低风险蔓延的概率。

本章小结

　　1. 金融监管是金融监督与金融管理的总称。金融监管的起因或必要性,可以从三个方面加以理解:一是金融业的特殊性,二是金融市场的失灵,三是金融风险的社会性。

　　2. 金融监管所要达到的一般目标主要有三项:一是维持金融安全稳定和良好的金融秩序;二是防止金融业的垄断和保持金融效率;三是保护投资者和存款人的利益。世界上大多数国家将金融监管的具体目标明确地反映在有关的金融法中。

　　3. 世界各国的金融监管的基本原则大致相同,主要包含五项:监管主体独立性原则、依法监管原则、监管与自律结合原则、风险性监管原则以及母国与东道国共同监管原则。

　　4. 金融监管当局对金融业进行监管,主要内容包括对金融机构市场准入的管理、对业务经营活动的监督检查、对有问题机构的处理以及化解风险的措施等。对金融机构市场准入的监管,主要是从金融机构存在的必要性和金融机构的生存能力这两个方面进行审查。对金融机构市场运作的监管,重点放在金融机构业务经营的合规性、资本充足性、资产质量、流动性、盈利能力、管理水平和内控机制等几个方面。对金融机构市场退出的监管,主要包括兼并、接管、注资挽救和清盘关闭等。在中国,对金融机构市场退出的监管有四种形式:接管、解散、撤销和破产。

5. 金融监管当局运用的监管手段,主要有法律手段、行政手段、经济手段以及先进的技术手段等。其中,法律手段是金融监管的基础,而经济手段则是最主要的监管手段。直接监管主要包括两种方法:现场检查与非现场检查。间接监管有三种方法:一是金融机构的内部审计,二是第三方机构的外部审计,三是资信评估机构的评级。

6. 金融监管体制类型存在两种划分方法:第一种是按监管机构的设立,划分为"单一监管体制"和"多元监管体制"。在单一监管体制下,由中央银行独家行使金融监管职责;在多元监管体制下,由中央银行及其他监管机构共同承担监管职责。第二种是按监管机构的监管范围,划分为"统一监管体制"和"分业监管体制"。采用集中监管体制还是分业监管体制,通常与其金融业的经营采取分业经营还是混业经营有关。目前,中国实行的是分业监管体制,即以中央银行为核心,银监会、证监会、保监会各司其职的金融监管体制。

7. 对金融市场的监管是中央银行的重要职责。在分业监管体制下,中央银行对金融市场的监管主要侧重于对货币市场的监管,具体包括对同业拆借的监管、对银行间债券市场的监管、对票据市场的监管等。

8. 金融稳定,是指金融体系处于能够有效发挥其关键功能的状态。在这种状态下,宏观经济健康运行,货币和财政政策稳健有效,金融生态环境不断改善,金融机构、金融市场和金融基础设施能够发挥资源配置、风险管理、支付结算等关键功能,而且在受到内外部因素冲击时,金融体系整体上仍然能够平稳运行。

9. 2008 年由美国次贷危机引发的全球金融危机及欧洲主权债务危机爆发以后,国际金融监管改革不断推进,国际社会和主要国家越来越认识到,不能只关注单个金融机构或单个行业的稳健合规,还必须从系统整体的角度加强金融风险防范。国际社会和有关国家金融监管改革的核心内容体现在进一步完善系统性风险防范制度、建立健全宏观审慎管理制度框架上。

10. 自 1974 年成立以来,巴塞尔银行监管委员会致力于加强和改善银行风险管理,发布了一系列银行监管原则和指引,包括巴塞尔Ⅰ、巴塞尔Ⅱ和巴塞尔Ⅲ。这些原则和指引既是一定时期内对国际银行业风险管理经验教训的总结,又代表着银行业监管的发展趋势,BCBS 也由此成为国际银行业监管标准和准则的主要制定机构。

关键概念索引

金融监管　接管　注资挽救　现场检查　非现场检查　金融机构的内部审计

第三方机构的外部审计　统一监管体制　分业监管体制　金融稳定　宏观审慎管理　系统重要性金融机构

复习思考题

1. 可以从哪几个方面来考察金融监管的起因(必要性)?
2. 金融监管所要达到的一般目标有哪几项? 金融监管的原则有哪些?
3. 简述金融监管的内容。
4. 描述直接监管的两种方法和间接监管的三种方法。
5. 比较"统一监管体制"和"分业监管体制"。
6. 试述《巴塞尔Ⅲ》的主要内容。
7. 简述中国人民银行维护金融稳定的工具。
8. 中央银行在金融稳定中能够发挥什么作用?
9. 国际金融监管改革主要包括哪些内容?

第十六章　中央银行的对外金融活动

本章要点

> - 中央银行外汇管理体制和内容
> - 人民币汇率改革
> - 外债及外债管理
> - 中央银行的对外金融活动
> - 金融监管和国际货币政策协调

经济一体化、金融全球化是当今世界的发展趋势,各国之间的经济、金融联系日趋紧密,相互之间的影响和渗透在不断加强。而一国经济的发展更是离不开国际金融市场。国际金融市场受到多种因素的影响而变得起伏不定,这又直接影响到一国经济的稳定状况。作为一国金融市场的管理者和货币政策制定者的中央银行,有能力更有义务承担起对外金融关系协调的责任。这种责任是通过中央银行开展各种对外金融活动来实现的。

第一节　中央银行外汇管理

一、中央银行外汇管理的含义和作用

1. 外汇管理的含义

外汇管理又称外汇管制,是指一国政府授权国家货币金融管理当局或其他国家机关,对外汇收支、买卖、借贷、转移以及国际结算、外汇汇率和外汇市场等实行的管制措施。通过外汇管理使国际收支与汇率能在符合本国利益的水平上保持平衡与稳定。

各国对于外汇的管理,往往因各国经济特点和对外经济关系不同,而采取的外汇管理方式、内容和范围,以及限制的松紧也各不相同。

2. 外汇管理的对象和方式

外汇管理的对象,一般分为人(包括自然人和法人)和物。人的对象划分为居民和非居民。物的对象包括外国货币与其他外币支付工具,如各种外币票据、有价证券、贵金属等,本国货币携出入国境或用作国际支付工具时也属管理的对象。

实行外汇管理的国家,一般都由政府授权中央银行作为外汇管理的机构,也有一些国家直接设置诸如外汇管理局这样的专门机构,我国目前设有专门的国家外汇管理局,归中国人民银行管理。外汇管理机构负责制定和监督执行外汇管理的政策、法令和规定条例,并有权随时根据情况变化和政策的需要,采取各种措施,对外汇的收、支、存、兑进行控制。

外汇管理的具体方式基本上有两种:一是直接管理,二是间接管理。两种方式既可以单独使用,也可以配合使用。

3. 外汇管理的目标和作用

外汇管理是当今世界各国中央银行调节外汇和国际收支的一种常用的强制性手段。其目标是为了促进国际收支平衡,维持货币汇率稳定,保障本国经济正常发展,加强本国在国际市场上的经济竞争力。

外汇管理是一把双刃剑,既有积极作用的一面,也有相对不利的一面。外汇管理的积极作用表现在:

(1)促进国际收支平衡。一国对外经济交往中,有时会出现支大于收的不平衡状况,通过外汇管理,如采取鼓励出口、限制进口、鼓励外资流入、限制本国资金流出的措施,可以实现国际收支趋于平衡。特别是在市场机制不健全、经济自动调节能力较差的国家,实行较为严格的外汇管理,对于促进国际收支平衡作用明显。

(2)维持本国货币和汇率的基本稳定。一国货币如果受到外部因素的强烈冲击(比如大量的外资流入),就会影响它的对内价值和对外价值。从货币的对内价值看,如果外国货币流入过多,会影响本国货币的信誉和地位,动摇对本币的信心,造成本币贬值,引发通货膨胀;从货币对外价值看,如果一国国际收支恶化,外汇储备下降,则本国货币对外信誉下降,导致本币对外贬值。如果一国货币和汇率经常波动,会影响经济的正常运行。实行外汇管理有利于货币和汇率的稳定。

(3)保护本国经济并促进本国经济发展。通过对贸易项目的外汇实行管理,有利于防止外国商品大量进口冲击本国的民族工业,通过对资本项目的外汇管理,有利于防止国际游资大量涌入,造成输入性通货膨胀,或防止本国资金大量外流,影响汇率稳定和国际收支平衡,从而维护本国经济不受外国商品和资本的冲击。

由于影响汇率稳定的因素很多,单纯依靠外汇管理措施以求汇率的长期稳定是不可能的。同时,过分严格的外汇管理还可能限制国际贸易的发展,可能会限制资本流入,导致国外投资的减少,不利于经济的成长与国际收支的改善。

专栏 16-1 　　　　　　　　　　　　外汇管理的历史变迁

外汇管理是国际经济关系发展到一定阶段的产物。在金本位货币制度时期,各国间货币的汇率是以各自货币的含金量为基础。黄金可以自由进出国境,国际贸易与汇兑畅通无阻,所以,汇率平衡能自动调节,无需施予强制性管理。

第一次世界大战爆发后,参战国发生巨额的国际收支逆差,本国货币对外汇价猛烈下跌,大量资金外流。为了集中外汇资金,减缓汇率的剧烈波动和防止资金的外流,所有参战国都取消了外汇的自由买卖,禁止黄金输出,外汇管制由此开始。第一次世界大战结束后,国际经济关系逐步恢复正常,世界经济和政治处于相对稳定时期,这些国家原来所实行的外汇管制都先后取消。1929—1933 年,世界发生了空前严重的经济危机,几乎所有西方国家都陷入国际收支危机的深渊。为稳定汇率,维持国际收支平衡,抵御或减轻其他国家的经济危机对本国经济的影响,各国不得不重新实行外汇管制。在第二次世界大战期间,西方各国普遍加强外汇管制,以适应战时的需要。战后,这些国家的经济被严重破坏,外汇储备濒临枯竭,为了恢复生产、发展经济,对付"美元荒",不得不继续实行严格的外汇管制,限制外汇支出,鼓励资本流入等政策。

20 世纪 50 年代后期特别是 60 年代以后,日本及欧洲各主要工业化国家的经济实力有所增强,外汇储备逐渐增加,这些国家才陆续放宽外汇管制,实行货币自由兑换。在这一时期,个别经济状况较好的国家为了防止外资大量流入给本国通货造成压力,则采取限制外资流入的办法,如瑞士政府曾规定对超过限额的外汇存款要倒收利息。目前,西方国家基本已经取消了"明"管制,"暗"管制也日趋放松并规范化,一些亚洲新兴工业国家和地区在 90 年代相继放松外汇管制,但 1997 年金融危机以来外汇管制又开始强化,而大多数发展中国家仍在实行严格或较严格的外汇管制。

资料来源:王广谦,《中央银行学》,高等教育出版社 1999 年。

二、中央银行外汇管理体制与内容

(一) 外汇管理体制种类

外汇管理体制是一个国家实行外汇管理的措施和组织安排。一个国家实行外汇管制与否,采取什么管制措施,与其当时所处的政治经济环境和条件有关。按照外汇管理的宽严程度来划分,各国的外汇管理体制分为三类:

(1) 严格的外汇管理。对经常项目和资本项目都进行管制。这主要是计划经济国家和发展中国家。

(2) 部分外汇管理。一般对非居民经常项目的收支不加以限制,而限制资本项目。这主要是一些发达的工业国家和经济、金融状况较好的发展中国家,如法国、日本、意大利等国家。

(3) 放松和取消外汇管理。主要是经济实力较强或外汇储备充足的国家,如美国、英国、德国、沙特阿拉伯、科威特等国。

（二）外汇管理的内容

1. 贸易项目管理

外汇管理传统上一直很重视贸易项下的管理，它的范围最为广泛。无论是支付进口价款所需的外汇，还是收取出口价款所得的外汇，通常都要经过中央银行批准。由于贸易项目下外汇收支占比重较大，对一个国家的国际收支状况起着决定性的影响，因此，贸易逆差的国家更加重视贸易项目的外汇管理，其目的是为了集中出口贸易外汇收入，限制进口贸易外汇支出，从而改善国际收支状况。

2. 非贸易项目管理

是指贸易项目下外汇收支和资本输出、入外汇收支以外的各项非贸易外汇收支的管理，例如，运费、保险费、佣金、利润、版税、驻外机构经费以及个人所需旅费、医疗费、留学生费用等等。各国管理非贸易外汇收支的目的，也是为了集中外汇收入，限制外汇支出。目前，西方各国的非贸易外汇管理较松，而发展中国家则管理较严。

3. 资本项目管理

资本输出、入对一国国际收支影响颇大，因此，外汇短缺或富余的国家，都很注意根据本国经济发展需求制定有关政策。一般来说，外汇短缺的国家对资本流入很少加以限制，并采取各种鼓励资本流入的政策，而外汇富余的国家则反之。目前，国际资本流动已经达到巨大的规模，大量游资充斥国际金融市场，对各国经济与国际收支都将产生巨大的冲击。所以，无论是发达国家还是发展中国家都非常重视资本项目的管理。

4. 对汇率的管理

汇率管理是通过以法定汇率代替自由汇率，即由中央银行制定统一的汇率，企业与个人向指定银行买卖外汇时均按此汇率折算，从而达到稳定本国货币对外汇率的作用，并可利用汇率变动以达到改善国际收支状况和控制调整进出口的目的。外汇汇率的管理一般分为间接管理和直接管理。

间接管理是西方国家采用的外汇缓冲政策，即以外汇稳定基金作为缓冲体来稳定外汇水平。基金包括黄金、外汇、本币等。中央银行利用基金进入外汇市场，当国际收支发生逆差，外汇汇率上升时，出售外汇，防止外汇汇率继续上升；当国际收支发生顺差，外汇率下跌时，用基金中的本国货币买进外汇，阻止外汇下跌，从而维持汇率稳定。

直接管理是规定各项外汇收支按什么汇率结汇。外汇管理实施过程中，一般规定了复汇率，即一国货币规定两种以上的汇率，每一种汇率适用于某种交易或某类商品。

5. 对黄金和本币出入国境的管理

一般实行外汇管理的国家，都对黄金出入境加以限制。输出本国现钞，不仅可被利用作为资本输出的手段,还会导致在外汇市场上本国货币汇率的下跌。所以,实行外汇管理的国家,对本国现炒的输出都规定一个最高限额,在限额内可以自由携带出境,超过限额须经中央银行审批。

三、中国外汇管理体制

(一)中国外汇管理体制改革历史沿革

新中国成立以来,中国外汇管理体制大体经历了计划经济时期、经济转轨时期和1994年开始建立社会主义市场经济以来三个阶段。

1. 计划经济时期的中国外汇管理体制(1953—1978年)

新中国成立初期,中国实行外汇集中管理制度,通过扶植出口、沟通侨汇、以收定支等方式积聚外汇,支持国家经济恢复和发展。1953年起,中国实行计划经济体制,对外贸易由国营对外贸易公司专管,外汇业务由中国银行统一经营,逐步形成了高度集中、计划控制的外汇管理体制。国家对外贸和外汇实行统一经营,用汇分口管理。外汇收支实行指令性计划管理,一切外汇收入必须售给国家,需用外汇按国家计划分配。国际收支平衡政策"以收定支,以出定进",依靠指令性计划和行政办法保持外汇收支平衡。实行独立自主、自力更生的方针,不借外债,不接受外国来华投资。人民币汇率作为计划核算工具。

2. 经济转型时期的中国外汇管理体制(1979—1993年)

(1)实行外汇留成制度。从1979年开始,在外汇由国家集中管理、统一平衡、保证重点的同时,区别不同情况,适当留给创汇的地方和企业一定比例的外汇,以解决发展生产、扩大业务所需的物资进口。外汇留成的对象和比例及用途由国家规定。

(2)建立和发展外汇调剂市场。1980年10月起中国银行开办外汇调剂业务,允许持有留成外汇的单位把多余的外汇额度转让给缺汇的单位。调剂外汇的汇率,原由国家规定在官方汇率的基础上加一定的幅度,1988年3月放开汇率,由买卖双方根据外汇供求状况议定,中国人民银行适度进行市场干预。

(3)改革人民币汇率制度。主要内容包括:

① 实行贸易内部结算价和对外公布汇率双重汇率制度。1981年,中国制定了一个贸易外汇内部结算价,按当时全国出口商品平均换汇成本加10%利润计算,定为1美元合2.8元人民币,适用于进出口贸易的结算,同时继续公布官方汇率,1美元合1.5元人民币。1985年1月1日取消内部结算价,重新实行单一汇率,汇率为1美元合2.8元人民币。

② 根据国内外物价变化调整官方汇率。由1985年1月1日的1美元合2.8元人民币,逐步调整至1990年11月17日的1美元合5.22元人民币。

③ 1988年3月起各地先后设立了外汇调剂中心,形成了官方汇率和调剂市场

汇率并存的汇率制度。

④ 允许多种金融机构经营外汇业务。1979 年前,外汇业务由中国银行统一经营。为适应改革开放以后的新形势,引入竞争机制,改革外汇业务经营机制,允许国家专业银行业务交叉,批准设立了多家商业银行和一批非银行金融机构经营外汇业务;允许外资金融机构设立营业机构,经营外汇业务,形成了多种金融机构参与外汇业务的格局。

⑤ 建立对资本输出、入的外汇管理制度。

⑥ 放宽对境内居民的外汇管理。

⑦ 外汇兑换券的发行和管理。为了便利旅客,防止外币在国内流通和套汇、套购物资,1980 年 4 月 1 日起中国银行发行外汇兑换券,外汇券以人民币为面额。外国人、华侨、港澳台同胞、外国使领馆、代表团人员可以用外汇按银行外汇牌价兑换成外汇券并须用外汇券在旅馆、饭店、指定的商店、飞机场购买商品和支付劳务、服务费用。未用完的外汇券可以携带出境,也可以在不超过原兑换数额的 50% 以内兑回外汇。

3. 适应社会主义市场经济和 WTO 要求的外汇管理体制①

1993 年 11 月 14 日,党的十四届三中全会通过的《中共中央关于建立社会主义市场经济体制若干问题的决定》中明确要求,“改革外汇管理体制,建立以市场供求为基础的、有管理的浮动汇率制度和统一规范的外汇市场,逐步使人民币成为可兑换货币”。1994 年至今,围绕外汇体制改革的目标,按照预定改革步骤,中国外汇管理体制主要进行了以下改革:

(1) 1994 年对外汇体制进行重大改革,实行人民币经常项目有条件可兑换。主要措施是:

① 从 1994 年 1 月 1 日起,取消各类外汇留成、上缴和额度管理制度,对境内机构经常项目下的外汇收支实行银行结汇和售汇制度。境内机构经常项目外汇收入,除国家规定准许保留的外汇可以在外汇指定银行开立外汇账户外,都须及时调回境内,按照市场汇率卖给外汇指定银行。

② 汇率并轨,实行以市场供求为基础的、单一的、有管理的浮动汇率制度。1994 年 1 月 1 日,人民币官方汇率与市场汇率并轨,并轨时的人民币汇率为 1 美元合 8.70 元人民币。人民币汇率由市场供求形成,中国人民银行公布每日汇率,外汇买卖允许在一定幅度内浮动。

---

① WTO:World Trade Organization,即世界贸易组织(简称世贸组织)。世贸组织是一个独立于联合国的永久性国际组织。该组织的基本原则和宗旨是通过实施市场开放、非歧视和公平贸易等原则,来达到推动实现世界贸易自由化的目标。1995 年 1 月 1 日正式开始运作,负责管理世界经济和贸易秩序,总部设在日内瓦莱蒙湖畔的关贸总协定总部大楼内。1996 年 1 月 1 日,它正式取代关贸总协定临时机构。

③ 建立统一的、规范化的、有效率的外汇市场。从 1994 年 1 月 1 日起,中资企业退出外汇调剂中心,外汇指定银行成为外汇交易的主体。1994 年 4 月 1 日银行间外汇市场——中国外汇交易中心在上海成立,中国人民银行根据宏观经济政策目标,对外汇市场进行必要的干预,以调节市场供求,保持人民币汇率的稳定。

④ 对外商投资企业外汇管理政策保持不变。准许保留外汇,外商投资企业的外汇买卖仍须委托外汇指定银行通过当地外汇调剂中心办理,统一按照银行间外汇市场的汇率结算。

⑤ 禁止在境内外币计价、结算和流通。1994 年 1 月 1 日,中国重申取消境内外币计价结算,禁止外币境内流通和私自买卖外汇,停止发行外汇兑换券。对于市场流通的外汇兑换券,允许继续使用到 1994 年 12 月 31 日,并于 1995 年 6 月 30 日前可以到中国银行兑换美元或结汇成人民币。

通过上述各项改革,1994 年中国顺利地实现了人民币经常项目有条件可兑换。

(2) 1996 年取消经常项目下尚存的其他汇兑限制,12 月 1 日宣布实现人民币经常项目可兑换。主要措施有:

① 将外商投资企业外汇买卖纳入银行结售汇体系。1998 年 12 月 1 日外汇调剂中心关闭以后,外商投资企业外汇买卖全部在银行结售汇体系进行。

② 提高居民用汇标准,扩大供汇范围。

③ 取消尚存的经常性用汇的限制。

经过上述改革后,中国取消了所有经常性国际支付和转移的限制,达到了国际货币基金组织协定第八条款的要求。1996 年 12 月 1 日,中国正式宣布接受第八条款,实现人民币经常项目完全可兑换。至此,中国实行了人民币经常项目可兑换、对资本项目外汇进行严格管理、初步建立了适应社会主义市场经济的外汇管理体制。

(3) 2001 年加入世界贸易组织以来,继续深化外汇管理体制改革。2001 年加入世界贸易组织以来,中国对外经济迅速发展,国际收支持续较大顺差,改革开放进入了一个新阶段。外汇管理主动顺应加入世贸组织和融入经济全球化的挑战,进一步深化改革,继续完善经常项目可兑换,稳步推进资本项目可兑换,推进贸易便利化。主要措施有:

① 大幅减少行政性审批,提高行政许可效率。

② 进一步完善经常项目外汇管理,促进贸易投资便利化。

③ 稳步推进资本项目可兑换,拓宽资金流出入渠道。

④ 积极培育和发展外汇市场,完善有管理的浮动汇率制。

⑤ 加强资金流入管理,积极防范金融风险。

⑥ 强化国际收支统计监测,加大外汇市场整顿和反洗钱力度。2003 年起正式

实施大额和可疑外汇资金交易报告制度。

（4）不断改进人民币汇率形成机制。人民币汇率形成机制改革坚持主动性、可控性、渐进性的原则。自 2005 年 7 月 21 日起，我国开始实行以市场供求为基础、参考一篮子货币进行调节、有管理的浮动汇率制度。人民币汇率不再盯住单一美元，而是按照我国对外经济发展的实际情况，选择若干种主要货币，赋予相应的权重，组成一个货币篮子。同时，根据国内外经济、金融形势，以市场供求为基础，参考一篮子货币计算人民币多边汇率指数的变化，对人民币汇率进行管理和调节，维护人民币汇率在合理均衡水平上的基本稳定。参考一篮子表明外币之间的汇率变化会影响人民币汇率，但参考一篮子不等于盯住一篮子货币，它还需要将市场供求关系作为另一重要依据，据此形成有管理的浮动汇率。

人民币汇价的管理。中国人民银行于每个工作日闭市后公布当日银行间外汇市场美元等交易货币对人民币汇率的收盘价，作为下一个工作日该货币对人民币交易的中间价格。自 2012 年 4 月 16 日起，银行间即期外汇市场人民币兑美元交易价浮动幅度由千分之五扩大至百分之一，即每日银行间即期外汇市场人民币兑美元的交易价，可在中国外汇交易中心对外公布的当日人民币兑美元中间价上下百分之一的幅度内浮动。欧元、日元、港币等非美元货币对人民币交易价浮动幅度为上下 3%。外汇指定银行在规定的浮动范围内确定挂牌汇率，对客户买卖外汇。银行对客户美元挂牌汇价实行价差幅度管理，美元现汇卖出价与买入价之差不得超过交易中间价的 1%，现钞卖出价与买入价之差不得超过交易中间价的 4%，银行可在规定价差幅度内自行调整当日美元挂牌价格。银行可自行制定非美元对人民币价格。银行可与客户议定所有挂牌货币的现汇和现钞买卖价格。

（二）中国现行的外汇管理框架

根据 1996 年 2 月并于 1997 年 1 月 14 日修订颁布的《中华人民共和国外汇管理条例》，我国外汇管理框架如下。

1. 人民币经常项目可兑换

1996 年，我国正式接受国际货币基金组织协定第八条款，实现了人民币经常项目可兑换。为了区分经常项目和资本项目交易，防止无交易背景的逃骗汇及洗钱等违法犯罪行为，我国经常项目外汇管理仍然实行真实性审核（包括指导性限额管理）。

（1）经常项目外汇收入实行限额结汇制度。

（2）境内机构经常项目用汇，除个别项目须经外汇局进行真实性审核外，可以直接按照市场汇率凭相应的有效凭证用人民币向外汇指定银行购汇或从其外汇账户上对外支付。

（3）实行进出口收付汇核销制度。建立了逐笔核销、批量核销和总量核销三种监管模式，尝试出口核销分类管理。

2. 资本项目部分管制

按照"循序渐进、统筹规划、先易后难、留有余地"的改革原则,中国逐步推进资本项目可兑换。2004年底,按照国际货币基金组织确定的43项资本项目交易中,我国有11项实现可兑换,11项较少限制,15项较多限制,严格管制的仅有6项。

(1) 直接投资管理。外商直接投资管理:外商投资企业的资本金、投资资金等需开立专项账户保留;外商投资项下外汇资本金结汇可持相应材料直接到外汇局授权的外汇指定银行办理,其他资本项下外汇收入经外汇局批准后可以结汇;外商投资企业资本项下支出经批准后可以从其外汇账户中汇出或者购汇汇出;为进行监督和管理,对外商投资企业实行外汇登记和年检制度。

境外投资管理:国家外汇管理局是境外投资的外汇管理机关。境内机构进行境外投资,需购汇及汇出外汇的,须事先报所辖地外汇分局进行投资外汇资金来源审查;全部以实物投资项目、援外项目和经国务院批准的战略性投资项目免除该项审查;境外投资项目获得批准后,境内投资者应到外汇管理部门办理境外投资外汇登记和投资外汇资金购汇汇出核准手续。国家对境外投资实行联合年检制度。

(2) 证券投资。在证券资金流入环节,境外投资者可直接进入境内B股市场,无需审批;境外资本可以通过合格境外机构投资者(QFII)间接投资境内A股市场,买卖股票、债券等,但合格境外机构投资者的境内证券投资必须在批准的额度内;境内企业经批准可以通过境外上市(H股),或者发行债券,到境外募集资金调回使用。

证券资金流出管理严格,渠道有限。除外汇指定银行可以买卖境外非股票类证券、经批准的保险公司的外汇资金可以自身资金开展境外运用外,其他境内机构和个人不允许投资境外资本市场。目前,已批准个别保险公司外汇资金境外运用,投资境外证券市场。另外,批准中国国际金融有限公司进行金融创新试点,开办外汇资产管理业务,允许其通过专用账户受托管理其境内客户的外汇资产并进行境外运作,国际开发机构在中国境内发行人民币债券也已开始试点。

上述外汇管理框架对于促进我国国际收支平衡、防范金融风险发挥了重要作用。近年来,随着中国经济的快速发展和国际经济形势的深刻变化,外汇管理面临一些新情况、新问题,需要从制度上加以解决。一是外汇管理改革日益深化,经常项目已实现完全可兑换,企业可自行保留经常项目外汇收入,个人的外汇需求基本得到满足,资本项目可兑换程度不断提高,人民币汇率形成机制进一步完善,需要修订条例以巩固改革成果,并为下一步改革留出余地。二是中国国际收支形势发生根本性变化,由外汇短缺转为外汇储备增长过快,原条例重在管理外汇流出,需要修订条例以对外汇流入流出实施均衡、规范管理。三是在中国经济日益国际化,国际资金流动加快的情况下,需要进一步完善跨境资金流动监测体系,建立健全国际收支应急保障制度,以有效防范风险,提高开放型经济水平。

国务院在 2008 年 8 月 5 日颁布了修订后的《外汇管理条例》。修改后的条例进一步便利了贸易投资活动,完善了人民币汇率形成机制及金融机构外汇业务管理制度,建立了国际收支应急保障制度,强化了跨境资金流动监测,健全了外汇监管手段和措施,并相应地明确了有关法律责任。

一是对外汇资金流入流出实施均衡管理。要求经常项目外汇收支应当具有真实、合法的交易基础,取消外汇收入强制调回境内的要求,允许外汇收入按照规定的条件、期限等调回境内或者存放境外;规范资本项目外汇收入结汇管理,要求资本项目外汇及结汇资金应当按照批准的用途使用,增加对外汇资金非法流入、非法结汇、违反结汇资金流向管理等违法行为的处罚规定;明确外汇管理机关有权对资金流入流出进行监督检查及具体管理职权和程序。

二是完善人民币汇率形成机制及金融机构外汇业务管理。规定人民币汇率实行以市场供求为基础的、有管理的浮动汇率制度;经营结汇、售汇业务的金融机构和符合规定条件的其他机构,按照国务院外汇管理部门的规定在银行间外汇市场进行外汇交易;调整外汇头寸管理方式,对金融机构经营外汇业务实行综合头寸管理。

三是强化对跨境资金流动的监测,建立国际收支应急保障制度。健全国际收支统计申报制度,完善外汇收支信息收集,加强对跨境资金流动的统计、分析与监测;根据世界贸易组织规则,规定国际收支出现或者可能出现严重失衡,以及国民经济出现或者可能出现严重危机时,国家可以对国际收支采取必要的保障、控制等措施。

四是健全外汇监管手段和措施。为保障外汇管理机关依法、有效地履行职责,增加规定了外汇管理机关的监管手段和措施,同时规定了外汇管理机关进行监督检查的程序。

第二节　中央银行的外债管理

随着一个国家经济开放程度的增强,外债对国际收支和整个国民经济的影响日益扩大,因此外债管理受到各国中央银行的普遍重视,我国已将外债管理作为整个国民经济管理的重要组成部分。

一、外债、外债管理的含义

(一) 外债的含义

外债是指在任何给定的时刻,一国居民所欠非居民的以外国货币或本国货币为核算单位的具有契约性偿还义务的全部债务。外债具有四个特征:第一,外债是以"居民和非居民"为标准,是居民对非居民的债务。这里"居民"和"非居民"都包括自然人和法人;第二,外债以偿还义务为根据,且这种偿还义务必须只有契约性,通过具有法律效力的文书明确偿还责任、偿还条件、偿还期限等;第三,它虽然包含资产和负债两个方面,但主要是指净负债量;第四,它是能以外国货币承担的债务。判断一笔债务是否属于外债最主要是看该国对这笔债务是否承担最终偿还义务。

根据国际金融组织所下的外债定义,并结合我国的经济特点,我国在1987年8月27日公布的《外债统计监测暂行规定》中明确了我国的外债定义。中国的外债是指中国境内的机关团体、企事业单位、金融机构或者其他机构,对中国境外的国际金融组织、外国政府、金融机构、企业或者其他机构,用外国货币承担的具有契约性偿还义务的全部债务,包括:(1)国际金融组织贷款;(2)外国政府贷款;(3)外国银行和金融机构贷款;(4)买方信贷;(5)外国企业贷款;(6)发行外国债券;(7)国际金融租赁;(8)延期付款;(9)补偿贸易中直接以现汇偿还的债务;(10)其他形式的对外债务。借款单位向在中国境内注册的外资银行和中外合资银行借入的外汇资金视同外债,但在中国境内注册的外资银行和中外合资银行向外借入的外汇资金不视为外债。

（二）外债的种类

按照不同的标准,可以对外债进行不同的种类划分:(1)按债务期限划分,可分为短期债务和中长期债务。短期和中期的标准以1年为限。(2)按债务形式划分,可分为国际商业贷款、外币债券、国际金融租赁、贸易融资、政府和国际金融组织贷款、对外私人存款。(3)按债务人划分,可分为政府机构借款、金融机构借款、企业单位借款、其他机构借款。(4)按债权人划分,可分为国际金融组织贷款、外国政府贷款、外国银行和金融机构贷款、外国企业或个人贷款。(5)按优惠情况划分,可分为硬贷款和软贷款。(6)按贷款的利率划分,可分为无息贷款、低息贷款和市场利率贷款。我国在外债管理的实际操作中,一般是将上述外债归结为以下5种:

1. 国际金融组织贷款

国际金融组织贷款就是由国际金融组织机构向借款人(一般为成员国)提供的贷款。这种贷款的资金来源主要是成员国交纳的份额和以金融机构名义的借款。贷款对象是符合规定要求的成员国,大多是发展中国家。国际金融组织贷款的条件比较优惠,以中长期贷款为主,每笔贷款的金额较大、期限较长、平均利率较低,是发展中国家的主要筹资渠道之一。对于我国而言,关系较为密切的国际金融组织贷款主要有国际货币基金组织贷款、世界银行集团成员的国际复兴开发银行、国际开发协会、国际金融公司贷款、亚洲开发银行贷款和国际农业发展基金贷款等。

2. 外国政府贷款

外国政府贷款是指一国(债权国)政府利用本国资金向另一国(债务国)政府提供的优惠贷款。债务国一般是发展中国家或资金短缺的国家。债权国一般是发达国家或资金盈余的国家,如石油输出国组织成员国等。政府贷款是具有双边经济援助性质的优惠贷款。按照国际惯例,优惠贷款一定要含有25%以上的赠与成分。所谓赠与成分就是根据贷款的利率、偿还期限、宽限期和综合贴现率等数据,计算出衡量贷款优惠程度的综合性指标。政府贷款一般具有金额大、利率低、期限长、附加费用较小、附加条件较多等特点,其主要形式是混合贷款,即外国政府提供低息优惠贷款或赠款和出口信贷结合使用。

3. 国际商业贷款

国际商业贷款是借款人为了满足某一建设项目和其他用途资金的需要,在国际金融市场上向外国金融机构、企业或商人筹借的款项。这种贷款的借款手续简便,在资金使用上限制条件较少,但借款成本较高,风险比国际金融组织贷款和外国政府贷款要大,所以借款人资信的好坏是决定国际商业贷款筹资成本的关键。国际商业贷款主要有短期融资、普通中长期贷款、买方信贷、循环贷款(也称备用贷款)等几种。

4. 对外发行债券

对外发行债券是一国政府、金融机构、企业在国际债券市场上以外国货币或境外货币为面值所发行的债券。发行对象主要是境外的投资者,可以是银行、企业,也可以是个人,发行面很广。由于债券具有流动性、安全性、收益性以及筹资额大等特点,目前已成为我国在国际金融市场上筹措资金的一种重要形式。

5. 国际金融租赁

国际金融租赁又称融资性租赁,它是商业信贷和银行信贷同时进行的一种新的筹资方式。承租人(租赁公司)向国外出租人(租赁公司或企业)租用机器设备,以支付租金的形式偿还使用费,到期退还机器设备或买下设备残值。租赁业务比较灵活,金额可大可小,租赁期限可长可短,租金偿还可一次性清偿也可分期清偿。近年来,国际金融租赁业务在我国发展较快,突出表现在我国民用航空公司从国外租赁了大批民航客机,还有一些工业生产机械也采用了租赁方式。

(三) 外债管理的含义

外债管理是指一个国家外债主管部门或国家授权某一政府机关制定并依据政策和法规,对本国外债种类构成、借款人、实现规模及对将来可借入外债数量的预测和控制,使外债与本国的国情国力相适应,确保还本付息,求取外债的最佳经济效益,以促进本国经济发展。

外债作为一种债务是必须偿还的,如果规模过大,结构不合理,资金使用效益不高,就有可能引起无力支付到期债务本息的危机,影响国民经济的综合平衡和协调发展。近年来,一些发展中国家发生严重的债务危机,不得不宣布停止偿付到期本息,引起经济危机和信誉危机,导致本国政治和经济混乱。必须根据国民经济发展和国际收支状况,结合外债使用效益及偿还能力,加强对外债规模及其投向的宏观调控。

二、外债管理的主要内容

外债管理包括借入外债和使用外债两个方面。对于"借",关键是控制规模,保持在本国经济的承受能力范围之内,保持外债结构的合理;对于"用",关键是保证借入外债投向的合理和避免外债使用过程中的风险。因此,外债管理的内容可具体分为规模、结构、投向和风险管理等4个方面。

(一)外债规模管理

外债规模管理是确定一国的中长期和年度合理负债水平。负债过多,超过本国的承受能力和消化吸收能力,会造成不必要的风险和浪费;而借款过少又难以满足国内建设的资金需求,造成国民经济发展的迟滞。因此,确定适度的外债规模是发展中国家有效管理外债的关键,但也是难点之一。

一般而言,外债规模主要受三个因素影响:一是经济建设对外债的需求量;二是国际资本市场的可供量;三是本国对外债的承受能力。外债的承受能力是确定外债规模最重要的因素,加强外债规模的控制,必须通过科学的定性、定量分析,寻找最佳规模的数量界限。从理论上讲,国内储蓄和投资的差额决定利用外资中扣除可利用的直接投资外,就是需要借用的外债规模。至于国际资本市场的可供量,则因时而处于不断的变动之中。

(二)外债结构管理

外债结构管理是在确定的总规模范围内,通过对国际资本市场的预测、分析,结合国内建设对资金需求的特点,对构成总量的各个债务要素——利率、期限、币种和融资形式等进行最优组合,以降低成本,减少风险,保证偿债能力,使外债发挥最大效益。具体内容包括:

1. 融资结构

国际融资有多种形式,不同的融资形式有不同的特点。官方和国际金融机构贷款带有援助性质,具有期限长、利率低等特点,适于国民经济结构调整和基础产业的发展。发行债券具有筹资金额大、成本低等特点,适于大型项目。出口信贷,由于直接与设备引进相互融和,因而受到政府的补贴和担保,具有成本低、风险小的特点,适于成套设备的引进。商业信贷,具有使用方便、偿还灵活等特点,适于出口创汇项目。租赁,特别是杠杆租赁,可以享受税收优惠,进而降低成本,适于大型运输工具的租用和不可购买但可租用设备。补偿贸易,既可以吸收资金,又可以带动出口,因此适于中小型技术改造项目。所以,在借外债时,应尽可能地吸收官方或国际金融机构的优惠贷款,并根据引进设备和技术的特点采用不同的融资方式,以降低成本,增加收益。

2. 期限结构管理

期限结构是指1年期以上的中长期外债和1年及1年期以下的短期债务的分

布状况。对外债期限结构的管理,首先,要通过对外债年限的合理安排,按照国际惯例,使短期外债占外债总额的比例控制在 25% 以下;其次,要避免借入大量年限相同的外债,防止还债过于集中;最后,要避免短期外债的增长长时间超过中长期外债的增长,防止债务短期化。

3. 利率结构管理

国际资本市场上存在着固定利率和浮动利率,浮动利率随市场资金的供求而变动。由于政府对本国资本流动的干预,又有优惠利率和非优惠利率之分,因此,对外债的利率结构进行管理,包括如下两个方面:(1)中长期债务尽可能使用固定利率,以防止国际资本市场变化对一国整体债务成本的影响,同时避免单一利率,以享受利率正常变动的益处。在利率水平看跌时期,选择浮动利率,这主要适用于短期债务;反之,在利率水平看涨时期,选择固定利率,可降低成本。(2)在不受政治和使用限制的条件下,尽可能争取政府贷款或国际金融机构贷款,以享受优惠利率;同时降低非优惠利率即国际商业性贷款的比例。在对外债的利率结构进行管理时,可采用国际金融市场上的掉期和期权等新工具,以便于管理工作的进行。

4. 币种结构管理

对外债的币种结构进行管理,源于对汇率风险的认识。当今世界,任何一种货币都难以长期保持坚挺的地位,在借用外债的整个过程——借、用、收、还 4 个环节中,只要发生货币兑换,就存在汇率风险。因此,对外债币种进行管理,一是从国家整体债务上讲,外债币种要与出口收汇、外汇储备相一致,避免偿债过程中的汇率风险;二是软、硬货币的搭配,防止外债使用过程中的汇率风险;三是在一个具体项目上,要使借、用、收、还 4 个坏节币种相一致,避免汇率风险,保证按时偿还。

5. 市场与国别结构管理

对借外债的市场与国别结构进行管理,主要在于多元化,由于不同市场有不同的资金来源和筹资工具,不同国家对资本流动的管理法律不尽一致,政治态度不断变化,因此要使外债来源稳定,需广泛地涉足各个市场和国家。合理的市场结构是根据各资本市场的管理、市场容量和金融工具的特点,结合国内资金的需求,选择不同的市场,同时避免同一时间集中进入同一市场。借外债合理的国别结构,是根据引进设备的特点和债权国的资金提供形式,确定利用不同国家的贷款。避免集中一个或几个国家,以免受政治波动影响,使外债来源稳定,满足国内建设对外债的需求。

(三) 外债投向管理

外债的投向决定了外债的回收和偿还,关系到能否支持国民经济长期、稳定、协调发展,因此,外债的投向要与国民经济发展战略和产业政策相一致,根据这一要求,对外债的投向管理主要包括以下内容:

1. 要求政府贷款和国际金融组织的贷款主要投向国家重点项目和基础产业,以及优化国民经济结构的行业,如能源、交通、电子、通讯等。

2. 商业贷款主要投向创汇能力强、回收期短的项目,以增强出口创汇能力,增加偿还能力。

3. 短期借款只能用于流动资金和临时周转,不能用于长期投资,防止债务短期化。

4. 根据不同行业和不同地区确定不同形式的外债投入,使国民经济均衡发展。

5. 创汇项目、非创汇项目和社会效益项目要保持适度比例和梯形格局,使国民经济既有发展后劲,又能保证对外偿付的来源。

（四）外债风险管理

在外债的管理和经营过程中,债务偿还受多种因素变动的影响。国内政策的调整和国际经济形势的变化可以在不同程度上延缓项目效益的发挥,使回收期延长,增大偿还的风险。所以,风险管理在于增强应变能力,适应国际金融贸易的变化和国民经济政策与结构的调整。具体来讲,外债风险管理包括以下内容:

1. 社会效益项目年还本付息总额＜年外汇储备增加额,这主要是保证国民经济基础产业的发展,并按时还债。

2. 在外债中长期指标分配中,要有一定的机动指标不用于项目投资,而是用于债务结构的调整。随着债务积累增大,机动比例应保持在 10% 左右,以防止整体债务风险。

3. 建立偿债风险基金。

4. 采用掉期、期权、远期和即期外汇买卖等金融工具,使债务合理化。

三、中国的外债管理

（一）中国外债管理体制

我国的外债管理主要是通过建立并实行外债管理机制和外债偿还管理制度进行的。我国现行的外债管理体制,包括"统一管理、分工负责、加强管理、严格控制"四个方面。

1. 统一领导

国家根据国民经济发展需要、国际收支状况、国家整体经济实力和对外债的偿还能力,统一制定中长期和年度利用国外贷款的总规模和使用方向,并编制指令性和指导性指标计划,对计划进行综合平衡后,纳入国民经济和社会发展中长期计划和年度计划。

2. 分工负责

根据政府机构的职能分工以及历史沿革,按业务相近原则,对外债的某些过程实行归口管理,分工负责。中国人民银行负责建立和健全全国统一的国外贷款信贷、结算制度,加强国外贷款的信贷和结算监督;财政部负责建立和健全全国统一的国外贷款借、用、还的财务、会计核算制度,加强外债的财务管理、会计核算和财政监督;国家税务局负责建立和健全全国统一的国外贷款借、用、还的税收政策和制度,加强外债的税收管理和监督。

3. 加强管理

国家制定了一系列有关外债管理的制度办法,并授权国家外汇管理局进行管理。

4. 严格控制

所有外债必须按计划从严控制。在对外借款批准前,必须进行可行性研究,对其项目建成后的经济效益、创汇能力、偿还能力进行全面评价,并对其配套的人民币资金是否落实进行审核。在使用外债过程中,必须按外债统计监测有关规定进行登记,并明确偿还责任。

(二) 我国外债管理主要内容

1. 偿债方式的划分

国家从财政角度确立了谁借款、谁偿还的总原则。具体划分为统借统还、统借自还、自借自还三种方式。

2. 对外偿付要领取外债业务核准件

我国借款单位对外还本付息,要事先到外汇管理部门开具外债业务核准件,到开户行通过外债专用现汇账户和外债还本付息专用现汇账户对外支付。

3. 偿债监督

借款单位到期如不履行偿还责任,有关部门可经国家外汇管理局批准后,通知银行从偿还单位或其主管部门或担保单位的外汇和人民币账户中直接扣付,以确保对外信誉。

4. 建立偿债基金

为应付国际资本市场的变化,使我国外债偿还有备无患和解决一些偿债单位的具体困难,国家和地方建立偿债基金,以增加投资者的信心,保证资金的不断流入。

专栏 16-2 　　　　　　　　　　中国外债状况

　　截至 2010 年末,我国外债余额为 5 489.38 亿美元(不包括香港特区、澳门特区和台湾地区对外负债,下同),同比增长 28.06%。其中,登记外债余额为 3 377.38 亿美元,同比增长 26.52%;贸易信贷余额为 2 112 亿美元,同比增长 30.61%。按期限划分,中长期外债(剩余期限)余额为 1 732.43 亿美元,占外债余额的 31.56%;短期外债(剩余期限)余额为 3 756.95 亿美元,占外债余额的 68.44%。

　　2010 年,我国新借入中长期外债 421.75 亿美元,同比增加 197.3 亿美元,上升 87.90%;偿还中长期外债本金 271.83 亿美元,同比减少 70.03 亿美元,下降 20.48%;支付利息 30.07 亿美元,同比减少6.22亿美元,下降17.14%。

2010年,我国外债变动呈现以下主要特点:

一是外债总规模大幅上升,其中中资金融机构外债和贸易信贷余额增长最快。2010年末,外债总规模较上年末增长28.06%。其中,中资金融机构、贸易信贷、外资金融机构、外商投资企业外债余额分别较上年末增长43.85%、30.61%、25.57%和17.59%,对外债总规模增长的贡献率分别为34.3%、41.15%、8.15%和13.63%。中资金融机构外债增长主要来自为进出口企业提供贸易融资(如远期信用证、海外代付)项下对外债务的增加,外资金融机构外债增长主要来源于借用境外金融机构贷款和吸收非居民存款,外商投资企业外债增长主要来自境外股东贷款。

二是短期外债余额增长迅猛,主要来自于贸易信贷、中资金融机构短期外债余额的快速增长。2010年末,短期外债(剩余期限)余额较上年末增长44.91%,高出外债总体增速近17.个百分点。其中,贸易信贷和中资金融机构短期外债余额增加对短期外债余额增长的贡献率合计达84.24%。

三是全年外债余额总体呈波动增长态势,其中二季度增长迅猛,三季度略有放缓,四季度明显放缓。2010年一至四季度,外债余额季环比分别增长3.4%、15.9%、6.3%和0.5%,其中:贸易信贷余额季环比分别增长3.2%、23.9%、6.4%和-4.0%;中资银行贸易融资余额季环比分别增长12.2%、48.8%、11.6%和18.7%。

据初步计算,2010年,我国外债偿债率(即中长期外债还本付息额加上短期外债付息额与当年国际收支口径的外汇收入之比)为1.63%,债务率(即外债余额与当年国际收支口径的外汇收入之比)为29.25%,负债率(即外债余额与当年国内生产总值之比)为9.34%;短期外债余额与外汇储备的比例为13.19%,均在国际标准安全线之内。

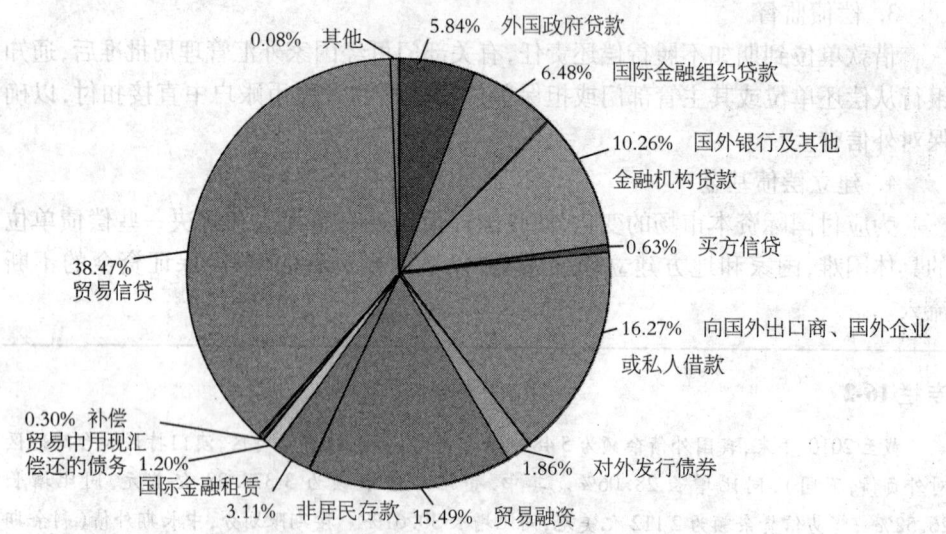

图16-1　2010年末中国登记外债债务类型结构图

资料来源:国家外汇管理局年报2010。

第三节　中央银行的对外金融关系

一、中央银行开展对外金融关系的必要性

1. 中央银行开展对外金融关系是世界各国经济相互依存的需要

随着现代科学技术的发展和应用,生产社会化和国际化程度大幅提高,各国经济的一体化成为当代世界的一个基本特征。这就使得各国生产、销售、消费、资金和技术在外部相互之间联系、渗透和依存更加紧密,相互影响和相互制约的程度明显提高,对外经济、对外贸易和对外金融活动成为整个经济活动不可或缺的组成部分。因而,发展对外金融关系,越来越成为现代各国政府对外金融关系方面权威性顾问和全权代表的中央银行的必然任务。

2. 对外开放的需要

对外开放是当今世界的潮流,为了促进本国生产力的发展,任何国家和地区在不同程度上实行对外开放政策,参与国际大循环、国际交换、国际竞争和国际经济合作。为了加强地区和国家之间的合作与交流,成立了世界性或区域性的合作组织,比如世界贸易组织(WTO),亚太经济合作组织(APEC)、欧盟(EU)等。当今一些发达国家正在调整经济结构和产业结构,把劳动密集型产品推向劳动力费用低廉的国家和地区;有的国家有富余的资金和闲置的设备技术要向外转移,寻求更好的投资市场。正是这些产品、市场、投资的国际化,必然带来金融业务的国际化。中央银行在金融业中处于领导、管理、协调、监督的地位,因此必须积极参与对外金融活动。

3. 中央银行自身业务与国际惯例接轨的需要

中央银行是各国宏观经济的重要调节机构,它通过货币政策实现对经济的调控。货币政策在全球商品经济条件下,是一种连续的、非局部性的甚至国际性的政策,各国的金融政策、货币政策、汇率政策、国际储备虽因时因地而异,但对其他国家必将产生影响。中央银行开展国际金融活动,既是提高自身经营业务管理水平的需要,也是遵循市场经济规律,逐步向国际惯例接轨的需要。

二、中央银行在对外金融关系中的主要内容

中央银行对外金融活动包括汇率调整和外汇管理、国际储备调节、资本国际流动管理、外债管理、银行体制国际化及其与各国金融组织往来关系等方面。

1. 汇率调整与外汇管理

它构成一国对外金融活动的重要组成部分,并对进出口贸易、资本国际流动、

国际收支、外汇储备等宏观因素产生重大影响,是一国对外金融活动的关键。一国汇率调整和调整对策包括:一是根据一国所处的经济、金融环境,从总体上确定该国的外汇汇率调整和管理战略;二是确立一个科学、合理的汇率决定机制;三是建立汇率调整和外汇管理政策及与其他宏观经济政策配合的机制或方案;四是确立外汇管理的总体目标、管理体制和管理程序。

2. 国际储备调节

国际储备调节主要是做好黄金和外汇储备调节。包括:一是根据本国对外金融活动的总体战略确定本国黄金储备和外汇储备的最低线、最高线和最佳水平界限;二是确定黄金储备和外汇储备管理的目标及管理的侧重点;三是制定黄金储备和外汇储备的基本原则;四是确定外汇储备资产的最佳结构;五是建立外债和外汇储备的联合监测和综合管理体制。

3. 资本国际流动管理

对国际资本流动的控制产生于外汇管理、国际收支不平衡和国际储备的缺少,以及对本国经济、金融及至主权影响程度的考虑。包括:一是确定一国对国际资本流动的指导思想和对外资利用的总政策;二是确定一国经济对外资依赖程度控制、数量控制、投资方向及种类控制;三是确定对国际资本流动特别是对资本流入的各种优惠政策和限制政策;四是对资本流入流出的国别控制、行业控制和数量控制等。

4. 外债引进与管理

吸引并利用外资的国家,要统一集中对外债管理,包括:一是确立外债管理的目标衡量标准;二是确立外债的控制总额和外债的构成。

5. 银行体制国际化

第二次大战后,随着生产、对外贸易和科技事业的不断发展,跨国公司和跨国银行陆续建立,国际金融机构分布于世界各国,银行国际化倾向日益明显。包括:一是与各国中央银行和各种国际金融机构积极合作;二是促使各商业银行和具备条件的其他金融机构进入国际金融市场;三是根据对外开放的政策,有计划地适当引进外资银行。

6. 中央银行与各国金融机构组织的往来关系

(1)国际货币基金组织。国际货币基金组织是当今世界上最富有全球代表性和影响力的政府间国际金融组织,同时也是各种国际金融组织中最有影响力的一个。一般由各国的财政部长或中央银行行长担任该国理事,出席基金组织的年会或其他重要会议。各国中央银行代表本国政府出席国际货币基金会议并阐述对世界经济和国际金融重大问题的立场,还同基金组织沟通情况,交流看法,取得该组织的信用贷款和信托基金;成员国还可得到各种形式的技术援助,如人员培训、技术指导、经济金融业务咨询等。

(2) 世界银行集团。世界银行集团是由国际复兴开发银行、国际开发协会、国际金融公司、解决投资争端国际中心和多边投资担保机构组成。各国中央银行除参与国际货币基金的活动以外,还同世界银行集团建立各种形式的交流与合作关系,并开展各种业务往来。

(3) 国际清算银行。国际清算银行于 1930 年 5 月在巴塞尔成立,是国际上重要的金融组织机构,它与国际货币基金组织和世界银行不同,既不是政府间的金融机构,也不是国际发展援助机构,但它与上述两类机构保持良好的合作关系。它的宗旨是增进各成员国中央银行间的合作,为成员国的国际金融业务提供额外的便利。如今它不仅是各国中央银行和金融机构进行交流的场所,也是它们了解国际经济和金融形势及其发展趋势的重要窗口。它主要是同各国中央银行往来,同各国政府或中央银行签订特别协议。

(4) 区域性、地区性国际金融组织。自第二次世界大战之后,发展中国家为了促进经济和社会的发展,缩小与发达国家之间的差距,陆续建立了各种区域性或地区性的金融合作组织,开展广泛的合作与信贷活动。例如,亚洲开发银行、非洲开发银行、加勒比开发银行、中美一体化银行、西非货币联盟、中非货币联盟、中非国家开发银行等。所有这些区域性、地区性金融组织都是有关国家中央银行建立联系、开展活动的重要场所。

(5) 各国中央银行间的各种交流合作活动。为协调各国的经济、金融政策与措施,促进彼此的相互了解与信任,探讨或解决共同关心的世界性经济、金融问题,中央银行间还不定期地举行各种对等级别的会议或协商。例如,西方 10 国或 7 国集团中央银行行长和财政部长经常举行各种会议,商讨共同关心的问题,并寻求共同的对策或协调彼此的行动。再如东盟国家还通过中央银行间的货币组织特别委员会开展多方面的金融合作。每年举行一次的"亚洲与太平洋地区中央银行行长会议",成为该地区中央银行间定期交流信息和意见,协调金融政策的场所。在美国次级债危机爆发后,二十国集团(G20)中央银行行长多次举行会议,商讨应对国际金融危机的对策。

(6) 在国外需要的地方设立中央银行驻外代表处。中央银行根据需要与可能,也可以在国外经济、金融中心设立驻外代表处,以就地观察研究经济、金融形势及本国银行在当地或其他相邻国家分支机构的活动情况,并增进各国中央银行间的交流与合作。

专栏 16-3   **G20 金融峰会**

G20 由中国、印度、巴西、南非、美国、英国、日本、法国、德国、加拿大、意大利、俄罗斯、澳大利亚、阿根廷、墨西哥、韩国、印度尼西亚、沙特阿拉伯和土耳其在内的 19 个成员国与欧盟组成。其 GDP 约占全世界的 85%,人口则将近世界总人口的 2/3。

G20 金融峰会是全球主要发达国家和发展中国家就全球金融、经济合作举行的最高领导峰会。峰会协力建立全球金融标准,透明财政政策、反投机反洗钱、融资等经济标准,峰会提供共商全球金融、经济的世界级平台,促进全球金融经济稳定持续增长。

2008 年 11 月,第一次 G20 金融峰会在美国华盛顿召开,各国领导亲自参与,主要议题包括:评估国际社会在应对当前金融危机方面取得的进展;讨论金融危机产生的原因,共商促进全球经济发展的举措;探讨加强国际金融领域监管规范,推进金融体系改革等问题。

2009 年 4 月,第二次 G20 金融峰会在伦敦举行。各国领导人提出雄心勃勃的全球金融体系改革、加强金融监管及摒弃贸易保护主义等主张,但未很好贯彻。

2009 年 9 月,第三次 G20 金融峰会在美国东海岸宾夕法尼亚州第 2 大城市匹兹堡举行。与会国特别期待第三次金融峰会取得四方面成果:一是继续加强宏观经济政策协调,推动世界经济迅速复苏;二是推进国际金融机构结构改革,增加发展中国家的发言权代表性;三是促进共同发展,关注发展中国家特别是最不发达国家的发展问题;四是反对贸易保护主义,推动多哈回合谈判,取得全面平衡成果。

自 2009 年匹兹堡峰会建立 G20 成员相互评估机制以来,中国人民银行积极开展 G20 宏观经济互评工作,加强了与各国的宏观经济政策的对话和协调。

三、中央银行在对外金融关系中的地位和作用

在经济一体化与金融国际化的趋势下,各国的经济与社会政策、货币政策、利率和汇率政策、国际收支状况和国际储备,乃至于经济周期与波动,都会对其他国家产生深刻的影响。货币政策已越来越超越国界而成为一种国际性的政策。在这种形势下,大力发展一国对外金融关系,建立、发展与各国中央银行间的密切联系,彼此开展自觉的政策协调与合作,已成为必须之举。中央银行是各国货币的唯一发行者,是货币流通与信用的组织者,是宏观经济的控制与调节者。它的这些职能决定了它在对外金融关系方面的重要地位,发挥着重要的作用。

1. 充当政府对外金融活动的总顾问和全权代表

由于中央银行在一国经济和社会生活中的地位和特殊作用,它的业务与技术的高度专业性和它在国内外金融方面的丰富经验,使它成为各国政府对外金融方面的总顾问。例如,美国联邦储备委员会主席有美国"第二总统"之称,其在制定和执行国内外经济和金融政策方面有着举足轻重的影响,远不局限于对外金融政策方面的顾问角色。各国中央银行总裁或行长还依法代表国家出席各种国际性金融会议,在世界性金融组织中发挥其作用,如代表国家出席国际货币基金组织大会或区域性金融组织大会,在会上发表意见,阐明立场,提出方案,进行投票表决,签署有关条约、协议或文件等。

2. 与各国中央银行进行官方结算

国际收支能反映国家之间复杂的金融关系与活动。各国之间一旦出现国际收

支差额可以由中央银行出面,以黄金和特别提款权等储备资产为手段进行最终清算,或采用改变官方负债的方法加以调整。

3. 进行资本国际流动的调节管理和对外负债的全面监测

中央银行还是一国资本国际流动的调节者和对外负债的全面监测者。它通过汇率政策和外汇管制政策,规定国际借贷的条件或额度控制、银行对外借款、特别准备金的缴纳等手段,控制和调节资本的流入或流出。它还通过规定每年对外投资的数量,调整利率以影响资本的流入流出。此外,自国际债务危机发生以来,各国中央银行加强了对外负债的全面监测管理,并建立了相应的监测调控体系。

4. 充当各国黄金和外汇储备的管理者

黄金与外汇储备资产是一国最基本的支付手段或最后清偿手段,是一国保持汇率稳定和从事国际经济活动的基础。中央银行负责保管黄金,调整外汇储备的数量,调整货币结构和期限结构,并保证外汇储备的安全性,这些必然产生一系列的对外金融关系和一系列国际金融活动。为应付外汇市场的非常情况,维护本国汇价的基本稳定,许多国家都设有由特别提款权、黄金和外汇组成的"外汇平准基金",并由中央银行持有。

5. 进行外汇交易

中央银行进行外汇交易并无获利的动机,而是作为一种重要的干预和管理手段,以缓和由于临时性原因而造成的外汇收支不平衡所引起的短期资本流动,或者为了平抑汇价或避免外汇市场的某种波动所带来的损失。同时,中央银行的外汇交易是按中央银行间签订的"互换货币安排"来进行的。各国中央银行干预外汇市场而产生的收益或损失,由协议各国的中央银行平均分享或分担。

6. 调节与监督国际金融活动

为使一国的国际金融活动正常有序地进行,中央银行对本国金融机构对外借款以及对外贷款和投资的数量和规模进行监督管理;审查或批准本国金融机构建立国外分支机构或购买外国银行机构的申请;审查或批准外国银行在本国建立机构,收买或持有当地银行股份的申请,并进行监督和管理。

7. 发展与各国中央银行及各国际金融机构的对外金融关系

各国的中央银行作为对外金融关系的全权代表,负责同其他国家的中央银行、各种国际金融机构建立和发展双边与多边友好合作关系,交流经验,互通信息,增进了解,改进和完善各自的管理技术,促进本国和各国经济、金融的发展与稳定。

8. 充当对外金融的总体发展战略的制定者

对外金融发展战略是一国经济与社会发展战略的重要组成部分,是一个巨大而复杂的系统工程。对外金融发展战略必须最大限度地服从于、服务于、适应于该国经济与社会发展总战略,并与其相互协调配合。中央银行要在持续的、全面的国际金融调查研究的基础上,结合本国特点和情况制定和推行对外金融的总体发展战略与政策。

四、中央银行金融监管的国际合作

（一）金融监管国际合作的必要性

1. 金融自由化、一体化趋势使各国金融体系之间的关系日益紧密，它们的连锁效应也使加强金融监管国际协作的要求越来越迫切。由于国际金融市场一体化特别是证券市场的一体化，使各国金融体系的联动性日益增加，一旦一国的金融体系出现问题，就很可能通过骨牌效应扩散到世界范围。因此必须加强金融监管国际协作，以解决金融风险国际化这一世界性问题。

2. 跨国银行的发展和资本国际化使国际统一金融监管成为必要。跨国银行推动的国际借贷资本已经成为当今世界经济发展强大的助推器，它们不仅成为发展中国家的最大债权人，而且发达国家之间的资本国际往来数额更加巨大。所以，跨国银行和国际资本的规模和活动范围无论从深度和广度上来讲都达到了空前的程度，跨国银行的许多国际金融业务也超出了一国中央银行的金融监管职能范围，这就产生了加强金融监管国际协作的迫切需求。

3. 传统的各自为战的中央银行监管机制在金融创新迅速发展和国际游资的冲击下必须作出调整。金融创新和金融衍生工具的增加产生了许多诸如投机过度、洗钱、金融诈骗和诱发金融危机等国际性问题。金融创新增强了国际游资的冲击力与破坏力，而交易技术的电子化也大大加快了国际游资的流动速度，数额巨大的国际游资到处兴风作浪，单个国家的金融管理当局根本无力与之相抗。所以，必须进行国际统一金融监管，才有可能减少以至消除金融创新和国际游资的负面影响。

由美国次级债危机所引发的全球金融危机进一步说明了国际金融监管合作的必要性。正是由于缺乏统一的监管标准，当金融危机爆发时，金融风险跨国传递和金融危机国际蔓延的途径、机会和速度得不到有效的控制，此次爆发的金融危机在短时间内波及全球就是一个很好的例证。此外，作为目前国际金融监管合作的重要机构，巴塞尔委员会、国际证券委员会组织和国际保险监管联合会普遍缺乏代表性和权威性，发布的协议也不具备法律强制力，缺乏统一的监管标准和信息交换的平台与机制，都加剧了危机的蔓延。

（二）金融监管国际合作的组织体系

目前，国际金融监管的协调和合作，形成了由"库克委员会"和"巴塞尔银行监管委员会"组成的国际金融监管组织体系；国际金融危机后，全球金融稳定理事会成为国际金融监管合作的重要平台。

库克委员会全称是"国际清算银行关于银行管理和监督活动的常设委员会"，它是在国际清算银行支持下于 1975 年 2 月由西方 10 国集团成员国比利时、英国、加拿大、法国、荷兰、意大利、日本、瑞典、德国、美国，加上瑞士和卢森堡共 12 国中央银行的监督官员在巴塞尔开会成立,由英格兰银行的银行业务监督处主任任第一任主席,故称为"库克委员会"。该委员会每年举行例会 3 次,议程由各成员国中央银行商定,是一个中央银行监督国际银行活动有联系代表机构和协调机构,由国际清算银行提供秘书人员。1975 年 12 月达成了一项监督管理国际银行的协议,称为"巴塞尔提议",明确了"库克委员会"的宗旨是使各个国际银行受到充分监督,为国际银行危机提供一个预警系统,并且规定了国际金融监管的原则、标准、技术,明确了所有国际银行都必须毫无例外地接受监督。"巴塞尔提议"受到各国普遍重视,1979 该委员会在伦敦组织了有 80 个国家与地区参加的国际性银行监督会议,1987 年在华盛顿又举行了类似会议,1988 年 7 月在此基础上,产生了《关于统一国际银行资本衡量和资本标准的协议》,简称《巴塞尔协议》。目前,已经有130 个国家采用。1999 年 6 月,巴塞尔银行监督委员会又正式公布了《新的资本充足比率框架》,2004 年付诸实施。

　　由国际清算银行提供支持的、由 10 国集团中央银行建立的最初的库克委员会,现在已经发展成为促进全球金融稳定的三个委员会:主要考虑金融机构稳健性的巴塞尔银行监督委员会、主要考虑有效市场运作的全球金融系统委员会和主要考虑金融系统基础设施重要组成的支付和清算系统委员会。国际清算银行在加深国际金融市场了解、促进各国中央银行交流、推动国际金融合作、健全国际金融监管体系、提供国际金融领域抵抗风险能力等方面都发挥了十分显著的作用。

　　2009 年中以来,基于本轮金融危机的教训,巴塞尔委员会对现行银行监管国际规则进行了重大改革,发布了一系列国际银行业监管新标准,统称为"第三版巴塞尔协议"(Basel III)。Basel III 体现了微观审慎监管与宏观审慎监管有机结合的监管新思维,按照资本监管和流动性监管并重、资本数量和质量同步提高、资本充足率与杠杆率并行、长期影响与短期效应统筹兼顾的总体要求,确立了国际银行业监管的新标杆。

　　在美国次级债危机爆发后,2009 年 4 月 2 日在伦敦举行的 20 国集团(G20)金融峰会决定,将 G7 为促进金融体系稳定而成立的合作组织——金融稳定论坛(FSB)更名为金融稳定理事会(Financial Stability Board,简称 FSB),成员经济体扩大到包括 20 国集团在内的 24 个国家和地区,以及国际清算银行、国际货币基金组织、世界银行、经合组织、巴塞尔银行监管委员会等 12 个最重要的国际金融组织、国际金融监管机构及中央银行专家委员会,代表性更加广泛,影响力显著提升。针对金融危机中露出的问题和 G20 关于加强金融监管合作方面的建议,FSB 逐步推进联合监管机制和危机管理跨境合作机制的建立。2008 年 4 月,金融稳定论坛(FSB 的前身)发布《提高市场和金融机构抗风险能力》报告,提出在 2008 年年底为每个全球大型金融机构建立联合监管机制,2009 年 3 月,FSB 制定《联合监管机制草案》,明确了联合监管机制的作用、构成和工作原则,并向 G20 成员发布了《关于建立联合监管机制的工作进展报告》,介绍相关工作的进展和后续工作重点。
2009 年,FSB 认定的 30 多家大型跨境金融机构建立了联合监管机制。缺乏机制
化的危机管理国际协调机制会导致金融危机的迅速恶化和蔓延,实施跨境危机管
理的核心在于建立反应迅速的跨境救助安排。2009 年 4 月,G20 伦敦峰会通过
《FSB 危机管理跨境合作原则》,建议相关监管部门和非监管部门每年举行一次会
议,讨论应急预案和危机时期开展协作的制约因素。

　　2009 年以来,中国人民银行通过参加金融稳定理事会(FSB)全会、FSB 指导委
员会和脆弱性评估、监管合作、标准执行三个常设委员会等会议,全面、深入参与金
融部门改革战略的制定以及强化银行体系资本和流动性、宏观审慎管理框架、金融
基础设施建设等具体金融监管标准的制定与修改,并借鉴国际金融机构改革经验,
推进在国内实施国际标准,从而促进国内金融改革,制定金融交叉工具的监管规
范,加强对金融控股公司的管理,积极构建宏观审慎管理框架。

五、中央银行货币政策的国际协调

(一) 中央银行货币政策国际协调的必要性

　　在现代高度一体化的世界经济中,一国的货币政策往往不仅仅影响该国本身,
也会对相关的其他国家产生或多或少的影响,这就是货币政策的溢出效应[①]。溢
出效应的存在,使得一国某一特定的经济政策能否达到预期的效果,不仅取决于其
政策在国内的执行,而且取决于其他国家的相关经济政策。对货币政策的溢出效
应处理不当,可能会造成国际经济与货币秩序的混乱。20 世纪 80 年代初,美国为
遏制国际收支逆差的进一步扩大,单方面提高本国利率,导致大量资金流入美国,
其他国家为防止资金的过度外流,被迫纷纷宣布提高利率。结果造成了世界性的
经济紧缩。此外,80 年代的债务危机和 90 年代的东南亚金融危机都留下了这方
面的痕迹。

　　国际经济和金融的一体化以及货币政策的溢出效应使得各国经济的相互依赖
程度不断加深,因而各国迫切地需要稳定的国际货币经济秩序。解决这一矛盾的
途径无非有两条,一是改革国际货币体系,二是加强国际间的货币政策协调。从长
期看,对国际货币体系的改革是大势所趋,然而由于各国经济发展水平的不平衡
性,很难找到一个能为各国普遍接受的改革方案。在这种情况下,加强国际间的货
币政策协调,正被越来越多的国家所重视和运用。

(二) 国际货币政策协调的方式、内容

　　从宏观上看,国际货币政策协调的方式可以分为两大类,一是通过特定的国际

---

　　① 货币政策溢出效应:一国国内货币政策在作用于国内经济变量的同时,也对相关国家的经济变量产
生影响;反过来,国外的货币政策会波及到内,使国内货币政策的效果产生扭曲,难以达到预期的政策效果。

金融组织及共同认可的原则进行常规性的协调,二是各当事国之间进行的临时性的政策磋商。前者被称为规则协调,而后者则被称为随机协调。

国际货币政策协调主要包括以下 3 方面的内容:(1)汇率政策的协调。汇率稳定是国际贸易和世界经济不断发展的前提,也是各国货币政策的目标之一。因此,汇率政策的协调历来是国际货币政策协调的核心内容之一。(2)利率政策的协调。利率涉及到一国货币对内稳定的问题,两国之间的利率发生相对变化,必然会影响到两国货币之间的汇率,因此,协调国际间的利率政策,有利于保持国际货币体系的稳定和健康发展。(3)货币增长量的协调。在一些经济学家看来,政府与其控制利率,还不如控制货币的增长量。因此,各国货币政策的协调还可以采取协调货币供应增长量的方式。一般而言,货币主义经济学家主张通过控制货币供应量调节经济,甚至在他们看来,在确定了稳定的货币供应增长量之后就不必干预经济的增长过程(即政府应实行单一货币规则)。

2006 年下半年发端于美国的次级债危机,最终酿成格林斯潘所讲的“百年一遇的国际金融危机”,正如每一次危机促进了国际间货币政策协调一样,在这次国际金融危机发生后,国际间货币政策协调的力度也得到加强。在 2008 年下半年美国次级债危机恶化后,各国加强了货币政策协调的力度。一是联合降息与利率政策的协调。鉴于此次危机的全球性和严重性,主要经济体的中央银行除了降息全力应对国内危机之外,还联手其他国家央行共同降息。2008 年 10 月全球主要央行掀起了一致降息的货币政策行动,美联储、加拿大银行、英格兰银行、欧洲央行、瑞典银行、瑞士国民银行等六大主要中央银行“联合”发表降息声明,掀开了史无前例的协调降息的序幕,向市场表明了共同应对金融危机的决心。随后,利率政策的国际协调开始达到前所未有的高潮,利率政策的重点转向了危机管理和防止经济衰退。二是各国央行货币互换协议与多边合作。货币互换是这次金融危机管理中各国央行较早的货币政策协调方式。次贷危机及随后金融危机的爆发给全球金融市场增加了额外的压力。为了缓解这种压力,2007 年开始,美联储就与欧洲央行、日本银行、英格兰银行和瑞士央行等签署了不同规模的货币互换协议,允许这些中央银行向其国内银行提供美元流动性。2008 年下半年以后,随着危机在世界范围内蔓延,美联储又分别与加拿大、澳大利亚、巴西、丹麦、挪威、瑞典、韩国、墨西哥和新加坡等 14 个国家的中央银行进行了货币互换,价值最高达 5 831.35 亿美元。

专栏 16-4　　　　　　　　　美国第二轮量化宽松政策及其影响

2010 年 11 月 3 日,美联储宣布了新一轮的大规模国债购买计划,目标主要是解决居高不下的失业率问题。上一轮量化宽松政策的主要目标是为了解决恢复金融市场功能和避免经济衰退这一“急症”,此次的政策目标主要是为了缓解失业率过高的“沉疴”。美联储认为,美国经济当前的最主要问题是失业率居高不下。几乎半数以上的失业人员超过六个月没有工作,更多的工人处于半就业状态,且目前的经济复苏所创造的就业机会(每月大约85 000个岗位)不足以使失业率在未来明显下降,与此同时,通货膨胀率则明显低于美联储设定的2%的目标水平,并且在持续降低。

第二轮量化宽松政策在国际社会受到广泛非议。国际货币基金组织首席经济学家布兰查德认为,这将使更多资金流入新兴市场,短期的大规模资本流入可能产生不稳定作用。德国总理默克尔在接受采访时说,这一政策是"靠人为压低汇率来刺激出口",是"短视的,最终会损害各方利益",巴西央行行长梅雷莱斯指出,这将导致国际失衡扩大,甚至引发货币战争。俄罗斯财政部副部长德米特里·潘金表示,"美联储的行为可能导致新的金融泡沫,并使汇率失衡,这种措施的受害者不是美国,而是新兴经济体"。欧元集团主席、卢森堡首相让—克洛德·容克说,"从美联储作出的决定中,我看到了更多风险和全球经济滑出正轨的更大可能性"。南非财政部长普拉温·戈尔丹说,这一政策"损害了二十国集团领导人在危机期间努力捍卫的多国合作精神,也违背了二十国集团财长和央行行长会议的精神"。

资料来源:中国人民银行上海总部《2010年国际金融市场报告》。

本章小结

1. 外汇管理是当今世界各国中央银行调节外汇和国际收支的一种常用手段,其目的是为了谋求国际收支平衡,维持货币汇率稳定,保障本国经济正常发展,加强本国在国际市场上的经济竞争力。

2. 在特定的经济条件下,一国实行外汇管理可以起到防止本币外逃、保护国内企业等积极作用,但外汇管理也需要付出一定的成本。在当前国际金融一体化和自由化的趋势下,一国要不要进行一定程度的外汇管理,取决于该国所处的政治经济环境,不同国家在这个问题上所采取的措施可能是不一样的。

3. 各国中央银行往往设立专门的机构来进行外汇管理。外汇管理的内容一般包括对贸易项目、非贸易项目、资本项目、汇率以及黄金和本币出入国境的管理。我国是发展中国家,正处在经济转型时期,金融体制尚不够完备,因此,需要进行一定程度的外汇管理。2008年以后我国对外汇管理体制进行了改革,取消了强制性结售汇制度。

4. 外债管理是外汇管理的一项重要内容。世界各国尤其是发展中国家应把利用外资作为发展本国经济的一项重要措施,但外资是一把双刃剑,中央银行必须加强对外资的管理。对外资的管理主要包括外债规模、外债结构、外债投资方向及外债风险的管理。中央银行既要明确在对外金融关系中的地位和基本任务,又要积极主动地与国际货币基金组织、世界银行集团、国际清算银行、地区性国际金融组织等国际金融组织与机构加强合作。

5. 中央银行金融监管国际协作的必要性日益突出。一方面,金融自由化和一体化的趋势以及跨国银行和资本国际化流动的发展,要求各国中央银行之间加强金融监管的国际协作,另一方面,传统的各自为战的中央银行监管机制在新形势下暴露出了严重的弊端,因此,各国中央银行普遍认识到加强金融监管国际协作的重要性。美国次级债危机爆发后,国际金融监管的重要性更加凸显,全球金融稳定理事会成为国际金融监管合作的重要平台。

6. 在新形势下,国际货币体系与中央银行货币政策协调非常重要。在不同的货币体系下,中央银行间的货币政策协调有着不同的特点,但总的来说,货币政策协调不外乎规则协调与随机协调两种,主要协调内容包括利率政策协调、货币增长量协调、汇率政策协调。

 关键概念索引

外汇　外汇管理　银行结售汇制度　外债　外债管理　外国政府贷款 国际商业贷款　贸易项目管理　非贸易项目管理　资本项目管理　债务清偿率 国际货币基金组织　世界银行集团　国际清算银行　巴塞尔协议　货币政策溢出效应

复习思考题

1. 简述中央银行在对外金融关系中的地位和基本任务。
2. 简述中央银行与各国际金融机构之间的关系。
3. 试述巴塞尔协议的内容及其意义。
4. 外汇管理的主要内容包括哪些?
5. 我国中央银行进行外汇管理时应注意哪些问题?
6. 如何分析使用外债的经济收益与经济成本?
7. 简述我国外债管理的主要内容。
8. 简述国际货币政策协调的方式、内容。

主要参考书目

1. M·米什金,《货币金融学》,中国人民大学出版社,1998
2. 兹维·博迪,罗伯特·默顿,《金融学》,中国人民大学出版社,2000
3. 卡尔·瓦什,《货币理论与政策》,中国人民大学出版社,2001
4. 托马斯·梅耶,《货币、银行与经济》,上海三联出版社,1988
5. 雷蒙德·戈德史密斯,《金融结构与金融发展》,上海三联出版社,1994
6. 莱昂纳尔·普赖斯等,《现代中央银行业务》,经济科学出版社,2000
7. 国际清算银行,《巴塞尔银行监管委员会文献汇编》,中国金融出版社,1998
8. 国际货币基金组织,《全球金融稳定报告》,中国金融出版社,2005
9. 巴塞尔银行监管委员会,《巴塞尔银行监管委员会文献汇编》,中国金融出版社,2002
10. 黄达,《金融学》,中国人民大学出版社,2003
11. 黄达主编,《货币银行学》,中国人民大学出版社,1999
12. 曾康霖主编,《金融学教程》,中国金融出版社,2006
13. 曾康霖主著,《金融经济学》,西南财经大学出版社,2002
14. 戴国强,《货币银行学》(第二版),高等教育出版社,2005
15. 何乐年主编,《货币银行学》,上海财经大学出版社,2003
16. 付一书、崔建军主编,《货币银行学》,陕西人民出版社,2004
17. 王广谦,《中央银行学》,高等教育出版社,1999
18. 童适平,《中央银行学教程》,复旦大学出版社,2003
19. 戴相龙主编,《中国货币政策报告(1999)》,中国金融出版社,1999
20. 刘锡良,《中国经济转型时期的货币政策研究》,西南财经大学出版社,1998
21. 刘锡良等,《宏观金融管理分析——中央银行导论》,西南财经大学出版社,1992
22. 崔建军,《中央银行学》,科学出版社,2005
23. 王玉平、田光宁,《货币金融学》,中国金融出版社,2005
24. 孔祥毅,《中央银行通论》,中国金融出版社,2002
25. 罗斌、龙薇,《中央银行学》,湖南大学出版社,2003

26. 徐刚、沈禹钧,《中央银行学概论》,上海财经大学出版社,2000

27. 黄泽民,《中央银行学》,立信会计出版社,2001

28. 胡海欧、孙慧,《中国金融体制的改革与发展》,复旦大学出版社,2004

29. 尹洪霞、刘振海,《中央银行与金融监管》,中国金融出版社,2005

30. 王胜明,《中华人民共和国中国人民银行法释义》,法律出版社,2004

31. 刘锡良等,《中央银行学》,中国金融出版社,2000

32. 张红地,《中央银行公开市场操作》,中国金融出版社,2002

33. 吴庆田等,《中央银行学》,东南大学出版社,2005

34. 刘锡良、戴根有,《宏观经济与货币政策》,中国金融出版社,2001

35. 陈燕,《中央银行理论与实务》,北京大学出版社,2005

36. 陈学彬,《中央银行概论》,高等教育出版社,2004

37. 刘锡良、曾志耕、陈斌主编,《中央银行学》,中国金融出版社,1997

38. 江其务主编,《中央银行理论与实务》,河北人民出版社,1990

39. 盛慕杰主编,《中央银行学》,中国金融出版社,1989

40. 张贵乐、吴军主编,《中央银行学》,中国金融出版社,1999

41. 陈学彬,《中央银行概论》(第二版),高等教育出版社,2007

42. 杜朝运,《中央银行学》,厦门大学出版社,2010

43. 曹华,《中央银行学》,科学出版社,2006

44. 毛泽盛、卞志村,《中央银行学》,人民出版社,2009

45. 万解秋等,《中央银行概论》,复旦大学出版社,2009 年

46. 孔祥毅,《中央银行通论》(第三版),中国金融出版社,2009

47. 罗剑朝,《中央银行学》,中国农业出版社,2008

48. 黄格安,《中央银行学》,格致出版社、上海人民出版社,2008

49. 刘肖原,《中央银行学教程》,中国人民大学出版社,2007

50. 阿兰·S·布兰德著,孙涛等译,《中央银行的现代化进程》,中国金融出版社,2006

51. 尼尔·库提斯、彼特·尼可编著,方洁、张立勇等译,《中央银行现代化》,中国金融出版社,2010

52. 王华庆,《中国银行业监管制度研究》,中国金融出版社,1996

53. 潘金生,《中央银行金融监管比较研究》,经济科学出版社,1999

54. 刘毅,《金融监管问题研究》,经济科学出版社,2006

55.《中华人民共和国中国人民银行法》

56.《中华人民共和国银行业监督管理法》

57.《中华人民共和国商业银行法》

58.《中华人民共和国反洗钱法》

59. 中国人民银行货币政策分析小组,《中国货币政策执行报告》,2004—2011
60. 张新,中国人民银行金融稳定分析小组,《中国金融稳定报告》,中国金融出版社,2005
61. 中国人民银行,《中国金融市场发展报告》各期
62. 中国人民银行,《中国金融稳定报告》各期
63. 中国人民银行,《利率市场化报告》各期
64. 中国人民银行,《反洗钱报告》各期
65. 中国人民银行,《支付体系运行报告》各期
66. 中国人民银行,《国外金融稳定报告选译》
67. 中国人民银行网站 www.pbc.gov.cn
68. 国家外汇管理局网站 www.safe.gov.cn
69. 中国银行业监督管理委员会网站 www.cbrc.gov.cn
70. 国务院发展研究中心网站 www.drcnet.com

图书在版编目(CIP)数据

中央银行学/付一书主编. —2 版. —上海：复旦大学出版社,2013.2(2017.9 重印)
(复旦卓越·21 世纪金融学教材新系)
ISBN 978-7-309-09467-1

Ⅰ. 中…　Ⅱ. 付…　Ⅲ. 中央银行-经济理论-高等学校-教材　Ⅳ. F830.31

中国版本图书馆 CIP 数据核字(2013)第 011447 号

中央银行学(第 2 版)
付一书　主编
责任编辑/王联合

复旦大学出版社有限公司出版发行
上海市国权路 579 号　邮编:200433
网址: fupnet@ fudanpress. com　http://www.fudanpress.com
门市零售: 86-21-65642857　团体订购: 86-21-65118853
外埠邮购: 86-21-65109143　出版部电话: 86-21-65642845
江苏省如皋市印刷有限公司

开本 787 ×960　1/16　印张 26　字数 484 千
2017 年 9 月第 2 版第 4 次印刷
印数 11 301—13 400

ISBN 978-7-309-09467-1/F·1903
定价: 42.00 元